식사에 대한 생각

식사에 대한 생각

비 윌슨 지음 | 김하현 옮김

9 978-0-00-8240079-9 >

THE WAY WE
EAT NOW

BEE WILSON

어크로스

차례

평범한 식사를 해본 지가 얼마나 됐을까

청포도를 한 송이 골라 잘 씻은 다음 한 알을 따서 입에 넣어보자. 혀로 포도를 느끼고, 그 시원함과 상큼함을 음미한다. 포도알은 탄탄하고, 젤리 같은 과육은 부드럽고 달콤하다.

포도를 먹는 것은 옛날부터 변치 않고 이어져 내려온 오래된 기쁨이라고 생각할 수 있다. 고대 그리스인과 로마인은 포도를 즐겨 먹었을 뿐만 아니라 와인으로도 만들어 마셨다. 《오디세이아》에도 "무성한 포도나무 덩굴에 포도 송이가 주렁주렁 달려 있다"라는 말이 나온다. 포도 송이에서 달콤한 포도 한 알을 다시 뜯을 때면 껍질을 반만 벗긴 레몬 그리고 굴과 함께 포도가 금속제 접시 위에 나동그라져 있는 17세기 네덜란드 정물화에서 포도알을 당기는 것 같은 기분을 느낄 수 있다.

하지만 냉장고에서 나온 이 시원한 청포도를 자세히 들여다보면 사실 변한 게 없지는 않다. 다른 많은 식품처럼 포도도 현대

공학 기술의 결과물이 되었다. 우선, 이제는 씹거나 뱉어낼 포도 씨가 거의 없다(스페인이나 중국처럼 씨 있는 포도가 아직 문화의 일부인 곳에 살지 않는다면 말이다). 씨 없는 포도는 수백 년 전부터 재배되었지만, 씨 없는 포도가 대세가 되어, 씨를 뱉어내야 하는 끔찍한 수고에서 벗어난 것은 지난 20여 년 사이에 벌어진 일이다.

포도에 관한 이상하고 새로운 사실이 하나 더 있다. 톰슨 시들리스, 크림슨, 플레임처럼 슈퍼마켓에 주로 깔려 있는 품종은 늘 달다. 쓰지도 시지도 않고, 콩코드 포도처럼 시큼한 향이 나거나 이탈리아의 머스캣처럼 향이 풍부하지도 않다. 그저 달기만 할 뿐이다. 고대 그리스인은 포도알을 입에 넣기 전에는 포도가 잘 익었는지 시큼한지 알지 못했다. 내 경험에 비추어보면 1990년대 말까지만 해도 그랬다. 포도 룰렛 같았다고나 할까. 정말로 달콤한 포도는 흔치 않았고 그만큼 특별했다.

오늘날 포도는 예외 없이 항상 달다. 자몽이나 핑크레이디 사과 같은 현대 과일처럼 포도 역시 달콤한 음식에 길들여진 소비자에게 어필할 수 있도록 세심하게 재배되고 숙성되기 때문이다. 달콤한 과일이 꼭 영양소가 적은 것은 아니지만 쓴맛이 제거된 현대 과일은 보통 식물영양소phyto-nutrients 가 적게 들어 있다. 과일과 채소 섭취가 건강에 이로운 것은 바로 이 식물영양소 덕분인데, 청포도는 대부분의 식물영양소가 씨에 들어 있다. 적

포도는 씨가 없어도 여전히 껍질의 색소에 페놀 성분(특정 암의 발병 위험을 줄여주는 영양소)이 풍부하게 들어 있다. 하지만 씨 없는 청포도에는 이런 식물영양소가 거의 없다. 이런 과일은 열량은 제공해주지만 우리가 기대하는 만큼 건강에 도움이 되지는 않는다.[1]

우리가 일상적으로 씨 없는 포도를 우물거린다는 것 또한 새로운 사실이다. 나만 해도 포도가 (포도 생산국 바깥에서는) 귀하고 비싼 음식이었던 시절을 기억한다. 하지만 이제는 평범한 소득을 올리는 수백만 명의 사람들이 텔레비전에 나오는 로마 황제처럼 뒤로 편하게 기대앉아 포도를 한 알씩 입에 던져 넣을 수 있게되었다. 현재 우리는 2000년에 비해 전 세계적으로 포도를 두 배더 많이 생산하고 소비한다. 과일은 가처분소득이 발생하면 사람들이 제일 먼저 추가로 구매하는 상품 중 하나이기 때문에 포도는 번영의 상징이기도 하다. 1년 내내 포도를 구매할 수 있다는 사실 또한 전 세계 농업에서 일어난 크나큰 변화다. 50년 전만 해도 포도는 특정 국가에서만 자라고 특정 시기에만 먹을 수 있는 계절 과일이었다. 오늘날 포도는 전 세계에서 재배되고 사시사철 쉽게 구할 수 있다.[2]

포도의 거의 모든 것이 순식간에 변했다. 하지만 포도는 음식에 대한 다른 걱정거리에 비하면 사소한 문제다. 지난 몇 년간 우리가 먹는 음식과 그것을 먹는 방식에 복잡다단한 변화가 있었고, 포도는 그 거대한 변화의 작디작은 일부일 뿐이다. 이러한 변화는 땅에, 우리의 몸에, 그리고 우리의 접시 위에(우리가 앞으로도

　　　　　　　　　　　　　　　　식사에 대한 생각

계속 음식을 접시에 담아 먹는다면 말이다) 뚜렷하게 흔적을 남긴다.

전 세계 대부분의 사람들에게 삶은 점점 더 나아지고 있지만 식단은 점점 더 나빠지고 있다. 우리 시대의 식생활에 담긴 쌉쌀하고도 달콤한 딜레마다. 몸에 해로운 음식을 허겁지겁 먹는 것은 자유로운 현대사회에서 살기 위해 치러야 하는 대가처럼 보인다. 심지어 (너무나도 달콤하고 편리하고 흔한) 포도조차 통제를 벗어난 식품 공급 체계의 일부다. 수백만 명이 조부모가 살았던 시대보다 더 자유롭고 편안한 삶을 누리고 있으며, 이 자유는 전 세계에서 굶주림이 놀라울 정도로 급감했다는 점에서도 잘 나타난다. 이밖에도 식자율과 스마트폰 보급률의 증가, 식기세척기 같은 노동 절약 기구의 확산, 동성 결혼 허용 국가의 증가 등 여러 측면에서 삶의 질이 매우 높아졌음을 알 수 있다. 하지만 이런 자유롭고 안락한 생활방식은 우리가 먹는 음식이 우리를 죽이고 있다는 사실에 힘을 잃는다. 음식은 부족해서가 아니라 흘러넘쳐서 우리를 괴롭힌다. 속이 텅 빈 풍요다.*

---

* 누군가는 우리가 전염병보다는 만성 비非전염성 질환non-communicable disease, NCD으로 사망한다는 사실이 매우 운 좋은 삶을 살고 있다는 증거라고 주장할 것이다. 모든 생명체는 이런저런 이유로 사망할 수밖에 없으며, 많은 사람이 25년 전보다 더 긴 수명을 누린다는 것, 그러므로 극심한 굶주림이나 오염된 식수가 아니라 심장병이나 암 같은 만성질환 때문에 죽는다는 것은 확실히 진보라 할 수 있다. 하지만 여기서 진보가 아닌 것은 전 세계의 수많은 죽음과 질병이 나쁜 식생활 때문에 발생하며 나쁜 식생활은 예방 가능한 원인이라는 것이다. 전 세계 모든 '장애보전손실연수disability-adjusted life years', 즉 조기 발생한 질환으로 손상된 삶의 년수의 80퍼센트가 NCD로 인해 발생한다.

오늘날 우리가 먹는 음식은 담배나 술보다 질병과 죽음을 더 많이 유발한다. 2015년 흡연으로 사망한 사람은 약 700만 명, 알코올 관련 원인으로 사망한 사람은 약 330만 명이었던 반면, 채소와 견과류, 해산물이 적은 식단이나 가공육과 가당 음료가 과다한 식단처럼 '식이 요인' 때문에 사망한 사람은 1200만 명에 달했다. 이는 역설적이면서도 슬픈 사실이다. (맛과 영양 등 모든 측면에서) 좋은 음식은 본래 삶의 질을 판단하는 기준이었기 때문이다. 좋은 음식이 없는 좋은 삶은 논리적으로 불가능하다.[3]

우리 조상이 전염병이나 결핵을 두려워하며 살았다면, 이제 전 세계 사망 원인 1위는 식습관이다.[4] 대부분의 식생활 문제는 예전과 달리 먹을 것이 넘쳐나는 현실에 우리가 생물학적으로나 심리적으로 아직 적응하지 못했기 때문에 발생한다. 식단에 관한 과거의 사고방식은 더 이상 현실에 적용되지 않으며, 우리의 입맛과 일상을 새로운 삶의 리듬에 맞춘다는 것이 어떤 모습일지도 아직 불분명하다. 우리는 보통 주변을 둘러보며 무엇을 먹을지 힌트를 얻는데, 식품 공급 체계가 무엇이 정상인지에 대해 말도 안 되는 신호를 보낼 때는 오히려 여기서 힌트를 얻는 것이 문제가 된다. '모든 것을 적당히'라는 말은 일반 슈퍼마켓에서 파는 '모든 것'이 너무 달고 과한 세상에서는 더 이상 적절하지 않다. 오늘날의 세계에서 어떻게 하면 가장 잘 먹을 수 있을지를 알기는 어렵다. 어떤 사람은 폭식을 하고, 어떤 사람은 식단을 제한한다. 어떤 사람은 음식만으로는 불가능한 것을 신체에 제공하겠다고 약속하는 값비싼 '슈퍼푸드'를 맹신한다. 어떤 사람은 아예 고형 식품에 신뢰를 잃고 새로 등장한 식사 대체 음료를 마시기로 한다(상황이 어디까지 치달았는지를 잘 보여주는 현상이다). 이 기이한 베이지색 음료는 이제 사람들이 열광하는 영양 공급원이 되었다.

우리 조부모 세대는 배고픈 사람이 무언가를 먹는 것보다 먹지 않는 것이 더 나은 선택일 수도 있다는 사실을 절대 믿지 못했을 것이다. 하지만 그분들은 지금처럼 혼란스러운 식문화에서 식사할 필요가 없었다.

역사상 먹을 것을 이렇게 쉽게 구할 수 있었던 시기는 없었으며, 이는 여러 가지 면에서 대단히 기쁜 일이다. 인간은 늘 밖으로 나가 먹을 것을 채집해왔지만 오징어 먹물 주머니에서 겨울 딸기에 이르기까지 우리가 원하는 것을 원하는 때에 구하는 일이 이렇게 간편했던 적은 없었다. 이제 우리는 부에노스아이레스에서 초밥을, 도쿄에서 샌드위치를 먹을 수 있으며, 이탈리아 음식은 전 세계 어디에서나 만날 수 있다. 얼마 전까지만 해도 지독하게 뜨거운 오븐에서 구워내 가장자리가 부풀어 오른 진짜 나폴리 피자를 맛보려면 나폴리에 가야 했다. 하지만 이제는 제대로 된 반죽을 제대로 된 오븐에서 구워낸 나폴리 피자를 서울이나 두바이에서도 먹을 수 있다. 게다가 딜리버루^{Deliveroo}와 심리스^{Seamless}처럼 새로 등장한 배달 앱 덕분에 거의 모든 요리를 몇 분 안에 집에서 배달받을 수도 있다.

전 세계의 채집인들은 이렇게 좋은 시절을 누려본 적이 단 한 번도 없었다. 과거 수렵 채집 사회에서는 과일보다 달콤한 것이 먹고 싶으면 용감한 동지들과 팀을 꾸려 길고도 위험한 원정을 떠나야 했다. 그렇게 암벽을 기어오르고 바위틈을 샅샅이 뒤져서 끈끈한 야생 꿀을 찾아냈다. 꿀 사냥꾼들은 빈손으로 돌아오는 일도 잦았다. 오늘날에는 달콤한 것이 끌리면 잔돈을 들고 가장 가까운 가게에 가면 된다. 빈손으로 돌아올 일은 없다.

이처럼 음식을 쉽게 구할 수 있게 되면서 그만큼 음식을 피하기 힘들어졌다.

우리는 먹는 것에 쫓기게 된 첫 번째 세대다. 1만 년 전 처음 농사를 짓기 시작한 이후 대부분의 인간이 수렵을 그만뒀지만, 직접 만든 식품 공급 체계에 인간이 이토록 끈질기게 쫓긴 적은 단한 번도 없었다. 칼로리는 우리가 원치 않을 때에도 우리를 끝까지 추격한다. 칼로리는 슈퍼마켓과 커피숍의 계산대에서도 우리를 유혹한다. 텔레비전을 켜면 광고 속의 칼로리가 우리를 향해 노래한다. 칼로리는 소셜미디어에서도 우리를 찾아내 재미있는 영상으로 우리가 더 많은 칼로리를 원하도록 부추긴다. 칼로리는 무료 시식을 통해 우리 입에 살그머니 들어온다. 우리의 고통을 달래주면서 새로운 슬픔의 원인이 된다. 칼로리는 '건강에 해로운' 과자만큼이나 설탕이 잔뜩 들어간 어린이용 '건강 스낵' 안에 숨어 우리를 골탕 먹인다.

현대 식생활의 문제를 논하는 것은 매우 까다로운 일이다. 먹을거리는 매우 민감한 주제이기 때문이다. 자신의 식단을 평가받고 싶어 하는 사람은 아무도 없다. 그래서 그토록 많은 건강 식단 캠페인이 실패하는 것이다. 우리의 건강을 해치고 있는 바로 그 음식은 어린 시절 기억 속에서 우리와 감정적으로 깊이 연결된 음식일 때가 많다. 누군가는 '정크푸드'가 누군가의 기쁨을 경멸하는 용어라면서 이 단어를 사용해선 안 된다고 주장한다. 하지만 나는 나쁜 식단이 전 세계의 사망 원인 1위라면 경멸해도 된다고 생각한다. 정크푸드를 먹는 사람이 아니라 사람을 아프게 만드는 그 식품을 말이다.[5]

비만과 식단 관련 질병이 전 세계적으로 증가한 것은 어느 정도 패스트푸드, 탄산음료, 가공육, 스낵 브랜드의 마케팅에 기인한 일이기도 하다. 현재 우리 문화는 정크푸드를 먹는 개인은 지나치게 비난하면서 정크푸드 판매로 돈을 버는 기업은 그리 비난하지 않는다. 사람들은 개인의 죄책감과 의지 측면에서만 건강에 해로운 음식을 논할 뿐, 세계에서 가장 가난한 소비자를 겨냥해 몸에 해로운 상품을 판매하는 대규모 식품 기업이나 이런 짓을 용인하는 정부에 대해서는 충분히 생각해보지 않는다. 전 세계의 정책 입안자 300여 명을 대상으로 설문조사를 실시한 결과 90퍼센트가 여전히 개인적 동기(즉 의지)가 비만의 가장 큰 원인이라고 믿었다.[6] 말도 안 되는 일이다.

나이, 인종, 성별에 상관없이 모든 사람의 의지가 1960년대 이후 갑자기 약해졌다는 건 말이 안 되는 일이다. 1960년대 이후 가장 크게 변한 것은 우리의 의지가 아니라 고열량-저영양 식품의 마케팅과 접근성이다. 이런 변화는 따라잡기 불가능할 정도로 매우 빠르게 진행되고 있다. 전 세계의 패스트푸드 판매량은 2011년부터 2016년까지 30퍼센트 성장했고 포장 식품 판매량은

25퍼센트 성장했다. 2016년 도미노피자는 일곱 시간에 하나꼴로 새 지점의 문을 열었다.[7]

시중에 판매되는 과자류의 크기 역시 5년 전에 비해 믿을 수 없을 정도로 커졌다. 특대형 초콜릿 바는 이제 새로울 것도 없다. 최근 나는 가까운 슈퍼마켓에서 스니커즈를 바도 아니고 심지어 특대형 바도 아닌, 바 10개를 합친 미터 길이로 판매하는 것을 보고 큰 충격을 받았다. 2340칼로리인 이 초콜릿은 1파운드에 특가 판매되고 있었다. 이것이 과식을 조장하는 게 아니라면 도대체 무엇이란 말인가.

필요하거나 사려던 양보다 더 많은 음식을 사라고 부추기는 것은 모든 주요 식품 기업의 사업 전략이다. 행크 카델로Hank Cardello는 1990년대 중반까지 세계에서 가장 큰 식품 기업들의 자문을 맡았다. 그는 "제대로 팔기만 하면 미국인에게 무엇이든 먹일 수 있다"가 포장 식품 기업의 정신이라고 폭로했다. 마침내 서구에서 포장 식품의 수요가 포화 단계에 이르자 포장 식품 업계는 새로운 시장을 찾아 해외로 발길을 돌렸다. 개발도상국과 중간 소득 국가에서 식품 브랜드는 이제 사적인 공간인 집에까지 사람들을 쫓아간다. 이런 직접 판매를 통해 다국적 식품 기업은 세계에서 가장 외딴 마을에 사는 저소득 소비자들을 적극적으로 겨냥하고 있다.[8]

식품 기업의 경영진이 고객을 비만으로 만들기 위해 적극 나서는 악마인 것은 아니다. 하지만 카델로의 설명처럼 대형 식음료 기업은 너무 오랫동안 소비자의 건강을 고려 대상으로도 여기

식사에 대한 생각

지 않았다. "우리는 오직 시장 확장과 우리의 이익만을 생각했습니다."⁹ 식음료 제조업체들은 공공연하게 '헤비 유저'가 자기들의 핵심 고객이라고 말한다. 가당 음료와 사탕의 경우 소비자의 단 20퍼센트가 제품의 80퍼센트를 구매한다. 업계에서 말하는 '헤비 유저'란 곧 폭식 장애 환자를 의미한다.

하지만 정크푸드가 비만의 유일한 원인인 것은 아니다. 비만의 원인은 매우 복잡하고 다면적이다. 사회 계급과 상관없이 대부분의 사람들이 조부모 세대보다 더 많이 먹고 마신다. 집에서 신선한 식재료로 느긋하게 식사를 차리든 패스트푸드 체인에서 급히 포장을 해오든 마찬가지다. 50년 전보다 접시가 훨씬 커졌고 1인분이 훨씬 늘어났으며 와인 잔도 엄청나게 커졌다. 간간이 간식을 먹거나 녹즙, 디톡스detox 음료, 수제 탄산음료 등 칼로리가 있는 이런저런 음료로 갈증을 해소하는 것이 일상이 되었다. 장인이 만든 값비싼 유기농 사과 타르트와 거대한 머그잔에 담긴 라테를 먹으면서도 싸구려 치킨과 콜라를 먹을 때만큼 살이 찔 수 있다. 앞서 포도 이야기에서도 말했듯이 우리가 조부모 세대보다 많이 먹는 것이 햄버거와 감자튀김만은 아니다. 우리는 아보카도 토스트와 프로즌 요구르트도 더 많이 먹는다. 샐러드드레싱도 더 많이 먹고, '죄책감 없이' 먹을 수 있는 케일 칩도 훨씬 더 많이 먹는다.

전 세계 거의 모든 국가가 지난 5년이나 10년 또는 50년 동안 식생활 패턴의 급격한 변화를 겪었다. 오랫동안 영양학자들은 '지중해 식단'을 모든 사람이 따라야 할 건강 식단으로 꼽았다. 하지만 세계보건기구WHO의 최근 보고서에 따르면 스페인, 이탈리아, 그리스 크레타 섬에 사는 대부분의 아이들은 더 이상 올리브오일과 생선 그리고 토마토가 풍부한 지중해 식단을 먹지 않는다.[10] 2017년을 기준으로 유럽에서 가장 체중이 많이 나가는 이 지중해 아이들은 이제 콜라를 마시고 스낵을 먹으며 더 이상 생선과 올리브오일을 맛있다고 느끼지 않는다. 모든 대륙에서 짭짤한 음식이 달콤한 음식으로, 식사가 간식으로, 작은 독립 식료품점이 거대한 슈퍼마켓으로, 집에서 요리한 식사가 식당 음식이나 포장 음식으로 대체되었다.

오스트레일리아 같은 선진국에서는 거의 10퍼센트의 미취학 아동이 갑각류나 달걀, 견과류 등의 음식 알레르기에 시달리고 있다. 가뜩이나 무언가를 먹는 것이 무섭고 혼란스러운 이 시기에, 특정 식품에 대한 공포와 별난 치료법을 파는 '전문가'가 너무 많다는 사실이 두려움을 배가시킨다. 사기꾼들에게 이런 전환의 시기는 늘 선물이나 다름없었다.[11] 모든 게 변하는 듯하고 더는 과거의 진실에 의지할 수 없을 때 사람들은 사기꾼에게 쉽게 넘어간다. 식단 전문가라는 어떤 사람은 모든 곡물에 주의해야 한다고 말한다. 어떤 사람은 유제품이나 육류 또는 커피처럼 "몸을 산성화시키는" 식품을 피해야 한다고 충고한다. 이런 새로운 식단들은 비정상적인 식품 공급 체계에 대한 비정상적인 반응, 또는 유독한 세계에서 순수함을 보장하는 거짓 약속으로 이해하는 것이 가장 적절할 것이다. 이와 동시에 식이 장애는 여성뿐만 아니라 남성 사이에서도 전 세계적으로 증가하고 있다.

　식탁에서 행복하려면 음식과 평화로운 관계를 맺어야 한다. 그러므로 요즘처럼 식사가 모 아니면 도로 나뉘는 것은 우려되는 일이다. 음식이 미덕과 악덕, 묘약과 독약으로 심하게 양극화된 적은 없었다. 같은 마을 안에서도 어떤 사람은 고기 패티와 소스가 층층이 쌓인 거대한 햄버거를 먹고, 어떤 사람은 케일과 해초로 구성된 완벽한 식사에 발효된 콤부차를 곁들여 마신다. "혹시 모르니" 글루텐을 피하라고 말하는 전문가도 있고, 치즈를 멀리하라고 가르치는 전문가도 있다. 완벽한 식사를 하려는 노력이 그럭저럭 괜찮은 식사의 적이 되어버린 것은 아닐까 걱정스럽다. 우리가 이런저런 기적의 식재료에 집착하는 동안 오히려 품절된 것은 집에서 요리한 평범하고 일상적인 식사다.

　우리가 먹을거리에 대한 자신의 감각을 더는 신뢰하지 못한다는 것도 문제다. 코앞에 있는 음식이 무엇인지 알아볼 수 있다면 극단적인 식단에 이렇게 쉽게 넘어가지는 않았을 것이다. 이제 (집단으로나 개인으로나) 인간은 눈앞에 있는 음식을 잘 알아보지 못하게 되었다. 이는 우리 문화가 권하는 음식 대부분이 겹겹의 포장지 속에 감춰져 있기 때문이기도 하다.

　사람들은 자신이 무엇을 먹고 있는지 모르게 되었을 뿐만 아니라 식사 방법에 관한 오래된 규칙 또한 잊어버렸다. 이러한 현실은 때로는 자유처럼, 때로는 카오스처럼 느껴진다. 1958년에 실시한 설문조사에 따르면 당시 영국 성인의 거의 4분의 3이 저녁 식사에 뜨거운 차를 곁들여 마셨다. 이것이 당시 사람들에게 기대되는 행동 방식이었기 때문이다. 하지만 음식에 관한 이런 공통의 기대는 오늘날 거의 사라져버렸다. 언제가 '점심시간'인지 확실하게 말할 수 있는 사람이 이제 어디 있겠는가? 현 세대는 자신이 먹는 음식뿐만 아니라 먹는 방식에서도 가히 혁명적인 변화를 경험하고 있다. 과거에는 나이프와 포크를 쥐고 있을 때 어떻게 행동해야 하는지를 알려주는 일련의 의례와 눈에 보이지 않는 맥락이 우리의 식욕을 통제했다. 하지만 이런 의례들은 대부분 없어졌고, 나이프와 포크도 함께 사라졌다.

식사에 포함된 영양 성분도 바뀌었지만, 식사할 때의 심리 상태 또한 급격하게 바뀌었다. 오늘날 대부분의 사람들은 전에 없던 혼란스러운 환경에서 의지할 규칙 없이 식사를 한다. 문제는 원재료로 집에서 요리하는 것이 더 이상은 당연한 일상이 아니라는 것이다. 전통 요리의 기능 중 하나는 섞어도 되는 식재료와 섞으면 안 되는 식재료에 대한 공통의 이해를 마련하는 것이었다. 이런 규칙은 성가신 제약으로 느껴질 수도 있다. 예를 들면, 이탈리아에서는 생선과 치즈가 전혀 어울리지 않는다고 주장한다(체다 치즈를 올린 생선 파이를 방금 맛있게 해치운 사람에게 그렇게 말해보라). 하지만 적어도 이런 요리 규칙은 우리가 따르든 말든 간에 식사에 일종의 체계를 부여했다. 오늘날 대부분의 사람들은 참고할 체계 없이 식사를 하고 기이한 스낵을 먹으며 대충 하루를 보낸다. 2017년 나와 인터뷰한 영국 대형 슈퍼마켓의 제품 개발자는 식사 패턴이 매우 불규칙해지고 범주화하기 힘들어졌다는 점이 지난 10여 년간 영국인의 식생활에서 가장 크게 바뀐 점이라고 말했다. 바구니를 든 쇼핑객들은 오트 밀크 같은 비건^{vegan} 건강식품과 풀드포크를 올린 피자처럼 고기가 잔뜩 들어간 '두드 푸드<small>dude food</small>(핫도그나 햄버거, 피자처럼 주로 남자들이 즐겨 찾는 패스트푸드를 뜻한다-옮긴이)' 사이에서 갈피를 못 잡고 갈팡질팡한다.

최근 초저녁에 기차를 탔다가 주위의 승객들을 둘러보고 몇 가지 알아챈 것이 있다. 먼저, 거의 모든 승객이 무언가를 먹거나 마시고 있었다. 둘째, 모두가 옛날이라면 매우 괴상하게 여겼을 법한 방식으로 음식을 먹고 있었다. 한 남자는 카푸치노와 탄산음료를 번갈아가며 한 모금씩 마셨다. 헤드폰을 쓰고 있던 여자는 제과점 종이 상자에서 살구 타르트를 꺼내 먹은 다음 완숙 달걀 두 개와 약간의 생 시금치가 들어 있는 고단백 포장 식품을 먹기 시작했다. 건너편 남자는 낡은 가죽 서류가방에서 딸기 밀크셰이크 한 병과 반쯤 먹은 초콜릿 캐러멜 사탕 한 봉지를 꺼냈다.

다른 현대인과 마찬가지로 이들도 되는 대로 자신만의 식사 규칙을 만들고 있었다. 버밍엄과 런던 사이에서 일어난 이 장면에서 가장 놀라운 점은 이것이 거의 모든 도시의 기차에서 일어날 만한 일이라는 것이다. 처음 이 책을 기획할 때는 전 세계 사람들이 얼마나 다른 방식으로 식사를 하는지를 살펴보려고 했었다. 하지만 여러 다양한 국가의 사람들을 만나면서 그들이 내게 이야기하는 내용이 섬뜩할 정도로 비슷하다는 사실에 내내 깜짝 놀랄 수밖에 없었다. 바로 이것이 우리 시대의 또 하나의 역설이다. 이제 많은 사람들이 전보다 훨씬 다양한 식단을 먹을 수 있게 되었지만 그 다양성 이면에는 획일성이 자리하고 있다. 뭄바이와 케이프타운, 밀라노와 난징에 사는 모든 사람이 부모, 특히 조부모에 비해 자신의 식생활이 크게 달라진 것 같다고 말했다. 전통적인 가정 요리가 점차 사라지고 맥도날드에 가는 일이 늘었으며 스크린 앞에서 밥 먹는 일이 잦아졌다고 했다. 또한 고가공식품에 대한 반발이 커지고 특정 '건강'식품(예를 들면 퀴노아)을 숭배하게 되었다고 했다. 다이어트 식단과 저탄수화물 요법이 인기가 있다고 했다. 그리고 먹고 싶은 음식을 요리할 시간이 늘 부족하다고 했다.

사람들은 자신이 음식을 더 잘 선택할 수 있길 간절히 바라지만 현재 우리의 식생활은 개개인과는 아무 상관이 없는 막대한 외부적 힘의 결과물이다. 우리의 음식 선택은 대개 바쁜 일상 속에 어떤 제약이 있고 무엇이 가능한지에 따라 결정된다.

어쩌면 더 균형 잡힌 식사를 할 수 있을지도 모른다. 만약 일을 안 해도 된다면, 학교에 안 가도 된다면, 저축을 안 해도 된다면, 자동차나 버스, 기차로 이동하지 않아도 된다면, 슈퍼마켓에서 장을 안 봐도 된다면, 도시에 살지 않아도 된다면, 아이들과 함께 식사하지 않아도 된다면, 스크린을 안 들여다봐도 된다면, 일찍 일어나거나 늦게 자지 않아도 된다면, 자판기 앞을 지나가지 않아도 된다면, 우울해질 일이 없다면, 약을 안 먹어도 된다면, 음식 과민증이 없다면, 냉장고에 더 많은 것이 갖춰져 있다면 말이다. 그렇게 된다면 우리가 아침으로 무엇을 먹을지 누가 알겠는가?

현재 우리 대부분의 식생활이 지구에나 인간의 건강에나 지속 가능하지 않다는 사실이 갈수록 분명해지고 있다. 토양이 침식되고 식량 생산으로 생계를 꾸리지 못하는 농부들이 너무나도 많으며 고설탕 식단 때문에 치아를 전부 뽑은 아이들이 늘어나는 등 우리 주위에도 현대의 음식이 지속 불가능하다는 증거가 넘쳐난다. 음식은 물을 가장 많이 소비하는 단일 요인이자 생물 다양성을 해치는 가장 큰 원인 중 하나다. 우리가 계속 지금처럼 식사를 한다면 스스로와 환경에 회복 불가능한 피해를 입힐 수밖에 없다. 어느 시점이 되면 기후 변화 때문에 어쩔 수 없이 정부가 개혁에 나서서 낭비가 적고 인간 건강에 일조하는 식품 체계를 만들지 모른다. 앞으로 살펴보겠지만 몇몇 정부와 도시가 건강하고 즐거운 식생활을 위해 이미 조치를 취하고 있다. 하지만 그때까지 많은 소비자들은 스스로 문제를 해결하고 과도하게 넘쳐나는 현대 식품에서 벗어날 자기만의 전략을 직접 만들어야 한다.

완벽한 몸매에만 강박적으로 집착하는 문화 때문에 우리는 더 중요한 질문을 묻지 않게 되었다. 그 질문은 바로 신체 사이즈와 상관없이 무엇을 먹어야 불균형한 식품 공급 체계 때문에 아프지 않을 수 있는가다. 그 누구도 먹는 것을 통해 완벽한 건강을 얻을 수 없고 죽음을 무한정 연기할 수도 없다. 그렇게 하려다간 미쳐버릴 수도 있다. 삶이란 불공평한 것이어서 온갖 진녹색 잎채소를 전부 챙겨먹고도 암에 걸리는 사람이 있을 수 있다. 음식이 모든 질병을 치료하거나 예방해주지는 않는다. 하지만 그렇다고 음식이 우리를 죽이는 원인이 될 필요는 없다.

오늘날 식생활에서 사라진 가장 중요한 요소는 바로 균형이다.

이 균형은 하루 동안 먹는 끼니 간의 균형이기도 하고 한 번의 식사에 들어 있는 영양소 간의 균형이기도 하다. 어떤 사람은 현대 영양학이 심각한 혼란에 빠져 있고 무엇을 먹어야 더 건강해질지에 관해 과학적으로 알려진 바가 없다고 불평한다. 하지만 그건 사실이 아니다. 세계 최고의 영양학자들(가당 음료나 베이컨을 만드는 기업에서 자금을 지원받지 않는 사람들)이 자료를 꼼꼼히 추려내 체계적으로 증거를 검토한 결과 특정 식품을 일정량 섭취하는 것이 심장질환이나 당뇨병, 뇌졸중 같은 만성질환의 발병 가능성을 크게 낮춘다는 강력한 인과관계가 나타났다.[12]

중요한 것은 어느 한 가지 식재료가 아니라 식재료의 균형과 다양성이다. 하지만 개인의 취향과 신념, 소화력, 음식 과민증에 따라 식사에 포함하면 좋은 몇 가지 식품이 있다. 비교적 가공이 덜 된 식품, 견과류와 씨앗류, 콩류, 생선(기름질수록 좋은데, 정어리 통조림이 저렴한 대안이다)이 이런 식품에 해당한다. 최근 밝혀지기 시작한 바에 따르면 요구르트와 케피어(유산균과 효모가 결합된 케피어 그레인을 발효시켜 만든 발효유-옮긴이), 김치 같은 발효 식품이 장 건강에서부터 당뇨병 예방에 이르기까지 여러 면에서 건강에 도움을 주는 것으로 보인다. 또한 채소와 과일, 통곡물처럼 섬유질이 많은 식품을 섭취하는 것도 여러모로 좋다. 꼭 케일처럼 유행하는 슈퍼푸드에 돈을 쓸 필요는 없다. 모든 채소가 도움이 되므로, 최대한 다양한 채소를 섭취하는 것이 좋다.

좋은 식단은 절대량이 아니라 비율에 기초한다. 단백질을 섭취하자. 식단에서 탄수화물 대 단백질의 비율이 점점 낮아지고 있다는 사실이 현재의 비만 위기에서 우리가 놓친 연결 고리 중 하나일지 모른다. 생물학자 데이비드 로벤하이머David Raubenheimer와 스티븐 심슨Stephen Simpson이 2005년에 처음으로 입증한 이 현상은 '단백질 영향력 가설protein leverage hypothesis'이라는 이름으로도 알려져 있다. 절대량 측면에서 보면 부유한 국가의 국민들은 대개 육류를 통해 단백질을 충분히 많이 섭취한다. 떨어지고 있는 것은 탄수화물과 지방 대비 단백질의 비율이다. 우리의 식품 체계가 값싼 지방과 정제 탄수화물(설탕 포함)을 봇물처럼 쏟아내면서 미국인이 섭취하는 평균 단백질 비율은 전체 에너지 섭취량의 14~15퍼센트(보디빌더를 제외한 대부분의 사람들에게 가장 이상적인 비율이다)에서 12.5퍼센트로 떨어졌다. 그 결과 많은 사람이 칼로리를 필요 이상 섭취하고 있으면서도 단백질 부족에 시달리게 되었다. 로벤하이머와 심슨은 인간 외에 여러 동물 종에서 이런 단백질 부족 현상을 발견했다. 귀뚜라미는 단백질이 부족해지면 동족을 잡아먹는다. 메뚜기는 이상적인 단백질 균형 상태가 될 때까지 다양한 먹이를 찾아다닌다. 인간은 메뚜기처럼 현명하지도 않고 귀뚜라미처럼 잔인하지도 않다. 우리는 단백질이 부족하면 탄수화물을 통해 나머지를 보충하려 하고, 이는 과식을 불러온다. 로벤하이머와 심슨의 주장이 옳다면 비만은 (여러 다른 이론이 있을 수 있지만) 단백질 부족의 증상이다.

단백질의 영향력은 현재의 식품 환경에서 저탄수화물 다이어트가 (최소한 단기적으로는) 체중 감량에 효과적인 이유 또한 설명해준다. 저탄수화물 다이어트가 효과를 내는 주요 이유는 식단의 단백질 비율이 높아서다(그리고 설탕 비율은 낮다). 하지만 평생 빵을 끊는 것 외에 단백질 비율을 회복할 더 쉬운 방법도 있다. 예를 들면, 가당 음료를 줄이거나, 아침 식사에 요구르트나 달걀을 곁들이거나, 하루에 한 끼 정도 탄수화물을 절제하면 된다. 또는 녹색 채소나 콩류에서 단백질을 추가로 섭취할 수도 있다. 녹색 채소와 콩류에는 생각보다 아미노산이 훨씬 풍부하게 들어 있다.[13]

탄수화물 자체에 문제가 있는 것은 아니다(당신이 제2형 당뇨병 환자가 아니라면). 어쨌거나 인간은 옛날부터 고탄수화물 식단을 먹어왔다. 그리고 영양학자 데이비드 카츠David Katz의 말처럼 탄수화물은 "렌틸에서부터 막대사탕에 이르기까지" 그 종류가 다양하다. 영양소에 집착하는 이 시대에 사람들은 모든 식품을 특정 카테고리에 넣고 싶어 하지만 렌틸 같은 콩류는 탄수화물이 25퍼센트, 단백질이 25퍼센트다. 그렇다면 렌틸을 단백질로 보고 반겨야 할까, 아니면 탄수화물로 보고 거부해야 할까? 어쩌면 그러는 대신 구미가 당기는 렌틸 레시피를 찾아 요리하고(나는 커민 씨를 넣고 버터로 풍미를 내는 방법을 좋아한다) 그냥 음식이라고 부르는 것이 좋을 수도 있다. 왜냐하면 그게 사실이기 때문이다.

우리는 지금 음식의 전환점에 서 있다. 수많은 소비자가 또 한 번의 변화를 만들어 과거를 대체하고 이 난장판 속에서 현대적 삶에 걸맞은 새로운 식생활을 창조할 준비가 되어 있다. 현재 우리의 식생활 중에서 한 세대 전의 눈으로 봤을 때 평범한 것은 거의 없다. 하지만 나는 분명 미래에도 우리의 식생활이 평범해 보

식사에 대한 생각

이지 않으리라 생각하며 위안을 얻는다. 전 세계에서 우리의 식사 패턴이 더 건강하고 즐거운 방향으로 바뀌고 있다는 희망적 조짐을 발견했기 때문이다. 마지막 장에서는 이제 막 등장하기 시작한 새로운 음식 문화, 즉 영양과 맛이 마침내 하나로 합쳐진 문화를 함께 살펴볼 것이다.

현대의 식단이 일으키고 있는 피해를 되돌리려면 농업의 구조에서부터 우리가 채소에 대해 이야기하는 방식에 이르기까지 매우 많은 것을 바꾸어야 한다. 은행에 있는 돈보다는 양질의 음식을 얼마나 쉽게 구할 수 있느냐로 좋은 삶의 기준을 바꾸어야 한다. 지금과는 다른 식품 시장과 지금과는 다르게 운영되는 도시가 필요하다. 더 이상 우리 몸을 아프게 하는 정크푸드만 갈구하지 않도록 교육과 경험을 통해 다양한 입맛을 계발해야 한다. 현재로선 이 중 어느 것도 쉬워 보이지 않지만, 그렇다고 이러한 변화가 불가능한 것은 아니다. 현재 경험하고 있는 음식의 변화가 우리에게 알려준 것이 있다면, 우리가 단 한 세대 안에 식사에 관한 거의 모든 것을 바꿀 수 있다는 것이다.

1장

우리 식탁의
짤막하고 기막힌 역사

★

음식과 관련된 이야기가 두 가지 있다. 이보다 다를 수는 없을 정도로 너무나 다른 이야기다. 하나는 동화에 가깝고, 다른 하나는 공포물에 가깝다. 하지만 둘 다 분명한 사실이다.

그리고 그들은 영원히 굶주리지 않았답니다

행복한 버전의 이야기는 다음과 같다. 역사상 오늘날처럼 인간이 잘 먹은 적은 없었다. 1960년대까지만 해도 개발도상국의 거의 모든 병원에 콰시오커kwashiorkor에 걸린 아이들이 있었다. 콰시오커는 심각한 단백질 영양 실조증으로, 이 병에 걸리면 온몸이 부풀어 오르고 특히 배가 볼록 나온다. 하지만 그로부터 20년 뒤 콰시오커는 완전히 사라졌다. 괴혈병, 펠라그라pellagra(니코틴산 결핍에 의하여 일어나는 병-옮긴이), 각기병 같은 다른 결핍성 질환 역시 (몇 가지를 제외하면) 지나간 공포가 되었다. 굶주림이 사라진 것은 현대의 가장 큰 기적 중 하나다. 그리고 '그들은 영원히 굶주리지 않았답니다'는 많은 동화의 해피엔딩이다.[1]

20세기까지만 해도 기근은 전 세계에서 인간 존재를 위협하는 보편적인 현상이었다. 흉년에는 전 인구가 굶주렸고, 부유층을 제외한 모두가 음식을 충분히 먹지 못했다. 심지어 영국이나 프랑스처럼 부유한 국가에서도 평범한 사람들은 매일 굶주린 채 잠들어야 한다는 불안을 안고 살았고, 곡물과 빵 같은 기본 식품 구입에 소득의 절반가량을 썼다. 쌀을 주식으로 하는 아시아 국가에서는 대기근이 주기적으로 발생해 사회 전체가 말살되곤 했다.

기아의 감소는 우리 시대의 엄청난 경이 중 하나다. 유엔식량농업기구(이하 FAO)에 따르면 1947년에는 전 세계 인구의 절반이 만성 굶주림에 시달렸다. 하지만 2015년이 되자 (그사이 인구 수가 천문학적으로 증가했음에도) 이 수치는 아홉 명 중 한 명으로 급감했다. 극빈층의 수는 지금도 극적으로 감소하고 있다. 2017년 극심한 빈곤에 시달리는 인구(물가상승률을 감안해 매일 음식과 옷, 주거에 들어가는 비용이 1.90달러 미만인 인구)는 매일 25만 명씩 줄어들었다.[2]

절대적인 굶주림은 이제 과거에 비해 훨씬 드물다. 2016년 스웨덴의 역사가 요한 노르베리는 자신의 저서 《진보》에서 식량 문제가 완전히 해결되었다고까지 주장했다. 20세기에 농업 기술이 크게 진보하면서 훨씬 더 많은 사람들이 훨씬 더 많은 식량을 얻을 수 있게 되었다. 현대의 콤바인은 한때 남자 25명이 하루 동안

식사에 대한 생각

거둬들인 양을 6분 만에 수확하며, 냉장 시설은 수확한 곡식이 썩거나 낭비되는 것을 막아준다.[3] 식량은 매해 점점 더 많이 생산되고 있다.

가장 큰 변화는 1910년경에 개발된 하버-보슈법이다. 이 암모니아 합성 기술 덕분에 품질 좋은 질소 비료를 처음으로 저렴하게 생산할 수 있게 되었다. 토지 이용 및 식량 생산 전문가인 캐나다의 바츨라프 스밀Vaclav Smil은 2002년을 기준으로 전 세계 인구의 40퍼센트가 하버-보슈법 덕분에 세상에 존재하게 되었다고 추산했다. 하지만 하버-보슈법에 관해 들어본 사람이 몇 명이나 될까? 하버-보슈법이 없었다면 많은 사람이 지금 존재하지 못했을 테지만 이 기술은 1961년 미국 브롱크스의 한 사업가가 생각해낸 가짜 덴마크 아이스크림 브랜드인 하겐다즈보다도 훨씬 인지도가 낮다. 하버-보슈법에 이만큼 무지하다는 것은 우리가 얼마나 운 좋은 세대인지를 다시 한 번 보여준다. 우리는 대부분의 사람들이 생존보다 아이스크림에 대해 더 많이 생각할 수 있는 시점에 다다른 것이다.[4]

1970년에 노벨평화상을 수상한 농학자 노먼 볼로그Norman Borlaug는 줄기가 짧아 잘 쓰러지지 않고 수확량이 많은 밀 품종을 개발해 기아에 시달리는 10억 명의 사람들을 구했다. 볼로그가 개발한 이 기적 같은 밀(그리고 현대 농법) 덕분에 1965년에서 1970년 사이 인도와 파키스탄의 밀 생산량은 거의 두 배로 증가했다.

많은 사람들이 직접 빵을 굽던(또는 직접 토르텔리니 파스타를 밀던), 좋았던 옛날을 그리워한다. 하지만 기근 상태로 돌아가고 싶은 사람은 아무도 없을 것이다. 가끔 우리는 역사상 부유했던 대부분의 국가조차 기대 수명이 몹시 짧았고 때로는 먹을 것이 너무 부족해서 나무껍질을 밀가루에 섞어 양을 불렸다는 사실을 까먹곤 한다. 실제로 배고픔을 겪지 않은 사람들도 평균 가계비로 요리하고 식사하려면 아끼며 검소하게 살아야 했다. 특히 (냉장고가 없던 시절) 겨울에는 푸릇하거나 아삭한 것은 거의 없이 곡물과 염장한 고기만 먹었고, 향신료나 별미는 꿈도 꿀 수 없었다.[5]

오늘날 많은 사람들이 조부모 세대가 상상도 못 했을 싱싱하고 다양한 음식을 1년 내내 거의 무제한으로 즉시 손에 넣을 수 있다. 내가 사는 도시에서는 집에서 어느 방향으로든 3분만 걸어가면 선반이 가득 들어차 있는 식료품점에 도착하게 된다. 동쪽으로 산책을 가면 중국 슈퍼마켓과 정육점 그리고 남아시아 식료품점이 나오는데, 이 남아시아 식료품점은 신선한 민트 잎에서부터 모든 종류의 향신료, 직접 만든 팔라펠(병아리콩이나 누에콩을, 다진 마늘이나 양파, 파슬리, 커민, 고수씨, 고수잎과 함께 갈아 반죽한 다음 둥글게 튀긴 음식-옮긴이)과 사모사에 이르기까지 안 파는 게 없다. 북쪽으로 가면 이 지역에서 만든 사워도(반죽을 천연 효모로 장시간 발효시켜 구운 빵-옮긴이)와 고대 곡물ancient grains(육종된 작물이 아닌 먼 옛날부터 인류가 먹었던 곡물-옮긴이) 그리고 유기농 사과를 판매하는 건강식품 협동조합과, 내가 이름을 아는 모든 유럽 치즈뿐만 아니라 내가 이름을 모르는 치즈도 여럿 판매하는 헝가리 델리가 있다. 서쪽과 남쪽에는 서로 경쟁하는 네 개의 슈퍼마켓이 있는데, 하나같이 신선한 과일과 시리얼, 육류와 생선, 오일과 식초, 생강과 마늘로 가득하다.

이런 멋진 환경 속에서 나는 내게 풍요를 누릴 자격이 있다고 느끼게 되었다. 아주 가끔씩 이 많은 가게 중 한 곳에 갔다가 내가 사려고 했던 바로 그 상품이 다 떨어졌다는 것을 알고는(일요일 저녁에 파르메산 치즈가 없다고! 있을 수 없는 일이야!) 가벼운 충격을 받는다. 내가 꼭 먹고 싶은 것을 정확히 내가 먹고 싶은 때에 먹으리라는 기대가 좌절되었기 때문이다.

선진국에 사는 많은 이들이 금욕적이었던 전후 시기의 마지막 잔재에서 해방되어 새로운 미식의 시대를 살고 있다. 굶주림이 줄어듦과 동시에 맛이라는 새로운 가치의 눈부신 여명이 밝아 왔다. 현재 요리사들은 식재료를 절이고 발효시키는 기술을 다시 배우고 있다. 식재료를 오래 저장해야 해서가 아니라 그렇게 먹고 싶어서 말이다. 이렇게 많은, 끝내주는 맛의 커피가 이렇게 다양하고 아름다운 라테 아트로 장식된 적은 여태껏 없었다. 집에서 요리하는 재주 많은 사람들은 10년 전보다 훨씬 독창적이고 개방적으로 음식을 만든다. 대여섯 가지의 복잡한 프랑스 소스와 조개 수프에 통달하지 못한 사람은 좋은 요리사가 아니라고 말하는 과거의 속물들은 이제 사라지고 없다. 인터넷은 아찔한 속도와 규모로 레시피를 널리 퍼 나른다. (어쨌거나 영미권에서는) 조부모 세대가 밍밍한 고기와 두 가지 채소가 담긴 접시 앞에 의무적으로 자리를 잡았다면, 우리는 예상치 못한 전 지구적 입맛을 발달시켜 향신료인 옻sumac을 뿌린 매콤한 터키식 달걀 요리나 그런 망고와 라임으로 만든 화사한 색깔의 샐러드를 좋아하게 되었다. 한때는 늘 부족하고 대개 재미없는 연료일 뿐이었던 음식이, 이제는 늘 우리 곁에 있고 맛있으며 종종 이국적이기까지 한 경험으로 바뀌었다(적어도 대도시에서는 그렇다). 지금 우리가 칼라마타 올리브나 쿠스쿠스(좁쌀 모양의 파스타-옮긴이) 같은 식재료를 마치 태어날 때부터 먹었던 것처럼 얼마나 자연스럽게 먹고 있는지 생각해보라.

하지만 음식이 어디에나 존재한다는 사실은 이전에는 없던 새로운 문제를 만들어냈다. 쉽게 구할 수 있는 저렴한 음식은 꿈처럼 보일 수도 있지만 악몽이 될 수도 있다. 식단이 전 세계에서 수많은 죽음과 질병을 일으키고 있는 지금, 식량 문제가 완전히 해결되었다는 노르베리의 주장은 받아들이기 어렵다. 우리를 굶주림에서 구해낸 바로 그 음식이 한편으로는 우리를 죽이고 있다.

2006년 처음으로 전 세계의 과체중 인구 수가 영양부족에 시달리는 인구 수를 앞질렀다. 그해에도 여전히 8억 명의 인구가 먹을 것을 충분히 구하지 못했지만 과체중이거나 비만인 사람은 10억 명이 넘었다. 배를 곯던 우리 선조들에게는 먹을 것이 너무 많은 현실이 엄청난 횡재처럼 보일 수도 있겠지만 늘어난 칼로리가 우리 몸에 일으키는 문제는 해피엔딩과는 거리가 멀다.[6]

어떤 사람은 지나치게 많이 먹는 반면 어떤 사람은 극심한 배고픔을 해결해줄 최소한의 칼로리도 못 얻는다는 것이 유일한 문제는 아니다(물론 이 또한 심각하고 냉혹한 문제다). 새로 등장한 문제는 전 세계 수십억 명의 사람들이 너무 많이 먹는 동시에 영양이 부족하다는 것, 즉 칼로리는 많이 섭취하지만 영양소는 적게 섭취한다는 것이다. 우리의 새로운 세계적 식단은 설탕과 정제 탄수화물로 가득 차 있지만 철분이나 비타민 같은 미량영양소는 부족하다. 영양부족은 더 이상 굶주림이나 발육 부진만을 의미하지 않는다. 비만이어도 영양이 부족할 수 있다. 영양부족은 굶주림이 아니라 질 낮은 섭취를 의미하므로 여러 부적절한 식단이 원인일 수 있다. 그동안 정부가 현대의 식단이 일으키는 건강 문제에 제대로 대처하지 않았다면 아마도 그건 영양부족이 우리가 생각하는 모습과 다르기 때문일 것이다.

굶주림은 거의 사라졌지만 전 세계 인구 세 명 중 한 명이 다양한 형태의 영양부족을 겪고 있다. 중국, 멕시코, 인도, 이집트, 남아공을 포함한 많은 국가에서 과식과 영양부족이 동시에 나타나고 있으며, 많은 사람들이 칼로리를 과도하게 섭취하면서도 건강한 신체에 반드시 필요한 미량영양소와 단백질 부족에 시달리고 있다. 그 결과 서구 사회뿐만 아니라 전 세계에서 고혈압, 뇌졸중, 제2형 당뇨병 같은 질병을 앓거나 예방 가능한 종류의 암에 걸리는 사람이 점점 늘어나고 있다. 이런 질병이 발생하는 주요 원인은 영양학자들이 말하는 "최적의 상태에 못 미치는 식단suboptimal diet", 즉 일반 사람들이 말하는 "음식" 때문이다.[7]

우리 조상들은 음식을 충분히 먹을 수 없었다. 우리 시대의 음식은 이와는 다른 방식으로 문제를 일으킨다. 우리에게는 아낌없이 넘쳐흐르는 시장이 있지만 '음식'이라는 이름으로 판매되는 것들은 본연의 임무, 즉 영양 공급에 너무 자주 실패하곤 한다.

오늘날 슈퍼마켓에 들어서면 신선한 식재료만 우리를 반기는 것이 아니다. 통로마다 짭짤하고 기름진 스낵, 설탕을 입힌 시리얼, 한 번도 발효된 적이 없는 '빵', 다양한 빛깔의 가당 음료, 일반 요구르트보다도 설탕이 더 많이 들어 있는 '건강' 요구르트가 가득하다. 현대 식단의 이런 크나큰 변화는 자동차와 전기 믹서, 다양한 스크린의 확산 같은 방대한 사회 변화와 함께 일어났고, 그 결과 우리는 헬스장 이용권의 유무와 상관없이 앞선 세대보다 활동을 훨씬 적게 하게 되었다. 농업의 기계화는 수십억 명을 먹일 식량을 생산해낸 한편, 농부들이 (대부분의 사람들처럼) 점점 더 좌식 생활에 길들어가게 했다.

이러한 변화는 단 수십 년 만에 인간 건강에 분명한 흔적을 남겼다. 제2형 당뇨병을 예로 들어보자. 피로감과 두통이 발생하고 허기와 갈증이 심해지는 제2형 당뇨병의 원인은 과학자들 사이에서도 여전히 논란이 분분하지만, (유전적 요인을 제외하면) 평소에 가당 음료와 정제 탄수화물, 가공육을 많이 먹고 통곡물과 채소, 견과류를 적게 먹는 사람이 제2형 당뇨병에 걸릴 위험이 크다는 분명한 증거가 있다.

2016년 제2형 당뇨병 환자로 등록된 영국 아이들의 수는 600명 이상이었다. 하지만 2000년까지만 해도 영국에서 이 병을 앓는 아이는 단 한 명도 없었다.[8]

그렇다면 우리가 살고 있는 곳은 음식의 천국인가, 아니면 음식의 지옥인가? 이 상충하는 두 가지 음식 이야기는 양립이 불가능해 보인다. 하지만 2015년 미국과 영국, 유럽의 과학자들이 고

안한 체계적 평가 기준에 따르면 두 이야기는 모두 사실이다. 세계의 식단은 좋아지고 있는 동시에 나빠지고 있다.

세상에서 가장 질 좋은 식단

추운 겨울날, 해가 점점 지고 있다. 나는 38세의 과학자 이마무라 후미아키Imamura Fumiaki와 함께 케임브리지 대학원 학생회관 꼭대기 층에 있는 카페에 앉아 있다. 그는 블랙커피를, 나는 잉글리시 브렉퍼스트 티를 마신다. 비틀스처럼 머리를 자르고 화사한 보라색 타이를 맨 이마무라는 원래 도쿄 출신이지만 식단과 건강의 관련성을 연구하며 지난 15년을 서구 국가에서 보냈다. 이마무라는 이렇게 말한다. "음식에 관한 잘못된 믿음이 너무나도 많습니다." 그가 말하는 잘못된 믿음 중 하나는 완벽하게 건강한 식단이 존재한다는 생각이다.

전 세계의 모든 인간 사회는 하나같이 '건강에 좋은' 음식과 '건강에 나쁜' 음식을 함께 먹으며, 정말 중요한 문제는 둘 사이의 비율이다. 이마무라의 연구는 전 세계 대부분의 국가가 현재 건강에 좋은 음식을 그 어느 때보다도 많이 먹고 있음을 보여준다. 하지만 그건 건강에 나쁜 음식도 마찬가지다. 많은 사람이 음식에 관해서라면 다중인격자처럼 굴지만, 우리의 식품 공급 체계가 얼마나 미쳐 돌아가는지를 생각하면 그런 사람들의 행동이 그리 놀랍지도 않다. 오늘날 우리는 그 어느 때보다도 쉽게 신선한 과일을 먹을 수 있다. 하지만 설탕을 입힌 시리얼과 감자튀김도 그 어느 때보다 많이 먹는다.

이마무라는 영양 역학자다. 즉 음식과 건강의 관계를 더 명확히 설명하기 위해 전 인구의 식단을 연구한다. 이마무라는 케임브리지 바이오메디컬 캠퍼스에 있는 의학연구소MRC의 역학 부서에서 일하며, 미국과 유럽의 여러 대학에 걸친 대규모 연구팀에 속해 있다. 전체 프로젝트는 보스턴에 있는 터프츠 대학교 중심으로 진행되며, 빅데이터를 이용해 전 세계 국가의 영양 상태를 측정 중인 다리우시 모자파리안Dariush Mozaffarian 교수가 책임자다.

2015년 이마무라가 주저자로서 의학 저널 〈란셋The Lancet〉에 실은 논문은 영양 과학계에 파문을 일으켰다. 영양 역학자들로 구성된 이 팀은 전 세계 사람들이 얼마나 건강하게 먹고 있는지, 그리고 1990년에서 2010년 사이의 20년 동안 식생활이 어떻게 바뀌었는지를 밝히고자 했다.[9]

이쯤에서 이런 질문이 떠오를 수 있다. 무엇이 질 좋은 식단일까? 어떤 사람은 좋은 것의 측면에서 건강한 식단을 정의한다. 식단에 채소와 기름진 생선이 얼마나 들어 있는가? 어떤 사람은 나쁜 것의 측면에서, 예를 들면 가당 음료와 정크푸드가 얼마나 덜 들어 있는지에 따라 건강한 식단을 정의한다. 확실히 이 두 가지 방법은 문제를 바라보는 방식이 매우 다르다. 그러나 식단과 건강에 관한 연구들은 대개 이 두 가지 기준을 하나로 묶어버린다. 예를 들어, '몸에 좋은' 생선을 많이 섭취하면 자연히 '몸에 나쁜' 소금은 적게 섭취하리라고 가정하는 것이다. 하지만 어쩌나, 인간은 모순적인 생명체인 것을.

식사에 대한 생각

부유한 국가치고는 상당히 '건강에 좋은' 식단을 먹는 것으로 알려진 일본인은 생선도 소금도 많이 먹는다. 하나는 '건강에 좋은' 식품이고 다른 하나는 '건강에 나쁜' 식품이다. 또한 일본인은 정제하고 도정한 흰쌀('건강에 나쁘다')도 많이 먹고 짙은 녹색 채소('건강에 좋다')도 엄청 먹는다. 이마무라 역시 아직까지 채소와 생선 중심으로 식사를 하지만 간장 때문에 염분 또한 많이 섭취한다고 말한다. 과도한 나트륨 섭취와 고혈압의 관련성이 수많은 연구에서 증명되었음을 잘 아는 영양 역학자인데도 말이다. 하지만 이마무라는 영양학자가 추천할 만한 건강식품만 정확히 골라 먹는 사람은 전 세계에 아무도 없다는 것을 알고 있다.

　그동안 각국의 식단이 얼마나 몸에 좋은지를 측정하려는 시도가 여러 번 있었다. 하지만 이런 연구는 대부분 인간을 원래보다 더 합리적인 존재로 간주했다. 이전까지의 연구들은 건강에 좋은 식품을 많이 섭취하는 것과 건강에 나쁜 식품을 적게 섭취하는 것을 하나로 합쳐서 계산했다. 이마무라의 논문이 특히 획기적인 (그리고 우리의 실제 행동에 훨씬 근접한) 이유는 건강에 좋은 식품과 건강에 나쁜 식품을 개별적인 데이터로 잡고 따로 검토했기 때문이다.

　이마무라와 동료들은 과일, 채소, 생선, 콩류, 견과류와 씨앗류, 통곡물, 우유, 다중불포화지방산(해바라기씨유 같은 종자유에 들어 있는 지방), 식물성 오메가3, 식이섬유로 구성된 10가지 '건강에 좋은' 식품의 목록을 만들었다. 또한 가당 음료, 가공되지 않은 붉은 육류, 가공육, 포화지방, 트랜스지방, 콜레스테롤, 나트륨으로 이루어진 '건강에 나쁜' 식품 목록도 만들었다. (이마무라는 이 목록에 불만을 표하는 사람이 있을 수 있다는 것을 안다. 영양 과학자들도 포화지방이 불포화지방에 비해 몸에 나쁜지 아닌지를 두고 아직 논쟁을 벌이고 있다. 다른 영양소와 마찬가지로 포화지방과 관련된 핵심 문제는 '포화지방이 절대적으로 몸에 나쁜가 아닌가'가 아니라 '포화지방 대신 무엇을 먹는가'인 것으로 보인다. 포화지방을 가공 탄수화물로 대체하면 심장 건강에 해로울 수 있는 반면 올리브오일이나 호두로 대체하면 건강상의 이점이 있을 수도 있다는 증거가 있다.[10] 하지만 식단과 그에 따른 건강 상태에 대해 현재 영양 역학자들이 알고 있는 정보를 전부 종합해봤을 때, 이 목록이 이들이 내놓을 수 있는 최선이었다.) 그다음 연구자들은 특정 국가에서 건강에 좋거나 나쁜 식품들을 얼마나 먹는지 파악하고자 했다.

"우리는 사람들이 실제로 무엇을 먹는지 잘 모릅니다." 이마무라가 블랙커피를 홀짝이며 솔직하게 말한다. "식단 평가는 매우 어려운 문제예요." 사람들이 무엇을 먹는가에 대해 우리가 가진 정보는 거의 대부분 시장 지표에서 나온 것이다. 시장 지표는 특정 해에 특정 상품이 특정 국가에 들어가 얼마나 팔렸는지를 알려준다. 생산과 공급에 대한 이 자료는 사람들이 실제로 무엇을 먹는지를 측정할 대체물로 활용되며, 시간 흐름에 따른 식단의 대규모 변화(예를 들면 연어 섭취의 증가와 청어 섭취의 하락)를 파악하는 데도 도움이 된다. 이 식품 공급 자료는 매일 바쁘게 쇼핑하고 요리하는 우리 눈에는 보이지 않는 거대한 진실을 드러내줄 때가 많다. 앞으로 이 책에서 언급할 정보들도 대개 시장 자료에서 나온 것이다. 이것이 유일하게 얻을 수 있는 양적 자료이기 때문이다.

하지만 이 시장 자료에는 결함이 있다. 하나는 이 자료가 국가 평균만 보여준다는 것이고, 또 하나는 이 식품들이 집 안에 들어간 다음 무슨 일이 벌어지는지 알 수 없다는 것이다. 소비자는 그린 빈을 증기로 찐 다음 구운 정어리와 함께 먹었을까? 아니면 냉장고 구석에서 썩게 내버려두었을까?

식단을 파악하는 또 다른 방법은 지난 24시간이나 일주일 동안 무엇을 먹었는지 사람들에게 직접 물어보는 것이다. 이마무라는 시장 자료보다 이런 설문 자료를 더 선호한다고 말한다. 음식과 관련된 소비자의 실제 행동 방식을 훨씬 상세하게 그려볼 수 있기 때문이다. 문제는, 거짓말 또한 우리의 행동 방식 중 하나라는 것이다. 아니요, 저는 치즈를 추가한 나초를 사 먹지 않았습니다. 네, 저는 매일매일 다섯 종류의 과일과 채소를 먹습니다. 또한 우리는 자신이 먹은 것을 잊어버리기도 한다. 예를 들면 회의 사이에 스니커즈 초콜릿 바를 허겁지겁 해치웠다는 사실 같은 것 말이다.

이런 정확도 문제를 해결할 한 가지 방법은 사체를 부검하는 법의학자처럼 인체에서 나온 생체 지표를 측정하는 것이다. 몇 년 전부터 영양 역학자들은 혈청과 머리카락 샘플, 깎은 발톱에서 우리가 먹은 것의 흔적을 찾아내기 시작했다(손톱보다 발톱이 외부의 오염에 덜 노출된다). 발톱을 이용하는 것은 신체의 셀레늄 수치를 측정하는 가장 좋은 방법이다(셀레늄은 연구자들이 특히 관심을 보이는 영양소인데, 낮은 셀레늄 수치가 제2형 당뇨병 및 소아비만과 상관관계가 있기 때문이다).

무엇을 먹었는지를 파악하기 위해 가장 다용도로 널리 활용되는 신체 지표는 오줌이다. 다시 자라는 데 수 주일이 걸리는 발톱과는 달리 오줌은 (이걸 어떻게 우아하게 표현할 수 있을까?) 끝없이 재생 가능하고, 다른 지표보다 다양한 식품의 흔적을 드러내기 때문이다. 오줌 샘플이 점심 메뉴는 시금치 뇨키(감자나 시금치 등을 넣은, 반죽을 수제비처럼 빚어서 만든 파스타-옮긴이)였고 저녁 메뉴는 호박 리소토였다고 알려주는 정도에는 아직 이르지 못했지만 그럴 날도 머지않았을지 모른다. 현재 오줌은 우리가 먹은 소금의 양을 측정하는 데 가장 많이 활용되고 있다. 이마무라와 동료들은 오줌의 나트륨 수치를 측정한 142개 조사 결과를 검토하여 전 세계 대다수 성인의 소금 섭취량에 대한 자료를 내놓았다.[11]

이 글을 쓰고 있는 지금 이마무라의 연구는 질병 패턴과 관련해 그야말로 전 세계적 규모로 식단의 질을 측정한, 우리가 가진 가장 온전한 정보다. 연구자들은 전 세계 성인 인구 88.7퍼센트의 자료를 구했다. 그리고 이 자료를 통해 각국 사람들이 건강에 좋은 식품과 나쁜 식품을 각각 얼마나 먹는가라는 두 가지 관점에서 우리가 무엇을 먹는지에 대한 그림을 완성했다.

한 사람이 신선한 멜론을 좋아하는 동시에 기름진 어니언링을 우적우적 씹어 먹는 것도 좋아할 수 있다. 국가 단위에서도 이런 모순적인 입맛이 나타난다. 1990년 이후 전 세계적으로 '건강에 좋은' 식품의 소비는 의심할 여지없이 계속 증가하고 있지만, 그렇다고 해서 사람들이 건강한 식사 패턴을 보이는 것은 아니다.

과일을 예로 들어보자. 1990년부터 전 세계의 채소 소비는 큰 변화가 없지만 과일은 1인당 하루 섭취량이 평균 5.3그램 증가했다. 과일을 살 여력이 있는 사람에게 포도나 수박 같은 신선한 과일은 가장 좋아하는 간식 중 하나가 되었다. 가격이 비싼 과일은, 가처분소득이 생기면 부모가 아이들을 위해 가장 먼저 사는 것 중 하나다. 과일 섭취의 증가는 현대 음식에 대한 동화 버전의 이야기에 신빙성을 부여한다(현대 과일이 과거만큼 영양가가 풍부하지 않다는 사실은 차치해두자). 총 187개국 중 20여 개국을 제외한 모든 국가에서 건강한 식품 섭취가 증가했고, 그중 과일이나 소금을 뿌리지 않은 견과류처럼 간식 섭취가 특히 크게 증가했다.[12]

하지만 이마무라의 논문은 현대 음식에 대한 공포물 버전의 이야기 또한 뒷받침한다. 연구 자료는 1990년에서 2010년 사이에 전 세계적으로 가당 음료와 트랜스지방, 가공육 비율이 높은 식단이 훨씬 흔해졌음을 뚜렷하게 보여준다. 2010년 전 세계 국가의 거의 절반이 1990년에 비해 건강에 나쁜 식품이 훨씬 더 많이 들어 있는 식단을 먹었다. 건강에 나쁜 식품은 우리가 건강에 좋은 식품을 소비하는 속도보다 훨씬 빠르게 우리의 식단을 장악하고 있다. 하지만 그 정도가 어디에서나 똑같은 것은 아니다.

자료에서 가장 놀라운 점은 전 세계에서 전반적으로 가장 질 좋은 식단을 먹는 국가가 선진국이 아닌 아프리카 대륙, 특히 사하라 사막 이남의 저개발 지역에 몰려 있다는 것이다. 가장 건강한 식사 패턴을 가진 10개 국가를 순서대로 나열하면 차드, 말리, 카메룬, 가이아나, 튀니지, 시에라리온, 라오스, 나이지리아, 과테

말라, 프랑스령 기아나 순이다.

가장 건강하지 못한 식사 패턴을 가진 10개 국가를 끝에서부터 나열하면 아르메니아, 헝가리, 벨기에, 미국, 러시아, 아이슬란드, 라트비아, 브라질, 콜롬비아, 오스트레일리아 순이다.

이마무라는 부유한 국가에서만 건강한 식단을 먹을 수 있다는 생각이 음식에 관한 잘못된 믿음 중 하나라고 말한다. 그는 시에라리온과 말리, 차드의 국민이 독일이나 러시아 국민보다 건강에 좋은 식단을 먹는다는 사실을 발견했다. 사하라 이남 아프리카의 식단은 건강에 나쁜 식품은 상당히 적게, 건강에 좋은 식품은 많이 들어 있다. 만약 통곡물을 가장 많이 먹는 사람을 찾고 싶다면 여전히 호밀 빵을 많이 먹는 부유한 북유럽 국가나 남아프리카의 가난한 국가를 보면 된다. 이 국가들에서는 수수와 옥수수, 조와 테프^{teff}같이 영양가가 높은 다양한 곡물을 주식으로 먹고 보통 여기에 스튜나 수프, 렐리시^{relish}(절인 채소를 다진 양념류-옮긴이)를 곁들인다. 사하라 이남 아프리카 또한 콩과 채소를 많이 먹는다. 짐바브웨 사람들은 하루 평균 493.1그램의 채소를 먹는 반면 스위스인의 하루 채소 섭취량은 겨우 65.1그램밖에 안 된다.[13]

아프리카 식단의 질이 높다는 이마무라의 결론은 공중보건계의 심기를 불편하게 했다. 아프리카는 식량이 부족해서 굶주리고 있지 않나? 짐바브웨 국민이 스위스인에 비해 채소는 더 많이 먹을지 몰라도 2015년 스위스인의 평균 기대 수명은 83세인 반면 짐바브웨인의 평균 기대 수명은 고작 59세라는 점을 고려하면 채소보다 건강에 더 중요한 무언가가 있지 않을까? 몇몇 과학자

　　　　　　　　　　　　　　　　　　　　　식사에 대한 생각

들은 일부 아프리카 및 아시아 국가에서 건강에 나쁜 식품을 덜 먹는다는 사실이 곧 이들의 식단이 여러모로 '빈약'하다는 표지라고 주장한다. 만약 카메룬 국민이 설탕과 가공육을 덜 먹는다면 그건 이들이 전반적으로 음식을 적게 먹기 때문일 거라는 의미다.[14]

이마무라는 일부 아프리카 국가에서 먹을 수 있는 음식의 양이 매우 적다는 사실을 부인하지 않는다면서 이렇게 덧붙인다. "하지만 그건 우리 연구의 요점이 아닙니다. 우리는 양이 아니라 질을 살펴본 거예요." 이마무라의 논문은 전 세계 모든 사람이 하루에 2000칼로리를 섭취한다고 가정했다. FAO에 따르면 사하라 이남 아프리카인의 24퍼센트가 영양 결핍에 시달리고 있으며, 이마무라 또한 이 지역의 상황이 논문의 가정과는 거리가 멀다는 사실을 잘 알았다. 하지만 이마무라와 동료들은 식품의 양에 대한 문제와 질에 대한 문제를 구분하고 싶었다. 이마무라는 기존 보건영양학이 굶주림에 너무 집착한 나머지 건강에 이로운 음식인지 아닌지는 고려하지 않은 채 음식의 양에만 집중하게 되었다고 말한다.[15]

아프리카 사람들이 즐기고 있는 음식의 질과 다양성은 아프리카의 굶주림 때문에 눈에 잘 보이지 않을 수 있다. 범아프리카 문화를 기리는 잡지 〈치무렝가 크로닉Chimurenga Chronic〉의 남아공 출신 저널리스트 그레임 아렌즈Graeme Arendse는 이마무라가 발표한 논문의 결론이 그리 놀랍지 않았다. 2017년 아렌즈는 〈치무렝가 크로닉〉의 음식 관련 특별 호 제작에 참여해 아프리카 음식의 특징은 결핍과 고통뿐이라는 서구의 관념에 이의를 제기했다. 어느 화창한 겨울날, 케이프타운 중심가의 범아프리카 마켓 위쪽에 있는 그의 사무실에서 아렌즈는 내게 이렇게 말했다. "아프리카에 음식이 부족하다는 이야기는 사실이 아닙니다." 그는 아프리카의 전통 음식이 매우 다양하고 대부분 건강에도 좋다고 생각한다. 케이프타운에 있는 그의 사무실에서 조금만 걸어 나오면 평소 즐겨 찾는 말리 음식 식당에서 생선과 현미로 만든 음식을 포장해 올 수 있다. 다른 음식이 당기는 날에는 또 다른 카페에 가서 멜론 씨앗과 해산물, 쌉쌀한 녹색 채소로 만든 나이지리아식 에구시 수프를 맥도날드 패스트푸드 정도의 가격에 사 먹는다.

아렌즈는 다양한 종류의 수프를 비롯한 아프리카의 전통 요리를 더 널리 알리지 않으면 현재 남아공에서 점점 인기를 끌고 있는 패스트푸드와 즉석식품에 더 빠른 속도로 밀려날 것이라고 우려한다. 그는 몇 년 전부터 출근 버스 안에서 감자칩과 캔 콜라로 아침을 먹는 사람들을 목격하기 시작했다. "전에는 본 적 없는 일이에요."

남아공을 포함한 아프리카 대부분의 국가에서 식단 패턴이 빠른 속도로 나빠지고 있다. 최근 몇 년 사이에 부유한 남아공 국민은 파슬파슬한 옥수수로 만든 식사 대신 탄산 미네랄워터, 구운 채소와 페타 치즈로 만든 샐러드, 그리고 당연하게도 여러 종류의 아보카도 토스트를 먹기 시작했다. 하지만 이와 함께 스낵과 가당 음료의 소비도 엄청나게 증가했다. 남아공 국민의 식단은 채소와 스튜로 이루어진 다른 사하라 이남 아프리카 국가의 식

식사에 대한 생각

단에서 점점 멀어지면서 프라이드치킨과 햄버거, 엄청난 양의 파스타처럼 서구화된 식단 쪽으로 이동하고 있다.[16]

"젊은이들이 위를 늘리고 있어요." 2016년 아이들이 갑자기 튀긴 음식과 고기를 매일 먹으려 하는 것을 보고 깜짝 놀란 한 남아공 흑인 노인이 말했다. 남아공 같은 중간 소득 국가들은 동화와 공포물을 동시에 경험하고 있다. 2016년 기준으로 남아공의 영양 결핍 인구와 영양 과다 인구 비율이 둘 다 30퍼센트를 초과했다. 과거 남아공 사람들은 자연산 과일을 많이 먹는 한편, 옥수수나 수수로 만든 진한 포리지(오트밀에 우유나 물을 부어 걸쭉하게 죽처럼 끓인 음식-옮긴이)에 식초 몇 방울로 입맛에 맞게 간을 해서 아침 식사로 먹었다. 하지만 이제는 영양가가 적은 흰 공장 빵에 마가린이나 잼을 발라 아침을 먹는 사람이 많아졌다. 설탕 소비가 늘어나면서 남아공의 충치 발생 비율도 급속도로 증가하고 있다.[17]

남아공은 상대적으로 토양의 질이 나쁜 메마른 땅이다. 덕분에, 남아공의 영양사인 음포 슈쿠두Mpho Tshukudu가 말했듯이, 남아공 사람들은 "지상 낙원"에서처럼 식사할 수 있었던 적이 단 한 번도 없었다. 돌아가고 싶은 음식의 황금기 같은 것이 없는 셈이다. 하지만 남아공 사람들이 오늘날처럼 매일 음식의 딜레마에 직면해야 했던 적도 없다. 슈쿠두의 진료실에 찾아온 40대 여성은 시골 마을에서 살던 어린 시절에는 매일 수 킬로미터를 걷고 채소와 콩류로 직접 만든 음식을 먹었다고 회상했다. 주변에 비만인 사람은 아무도 없었고 병원에 가야 할 일도 없었다. 하지만 지금 이 여성은 남편과 세 자녀와 함께 도시에 살고 있었고, 모두가 포장 음식을 엄청나게 많이 먹었으며, 자주 아팠다. 아홉 살배기 딸은 벌써 몸집이 너무 커져서 성인용 옷을 사 입어야 했다.[18]

어떤 면에서 건강에 해로운 남아공의 식사 패턴은 아파르트헤이트라는 불의를 경험한 남아공 고유의 문제이기도 하다. 아파르트헤이트가 지속되는 동안 누가 도시로 들어오고 누가 시골에 머물지를 국가가 결정했고 흑인 농부들은 '홈랜드homeland'라는 이름의 흑인 자치 구역 바깥에는 토지를 소유할 수 없었다. 흑인 거주 지역에 사는 사람들은 백인이 사는 도시에서 일하며 장거리 통근을 하는 경우가 많았기에 요리할 시간이 전보다 부족했고, 그 결과 오래된 전통 요리들이 자취를 감추게 되었다.

하지만 남아공의 식사 패턴이 가장 극적으로 급변한 시기는 1990년대 중반 아파르트헤이트가 끝나고 넬슨 만델라가 대통령에 당선된 이후다. 이때 남아공의 수많은 흑인 인구가 처음으로 빈곤에서 벗어났다. 사람들은 자유롭게 도시로 이주할 수 있었고, 실제로도 그렇게 했다. 남아공 국민의 삶은 여러 면에서 더 나아지고 안락해졌지만 식생활은 전보다 나빠졌다. 경제가 개방되자 국내외에서 생산된 패스트푸드와 가공식품이 물밀듯 남아공으로 밀려들었다. 가공 스낵 바의 판매량이 2005년에서 2010년 사이에 40퍼센트 이상 증가했다.[19]

새로 얻은 자유와 도시 생활, 새로 얻은 스낵과 풍요, 새로 얻은 비만과 제2형 당뇨병. 남아공의 식사 패턴과 건강 패턴은 1990년대부터 빠르게 변하기 시작했다. 남아공의 식단은 아찔한 속도로 바뀌고 있지만, 그 패턴은 이미 우리에게 익숙하다. 마치 남아공이 (전 세계의 다른 수많은 국가들처럼) 50여 년 전 미국이 닦아놓은 길을 따라오고 있는 것 같다.

음식 혁명의 4단계

1950년대 위스콘신에서 성장한 배리 팝킨Barry Popkin은 아침에 마시는 오렌지 주스 한 컵을 제외하면 오로지 수돗물과 우유만 마셨다. 아버지는 차를, 어머니는 커피를 마셨다. 2009년 출간한 저서《세계는 뚱뚱하다》에서 팝킨이 설명한 것처럼 주말에 그의 부모는 특별히 와인 한 잔을 마시기도 했다. 팝킨의 집에서 시럽을 넣은 라테나 달콤한 에너지 음료를 마시는 사람은 아무도 없었고, 어른들은 매일 술 마시는 것을 꿈도 꾸지 못했다. 당시에는 스무디나 화이트 초콜릿 모카 프라푸치노 같은 것이 없었다. 노스캐롤라이나에 있는 채플힐 대학의 영양학 교수인 팝킨은 왜 우리의 식사 패턴이 과거와 이렇게 달라졌는지를 연구하고, 변화의 좋은 점은 남기고 나쁜 점은 극복할 방법을 찾는 것을 평생의 사명으로 삼고 있다.[20]

내가 이 책의 자료 조사를 시작하고 몇 달간은 마치 모든 길이 배리 팝킨으로 이어져 있는 것 같았다. 간식이나 설탕 섭취에 관한 확실한 정보, 또는 지난 몇십 년간 중국의 음식 변화에 관한 통계자료를 찾아볼 때마다 팝킨은 늘 관련 주제의 최종 논문에 공저자로 이름이 올라 있었다. 또한 그는 멕시코와 칠레, 콜롬비아, 브라질을 포함한 많은 국가에서 더 나은 식품정책을 만들기 위해 정부와 협업하고 있기도 했다. 그의 웹사이트에는 흰 수염을 기른 쾌활해 보이는 70대 남성의 사진이 있었다. 하지만 팝킨이 어찌나 일을 많이 하는지, 나는 그가 실제로 존재하기는 하는지, 사실은 어느 공장에서 일하고 있는 영양학자 팀의 이름은 아닐지 의심하기 시작했다.

전화 인터뷰 약속을 잡기 위해 팝킨에게 연락을 하자 그는 바로 메일 답장을 보내왔다. 현재 정말 "끔찍한" 한 주를 보내고 있긴 하지만 동부 표준시로 정확히 월요일 아침 9시에는 내 전화를 받을 수 있다고 했다. 그날 아침 걸걸한 목소리의 남자가 전화를 받더니 최근 몇 년간 단지 소수의 사람들뿐만 아니라 전 세계 수십억 인구의 음식이 얼마나 급격히 변화했는지를 즉시 설명하기 시작했다. 그는 감자칩과 즉석식품의 마케팅에 관해, 가당 음료의 증가와 가정 요리의 쇠퇴에 관해 설득력 있게 이야기했다. 팝킨은 이렇게 말했다. "급격한 변화입니다. 변화를 다시 되돌리려면 힘든 싸움을 해야 할 겁니다."

팝킨의 글에 따르면 그는 인도 올드델리의 빈민가에 살며 경제학을 공부하던 1965~1966년에 처음 영양학에 관심을 갖기 시작했다. 미국에서 평범하고 편안한 어린 시절을 보내고 인도에서 처음으로 극도의 굶주림을 목격한 그는 큰 충격을 받았다. 미국에 돌아온 후 경제학을 이용해 사람들의 식생활을 개선해야겠다고 결심한 그는 영양학에서 해결해야 할 가장 큰 문제는 언제나 굶주림일 거라고 생각했다.[21]

하지만 1980년대에 팝킨은 서구 사회에서 비만이 굶주림을 물리치고 가장 중요한 영양학적 문제가 되었음을 깨달았고, 경악스럽게도 몇 가지 만성질환이 전 세계를 휩쓰는 것을 목격했다. 팝킨은 비만이 서구만의 현상이 아니라 전 세계의 문제임을 이 분야에서 처음으로 주장한 전문가 중 한 명이다. 그는 가난한 국가들이 부유해지는 과정에서 자신이 목격한 변화를 설명하기 위해 '영양 전이nutrition transition'라는 용어를 만들었다. 어떤 국가가 점점 부유해지고 세계 시장에 문을 활짝 열수록 그 국가의 국민은 예외 없이 전과는 다른 식단을 먹기 시작한다. 이들은 과거에 비해 기름, 육류, 설탕, 스낵을 더 많이 먹고 통곡물과 콩류는 더 적게 먹는다. 팝킨은 이 새로운 식단이 들어간 곳은 어디든 삶이 더 편리해질 뿐만 아니라 다수의 질병이 발생한다는 사실을 발견했다.[22]

식단의 변화는 인간의 역사를 분석하는 한 가지 방법이다. 인간의 식단은 경제와 사회의 변화와 더불어 기술과 기후 그리고 인구의 변화에 따라 다음 단계로 넘어간다. 수렵 채집인이었던 최초의 인간은 주로 자연에서 구한 다양한 녹색 채소와 베리류, 야생 짐승 고기로 저지방 식사를 했다. 약 5만 년 전에 시작된 후기 구석기 시대에는 음식의 절반 이상이 식물에서 나왔고 나머지는 동물에게서 얻었다. 이런 사회에서 사람들은 음식을 구하기 위해 협력해야만 했다. 당시 인류는 불을 발견한 상태였지만 요리용 냄비는 만들지 못했다. 기대 수명도 짧았다. 전염병으로 먼저 목숨을 잃지 않는다 해도 갑작스러운 죽음을 맞이할 확률이 높았다. 하지만 고고학적 기록을 보면 이 1단계 시기에 무사히 성인이 된 인간은 (어느 지역에 살았느냐에 따라 다르지만) 대체로 건강이 좋았고 영양 결핍도 거의 없었다.

기원전 2만 년경인 농경 시대에 2단계가 시작되었다. 주식으로 먹는 곡물이 생겨나고 인구가 크게 증가한 것이 이 단계의 특징이다. 이제 사람들은 진흙으로 그릇을 만들었을 뿐만 아니라 그릇보다 정교한 맷돌도 만들었다. 자연식물과 육류로 이루어진 수렵 채집인의 식단은 주요 곡물 중심의 식단에 자리를 내주었다. 중국의 경우 주요 작물은 쌀과 조였고, 메소포타미아는 보리였다. 농사는 막대한 이득을 불러왔다. 처음으로 여분의 식량이 생긴 덕분에 많은 사람이 더 이상 식량 채집에 매달리지 않게 되었고 현재 파키스탄 지역에서 인더스 문명이 발생하는 등 여러 거대 문명이 등장했다. 곡물 농사는 땅에서 칼로리를 얻는 매우 효율적인 방법이었다. 농업이 없었다면 현재 우리가 아는 도시와 정치 제도, 인간 문명도 없었을 것이다.

하지만 농업에는 부정적인 측면도 있었다. 사람들이 먹는 음식이 전보다 덜 다양해졌다는 것이다. 2단계에 이르러 주식으로 먹을 곡물이 결정되자 기근이 늘고 식단 관련 문제가 급격히 증가했다. 양과 질이 모두 부족한 식사가 잦아지면서 인간은 체구가 작아졌고 여러 결핍성 질환에 시달리게 되었다. 이처럼 1단계와 2단계의 건강 상태가 다르다는 것이 바로 요즘 유행하는 '팔레오 다이어트Paleo diet'의 근거다. 현대인들이 시계를 약 1만 년 전으로 돌려서 마치 농업이 발명되기 전처럼 먹으려는 것이 바로 팔

　　　　　　　　　　　　　　　식사에 대한 생각

레오 다이어트다.

하지만 오늘날 대부분의 사람들이 먹는 것보다 더 건강한 식단을 찾기 위해 수천 년 전으로 돌아갈 필요는 없다. 유럽의 경우 단 몇백 년 전으로 시간을 돌리면 팝킨이 '기근 감퇴' 시기라고 부르는 3단계로 돌아갈 수 있다. 이 시기에는 윤작과 비료 등 농업 기술이 발전하면서 더 다채롭고 풍성한 식단을 먹을 수 있었다. 또한 전분성 곡물은 덜 먹는 대신 동물성 단백질과 함께 다양한 채소를 더 많이 섭취하게 되었다. 재료를 말리거나 절이는 등의 보관 방법이 새로 등장하면서 요리 또한 훨씬 다양해졌다. 이 시기에는 사망률이 조금씩 낮아지기도 했다. 더 영양가 높은 식단을 먹게 되면서 괴혈병과 각기병 같은 결핍성 질환 대부분이 전보다 줄어들었다. 팝킨의 모델에 따르면 여러 사하라 이남 아프리카 국가들이 현재 이 3단계를 통과하고 있다. 아마 이것이 이마무라의 논문에서 산업화된 세계의 식단보다 아프리카의 식단이 더 높게 평가된 이유일 것이다.

그다음은 현재 우리가 위치한 4단계. 이 시기는 앞선 세 단계와 질적으로 다르다. 갑자기 식단이 그 어느 때보다 빠른 속도로 바뀌면서 인간 건강에 극심한 영향을 미치게 된다. 육체노동 중심이었던 경제가 기계화됨에 따라 시골에 살던 사람들이 도시로 이주하고 에너지를 덜 쓰게 된다. 식품 가공과 마케팅 분야가 가히 혁명적으로 발전하고, 사람들은 지방과 육류, 설탕은 더 먹고 섬유질은 훨씬 덜 먹기 시작한다. 이 시기에는 결핍성 질환이 줄어들고 현대 의학이 발전하면서 기대 수명이 최고치를 찍는다.

하지만 식단과 관련된 만성질환으로 고생하는 사람 또한 이례적으로 증가한다. 이 '영양 전이'는 제2차 세계대전 이후 수십 년간 서구 사회 전역에서 일어났고, 지금은 그 외의 저소득 국가 또는 중간 소득 국가에서 더욱 빠른 속도로 진행되고 있다. 이러한 식단의 변화는 왜 현재 음식이 굶주림보다는 과잉으로 우리를 아프게 하고 있는지를 설명해준다.

4단계는 앞선 세 단계와 파격적으로 다르다. 음식 자체가 달라질 뿐만 아니라 인간의 삶에서 음식이 갖는 의미가 완전히 변하기 때문이다. 4단계에서 일어나는 가장 큰 변화 중 하나는 음식의 동질화다. 농업이 대규모 국제무역의 형태로 바뀌면서 바다 건너 서로 다른 대륙에 사는 사람들이 모두 몇 가지 안 되는 세계적 작물에 의존하게 되었다.

수백 년간 사람들은 프리터나 도넛 같은 특별한 튀김 음식으로 즐거운 날이나 휴일을 기념했다. 하지만 현대에 이르러 사람들은 무언가를 축하하기 위해서도, 심지어 배가 고파서도 아니고 그저 지루하고 따분하다는 이유만으로 소파에 앉아 말린 감자와 밀 전분 혼합물에 바비큐 양념을 가미한 감자칩 한 통을 해치울 수 있다. 지구 반대편에 있는 소파에서 똑같이 지루해하고 있는 또 다른 사람이 정확히 같은 순간에 정확히 똑같은 감자칩을 먹고 있을 수 있다는 것 또한 4단계만의 특징이다.

세계인의 평균 식사?

영양 전이는 공급 차원에서만 일어나는 게 아니다. 영양 전이는 개인의 욕망을 바꿈으로써 모두가 같은 종류의 음식에 끌리게도 한다. 1960년대 이후 전 세계 사람들은 더 이상 가족이 직접 기르거나 자국에서 생산한 특정 먹을거리에 의존하지 않고 먼 곳에서 생산된 외국 식재료를 먹기 시작했다. 그리고 얼마 지나지 않아 이 외국 식품을 너무 많이 먹게 된 나머지 더는 그 맛이 낯설지 않고 평범하게 느껴지기 시작했다. 우리는 우리가 먹는 음식뿐만 아니라 식단의 기본적인 구성 요소까지 바꾸었다.

전에도 많은 국가의 식성이 여러 번 바뀌긴 했지만(어쨌거나 토마토도 이탈리아의 토종 식품이 아니며, 홍차도 영국에서 처음 마시기 시작한 것이 아니다) 최근 전 세계적 규모로 발생한 입맛의 균질화는 전례가 없는 일이다. 서로 다른 곳에 사는 수십억 명의 사람들이 일제히 같은 종류의 식재료를 먹기 시작했다. 식단의 변화가 전 세계 대부분의 지역에서 이렇게 일시에 이렇게 대규모로 일어난 적은 없었다. 이러한 전환이 얼마나 만연하고 거대한지 우리에게는 변화에 반응할 시간도, 심지어 바뀐 것이 정확히 무엇인지 알아챌 시간도 없었다. 마치 하늘이 푸른빛에서 초록빛으로 바뀌었는데 무언가 잘못되었다고 이의를 제기하기도 전에 눈이 이미 적응해버려서 아무렇지 않게 평소처럼 살아가는 것과 같다.

과거에는 서로 다른 곳에 사는 사람들이 서로 다른 음식을 먹는 것이 인간 존재(그리고 음식)에 관한 당연한 사실이었다. 다양한 식품 환경에 능숙하게 적응하는 것이 잡식동물인 우리 인간의 본성이다. 당신이 누군가에게 "무엇을 먹나요?"라고 묻는다면 라고스에 있느냐 파리에 있느냐에 따라 매우 다른 답변을 기대할 것이다. 과거에 '음식'은 하나가 아니라 그 지역의 작물과 식재료, 생각과 편견을 반영한 다양한 것이었다.

내가 어린아이였던 1980년대 영국에서 어른들이 일본인은 생선을 날로 먹는다며 몸서리치던 모습이 기억난다. 영국인에게 그건 있을 수 없는 일이었다. 마치 살아 있는 개구리를 꿀꺽 삼키는 생각이라도 하는 양, 그들의 말투에서는 당혹스러운 혐오감이 배어났다. 당시 나는 바로 이 사람들이 더 나이가 들어 희끗희끗한 머리를 하고 영국의 평범한 시내 중심가에 있는 더할 나위 없이 평범한 가게에 들어가 점심 식사로 아무렇지 않게 스시 한 접시를 시키리라고는 전혀 예상치 못했다. 이제 우리는 베이징에서 피자를 먹고 로마에서 중국식 만두를 먹으면서도 전혀 이상함을 느끼지 않는 복제된 세상에 살고 있다.

문화 차원에서 이런 변화에는 보기 좋은 (그리고 먹기 좋은) 점도 있다. 사람들이 서로의 음식을 맛보지 못하게 막던 장애물과 편견이 이제 대부분 사라졌다는 것이 그렇다. 마늘 맛이 너무 강하거나 맵거나 향이 강하다면 어떤 요리든 간에 의심의 눈초리를 보내던 많은 서구인들도 이제는 한국식으로 양념한 바비큐나 입이 얼얼할 정도로 매운 태국 카레를 만족스럽게 먹을 것이다.

이처럼 우리의 미각은 어떤 면에서는 확장되었지만 다른 면에서는, 특히 식재료의 측면에서는 전보다 더 편협해졌다. 우리 선조들도 이렇게 생각했을 것이다. '음식'이 전 세계의 공용어가 되면 음식은 더 이상 음식이 아니게 된다고. 지구 어디에 살든 상관없이 현재 우리 모두의 식습관은 무서울 정도로 똑같아지고 있다.

2010년대 초반, 미국의 식물 다양성 전문가 콜린 코우리Colin Khoury가 이끄는 연구팀이 FAO의 식량 공급 자료를 이용해 1961년에서 2009년 사이의 대략 50년 동안 전 세계의 식단이 어떻게 바뀌었는지를 수량화하는 작업에 착수했다. 연구팀은 자료를 구할 수 있는 모든 국가에서(총 152개국에서 나온 이 자료는 전 세계 인구의 98퍼센트를 대변한다) 사람들이 어떤 작물을 먹는지를 확인하고 한 사람이 각 식품에서 얼마만큼의 칼로리와 영양분을 얻는지 측정했다. 전체적으로 연구자들은 오렌지, 쌀, 참깨에서 옥수수에 이르기까지 총 53개의 식품을 검토했다.[23]

연구자들은 1960년대 이후 식생활에 일어난 엄청난 변화를 확인했다. 어느 국가에 살고 있든 간에 지금 우리는 수천 킬로미터 떨어진 곳에 사는 사람과 비슷한 재료로 만든 비슷한 메뉴를 먹는다. 코우리의 팀은 이러한 현상에 '세계 표준 식단Global Standard Diet'이라는 이름을 붙였다.[24]

나는 1960년대 전 세계의 '평균' 식사자eater가 오늘날의 평균 식사자와 어떻게 다른지를 알아내려고 FAO 홈페이지 자료를 훑기 시작했다. 그러다 곧 내 질문이 잘못되었음을 깨달았다. 1960년대에는 전 세계의 평균 식사자 같은 것이 없었고, 서로 다른 고유의 식사 패턴만이 다양하게 존재했던 것이다. 그 당시 브라질에는 옥수수를 먹는 사람들이, 수단에는 수수를 먹는 사람들이 있었다. 영국에는 소의 살코기와 콩팥으로 만든 파이에 열광하는 사람들이 있었고, 헝가리에는 굴라시 추종자들이 있었다. 따라서 전 세계의 평균 식사자가 무엇을 먹을지 생각해보는 것은 말이 되지 않았다. 그런 사람은 애당초 존재하지 않았기 때문이다.

오늘날에야 우리는 코우리를 따라 세계 표준 식사자가 무엇을 먹는지 살펴볼 수 있게 되었다. 오늘날에야 인간이 이렇게 놀라울 정도로 비슷하게 먹기 시작했기 때문이다. 아마도 가장 큰 변화는 먹는 양일 것이다. 우리는 1960년대에 비해 하루 평균 500칼로리를 더 섭취한다(1961년에는 하루 평균 2237칼로리를, 2009년에는 하루 평균 2756칼로리를 섭취했다). 세계 표준 식사자는 과거 대부분의 사람들에 비해 거의 모든 것을 훨씬 더 많이 먹는다. 1960년대 이후 사람들은 정제된 곡물과 지방, 술을 더 많이 먹기 시작했다. 단순히 말하자면 음식 자체를 훨씬 많이 먹게 된 것이다. 현재 평균 식사자는 설탕과 쌀은 많이 섭취하고 콩류는 거의 섭취하지 않는다. 전반적으로 식단에 설탕과 기름, 육류가 많아졌으며, 사람들은 현재 어디에 살든 상관없이 한참 떨어진 곳에서 재배되고 생산된 음식에 크게 의존한다. 코우리와 동료들은 각국에 공급되는 식량의 3분의 2 이상이 자국 작물이 아닌 외국 작물이라고 추산했다.[25]

비가 내리는 어느 잿빛 봄날 아침, 나는 콜린 코우리와 전화 통화를 했다. 코우리는 콜로라도에 있는 미국 종자 은행에서 일하며 콜로라도에서 살고 있었다. 코우리는 자신의 전문 분야가 영양학이 아닌 식물과학이라고 설명한다. "저는 다양성을 중시합니

식사에 대한 생각

다." 그는 다른 여러 생물학자들처럼 생물 다양성을 보존하여 건강한 생태계를 지킬 수 있느냐에 지구의 미래가 달려 있다고 믿는다. 동료들과 함께 전 세계의 식량 공급 자료를 한데 모으기 시작한 코우리는 세계의 식단이 상당히 비슷해졌으며, 사람들이 평균값 쪽으로 몰리고 있는 것을 발견하고 깜짝 놀랐다.

코우리가 살고 있는 콜로라도 덴버에서 브렉퍼스트 부리토(토르티아에 콩과 고기 등을 넣어 말아낸 멕시코 요리-옮긴이)는 주민들이 (특히 주말에) 식당과 카페에서 가장 즐겨 찾는 메뉴다. 마음의 위안을 주는 이 기름진 랩 샌드위치는 밀가루 토르티아에 달걀, 감자, 그린 칠리, 치즈, 고기 종류(스페인 소시지인 초리조일 때도 있고 베이컨이나 스테이크일 때도 있다)를 넣어 만든다. 브렉퍼스트 부리토는 필라델피아의 치즈 스테이크처럼 이 지역의 자랑이다.

이 메뉴를 사랑하는 사람들에게 덴버의 브렉퍼스트 부리토는 특색 있는 요리다. 하지만 다른 의미에서 이 '지역' 명물은 이 지역과 전혀 관련이 없다. 베이컨과 달걀은 아이오와에 있는 거대한 생산 라인에서 나온다. 달걀을 볶는 콩기름은 브라질이 원산지다. 토르티아의 재료는 맛없는 현대의 밀 품종으로 만든 윤기 없는 흰색 정제 밀가루인데, 베이글에서 식빵과 핫도그 빵에 이르기까지 미국에서 팔리는 거의 모든 빵에 이 밀가루가 사용된다. 내용물이 조금씩 다를 수는 있겠지만 덴버의 브렉퍼스트 부리토는 뉴욕의 햄버거와 감자튀김, 아니면 필리핀의 페퍼로니 피자와 대동소이한 재료로 만들어진다.

"다들 똑같은 작물을 먹고 있습니다." 코우리가 말한다. "지역마다 유명한 음식이 다르지만 그 안을 들여다보면 식재료는 그리 다르지 않아요." 어떤 면에서 4단계로의 진입은 농업이 등장한 2단계와 비슷하다. 식단이 편협해지고 뒤이어 새로운 질병이 발생한다.

식품 포장지와 조리법, 브랜드 이름을 벗겨내고 보면 리오에 살든 라고스에 살든 거의 대부분의 사람들이 육류와 설탕, 정제된 밀과 쌀, 정제된 식물성기름에서 에너지의 상당량을 얻는다. 전 세계 평균 식사자는 대체로 몇 가지 주요 식품만을 섭취하며, 이 품목들은 대부분 식료품점이나 우리 접시 위에 도착하기 전에 국제적으로 거래된다. 현재 평균 식사자는 다음 여섯 개 식품만으로 일일 칼로리 섭취량의 대부분(1576칼로리)을 얻는다.

1. 동물성 식품
2. 밀
3. 쌀
4. 설탕
5. 옥수수
6. 대두

이 중 동물성 식품과 밀이 각각 500칼로리, 쌀과 설탕이 각각 300칼로리, 옥수수가 200칼로리, 대두가 76칼로리 정도를 책임진다. 그 외의 다른 식품은 존재감이 미미하다.[26]

다양했던 전통 식단이 현대에 이르러 하나같이 달고 짜며, 하

식사에 대한 생각

나같이 쌀과 밀 그리고 육류로만 구성된 똑같은 식단으로 바뀌고 있다.

이렇게 동일한 식단이 미치는 영향을 따라가다 보면 인간의 장腸에까지 이르게 된다. 탄자니아 북부 지역에서 수렵 채집 생활을 하는 하드자Hadza 부족(그때그때 다양한 뿌리채소와 베리류, 야생동물의 고기 등을 먹으며 살아간다)은 부유한 서구인에 비해 미생물군유전체microbiome(미생물 전체의 유전 정보를 말하며, 여기서는 장내 미생물을 의미한다)가 40퍼센트 더 다양했다. 장내 미생물군 유전체의 다양성은 비만이나 제2형 당뇨병과 관련이 있다.[27]

물론 몇몇 국가는 식단이 세계 표준 식단으로 바뀌면서 유익한 결과를 얻기도 했다. 코우리는 "몇몇 지역의 경우 세계 표준 식단 덕분에" 50년 전에 비해 "확실히 식단이 더욱 다양"해졌다고 지적한다. 몇 가지 다양한 음식을 똑같이 먹는 것을 균형이라고 정의한다면 현재 전 세계의 식단은 1960년보다 더 균형이 잡혔다. 최근까지만 해도 동아시아의 여러 국가들은 위험할 정도로 쌀이라는 하나의 작물에만 의존했다. 이런 단일한 식단은 단조롭기도 하지만 19세기 아일랜드에서 발생한 감자 기근처럼 작물 재배에 실패할 경우 매우 위험한 결과를 낳을 수도 있다. 베트남 같은 동아시아 국가들은 세계 시장의 문이 열린 덕분에 밀과 감자로 식단을 다양화하는 것이 가능해졌다. 덕분에 더 다양한 영양소를 섭취할 수 있게 되었을 뿐만 아니라 식량 안전성도 더욱 높아졌다.

하지만 대부분의 국가에서 새로운 세계 식단은 사람들이 먹는 식품의 가짓수를 줄이는 결과를 낳았다. 전 세계에는 먹을 수 있는 작물이 대략 7000종 있지만 우리가 먹는 것의 95퍼센트가 겨우 30개 남짓한 작물에서 나온다. 잡식동물인 인간은 본래 다양한 음식을 먹도록 타고났다. 그러므로 우리 인간의 음식 선택이 이렇게 한정된 데에는 어딘가 이상하고 잘못된 점이 있다.[28]

다음 사실을 알게 되면 놀랄 수도 있는데(나는 놀랐다), 음식 면에서 전 세계 평균에 가장 가까운 국가는 미국이 아니다. 실제로 미국은 식단 구성이 매우 극단적이다. 예를 들면, 미국인이 육류에서 얻는 칼로리는 세계 평균의 두 배다(미국은 약 1000칼로리, 세계 평균은 500칼로리). 또한 미국인은 설탕과 감미료도 세계 평균보다 훨씬 많이 섭취한다.

세계 평균에 가장 가깝게 먹는 사람을 찾으려면 개발도상국 중 중간 소득 국가, 특히 중남미 국가들을 살펴봐야 한다. 이 국가들은 음식 소비가 어떻게 세계 평균으로 이동하는지를 여실히 보여준다. 소비하는 작물 측면에서만 보면 세계에서 가장 평균에 가깝게 먹는 국가는 콜롬비아다. 원래 콜롬비아의 가장 큰 칼로리 공급원은 옥수수, 동물성 식품, 설탕, 쌀의 순서였다. 하지만 이제는 순서가 바뀌었다. 콜롬비아에서 가장 많이 섭취하는 식품은 동물성 식품(518칼로리), 설탕(404칼로리), 옥수수(368칼로리), 쌀(334칼로리)이다. 현재 콜롬비아 사람들은 1960년대에 비해 밀과 설탕을 훨씬 많이 섭취하고 정제된 기름도 더 많이 섭취한다.[29]

과거에는 콜롬비아 사람들이 평균에 가깝게 식사한다는 이야기가 매우 터무니없어 보였을 것이다. 얼마 전까지만 해도 콜롬비아 사람들의 식습관은 유럽이나 미국하고만 달랐던 것이 아니라 다른 중남미 국가들과도 기이할 정도로 달랐기 때문이다. 달걀을 넣은 우유 수프에 파와 고수를 얹어 아침으로 먹는 국가에 '평균'적인 데란 없었다. 창구아changua라는 이름의 이 수프는 어렸을 때부터 이 음식을 먹고 자란 사람들에게 죽이나 치킨 수프만큼 마음의 위안을 준다. 이 밖에 콜롬비아 음식의 또 다른 특징은 독특하고 다양한 열대 과일이다.

2017년 봄에 떠난 스페인 여행 중에 나는 콜롬비아의 베스트셀러 작가 헥터 아바드Héctor Abad와 대화를 나눌 기회를 얻었다(헥터 아바드는 《슬픈 여인들을 위한 레시피Recipes for Sad Women》라는 멋지고 특이한 책의 저자다). 우리는 해가 지기 직전 산세바스티안의 거리를 거닐었고 그는 내게 자신이 오래된 책과 길을 얼마나 사랑하는지를 이야기했다. 아바드는 콜롬비아에서 처음 이탈리아로 여행을 갔을 때 이탈리아 사람들이 과일로 식사를 시작하는 것이 아니라 식사 후에 과일을 먹는 것을 보고 깜짝 놀랐다고 한다. 아바드가 어렸을 때 과일을 살 여유가 있는 콜롬비아 사람들은 매일 현지 과일과 함께 식사를 시작했다고 한다. 콜롬비아의 과일은 즙이 많은 핑크 구아바에서 구아나바나에 이르기까지 다양하다. 아바드는 이후 내게 보낸 이메일에서 구아나바나를 "공룡을 닮은 껍질에 달콤하고 축축한 솜처럼 씹기 편한 과육을 가진 과일"이라고 묘사했다.

아바드가 여덟 살이던 1960년대 키스라는 이름의 미국인 학생이 아바드의 가족을 방문했다. 아바드의 어머니가 아침으로 창구아 수프를 내놓자 키스는 "거의 토할 뻔"했다. 그는 매일 옥수수를 갈아 신선하게 구워낸 콜롬비아의 빵 아레파arepas도 좋아하지 않았다. 그리고 메데인에 햄버거를 먹을 곳이 한 군데도 없다며 불평을 했다. 아바드는 10대가 되어서야 "피자라는 낯선 고칼로리 음식"을 처음 맛보았다.

아바드와 그의 아내는 지금도 여전히 콜롬비아 전통 요리를 먹는다. 아니, 최대한 먹으려고 노력한다. 두 사람은 수프와 생선을 많이 먹고, 육류와 쌀, 채소로 푸짐한 요리를 만들기도 한다. 하지만 이런 요리는 더 이상 콜롬비아 사람들의 일상이 아니다. 아바드는 키스가 지금 다시 콜롬비아를 방문한다면 자기 고향인 로스앤젤레스에서 먹던 것과 똑같은 음식을 어렵지 않게 구할 수 있을 거라고 확신한다.

아바드는 콜롬비아 젊은이들이 더는 자신처럼 먹지 않으며, 그 변화가 빛의 속도로 일어나고 있음을 깨달았다. 그는 내게 이렇게 말한다. "이게 다 5년 내지 10년 만에 벌어진 일이에요." 아바드는 콜롬비아 젊은이들이 아침으로 옥수수 아레파 대신 서양처럼 밀로 만든 식빵을 먹는 모습을 본다. 옛날처럼 쌀과 콩을 먹지 않고 햄버거를 먹는 모습을 본다. 신선한 과일 주스 대신 세븐업7 Up과 콜롬비아나(아바드가 "시럽보다 달다"라고 표현한 콜롬비아의 음료) 같은 탄산음료를 홀짝이는 모습을 본다. 아바드는 콜롬비아가 전통 음식에 대한 자부심을 잃어버린 것 같다며 슬퍼한다. 94세인 아바드의 어머니는 몸이 아프면 여전히 직접 창구아를 만들어 먹는다. 하지만 아바드는 어머니 외에 그렇게 하는 사람을 알지 못한다.

콜롬비아에서 일어나고 있는 일이 다른 대부분의 국가에서도 일어나고 있다. 전 세계 아이들은 기이할 정도로 서로 비슷한 음식을 먹는다. 포르투갈에 사는 아이와 중국에 사는 아이가 방과 후 똑같은 간식을 먹을 거라고 생각하는 사람은 없을 것이다. 하지만 2011년부터 2013년까지 12개국에서 9~11세 어린이 7000명 이상과 인터뷰한 결과 12개국 전체에서 매우 비슷한 식사 패턴이 나타났다. 특히 "건강하지 않은" 식사 패턴을 가진 이이들의 경우 포장된 쿠키와 시리얼 바, 유명 브랜드의 사탕과 초콜릿, 크래커 같은 음식을 거의 똑같이 먹는 경향을 보였다.[30]

오스트레일리아에 살건 인도, 핀란드, 케냐에 살건, 아이들은 동일한 음식을 알았고 동일한 음식을 허겁지겁 해치웠다. 이 음식은 아이들이 사는 국가의 전통 요리와 아무 상관이 없었고, 심지어 이들이 부유한지 가난한지와도 상관이 없었다. 아이들은 감자튀김을 먹고 탄산음료를 마셨다. 도넛, 감자칩, 케이크, 아이스크림을 먹었다. 방갈로르에 사는 아홉 살 어린이와 오타와에 사는 아홉 살 어린이가 똑같은 탄산음료와 똑같은 아침 식사용 시리얼을 먹었고 짭짤한 봉지 과자 역시 대부분 같은 것을 먹었다. 12개국 전체에서 비교적 건강한 식사를 하는 아이들 역시 (인도 어린이는 전유를 먹는 반면 핀란드와 포르투갈 어린이는 탈지유를 먹는다는 사실을 제외하면) 식사 패턴이 비슷했다. 모든 국가에서 '건강하게' 먹는 아이들은 짙은 녹색 잎채소, 주황색 채소, 콩류, 생선, 치즈를 먹었고 과일, 그중에서도 특히 바나나를 많이 먹었다.[31]

전 세계 식단의 천편일률적 특징을 잘 보여주는 식품이 하나 있다면 바로 바나나다. 캐번디시 바나나는 과일로서 추천할 만한 점이 별로 없는데도 전 세계 부엌에 당당히 자리를 잡았다. 초승달 모양의 이 노랗고 부드러운 과일은 생물 다양성을 상실한 우리 식품 체계의 상징이 되었다. 캐번디시 바나나는 전 세계에서 가장 인기 있는 과일일 뿐만 아니라 모든 식품 가운데 10번째로 많이 소비되는 식품이기도 하다.[32]

사라져가는 음식의 언어

세계에서 가장 있을 법하지 않은 바나나는 북극권에서 몇백 킬로미터밖에 떨어져 있지 않은 아이슬란드에서 자란다. 아이슬란드는 누가 봐도 열대 과일이 자랄 만한 곳이 아니다. 이 스칸디나비아 지역의 겨울은 해가 단 네 시간만 비출 때도 있으며 기온은 툭하면 영하로 떨어진다. 하지만 아이슬란드의 남부 도시 크베라게르디 근처에는 용암 지대가 있어서 온실에 전력을 공급할 수 있을 정도로 충분한 지열이 발생하고, 이 온실에서 북유럽 바나나가 자란다.[33]

아이슬란드에서 바나나를 재배한다는 것은 마술 같은 일로, 음식이 점점 더 세계화되면서 특징이 사라지는 현대적 추세를 거스르는 것처럼 보인다. 2000년대에 접어들 때쯤 아이슬란드가 '유럽에서 바나나를 가장 많이 생산하는 국가'가 되었다는 소문이 돌았다. 어떤 이들은 아이슬란드가 노란 껍질을 가진 이 부드러

운 과일을 자급자족하려 한다고 했다.[34]

안타깝게도 '전설의 바나나 왕국 아이슬란드'는 그야말로 전설인 것으로 밝혀졌다. 아이슬란드에서 바나나가 자랄 수 있긴 하지만(이것도 충분히 놀라운 사실이다) 상업적 규모로 재배할 수 있는 건 아니다. 1940년대에 식물학자들이 아이슬란드에서 바나나를 재배할 수 있다는 사실을 처음 발견한 이후 전역에 바나나 농장을 세워 실험에 들어갔지만 이윤은 전혀 내지 못했다. 아이슬란드에서 바나나를 키울 수 있는 시기는 매우 짧아서 4월부터 6월까지만 수확이 가능하다. 얼마 지나지 않아 아이슬란드의 바나나 사업가들은 바나나 재배를 포기하고 남은 바나나 나무들을 크베라게르디에 있는 농업 대학에 기증했다. 아이슬란드의 그 어떤 가게에서도 지열로 재배한 바나나를 찾을 수는 없다. 크베라게르디 농업 대학은 공적 자금을 지원받은 단체라서 무언가를 판매해 이윤을 얻는 것이 금지되어 있기 때문이다. 한 해에 생산되는 소량의 바나나(약 1톤 정도)는 교수와 학생, 방문객들에게 무료로 제공된다.[35]

나머지 바나나 수요를 충족하기 위해 아이슬란드 사람들은 북쪽과 서쪽에 위치한 다른 국가의 국민들과 정확히 똑같은 방법을 사용한다. 바로 거대 다국적기업이 햇볕이 쨍쨍한 국가에서 대량으로 실어오는 캐번디시 바나나를 구매하는 것이다. 아이슬란드 슈퍼마켓에 있는 바나나는 대부분(아이슬란드 슈퍼마켓에는 바나나가 엄청 많다) 파란색 치키타Chiquita 상표를 달고 있다. 브라질의 유명 배우 카르멘 미란다Carmen Miranda처럼 과일로 장식한 모자를 쓴 화려한 여성('미스 치키타')이 그려진 상표다. 노스캐롤라이나에 기반한 미국 기업 치키타는 세계적으로 가장 규모가 큰 과일 브랜드 중 하나로, 70개 국가에서 중남미, 특히 과테말라와 멕시코에서 생산한 바나나를 판매한다. 그러므로 아이슬란드는 바나나 소비에 있어서 특이하다기보다는 오히려 아주 전형적이다.

바나나 브레드는 현재 레이캬비크 사람들이 가장 많이 먹는 케이크 중 하나이며, 현대 아이슬란드 국민은 에너지를 빠르게 얻고 싶을 때면 바나나를 먹는 바나나의 열혈 소비자다. FAO의 자료에 따르면, 2000년에 아이슬란드가 수입한 바나나는 1인당 12.46킬로그램으로 러시아의 거의 네 배였다.[36]

거의 모든 바나나가 열대 지역에서 재배되지만 그 바나나를 먹는 곳은 온대 지역이라는 점에서 바나나는 현대 식품의 전형이라 할 수 있다. 바나나는 선진국 국민에게 기쁨과 영양을 주기 위해 개발도상국에서 재배된다. 이처럼 바나나에 대한 의존도가 크게 높아진 것은 사람들이 자국 식품보다 수입 식품을 더 많이 먹게 되었다는 충격적 사실을 보여준다.

한때는 드물게 특정 지역에서만 먹을 수 있었던 이 노란 과일은 이제 전 세계 모든 부엌에 일상적으로 자리하고 있으며, 한때는 외국의 맛이었지만 이제는 더 이상 외국의 맛이 아니다. 열대 지역에 살지 않은 우리 조부모 세대에게 바나나는 이국적이고 무척 색다른 특식이었다. 반면 슈퍼마켓에서 가장 저렴한 과일이 된 오늘날의 바나나에는 색다르거나 이국적인 면이 하나도 없다.

바나나는 이탈리아와 오만, 독일과 인도에서 매일 먹는 식품이 되었다. 전 세계 어디에서 먹든 바나나는 밍밍한 맛을 가진 캐번디시 품종일 가능성이 높다. 맛이 별로 없는데도 세계 수출 시장을 장악하고 있는 캐번디시 바나나는 현재 재배되는 전체 바나나의 47퍼센트를 차지한다(중국과 영국에서 먹는 바나나는 거의 100퍼센트 캐번디시 바나나다).

오랫동안 바나나는 나를 당혹스럽게 했다. 영국의 전쟁 세대들은 가끔 전쟁 중에 바나나가 얼마나 못 견디게 그리웠는지, 종전 후에 그 특별한 과일을 다시 먹을 수 있기를 얼마나 갈망했는지 이야기하곤 했다. 나는 이해할 수 없었다. 캐번디시 바나나는 간절하게 바랄 만한 음식이 아니기 때문이다. 그런데 전쟁 세대들의 바나나는 캐번디시 바나나가 아니었다. 캐번디시 이전에 가장 많이 먹던 바나나 품종은 그로미셸Gros Michel이었고, 그로미셸은 캐번디시보다 훨씬 맛이 좋았다고 한다. 그로미셸은 옛날 과일이 현대 과일보다 더 달콤한 흔치 않은 사례로, 식감도 훨씬 부드러울 뿐만 아니라 깊고 복합적인 와인 같은 풍미가 있었다. 얼얼할 정도로 달콤하고 깊은 향의 바나나 맛 사탕을 먹어본 적이 있다면 아마 그 맛은 캐번디시보다 그로미셸에 가까울 것이다. 문제는 그로미셸이 1950년대 파나마병으로 전멸했다는 것이다.[37]

전 세계 바나나 농장의 대부분을 장악하고 있던 미국인 소유의 기업 유나이티드프루트컴퍼니The United Fruit Company는 소비자가 받아들일 새로운 바나나 품종을 찾다가 캐번디시에 눈을 돌렸다. 캐번디시는 그로미셸의 맛을 전혀 따라가지 못했다. 유나이티드프루트컴퍼니의 재배업자들은 캐번디시가 맛도 떨어지고 식감도 퍼석퍼석하다는 것을 알았다. 하지만 캐번디시는 그로미 셸과 똑같이 생겼고 운송이 쉬웠으며 무엇보다도 파나마병에 저항성이 있었다. 맛이나 질감 면에서 뛰어난 점은 별로 없었음에도 캐번디시는 세상을 정복한 바나나 품종이 되었고, 여기에는 캐번디시가 사람들이 생각하는 바나나와 똑같이 생겼다는 점이 한몫을 했다(이 글을 쓰고 있는 지금 캐번디시는 신종 파나마병에 타격을 입고 있다. 한 품종에만 크게 투자하는 바나나 산업의 타당성에 더욱 의문이 드는 지점이다).[38]

우리가 구매하는 모든 캐번디시 바나나는 씨가 없게 변형된 것으로, 다른 바나나와 유전자가 정확히 똑같은 복제품이다. 바나나는 단일 재배 작물의 최고봉이다. 세상에는 빨간색 껍질을 가진 바나나를 포함해 100여 개의 바나나 품종이 있지만 가게에서 내놓은 바나나만 보면 그런 사실을 알 수 없다. 가게에는 오직 한 품종의 바나나만 들어오기 때문이다. 주로 요리에 쓰이는 바나나 품종인 플랜틴plantain을 먹는 사람을 제외하면 다른 품종의 바나나가 가진 장점에 대해 이야기하는 사람은 거의 만날 수가 없다. 요컨대, 우리는 다들 같은 맛의 바나나를 먹고 있는 셈이다. 가장 맛있지는 않지만 값이 싸고 포만감을 주며 초콜릿 바에 비해서는(다른 과일에 비할 바는 아니다) 대체로 몸에 좋은 캐번디시 바나나 말이다. 슈퍼마켓에서는 주로 바나나의 품종이나 맛이 아니라 크기를 광고한다. '아이용'의 작은 바나나 아니면 성인이 먹는 큰 바나나가 있을 뿐이다.

바나나만큼은 아니지만 다른 과일도 같은 상황이다. 영국에는

- 카뷔스Cabusse
- 카칸스카 포즈나Cacanska Pozna
- 카갈루Cagarlaou
- 칼빌 블랑 디베르Calville Blanc d'Hiver
- 칼빌 우트Calville d'Aout
- 칼빌 둘렝Calville d'Oullins
- 칼빌 뒬젠Calville d'Ulzen
- 칼빌 드 두에Calville de Doue
- 칼빌 드 모숑Calville de Maussion
- 칼빌 드 생-사뵈르Calville de Saint-Sauveur
- 칼빌 데 팜Calville des Femmes
- 칼빌 데 프레리Calville des Prairies
- 칼빌 뒤켄Calville Duquesne
- 칼빌 말레그르Calville Malingre
- 칼빌 루즈 도톤Calville Rouge d'Automne (Barnes)
- 칼빌 루즈 디베르Calville Rouge d'Hiver
- 칼빌 루즈 뒤 몽 도르Calville Rouge du Mont d'Or
- 캠버스네단 피핀Cambusnethan Pippin
- 캐멀롯Camelot
- 캄파니노Campanino
- 카나다 블랑 드 라 크뢰즈Canada Blanc de la Creuse
- 캔버다Canvada
- 캡틴 키드Captain Kidd
- 캐러벨Caravel
- 카디널Cardinal (INRA)
- 칼라일 코들린Carlisle Codlin (of Bultitude)
- 칼턴Carlton
- 캐밍놀Carmingnolle
- 카르네Carnet
- 카롤리 디탈리Caroli d'Italie
- 캐럴린Caroline
- 캐럴린 홉킨스Caroline Hopkins
- 카라라 브루스카Carrara Brusca
- 카라타Carrata
- 캐리Carrey
- 카스웰스 하니듀Carswell's Honeydew
- 카스웰스 오렌지Carswell's Orange
- 카토Cartaut
- 카터스 블루Carter's Blue
- 카터스 페어메인Carter's Pearmain
- 케이스 웰시Case Wealthy
- 캐슬 메이저Castle Major
- 캐서린Catherine (M27)
- 캐츠헤드Catshead
- 코달 마켓Caudal Market
- 카발로타Cavallotta
- 시발Ceeval
- 첼리니Cellini
- 켈트Celt
- 채즈 페이버릿Chad's Favourite
- 샹-가이아르Champ-Gaillard
- 채널 뷰티Channel Beauty
- 샹트클레르Chantecler
- 샹테그리스Chantegrise
- 차든Charden
- 찰스 에어Charles Eyre
- 찰스 로스Charles Ross (LA 69A)
- 샤를로Charlot
- 샤를로트Charlotte
- 샤텐니에Chataignier

알파벳 C로 시작하는 영국의 사과 품종 중 일부

대부분의 영국 슈퍼마켓에서는 이 모든 품종 중에서(150종 이상) 오로지 콕스 오렌지 피핀Cox's Orange Pippin 품종만 판매한다.

시큼한 사과와 달콤한 사과, 부드러운 사과와 단단한 사과, 노란색과 초록색 그리고 빨간색 사과 등 약 6000종의 사과 품종이 있다. 하지만 현재 영국에서 상업적으로 재배되는 사과 품종은 생김새와 모양이 그럴듯하고 평범한 단맛이 나는 열 가지 정도뿐이다. 이 같은 품종의 단순화는 우리 건강에도 영향을 미친다. 서로 다른 사과 품종에는 특정 종류의 암과 심혈관질환 예방에 도움이 되는, 서로 다른 피토케미컬phytochemical이 들어 있다. 우리가 한 종류의 사과만 먹는다면 사과에 담긴 건강상의 이점을 전부 얻지 못하는 셈이다.[39]

하지만 적어도 사과와 관련해서는 많은 사람들이 지금은 사라진 아름다운 품종들을, 그 다양성을 기억한다. 그리고 그 기억은 가을에 열리는 파머스 마켓farmers' market 덕분에 사라지지 않고 유지되고 있다. 하지만 바나나의 경우 우리는 다른 품종을 기대조차 하지 않는다. 캐번디시는 전형적인 현대 식품이다. 캐번디시 바나나는 계절과 상관없이 늘 생분해되는 노란색 포장재에 위생적으로 포장되어 운송되며, 항상 먹음직스럽고 깨끗한 색깔을 띤다. 적당히 잘 익은 바나나를 제때 먹는다면 그 맛은 코카콜라만큼 한결같을 것이다. 두바이의 뜨거운 여름날에도, 아이슬란드의 춥디추운 겨울날에도 바나나는 늘 우리 곁에 있다.

아이슬란드는 얼마 전까지도 신선한 과일이 귀한 곳이었다. 1930년대의 어느 시기에는 신선한 과일을 사려면 의사의 처방을 받아야 했다. 이 정도면 1940년대 식물학자들에게 아이슬란드에서 바나나 키우기가 얼마나 멋진 프로젝트로 보였을지 상상이 갈 것이다. 20세기 초반에 아이슬란드 사람들은 여름에만 과일을 먹을 수 있었고, 그마저도 토종 산딸기인 평범한 빌베리Vaccininum myrtillus와 보그 빌베리Vaccininum uliginosum, 크로우베리kroekiber 등 세 종류밖에 없었다. 크로우베리는 관목에서 자라는 작은 블랙베리의 일종으로, 먹으면 얼굴이 일그러질 정도로 시큼하다. 아이슬란드의 음식 작가 난나 뢰근발다르도티르Nanna Rögnvaldardóttir는 더 달콤한 산딸기를 먹을 수 있는 국가에서는 크로우베리를 별미로 여기지 않을 것이라고 말한다.

크로우베리는 이끼와 해조류, 훈제한 동물 내장, 스퀴르skyr, 소금에 절인 대구와 더불어 아이슬란드에서만 맛볼 수 있는 음식 중 하나였다. 이 가혹한 섬의 주민들은 수세기 동안 그때그때 먹을 수 있는 것에 맞춰서 전 세계 그 어떤 국가와도 다른 식단을 먹었다. 곡물은 재배가 거의 불가능했기 때문에 빵을 먹는 대신 가끔씩 말린 생선에 버터를 발라서 먹었다.[40]

바나나가 널리 퍼지기 전(바나나와 함께 찾아온 모든 변화가 있기 전) 아이슬란드 사람들은 한정된 식재료의 아주 작은 차이도 감지할 수 있었다. 예전에는 대구를 너무 많이 먹어서 볼살과 눈알 등 한 마리의 생선에서 나올 수 있는 갖가지 맛과 질감을 매우 섬세하게 인식할 정도였다. 아이슬란드어에는 대구 머리에 있는 근육을 묘사하는 단어만 109개가 있다.[41]

이렇게 다양한 음식 언어를 낳은 아이슬란드의 문화는 대부분 사라졌다. 이제 아이슬란드 음식은 다른 곳의 음식과 거의 똑같다. 뢰근발다르도티르는 레이캬비크에서 구할 수 있는 향신료가 소금과 후추(어쩌면 케이크에 넣는 시나몬까지)뿐이었던 시절을 기억한다. 이제 아이슬란드 사람들은 추운 기후에도 불구하고 엑스트라버진 올리브오일과 선드라이 토마토, 마늘을 마음껏 즐긴다.

1960년대 이후 전에 없이 다양한 과일이 아이슬란드로 수입되고 있으며, 이제는 옛 시절이 그리운 것이 아니라면 굳이 시큼한 크로우베리를 찾아다닐 필요가 없다. 아이슬란드 국민이 과일에서 섭취하는 하루 평균 칼로리는 1960년에는 고작 46칼로리였으나 오늘날에는 109칼로리가 되었다. 뢰근발다르도티르가 일하는 출판사에는 매일 신선한 과일이 배송되는데, 그중 절반이 바나나다. 하지만 이렇게 다양한 과일을 즐기면서도 뢰근발다르도티르는 무언가가 사라졌다는 느낌을 지울 수 없다. 그녀는 이렇게 말한다. "수입한 과일만 먹기 때문에 계절을 잘 몰라요." 그리고 바나나가 비교적 저렴하고 겨울에도 늘 구매할 수 있기 때문에 사랑받는 것이라고 말한다. 아이슬란드 사람들은 새로 등장한 이 식품들을 한때 대구나 크로우베리에 대해 알았던 것만큼 상세히 알지 못한다. 이들은 매년 평균 111개의 바나나를 먹는다. 하지만 이 끝없는 바나나 축제를 묘사하는 말은 딱 하나다. 바나나 banani.

나 또한 배고픈 아이에게 먹이거나 아침 식사용 포리지에 넣기 위해 우리 집 부엌에 항상 바나나를 갖춰두기 때문에 캐번디시 바나나에 대해 한탄할 수만은 없다. 캐번디시가 없었다면 수백만 명의 가난한 소비자들은 신선한 과일을 조금밖에 못 먹거나 아예 먹지 못했을 것이다. 캐번디시 바나나는 칼륨과 섬유질,

식사에 대한 생각

비타민 B6의 훌륭한 공급원이기도 하다. 하지만 바나나 같은 과일의 단일 재배는 맛보다는 저렴한 가격과 풍부한 양에 집착하는 우리 음식 문화의 증상이다. 바나나에 관한 가장 눈에 띄는 사실은(바나나는 일반 가정의 주방에서 가장 많이 낭비되는 식품 중 하나다) 갈색으로 변하기 전에 다 먹기에는 늘 너무 많게 느껴진다는 것이다.

과식의 간략한 역사

우리 삶에 음식이 넘쳐나는 것은 우연이 아니라 계획된 것이다. 여러모로 우리의 식품 체계는 제2차 세계대전의 후유증에서 시작되었다. 당시 전 세계 정부는 전쟁의 고통에 시달린 자국 국민에게 먹을 것을 충분히 제공해야 한다는 생각에 사로잡혀 있었다. 유럽과 미국의 농부들은 순전히 더 많은 양의 식품을 생산하도록 보조금을 지급받았다. 우리는 지금도 여전히 질보다 양을 중시하는 유산 속에 살고 있다.

전쟁 전에 농부들은 대부분 토양을 비옥하게 유지하고 해충을 통제하기 위해 윤작의 원칙에 따라 여러 작물을 재배하는 작은 농장을 운영했다. 하지만 전후 농부들은 땅에서 최대한 많은 결실을 얻기 위해 하나의 작물에 특화하기 시작했다. 폭탄 공장에 있던 질소는 비료가 되었고 탱크는 콤바인으로 용도가 바뀌었다. 미국은 전후 유럽의 재건을 돕기 위해 1947년에서 1952년까지 마셜 플랜에 따라 130억 달러를 유럽 경제에 쏟아부었고, 그중

상당수가 가축 사료나 비료의 형태로 제공되었다. 풍요의 시대가 시작되고 있었다.[42]

전후 식품 체계의 역설 중 하나는 전 세계에서 농업이 전례 없는 규모로 팽창함과 동시에 엄청난 수의 농부들이 땅을 떠났다는 것이다. 1985년에는 전체 미국인의 3퍼센트만이 농부였지만 100년 전만 해도 인구의 절반 이상이 농부였다. 하지만 새로 생긴 농장에서는 효율성 높은 기계와 비료 덕분에 농부가 그리 많이 필요하지 않았다. 미국의 솔선수범 아래 1950년에서 1990년 사이 밀과 옥수수를 비롯한 곡류의 전 세계 생산량이 세 배 이상 증가했다. 이 많은 곡물을 어떻게든 처리해야 했다. 곡물은 갈수록 동물 사료로 사용되어 육류 시장의 성장에 일조했다.[43]

땅에서 이러한 혁명이 일어나는 가운데 우리는 수천 명의 소농을 잃었다. 그 대신 얻은 것은 막대한 양의 칼로리였다. 이 칼로리야말로 전후 정부가 얻으려 계획한 것이었다. 1950년 미국인이 섭취한 칼로리는 하루 평균 3100칼로리였으나 2000년에는 약 3900칼로리까지 증가했다. 활동량에 따라 다르겠지만 대부분의 사람들에게 필요한 하루 에너지의 거의 두 배에 달하는 양이다. 따라서 오늘날의 식품 환경에서 과식을 피하려면 우리 대다수가 할당된 칼로리의 절반을 거부해야 한다. 그것도 매일. 불가능한 일은 아니지만 주변에서 먹을 수 있는 것은 모두 먹으려는 것이 인간의 본성이라는 점을 감안하면 결코 쉽지 않은 일이다.[44]

이러한 변화와 함께 잉여 칼로리에 '가치를 입히는' 방법, 즉 이윤을 남기는 방법을 찾아낸 거대 다국적 식품 기업이 점차 시

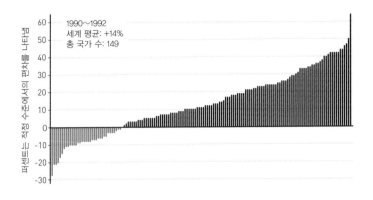

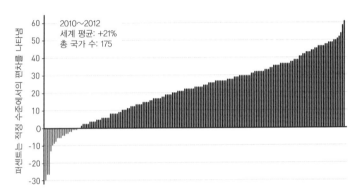

평균 에너지 사용량 대 평균 에너지 필요량

이 그래프는 1990년 이후 대부분의 국가에서 음식의 과잉공급이 증가했음을 보여준다.

출처: FAO 식량 안보 통계.

주: 0 = 100% 적정 수준: < 0 = 불충분. > 0 = 적정 수준 초과(FAO가 추산한 국가별 공급량 기준)

장을 장악하기 시작했다. 이 회사들이 전쟁 이후 수십 년간 축적한 권력은 말 그대로 어마어마하다. 2012년 네슬레^{Nestlé}가 벌어들인 수익만 1000억 달러인데, 이는 우간다 GDP(510억 달러)의 거의 두 배에 달하는 금액이다. 서구에서 보조금을 받아 과잉 생산된 작물로 돈을 벌어들인 것은 농부들이 아니라 식품 회사들이었다. 오늘날 미국에서 음식에 쓰이는 달러를 분석해보면 고작 10.5퍼센트만이 농부에게 돌아가고, 그보다 훨씬 많은 몫(15.5퍼센트)이 식품을 가공하는 업체에 돌아간다. 시리얼 박스 안에 들어 있는 곡물 자체에는 거의 가치가 없다. 시리얼에 가치를 더해주는 것은 향료와 감미료, 곡물을 바삭바삭하게 만드는 기술, 아이들이 부모에게 시리얼을 사달라고 조르게 하는 박스의 그림과 광고다.[45]

1990년대 초반에도 유럽 정부는 농부들이 식량을 산더미처럼 생산하도록 계속 보조금을 지급했고, 그렇게 발생한 잉여 식량은 세계 시장으로 흘러들어가 가난한 국가의 생산자들을 경쟁에서 뒤처지게 했다. 그러던 1995년 세계무역기구(이하 WTO)가 설립되었다. WTO의 목표는 불공정한 보조금 지급을 금지하고 무역 규제를 없앰으로써 개발도상국이 보다 공정하게 경쟁할 수 있게 하는 것이었다. 하지만 자유화된 세계 시장은 그전보다 더 공정해지지 않았고 더 질 좋은 식단을 불러오지도 않았다. 부유한 국가들은 자국 농민에게 계속 보조금을 지급하는 한편, 다른 국가의 보조금 완화에 힘입어 자국 농민을 개발도상국 시장에 진출시켰다. 그사이 가난한 국가의 식품 시장에 대한 투자 규정이 크게 완화되면서 고가공식품을 판매하는 회사에 해외투자 자금이 밀려들었다. 이로써 아시아와 남미에서 영양 전이가 발생하는 계기가 마련되었다.[46]

서구인들은 설탕이 넘쳐나는 4단계에 진입한 지 이미 수십 년이 되었다. 현재 달라진 점이 있다면 많은 가난한 국가들이 전속

식사에 대한 생각

력으로 여기에 합류하고 있다는 것이다. 부유한 국가에서 식단이 가장 많이 변화한 시기는 1960년대와 1970년대. 이때 사람들은 일제히 가당 음료와 가공식품 비율이 높은 식단을 먹기 시작했다. 1980년 캐나다 사람들은 이미 동물성 식품, 특히 육류에서 하루 1000칼로리 이상을, 기름과 설탕 각각에서 하루 300칼로리 이상을 섭취하고 있었다. 우리 시대 음식의 대혁명은 이처럼 지나치게 기름지고 극도로 가공된 식단을 전 세계 사람들이 먹기 시작했다는 것이다.[47]

4단계의 섬뜩한 특징 중 하나는 엄청난 진행 속도다. 수렵 채집 사회에서 농업 기반 사회로, 즉 1단계에서 2단계로 넘어가는 데는 수천 년이 걸렸다. 유럽과 미국에서 발생한 산업혁명으로 2단계에서 3단계로 넘어가는 데는 겨우 몇 세기가 걸렸다. 하지만 서구에서 가정식과 수돗물이 포장 스낵과 가당 음료로 바뀐 속도는 그보다도 더 빨라서 겨우 몇십 년밖에 안 걸렸다. 심지어 브라질과 멕시코, 중국, 인도에서는 10년도 안 되는 기간 안에 더더욱 빠른 속도로 변화가 일어나고 있다. 남미의 경우 영양상의 변화가 정점을 찍은 시기는 1990년대였다. 멕시코에서 과체중이거나 비만인 인구 비율은 1988년에서 1999년까지 단 11년 동안 33.4퍼센트에서 59.6퍼센트로 거의 두 배가 되었다.[48]

멕시코의 식단은 맹렬한 속도로 변했다. 1994년 미국과 멕시코, 캐나다가 맺은 북미자유무역협정NAFTA으로 멕시코는 국내 생산 옥수수에 더 이상 보조금을 지급할 수 없게 되었고, 멕시코 시장은 미국의 저렴하고 샛노란 옥수수로 뒤덮였다. 미국 옥수수는 맛과 영양 면에서 모두 멕시코 옥수수를 따라가지 못했다. 전통적으로 멕시코의 토르티야는 지역별로 고유의 맛과 영양학적 특성을 가진 다양한 원시 품종 옥수수로 만들어졌다. 그리고 조리하기 전에 옥수수는 '닉스타말화'를 거쳤다. 닉스타말화는 작물을 알칼리 용액에 담가두는 것을 뜻하는데, 이 과정에서 곡물의 영양분이 증가한다. 전통 토르티야는 당시 농업의 관행을 반영해 콩과 함께 먹었다. 옛날부터 멕시코에서는 땅을 비옥하게 하기 위해 옥수수와 콩을 함께 재배했기 때문이다. 하지만 오늘날 멕시코에서 옥수수와 콩은 땅에서도 접시 위에서도 함께하지 않는다. 삶아서 튀긴 콩은 1995년에서 2003년 사이 판매량이 매년 5~10퍼센트씩 증가한 고가공식품에 자리를 내주고 말았다.[49]

남미와 마찬가지로 멕시코도 식사 패턴이 빠른 속도로 급격하게 변화했다. 가끔씩 탄산음료를 마시고 금요일 저녁에 치킨을 먹는 것을 말하는 게 아니라 식량 공급의 전면적인 변화를 말하는 것이다. 이러한 변화와 함께 1990년대 이후 멕시코 국민의 건강 상태가 처참할 정도로 나빠졌다. 1999년부터 2004년까지 멕시코에서는 편의점 세븐일레븐7-Eleven의 점포 수가 두 배로 늘어났다. 현재도 멕시코의 일부 소도시에서는 수돗물이 자주 끊기고 병 생수보다는 코카콜라를 구하는 것이 더 쉽다. 멕시코에서 과체중이거나 비만인 사람의 비율은 1988년에서 1998년 사이에 78퍼센트 증가했고, 2006년에는 멕시코 인구의 8퍼센트 이상이 제2형 당뇨병을 앓고 있었다.[50]

이와 유사한 영양 전이의 비극이 현재 브라질에서 발생하고 있

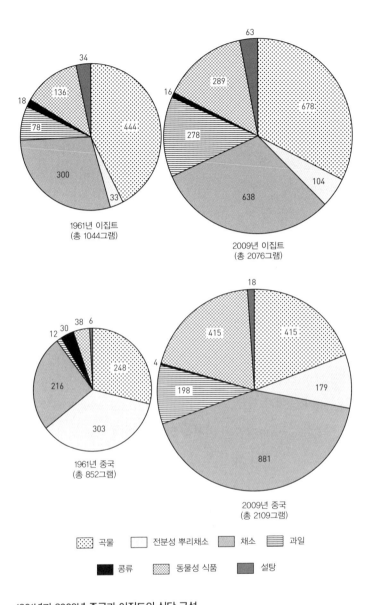

1961년 이집트
(총 1044그램)

2009년 이집트
(총 2076그램)

1961년 중국
(총 852그램)

2009년 중국
(총 2109그램)

곡물 ⬚ 전분성 뿌리채소 ▨ 채소 ▤ 과일

■ 콩류 ▨ 동물성 식품 ■ 설탕

1961년과 2009년 중국과 이집트의 식단 구성

다. 브라질은 인구의 상당수가 영양부족인 동시에 비만이다. 가족 구성원 일부(주로 자녀)는 체중 미달과 성장 지연을, 다른 구성원(주로 어머니)은 비만을 겪는 '이중 부담을 지는 가정'이 브라질 전역에 널려 있다.[51] 브라질의 많은 사춘기 소녀들이 빈혈과 비만을 동시에 겪고 있는데, 여기서 이들의 식단이 양은 많지만 중요한 미량영양소, 특히 철분이 부족하다는 사실을 알 수 있다.[52]

　미국인에게 정크푸드는 전혀 새로운 것이 아니다. 크래커잭 Cracker Jack은 끈끈하게 시럽을 입힌 팝콘과 땅콩이 들어 있는 봉지 과자로, 1896년 시카고에서 처음 판매되었다. 현재 달라진 점은 이 브랜드의 가공식품이 말 그대로 전 세계로 퍼져나가 아프리카와 남미에 있는 멀고 먼 마을에까지 침투했다는 것이다. 1990년대 후반부터 여러 다국적 식품 기업이 자사 상품을 아프리카의 아주 작은 마을에 있는 식료품 가게에까지 전부 들여놓기 위해 매우 애를 썼다. 코카콜라는 어떤 지역에 전기가 들어가면 즉시 따라 들어가 식료품 가게 주인에게 무료로 냉장고와 가판대를 제공하고 자사 상품을 비치하게 한다. 이제 식품 회사들은 이런 마케팅 기법에서 한 단계 더 나아갔다. 이들은 출장 판매원을 고용해 브랜드 가공식품을 들고 직접 가정집을 찾아가게 한다.[53]

　2017년 〈뉴욕타임스The New York Times〉 기자들이 브라질에서 네슬레 방문 판매원으로 일하고 있는 여성들을 취재했다. 이런 방문 판매를 통해 초콜릿 푸딩과 달달한 요구르트, 고도로 가공된 시리얼 등의 제품이 판매되는데, 소비자들은 비타민과 미네랄이 첨가되었다는 이 제품들을 구매하며 자신이 가족을 위해 최선을 다하고 있다고 믿을지 모른다. 브라질 빈곤 지역에서 다국적 식품 기업들은 방문 판매가 아니었다면 절대 침투하지 못했을 가정에까지 손을 뻗고 있다.[54]

2012년 네슬레는 방문 판매가 '지역사회 참여'의 일환이라며 홈페이지에 잔뜩 홍보했다. 판매되는 식품에 비타민이 첨가되었다는 것이 그 이유였다. 하지만 비타민이 첨가된 바로 그 식품이 설탕과 정제 전분을 과도하게 함유하고 있고, 영양이 더 풍부한 기존 브라질 음식을 대체하고 있다는 사실에 대해서는 한마디도 하지 않았다. 현재 브라질에서는 7000명의 여성이 네슬레에 고용되어 방문 판매를 하고 있으며, 네슬레는 이 인원을 1만 명까지 늘릴 계획이다. 또한 네슬레는 방문 판매가 여성 판매원에게 유의미한 소득을 제공할 뿐만 아니라 '독립심'을 고취시킨다고 주장했다. 역시나 여성 판매원 대부분이 (자신의 고객들처럼) 식단 관련 질병으로 씨름하고 있다는 사실은 전혀 언급하지 않았다. 〈뉴욕타임스〉 기자와 인터뷰한 29세의 네슬레 판매원 셀른느 다 실바Celene da Silva는 몸무게가 90킬로그램이 넘었고 고혈압이 있었다. 그리고 매 끼니마다 코카콜라를 마신다고 했다.[55]

이 이야기는 식품 산업뿐만 아니라 사회 변화에 관한 것이기도 하다. 브라질을 포함한 여러 국가에서 거대 다국적 식품 기업이 성장하는 현실 뒤에는 소득 증가, 업무 패턴의 변화, 도시화, 전자 주방 기구의 등장, 텔레비전과 컴퓨터 그리고 휴대전화의 보급이라는 더 큰 배경이 있다. 또한 우리는 매스미디어가 영양 전이를 더욱 밀어붙인 원인 중 하나임을 종종 까먹는다. 1989년 중국에서는 전체 가구의 63퍼센트만이 텔레비전을 소유했고 그중 절반은 흑백텔레비전이었다. 2006년에는 중국 가구의 98퍼센트가 텔레비전을 소유했고 대개가 컬러텔레비전이었다. 텔레비전을 시청하면 활동량이 전에 없이 크게 줄어들 뿐만 아니라 (특히 아이들이) 새로 등장한 가공식품의 직접 마케팅 대상이 된다. 전 세계에서 텔레비전으로 광고되는 식품은 대개 영양학자들이 '논코어noncore'라고 칭하는 것들이다. 즉 주식으로 먹는 식품이 아니라 안 먹어도 무방한 달고 짭짤한 스낵이라는 의미다. 광고의 목표는 아이들이 이런 건강에 나쁜 음식을 좋아하게 만드는 것이다. 식품 제조업체들은 이 선호가 평생 지속되기를 바란다.[56]

여흥을 제공하는 전자 기기나 노동력을 절감해주는 주방 기구, 또는 도시 생활이 그 자체로 나쁜 것은 아니다. 오히려 그 반대다. 나 또한 음원 스트리밍 서비스인 스포티파이Spotify가 없던 시절로는 절대 돌아가고 싶지 않다. 냉장고나 컬러텔레비전은 말할 것도 없다. 영양 전이와 함께 발생한 여러 사회 변화 덕분에 사람들은 더욱 풍요롭고 안락하고 편리한 삶을 누릴 수 있게 되었다. 2018년 봄, 나는 중국의 가장 큰 도시 중 하나인 난징을 방문해 10년 전만 해도 수많은 노동자가 등골 빠지게 일하는 농지였던 곳을 거닐었다. 이제 그 지역은 화려한 고층 쇼핑몰로 가득 차 있었고, 고생스러운 노동과 굶주림 속에서 젊음을 보낸 이들의 손자 손녀들이 에어컨이 빵빵하게 설치된 스타벅스에서 폭신한 말차 맛 케이크를 우물거리고 있었다. 한때는 두리안이나 리치 같은 이국적인 과일을 1년에 한두 번 사 먹기도 힘들었을 난징의 노인들도 이제는 그 과일들을 매주 구매해 초고속 지하철을 타고 집으로 돌아갈 수 있게 되었다.

어떤 면에서 현대의 국제 식품 산업은 기적 같은 성취다. (깔끔하게 포장해서 슈퍼마켓 진열대에 올려놓을 수만 있다면) 이제 우리가 재배하고 운송하고 판매하지 못할 것은 없다. 현대 식품 체계는 싱싱한 그린 빈과 쉽게 상하는 육류를 오지에서 생산해 여전히 신선한 상태로 단 며칠 안에 전 세계의 배고픈 사람들에게 전달할 수 있다. 돈만 있다면 한겨울에도 여름 과일을 먹을 수 있고 휘핑크림을 올린 따뜻하고 달콤한 핫초콜릿을 1년 내내 마실 수 있다. 우리 조상들은 늘 유제품이 상하진 않았을지 걱정했지만 이제 우리는 살균 처리한 후 냉장고에 시원하게 보관한 신선한 우유를 우리가 원할 때 언제든지 구매할 수 있다.

4단계에서 발생하는 음식의 변화는 그동안 이 세계에서 일어난 그 어떤 것과도 다르다. 나는 가끔 나의 세 아이들을 바라보며 가게에 먹을 것이 있을지 없을지를 걱정할 필요가 없는 이 세대가 얼마나 대단한 행운을 누리고 있는 것인지 떠올리곤 한다. 이들에게 신선한 과일은 거의 수돗물이나 다름없다. 이들은 냉장고가 텅텅 비어도 가게에 가면 먹을 것이 산처럼 쌓여 있음을 안다. 내 아이들은 빈 식료품 선반이나 식량 배급이 어떤 것인지 모르며, 이 점에 있어서는 나도 마찬가지다.

물론 전 세계 모든 아이들이 이런 풍요로운 식단을 누리고 있는 것은 아니다. 현재 베네수엘라가 겪고 있는 끔찍한 식량 부족 사태는 이 풍요의 시대가 영원하지 않을 수도 있음을 상기시키는 암울한 경보다. 부유한 국가의 아이들도 모두가 똑같은 수준의 풍요를 경험하는 것은 아니라서 미국 어린이 다섯 명 중 한 명이 식량 불안을 겪고 있다. 4단계는 음식을 둘러싼 새로운 형태의 사회경제적 불평등을 낳았다. 어떤 아이들은 패스트푸드 밀크셰이크에 들어 있는 가짜 딸기 향을 제외하면 한 번도 진짜 딸기를 맛본 적이 없다. 하지만 부유한 가정에서 태어난 아이들은 유기농 귀리와 파머스 마켓에서 산 딸기로 아침 식사를 한다. 가난한 가정과 부유한 가정은 식단의 질적 차이가 어마어마하며, 그 간극은 갈수록 벌어지고 있다. 미국에서 가난한 가정의 아이들은 빅토리아 시대 고아들만큼 배를 주리지는 않지만 짙은 녹색 잎채소와 통곡물, 견과류는 제대로 섭취하지 못한다.[57]

4단계의 가장 중요한 질문은 현대 식생활의 부정적인 면 대신 이점만 누리는 것이 가능한가 하는 것이다. 전후 식량 체계는 남아돌 만큼 많은 양의 칼로리를 제공하는 데 성공했다. 이 체계가 (적어도 대부분의 국가에서) 아직까지 제공하지 못한 것은 몸을 아프게 하지 않는, 모든 사람을 위한 음식이다.

한국인처럼 먹기

개발학 전문가들은 영양 전이의 '커브를 꺾는 것', 즉 보다 건강한 식사 패턴 쪽으로 변화의 방향을 돌리는 것이 중요하다고 말한다. 이상적인 세계라면 우리는 현대 식생활의 필연적 결과로 보이는 만성질환으로 고생하는 일 없이 편리함과 다양성, 즐거움을 누릴 수 있을 것이다. 정크푸드에서 채소 쪽으로 변화의 방향을 돌리는 것이 가능할까? 만약 가능하다면, 실제로 그러한 사례가 있을까?

이 문제를 고민할 때 거듭 등장하는 국가가 하나 있다. 바로 한국이다. 한국은 브라질과 멕시코, 남아공에서 나타난 식단의 변화를 전혀 겪지 않은 채 빛의 속도로 3단계에서 4단계로 넘어갔다. 전 세계에서 거의 유일하게 한국만이 커브를 꺾는 데 성공한 것이다.

1960년대 초반에서 1990년대 중반에 이르는 시기에 한국 경제는 완전히 탈바꿈했다. 1962년에서 1996년 사이에 한국의 1인당 GDP는 놀랍게도 열일곱 배나 증가했다. 1960년에 52.4세였던 한국 남성의 기대 수명 또한 2015년에 82.16세로 늘어났다. 다른 국가와 마찬가지로 부가 늘어나면서 시골에 살던 대다수 인구가 도시로 이주하는 인구통계학적 변화가 따라왔다. 텔레비전과 전자레인지, 전기밥솥이 보급되었다. 1988년 올림픽을 개최한 이후 한국은 전에 없는 수준으로 국제 시장에 노출되었다.

예상대로 이러한 사회경제적 변화는 크나큰 식단의 변화를 불러왔다. 가계 식료품 소비 조사에 따르면 한국인의 육류 섭취는 1969년에서 1995년 사이에 열 배 증가했다. 결코 사소한 변화가 아니다. 과거에 얇게 썬 소고기를 간장과 참기름에 재운 불고기는 특별한 메뉴였다. 하지만 소비가 증가하고 식품 가격이 낮아지면서 불고기는 중산층 가족이 주중에 아무렇지 않게 먹는 평범한 저녁 메뉴가 되었다. 그사이 1969년에 1인당 558그램이었던 곡물 소비량(주로 쌀)은 1995년에 308그램으로 곤두박질쳤다.

한국이 얼마나 빨리 부를 획득하고 국제 시장에 노출되었는지를 고려하면, 한국의 식단 역시 설탕과 지방 그리고 포장 식품의 비율이 높아 비만을 유발하는 식단으로 순식간에 바뀌었을 거라고 예상하게 된다. 하지만 급속히 발전한 다른 국가의 국민에 비해 한국인은 전통 식단을 훨씬 잘 유지했다. 1960년대에서 1990년대까지의 한국 자료를 검토한 연구자들은 한국인이 여전히 지방을 비교적 적게 섭취한다는 사실에 깜짝 놀랐다. 1996년 한국은 중국보다 국내총생산이 열네 배나 높았는데도 한국인은 중국인보다 지방을 덜 섭취했다.[58] 한국의 비만율 역시 경제 발전 수준에 비해 현저히 낮았다. 1998년 한국에서 비만인 사람은 남성의 1.7퍼센트, 여성의 3퍼센트뿐이었다.[59]

한국이 커브를 가장 잘 꺾은 지점은 채소 소비량이다. 1969년 한국인은 생채소나 조리한 채소를 하루 평균 271그램 먹었다. 1995년 한국인의 채소 섭취량은 286그램으로 살짝 더 늘어났다. 1990년대 도시에 살던 한국인들은 1950년대 시골에 살던 한국인들과 전혀 다른 삶을 살았지만 여전히 채소를 먹었다. 한국의 사례는 현대인이 양배추를 역겨워하지 않을 수 있다는 가능성을 보여준다.[60]

어떻게 한국인은 온갖 변화와 현대적 삶의 압박 아래에서도 채소를 많이 섭취하는 식생활을 유지할 수 있었을까? 그 이유는 문화에서 찾을 수 있다. 한국인은 서구에서처럼 채소를 단순히 몸에 좋은 것으로 여기지 않고 맛있는 것으로 여긴다. 그리고 콩

나물과 시금치 같은 채소를 다른 국가에 비해 훨씬 더 다양하게 즐긴다. 한국의 시골에서는 무려 300여 가지가 넘는 채소를 먹는 것으로 추정되며, 사람들은 각각의 채소가 지닌 고유의 맛과 질감을 소중히 여긴다. 한국 채소 요리의 최고봉은 김치다. 배추에 매운 양념을 해서 발효시킨 김치는 소스처럼 살짝 곁들여 먹는 음식이 아닌, 주식이며, 2002년 한국에서 쌀 다음으로 가장 많이 섭취한 식품이다.[61]

채소를 사랑하는 문화도 중요한 역할을 했지만, 영양 전이의 타격을 줄이기 위한 다양한 정부 계획도 한몫을 했다. 다른 개발도상국과 달리 한국은 세계를 휩쓴 새로운 식단에 맞서 전통 요리를 지키려고 혼신의 노력을 했다. 한국의 농촌생활연구소는 1980년대부터 무료 요리 워크숍을 열어 수천 명의 노동자에게 쌀밥과 된장, 김치 같은 전통 요리 만드는 법을 가르쳤다.[62] 또한 매스미디어 캠페인을 통해 자국 식품을 홍보했고, 텔레비전 프로그램에서도 자국 식품의 뛰어난 품질은 물론, 국내 작물과 농민을 지원하면 얻을 수 있는 이점을 강조했다. 1980년대 전 세계 대부분의 아이들은 텔레비전을 켜면 사탕과 과자, 탄산음료와 시리얼 광고에 노출되었다. 하지만 한국 아이들은 텔레비전을 켜면 국내 생산 식품의 장점을 홍보하는 정부 캠페인을 보았다.[63]

하지만 현재 한국의 평균 식단은 1990년대만큼 건강하지 않다. 2009년 다시 한국의 식단 자료를 살펴본 팝킨은 알코올과 탄산음료 소비가 증가하고 있음을 발견했다. 1990년대 후반부터 2009년까지 약 10여 년간 한국 정부는 통곡물 소비를 늘리려고

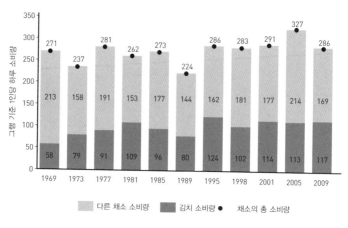

1969~2009년 한국의 채소 소비량

출처: Figure 2 in Lee et al. 2012

애를 썼지만 1인당 통곡물 소비량은 평균 16칼로리 정도밖에 늘지 않았다. 이번 정부 메시지는 전보다 효과가 없었다. 2009년 현재 비만과 당뇨병, 심장질환 환자의 비율도 10년 전보다 훨씬 높아졌다.[64]

하지만 한국인은 여전히 다른 부유한 국가들에 비해 채소를 훨씬 많이 섭취하며, 김치는 늘 그래왔듯 오늘날에도 인기가 많다. 이는 김치의 주재료인 배추 가격이 1970년대에서 2009년 사이에 60퍼센트 상승했다는 점을 고려하면 더욱 놀라운 일이다. 한국인의 평균 식단은 완벽하지 않을지 모른다(그동안 완벽한 식단이라는 게 있긴 했던가?). 그럼에도 한국은 건강에는 좋지만 양이 너무 부족했던 과거의 식단과, 양은 넘쳐나지만 건강에는 나쁜 현대 식단 사이에서 알맞은 지점을 찾을 수 있다는 훌륭한

식사에 대한 생각

증거다.[65]

한국의 사례는 정부의 적절한 개입으로 영양 전이의 방향을 조금이나마 꺾을 수 있다는 사실을 보여준다. 그렇다면 사하라 이남 아프리카에 있는 개발도상국에도 희망이 있다. 어쩌면 이 국가들도 더욱 안락하고 풍요롭고 편리한 삶을 누리면서 채소 중심의 다양한 식단을 유지할 수 있을 것이다.

하지만 이 글을 쓰는 지금, 개발도상국 정부들이 한국의 노선을 따라 포장 식품의 맹공격에 맞설 의지가 있는지는 의심스럽다. 영양 전이를 막기보다는 변화를 가속화해 다국적 식품 기업의 이윤을 얻으려는 것이 더 흔한 정부 방침으로 보인다.

2017년 8월, 나는 세계식량정상회담World Food Summit에 참석하기 위해 코펜하겐으로 향했다. 2일간 진행된 이 회의의 목표는 전 세계가 더 나은 식생활을 할 수 있는 방법을 찾는 것이었다. 발표자 중 한 명은 인도의 식품가공부 장관(나는 이런 직책이 존재하는지도 몰랐다) 할심라트 카우르 바달Harsimrat Kaur Badal이었다. 자리에서 일어난 바달 장관은 인도인들이 신선한 채소로 갓 조리한 음식만 좋아한다며 열변을 토했다. 그리고 인도는 국민 대부분이 아직도 하루 세 번 집에서 요리한 음식을 먹는 나라라고 했다. 덴마크 청중과 각국에서 온 음식 작가, 셰프, 식품 산업 대표들은 조용히 질투 섞인 탄식을 내뱉었다. 갓 조리한 음식을 먹는 나라 인도! 하지만 바달 장관은 이 신선하고 맛있는 음식이 사실은 매우 나쁘고 낭비가 심하다는 것을 설명하려 애쓰고 있었다. 장관은 개탄했다. "인도는 국내에서 생산한 식량의 고작 10퍼센트만

가공합니다." 그리고 전체 식량의 약 60퍼센트를 가공하는 서유럽 국가들과 인도를 비교했다. 장관은 인도 중산층도 전 세계 다른 국가의 돈 있는 사람들이 먹는 음식을 똑같이 먹고 싶어 한다는 (꽤 합리적인) 주장을 했다. 또한 인도는 매년 약 400억 달러어치의 음식을 낭비하고 있는데, 비효율적인 유통망이 주원인이라고 지적했다. "음식을 낭비하는 것은 도덕적으로 옳지 않습니다." 장관이 제안한 해결 방법은 인도 가공식품에 대한 해외직접투자였다.

장관은 인도에 엄청난 사업 기회가 있다고 설명했다. 인도는 14억 인구를 가진 방대한 시장으로, 가공식품 소비처로서의 잠재력이 충분했다. 장관은 다음과 같이 공표했다. "인도로 오셔서 파트너가 되어주시길 여러분께 청합니다. 저희에게 덴마크의 기술과 노하우를 가르쳐주세요." 그리고 그에 대한 답례로, 준비된 소비자를 만날 수 있는 '플랫폼'과 인도의 기가 막힌 식재료를 제공하겠다고 말했다.

영양 전이를 통과하고 있는 개발도상국 정부들은 정말로 이런 노선을 택하고 싶은 걸까? 인도는 오래전부터 채소를 사랑해온 국가로, 거의 전 세계의 건강을 해친 4단계가 아닌 한국식 4단계를 경험할 수 있는 잠재력이 있다. 인도의 소득 증가는 여러 면에서 사람들의 인생을 바꿀 놀라운 변화다. 하지만 인도가 식단에 더 많은 초가공식품을 받아들이려 하는 데서 알 수 있듯, 이미 인도에서는 제2형 당뇨병과 인슐린 저항성이 급속도로 증가하고 있다. 인도가 경제적 풍요에서 오는 질병을 경험하지 않고 굶주

식사에 대한 생각

림 없는 삶을 즐길 수 있는 방법은 없을까?

우리는 잡식동물이다

우리가 아는 모든 역사적 사실에 따르면, 4단계는 영양 전이의 마지막 단계가 아닐 것으로 보인다. 하지만 미래의 식단이 어떤 모습일지 확실하게 말할 수 있는 사람은 없다. 한 가지 분명한 것은 이런 과소비가 약 50년가량 지속되면 사람들이 섭취하는 칼로리의 양이 다시 줄어드는 시기가 올 수밖에 없다는 것이다. 칼로리 섭취의 감소가 기후 변화와 흉작 때문일지, 아니면 사람들이 다시 자신의 운명을 통제하게 되어 우리 몸이 필요로 하고 땅이 감당할 수 있는 한도 내에서 먹기 시작해서일지는 아직 알 수 없다. 배리 팝킨은 적절한 정책이 실시된다면 후자의 경우가 발생해 4단계를 뒤로하고 자신이 "행동의 변화"라고 이름 붙인 5단계로 넘어갈 수 있을 것이라 믿는다.

(나타나기만 한다면) 5단계에는 희망이 있다. 5단계에도 인구 대다수가 도시에서 풍요를 누리겠지만, 그 도시에서는 지금과 달리 신체 활동의 기회가 더 많고 신선한 음식을 더 저렴한 가격으로 쉽게 구할 수 있을 것이다. 채소와 과일 섭취가 늘어나고 퇴행성 질환이 급속도로 줄어든다. 또한 5단계에서는 식단과 건강의 상관관계가 더 많이 밝혀져 사람들이 더 좋은 식단을 먹게 된다. 5단계는 모든 사람이 즐겁게 먹으며 살아갈 수 있는 단계다. 굶주림이나 질병 없이, 모두가 과하지 않게 맛있는 음식을 즐기며 편

안한 삶을 산다.

모든 곳에서는 아니지만, 몇몇 국가에서 조금씩 미래의 모습이 나타나며 5단계의 기미가 보인다. 그중 한 곳이 바로 덴마크다.

"20년 동안 너무 많은 일들이 일어났어요. 이 시기에 요리사로 일한다는 건 믿을 수 없을 정도로 흥미진진한 일이에요!" 주로 코펜하겐에서 활동하는 출장 요리사이자 요리책 저자인 트린 하네만Trine Hahnemann의 말이다. 인도 식품가공부 장관의 발언이 있었던 2017년 세계식량정상회담에서 하네만을 만났다. 하네만은 코펜하겐의 오래되고 아름다운 연립주택에 있는 와인 바로 나를 데려간다. 우리는 목이 길고 몸통이 납작한 스칸디나비아 스타일의 우아한 와인 잔에 그뤼너 벨트리너Grüner Veltliner 화이트 와인을 마신다. 하네만은 좋은 음식이 삶의 질에 중요한 영향을 미친다고 말한다.

덴마크인인 하네만이 경험하는 현대 음식은 뭄바이나 델리의 중산층이 경험하는 현대 음식과 확연히 다르다. 덴마크는 1950년대와 1960년대에 3단계에서 4단계로 넘어갔다. 현재 덴마크는 훨씬 더 맛있고 흥미로운 단계로 나아가고 있다. 만약 5단계가 어딘가에 존재한다면 그곳은 분명 코펜하겐일 것이다. 성인 대다수가 자전거를 타고 출근하는 코펜하겐에는 건강하고 지속 가능하며 맛있는 요리를 중심으로 음식 문화가 형성되어 있다. 한국처럼 덴마크도 국민이 먹는 식단의 질을 중요하게 여기는 정부의 덕을 보고 있다. 2004년 덴마크 정부는 판매되는 음식에 트랜스지방을 사용하는 것을 전면 금지했으며, 이 조치는 심장질환의

발생 비율을 낮추는 데 일조했다.[66]

하네만이 어린 시절에 다닌 코펜하겐의 학교에는 마늘에 대해 들어본 사람이 아무도 없었다. 하네만은 보수적인 덴마크인의 입맛이 후무스를 받아들이기까지 얼마나 오랜 시간이 걸렸는지 기억한다. 그녀는 이렇게 말한다. "지금은 어느 식료품점에나 항상 후무스가 있어요. 30년도 안 돼서 일어난 변화죠. 이게 바로 다양성이에요." 10년 전만 해도 코펜하겐에는 베트남 음식점이 하나도 없었지만 지금 코펜하겐 사람들은 초록빛 허브와 채소가 풍성하게 들어간 칼칼한 베트남식 수프 포에 열광한다. 그러면서도 덴마크인은 묵직한 흑호밀 빵 같은 건강한 전통 요리에 대한 사랑 역시 계속 간직하고 있다.

정부 지원을 받는 식당에 음식을 공급하는 하네만은 그동안 덴마크 정부가 부의 정도와 상관없이 사회의 모든 구성원이 몸에 좋고 지속 가능한 식생활을 할 수 있도록 어떤 노력을 기울여왔는지를 직접 지켜보았다. 2016년 덴마크 정부는 학교나 병원 등 공공기관에 제공되는 음식은 반드시 식재료의 60퍼센트 이상이 유기농이어야 한다는 법을 도입했다. 하네만의 요리를 먹는 사람들은 한때는 위협적으로 여겨졌던 맛이나 채소를 놀랍도록 선뜻 받아들인다. 공급업체가 콜리플라워를 잔뜩 보내주면 하네만은 3일 연속 콜리플라워를 내놓기도 한다. 첫째 날에는 브라운 버터 소스를 곁들이고, 둘째 날에는 인도식 튀김인 파코라를 만들고, 셋째 날에는 케이퍼와 함께 이탈리아 스타일로 요리한다.

하네만이 채소를 좋아하긴 하지만 그녀가 요리하고 먹는 모든 음식이 영양학자의 기준에서 늘 '건강'하기만 한 것은 아니다. 다른 덴마크인과 마찬가지로 하네만도 케이크를 좋아한다. 그래서 친구들이 집에 들르면 진한 루바브 크림을 채우고 초콜릿 가나슈 (초콜릿 크림-옮긴이)를 올린 루바브 초콜릿 케이크를 재빨리 내놓기 위해 냉동실에 늘 스펀지 케이크를 구비해둔다. 하네만은 자신의 요리책에 이렇게 썼다. "케이크가 없는 삶은 꽤나 불행할 것이다." 그리고 자신은 케이크가 정신 건강에도 좋으리라 믿는다고 덧붙였다. 이마무라 후미아키가 먹는 일본식 식단처럼 현대 덴마크 식단에도 '건강한' 것과 '건강하지 않은 것'이 섞여 있다. 하지만 두 경우 다 균형은 건강한 쪽을 향해 있다.[67]

모든 국가가 덴마크처럼 될 수 있는 것은 아니다. 덴마크는 인구가 적고 부유하며 사회적 불평등이 매우 낮은 국가이기 때문이다. 모든 곳에서 덴마크의 식생활을 정확히 똑같이 따라하기란 어려울 수 있다. 문제는, 다른 국가들이 풍성하면서도 더는 수백만 명의 건강을 해치지 않는 식단을 먹는 단계로 넘어갈 수 있는가 하는 것이다.

전 세계 사람들이 덴마크와 비슷한 방향으로 움직이고 있다는 신호가 적지만 갈수록 늘어나고 있다. 이마무라 후미아키의 자료는 유럽과 북미, 오스트레일리아와 뉴질랜드 같은 부유한 국가에서 건강에 좋은 음식은 점점 더 많이 먹는 반면, 몸에 나쁜 음식의 섭취량은 더 이상 증가하지 않고 안정되기 시작했음을 보여준다. 이 자료는 우리가 주변에서 관찰할 수 있는 사람들의 행동 방식과도 일치한다. 많은 소비자들이 해롭게 여겨지는 식품 공급에 반발하고 새로운 식습관을 찾고 있다. 케일과 비트가 서구에서 사랑받는 날이 올 거라고 누가 예상했겠는가? 음식에 대한 취향은 놀라울 정도로 짧은 시간 안에 바뀔 수 있다.

5단계에는 현대의 음식에 관한 두 가지 이야기가 하나로 합쳐지리라는 희망이 보인다. 그 이야기는 지금 우리의 이야기보다 더 유쾌하고 일관될 것이다. 그 안에서 우리는 굶주림을 몰아내고 채소를 먹으면서, 다른 음료보다 물을 주로 마시고, 후무스 같은 맛있는 음식을 새로 발견하고, 정신 건강을 위해 이따금 케이크를 한 조각씩 먹고, 그렇게 영원히 행복하게 살 것이다. (다양한 농업정책과 개선된 음식 교육, 건강에 나쁜 음식에 대한 엄격한 규제 등을 포함한) 적절한 식품정책이 있다면 우리도 5단계로 넘어갈 수 있을지 모른다. 그러기 위해서 정부는 무엇보다도 음식의 양을 가장 중시하던 전후 시대의 아젠다에서 벗어나 식품정책의 궤도를 완전히 다시 설정해야 할 것이다. 여러 국가가 설탕세sugar tax를 도입하는 등 실제 사례가 조금이나마 있긴 하지만, 식품정책이 우리의 식단을 얼마나 향상시킬 수 있을지는 아직 입증된 바가 없다. 2014년에 발표된 미래의 식단에 관한 짧은 논문에서 저자들은 이렇게 말했다. "식단 관련 정책은 그동안 너무 소심하게 시행되었기에 칼로리 섭취, 그중에서도 특히 지방과 소금, 설탕 섭취를 줄이려는 확고한 의지가 있다면 어디까지 이뤄낼 수 있을지는 아직 알 수 없다."[68]

그때까지 4단계에 머물러야 할 우리는 어떻게 먹고 사는 것이 최선인지 알기 어려울 수 있다. 반짝 유행하는 식이요법과 정크푸드라는 양극단의 선택지가 어디서나 우리를 괴롭힌다. 이런 광기의 한복판에서 자신만의 길을 걸어 나가며, 즐거움과 건강을 동시에 제공하는 여러 가지 음식을 선택하기란 거의 불가능하게 느껴질 수 있다.

최소한 우리 앞에 놓인 음식의 이름을 알고 우리 입에 들어가는 것이 무엇인지 의식하는 것이 좋은 시작일 수 있다. 대개 사람들은 식재료가 조리 과정에서 어떻게 바뀌는지를 잘 모른다.

세계 표준 식단을 찾아낸 다양성 전문가 콜린 코우리는 덴버의 자기 집에서 하는 저녁 식사 게임에 대해 말해주었다. 코우리는 아내와 장애가 있는 동생과 함께 사는데, 세 사람은 매일 저녁 식사를 하기 전에 게임을 하나 한다. 종교적이지 않은 감사 기도라고나 할까. 첫 숟가락을 입에 넣기 전에 세 사람은 곧 먹을 음식에 들어 있는 모든 식재료의 과family와 종species을 번갈아 댄다. 그것도 라틴어로. 예를 들어, 부리토를 먹는다면, 먼저 한 명이 포아케아이Poaceae(벼과)에 속한 트리티쿰 아에스티붐Triticum aestivum(토르티야에 들어 있는 밀)을 먹을 수 있어 감사하다고 말한다. 그러면 다음 사람은 이렇게 말한다. "라우라케아이Lauraceae(녹나무과)에 속한 페르세아 아메리카나Persea americana(아보카도)를 먹을 수 있어 감사합니다." 이 게임은 누구 한 명이 더 이상 식재료의 이름을 대지 못할 때까지 계속되고, 게임이 끝난 후에야 세 사람은 저녁 식사를 한다. 코우리는 이렇게 말한다. "바보 같긴 하지만 제게는 음식을 뜯어보며 무엇이 들었는지를 알아볼 수 있는 좋은 기회예요." 코우리의 저녁 식사 게임은 모두가 점점 더

식사에 대한 생각

불균형한 식단을 먹는 세상에 맞서는, 작지만 힘 있는 행동이다.

개인적으로 나는 이 게임을 할 만큼 라틴어를 잘하지 못한다. 하지만 지금 무엇을 먹고 있는지에 주의를 기울이는 한 가지 방법으로서 접시 위에 놓인 음식의 식재료를 조목조목 뜯어본다는 아이디어는 마음에 든다. 여러 먹을 것들을 훑어보고 "이건 먹어도 돼", 또는 "이건 먹으면 안 돼"라고 말하는 것은 잡식동물이 늘 해온 행동이다. 우리 가운데 4단계의 세계 시장 안에서 먹고 살아가지 않을 수 있는 사람은 아무도 없다. 식재료의 이름을 댄다고 해서 매일 더 다양한 음식을 섭취할 수 있는 것도 아니다. 하지만 최소한 지금 먹고 있는 것의 이름을 말할 수 있다면 식단의 방향을 더욱 균형 잡힌 쪽으로 돌리는 데 도움이 될 것이다.

현대 식생활의 문제점 중 하나는 우리가 무엇을 먹어야 할지에 대한 자신의 감각을 더 이상 믿지 못하게 되었다는 것이다. 우리는 수렵 채집인도, 농부도 아닐 수 있다. 하지만 주의만 기울인다면 우리의 감각은 입에 무엇을 넣어야 하는지에 대한 유용한 정보를 알려줄 것이다. 상자에 '천연 성분'이나 '단백질 강화' 같은 멋진 말이 쓰여 있다는 이유만으로 그 음식을 먹어야 할 의무는 없다. 4단계는 정말 많은 변화를 불러왔지만 그럼에도 우리 식생활에 변함없이 남아 있는 점이 몇 가지 있다. 바로 음식은 인간이 음식이라고 부를 때에만 음식이 된다는 것, 그리고 그 인간은 바로 당신이라는 것이다.

2장

열량은 높게 영양은 낮게

"가끔은 뒤로 돌아갈 필요가 있습니다." 우리가 시간 여행을 통해 조금이나마 증조할머니가 먹었던 것처럼 먹을 수만 있다면 식생활이 더 건강하고 행복해질 거라고 말하는 어떤 글의 첫 문장이다. 식이심리학회Institute for the Psychology of Eating에서 발표한 이 글은 현대의 여러 건강 문제에 대한 해결책으로 '선조처럼 식사하기'를 제시한다.

그렇다면 이런 질문이 나올 수 있다. 선조처럼 식사하는 게 뭘까? 선조처럼 먹는다는 것은 증조할머니가 어디에 사셨든 간에 그분이 드셨던 식단과 최대한 비슷하게 먹는 것을 의미한다. 만약 선조가 그리스 출신이라면 지방을 제거하지 않은 전지 요구르트와 산나물, 풀을 먹고 자란 동물의 고기와 올리브오일을 먹고, 선조가 일본 출신이라면 생선과 해조류, 발효시킨 채소와 '토종' 곡물을 먹으면 된다.[1]

어린 시절 먹은 맛에 대한 향수는 늘 강렬하다. 오늘날의 음식 환경에서도 많은 이들이 조부모의 지혜를 활용하면 현대 식단의 광기와 그로 인한 질병에서 벗어날 수 있다고 주장한다. 이런 사고방식은 대개 음식 작가인 마이클 폴란Michael Pollan에게서 영감을 얻은 것이다. 폴란은 "증조할머니가 음식으로 인정하지 않을 만한 것은 절대로 먹지 않는 것"이 건강한 식사를 위한 규칙이라는 이해하기 쉬운 조언을 남겼다.

식단의 시곗바늘을 다시 되돌리고 싶은 마음은 이해한다. 지난 수십 년간 우리의 식단은 너무 많은 면에서 실제로 악화되었다. 잡곡과 콩류, 채소가 풍부하게 들어 있는 식단은 거의 모든 지역과 국가에서 더 이상 주류 식단이 아니게 되었으며, 1장에서 살펴본 것처럼 생물 다양성 또한 심각하게 훼손되고 있다. 거의 모든 현대인이 영양상 올리브오일, 채소, 생선, 렌틸, 통곡물을 더 많이 먹어야 한다는 말은 사실이다.[2]

하지만 과거로의 회귀가 나쁜 식단의 해결책이라는 생각에는 몇 가지 큰 문제가 있다. 우선 우리 증조할머니들은 음식을 만드느라 극심한 고통을 겪었다. 가족을 먹여 살리기 위해 많은 양의 곡물을 힘겹게 갈아야 했기 때문이다. 얼마 전까지만 해도 여성이 몇 시간이나 맷돌을 갈고 차파티나 토르티야 같은 주식을 반죽하느라 상체에 심한 관절염을 앓는 것이 전 세계에서 흔한 일이었다.

게다가 모든 증조할머니가 이상적인 식단을 먹었던 것도 아니다. 앞에서 살펴봤듯 우리와 그리 멀지 않은 선조들은 주로 곡물

식사에 대한 생각

로 구성된 극도로 단조로운 식단을 먹었고 금방이라도 굶주릴 수 있는 위험한 삶을 살았다. 우리의 증조할머니라면 '스포츠 드링크'나 팝콘 치킨 등 수많은 초가공식품을 음식으로 인정하지 않겠지만, 케일 샐러드나 오버나이트 오트밀, 호박씨같이 새로 등장한 건강식품 또한 음식으로 여기지 않았을 것이다. 게다가 20세기 초기 버전의 정크푸드를 먹은 증조할머니들도 있다. 1910년 뉴욕시의 한 공중보건 활동가는 초등학생들이 끔찍한 분홍색 색소로 염색한 핫도그와 설탕을 입힌 컵케이크를 사는 모습을 보았다. 우리 증조할머니들이 풀을 먹고 자란 동물의 고기나 유기농 육류만 음식으로 여겼을 거라는 생각은 잘못된 것이다.

조부모의 지혜가 현대 음식의 과잉에서 우리를 구해줄 거라고 기대하기 어려운 이유가 또 하나 있다. 이러한 사고방식은 우리가 아직 한 발을 과거에 걸쳐놓은 채 먹고 살고 있다는 사실을 무시하는 것이다. 우리 식생활에서 가장 심각한 문제 중 하나는 우리가 영양 전이라는 새로운 현실에 아직 온전히 적응하지 못했다는 데서 비롯된다. 증조할머니의 생리작용과 식사 태도는 계속되는 결핍의 위협에 맞춰져 있었다. 여러 면에서 우리는 이미 이 증조할머니의 지혜에 따라 식사를 하고 있다.

우리가 먹는 음식은 우리의 일생 동안 급격히 변화했을지 모르지만, 우리의 음식 문화는 빠른 변화의 속도를 따라가지 못했다. 애석하게도 우리는 증조할머니의 조리법을 잊었을지 모른다. 대부분의 사람들은 칼로 커다란 고기를 저미는 기술은 물론이고 겨우내 먹을 과일 병조림을 만드는 소박한 지식도 더 이상 알지 못한다. 하지만 우리가 잊지 않은 것이 하나 있다. 바로 상다리가 휘어지게 차려진 식탁을 볼 때의 흥분이다. 우리는 끝없는 만찬의 시대를 살고 있지만 우리의 유전자와 정신, 문화는 여전히 음식이 부족하던 시절의 기억에 머물러 있다. 4단계의 아찔한 변화 속에서 산다는 것은 바로 이런 것이다. 실속 없이 풍족하기만 한 이 숲에서 빠져나와 식사에서 건강과 기쁨을 전부 얻을 새로운 삶의 전략을 우리는 아직 개발하지 못했다.

음식이 귀한 시대에는 어떤 식사 전략이 도움이 되었을지 생각해보자. 먼저 육류나 설탕같이 에너지 밀도가 높은 음식을 매우 높이 쳤을 것이고, 눈앞에 그런 음식이 보이면 (오늘날 많은 사람이 그렇게 하듯) 즉시 먹어치웠을 것이다. 늘 접시를 깨끗이 비우고, 음식을 최대한 많이 차지하려고 할 것이다.[3]

개발학 전문가들은 과거에 적응한 인간의 신체 작용과 문화가 새로운 현실과 충돌하는 현상을 '부조화'라고 부른다. 이제는 되돌릴 수 없는 상상 속의 과거를 돌아보는 대신, 우리는 앞을 내다보며 다시 한 번 입맛을 바꾸어야 한다.

우리의 식품 체계는 부조화로 가득하며, 그중 일부는 문화와 관련되어 있다. 우리는 풍요의 시대에 식사를 하는 새로운 현실에 적응하지 못했다. 예를 들면, 우리의 음식 문화는 달콤한 음식에 지나치게 감상적인 태도를 보인다. 설탕은 더 이상 기념일에 먹는 귀하고 특별한 음식이 아니므로 애착을 가질 이유도 없다는 사실에 아직 감정적으로 적응하지 못한 것이다. 또한 우리는 과체중이거나 비만인 사람을 바라보는 시각도 바꾸지 않았다. 이제 대다수

식사에 대한 생각

가 과체중이거나 비만이라는 사실을 반영하지 않은 결과다.

하지만 무엇보다도 가장 비극적인 부조화는 신체 작용에 있다. 음식이 부족한 환경에서 형성된 신체가 현재 우리가 속한 풍요롭고 낯선 세상에 아직 적응하지 못한 것이다.

마른 비만 아기

1971년 젊은 의학도인 치타란잔 야즈닉Chittaranjan Yajnik은 인도 서부의 대도시 푸네에 있는 사순 종합병원Sassoon General Hospital에서 수련 중이었다. 야즈닉에게는 당뇨 환자들의 체질량지수BMI를 측정하는 과제가 주어졌다. 원래 이 일은 계산기에 숫자를 입력하기만 하면 되는 단순 반복 작업이었다. 하지만 문제는 야즈닉에게 계산기를 살 여유가 없었다는 것이다. 야즈닉은 긴 표를 만들어 파운드(1파운드는 약 0.45킬로그램-옮긴이) 단위의 몸무게와 피트(1피트는 약 30센티미터-옮긴이) 단위의 키를 적은 다음, 미터 단위의 키를 제곱해 킬로그램 단위의 몸무게로 나눈 체질량지수를 직접 힘들게 계산해야 했다.[4]

열 번째 환자의 체질량지수 계산을 마친 야즈닉은 숫자가 어딘가 이상하다고 느꼈다.

의학 교과서에 따르면 제2형 당뇨병은 주로 나이가 많고 비만인 사람에게 발생했다. 하지만 야즈닉이 살펴본 10명의 당뇨 환자는 모두 어리고 말랐으며 당연히 체질량지수도 낮았다. 계산이 틀린 게 아니라면 제2형 당뇨병이 노화와 비만에서 비롯된다는 의학 교과서의 주장은 최소한 불완전하거나 틀린 것이 분명했다. 야즈닉은 지도교수에게 의문을 제기했지만, 지금은 의학적 정설에 도전할 때가 아니라며 시험에나 집중하라는 이야기만 들었다.[5]

야즈닉은 인도에서 발병한 당뇨병의 미스터리를 떨쳐낼 수 없었다. 그는 영국 옥스퍼드 대학에서 수년간 서구형 당뇨병을 연구한 후 온전한 자격을 갖춘 의학 연구자가 되어 다시 푸네로 돌아왔다. 다시 돌아온 인도에서는 당뇨병 환자의 수가 점점 늘어나고 있었다. 1990년대 초 야즈닉은 '푸네 산모 영양 연구'를 시작해 푸네 근처에 있는 여섯 개의 시골 마을에서 산모와 아기들을 관찰했다. 연구 자료는 인도의 당뇨병이 교과서에 나오는 전형적인 제2형 당뇨병과는 매우 다르다는 그의 짐작을 뒷받침해주었다. 먼저 야즈닉은 인도 아기 600명 이상의 신체 지수를 자세히 기록해 영국 사우샘프턴에서 태어난 백인 아기들의 신체 지수와 비교했다. 인도 아기들은 영국 아기들보다 키도 작고 몸무게도 가벼웠다. 하지만 캘리퍼스를 이용해 피하지방 두께를 재본 야즈닉은 푸네의 자그마한 아기들이 사우샘프턴의 아기들보다 더 뚱뚱하다는 사실을 발견했다. 인도 아기들의 몸은 놀라울 정도로 '지방질'이었고, 특히 복부에 지방이 몰려 있었다. 야즈닉은 이 현상을 '마른 비만인 인도 아기'라는 말로 표현했다. 인도 아기들은 태어날 때부터 영국 아기들에 비해 당뇨병 전단계 호르몬 수치가 높았다. 이 아기들은 겉으로는 날씬해 보일지 몰라도 체성분은 매우 뚱뚱했다.[6]

우리는 심장질환과 제2형 당뇨병 같은 질환을 '비감염성 질환 non-communicable diseases', 또는 NCD라고 칭한다. NCD는 코를 훌 쩍이는 사람 옆에 서 있다가 감기에 걸리듯이 다른 사람을 통해 옮을 수가 없다. 하지만 야즈닉이 관찰한 바에 따르면 아기들은 실제로 자궁 안에서 엄마가 먹는 식단을 통해 당뇨병 체질이 '옮 을' 수 있다. 임신 기간 중에 영양이 부족했던 산모의 아기들에게 는 생존 메커니즘으로 전달된 '지방 저장 성향'이 있었다.[7]

원래 인도에서의 당뇨병 확산은 주로 부족하고 일정치 못한 식량 공급으로 고생한 인도인 사이에서 수 세대에 걸쳐 전달된 '절약형' 유전자 때문이라고 여겨졌다. 수십 년간 이어진 영양 결 핍 때문에 인도인들은 풍성한 현대 식단에 제대로 적응하지 못 했다. 하지만 야즈닉의 새 발견은 이런 부적응의 시간 단위가 훨 씬 짧다는 사실을 증명했다. 그는 절약 유전자가 아니라 '절약 표 현형'의 존재를 입증했는데, 이는 단 한 세대 만에 유전자가 환경 과 상호작용할 수 있음을 의미한다. 유전자는 어떤 환경에서 형 성되느냐에 따라 다른 표현형으로 나타날 수 있다. '마른 비만' 아기는 생물학적 환경의 부조화를 잘 보여준다. 이 아기들은 영 양이 부족한 어머니의 자궁 속에서 굶주림에 맞설 표현형을 지니 고 성장했지만 1970년대에서 1990년대 사이에 인도의 식량 공 급에 크나큰 변화가 일어나면서 예상치도 못한 풍요로운 식단을 먹게 된 것이다.[8]

야즈닉이 '마른 비만' 아기를 처음 발견한 1990년대에 이 주 장은 영양과 건강의 상호작용에 대한 완전히 새로운 발상이었다.

야즈닉이 이 주제로 쓴 첫 번째 논문은 발표되기까지 6년이 걸렸다. 그의 말에 따르면, 당시 의료계의 주류 기득권층이 "미천한 출신의 무명 인도인에게서 나온" 아이디어에 너무 회의적이었기 때문이다. '마른 비만' 아기는 야즈닉이 논문을 통해 본인 또한 '마른 비만' 인도인임을 밝힌 2004년에야 조금씩 받아들여지기 시작했다.[9]

이 2004년 논문에는 야즈닉이 친구이자 동료인 영국인 과학자 존 유드킨John Yudkin과 나란히 앉아 있는 사진이 실려 있다(야즈닉은 둘의 이름 앞 글자를 따서 이 논문에 'Y-Y역설'이라는 제목을 붙였다). 이제는 유명해진 이 사진 속에는 하얀 셔츠를 입은 늘씬한 두 중년 남성이 있다. 논문은 야즈닉과 유드킨의 체질량지수가 $22kg/m^2$ 정도로 거의 똑같다고 설명한다. 영국에서는 체질량지수가 18.5에서 24.9 사이일 경우 과체중도 저체중도 아닌 건강한 상태로 간주한다. 야즈닉과 유드킨은 둘 다 체질량지수가 건강 범위 안에 있었다. 하지만 X-레이를 찍어본 결과 (마른 비만 인도인인) 야즈닉은 유드킨보다 체지방률이 두 배 이상 높았다. 유드킨의 체지방률은 9.1퍼센트였던 반면 야즈닉의 체지방률은 날씬한 외모에도 불구하고 21.2퍼센트나 되었던 것이다. 이후 이어진 추가 연구는 인도의 성인 인구 대부분이 백인이나 흑인보다 근육량은 적고 체지방은 많다는 사실을 보여주었다.[10]

마른 비만인 인도 아기들의 이야기는 인간의 신체 위에 쓰인 영양 전이의 이야기다. 후생유전학이라는 신과학 덕분에 이제 우리는 산모의 신체가 아직 태어나지 않은 아이에게 일종의 신호를 보내 앞으로 어떤 음식 환경에 처할 것인지를 알려준다는 사실을 알게 되었다. 충분히 먹지 못하는 저체중 엄마는 아이에게 항상 음식이 부족할 것이라는 신호를 보내고, 그 결과 아기의 신체에 일련의 생리학적 변화와 호르몬 변화가 일어난다. 예를 들어 야즈닉은 엄마의 식단에 비타민 B12가 부족하면 아기에게 인슐린 저항성이 나타날 가능성이 높아지는 것을 발견했다.

마른 비만 아기는 식생활이 급격히 바뀌는 사회의 생생한 증거다. 이런 사회에서는 굶주림에서 풍요로의 변화가 단 한 세대만에 일어난다. 이 인도 아기들은 그리 멀지 않은 과거에 살았던 엄마에게서 태어났는데도 엄마의 생활환경과는 거의 다른 우주처럼 느껴질 정도의 생활환경에 처해 있다. 엄마의 생활환경에서는 음식, 특히 지방과 단백질이 충분한 경우가 드물었고 수 킬로미터를 걸어야 겨우 신선한 물을 구할 수 있었다. 이 여성들이 임신한 아기의 신체는 먹을 것이 적은, 가혹한 환경에서 살아남을 수 있도록 출생 전에 이미 신진대사를 조정하고 복부 지방도 두둑하게 쌓아놓았다. 하지만 아기들은 엄마와 달리 상당히 풍족한 환경에서 자라났다. 이들이 사는 세상은 버스와 전기 그리고 노동 절약형 농기구가 있는 세상, 요리용 기름이 저렴하고 소득이 점점 늘어나는 세상이었다. 과거 인도에는 이동 수단이 도보나 자전거밖에 없었지만 이제 도시에 거주하는 수백만 명(점점 증가하고 있는 신新중산층)은 스쿠터를 탄다. 그리고 이런 번영 속에서 당뇨병은 사과 속의 벌레처럼 인도 사회를 갉아먹고 있다.

빠르게 변하는 식품 환경 속에서 태어난 아기들의 문제는 인도에서 어린아이를 먹이는 방식 때문에 더욱 심각해진다. 먹을 것이 부족하던 시절의 기억은 인도를 비롯한 모든 개발도상국 엄마들이 아이를 먹이는 방식에 계속해서 영향을 미친다. 마른 비만 아기의 대다수는 생후 첫 2년 동안 긴급 구호 식량을 먹고 살이 오른다. 과거 인도에서 가장 시급한 영양 문제는 굶주림이었으므로 아기에게 먹을 것을 너무 많이 줄 가능성은 전혀 걱정할 필요가 없었다. 인도의 굶주림 문제는 아직도 심각한데, 세계영양보고서Global Nutrition Report에 따르면, 인도의 5세 미만 아동 중 38퍼센트가 성장에 방해가 될 정도로 제대로 먹지 못하고 있다. 이런 굶주림 속에서 생후 2년간의 급속한 몸무게 증가는 기적일 수 있다. 하지만 영양실조인 아이들의 이런 빠른 성장은 예기치 못한 장기적 결과를 낳을 수 있다. 빠른 성장은 유년기에 비만과 고혈압, 성인기에 당뇨병을 유발할 수 있는 위험 인자다. 생애 초기에 단백질과 식물성기름을 지나치게 많이 섭취하면 이후 비만이 될 가능성이 높아진다는 증거가 점차 늘어나고 있다.[11]

인도의 방대한 인구를 고려하면 현재 인도의 제2형 당뇨병 환자가 그 어떤 국가보다 많다는 사실은 그리 놀랄 일이 아닐지도 모른다. 정말 놀라운 것은 인도에서 당뇨병을 앓는 사람의 비율이다. 이미 첸나이 같은 대도시에서는 성인 인구의 약 3분의 2가 당뇨병이거나 당뇨병 전단계다.[12]

마른 비만 아기들이 겪는 영양학적 부조화를 해결하려면 어떻게 해야 할까? 개발도상국에서 영양 결핍 아기들을 치료하는 사람들은 이제 '최적'의 영양 상태에 대해 논의하기 시작했다. 최적의 영양 상태란 필수 미량영양소를 전부 공급하고 성장을 촉진하되, 과도한 몸무게 증가는 최소화하는 소아 식단을 의미한다. 야즈닉과 동료들은 현재 소녀들에게 비타민을 제공하는 프로젝트를 진행 중이다. 이론상 비타민을 섭취한 소녀의 신체는 훗날 임신했을 때 배 속의 아기에게 풍요로운 세계가 너를 기다리고 있다는 신호를 보낼 것이다. 이 프로젝트의 목표는 엄마들의 신체가 아직 태어나지 않은 아이들에게 현대 인도의 음식 환경에 대해 더 정확한 정보를 전달하게 함으로써 미래 세대의 NCD 발병 가능성을 낮추는 것이다. 이 희망이 결실을 맺을지는 오직 시간만이 알려줄 것이다. 우리 신체에 새겨진 후생유전학의 메시지는 당장 지우고 다시 쓰는 것이 불가능하다.

1980년대와 1990년대에 마른 비만 아기였다가 지금은 성인이 된 사람들 중 다수가 현대 인도에서 당뇨병 환자로 살아가고 있다. 이들은 아무런 잘못 없이 어린 나이에 평생 관리해야 할 질병에 꼼짝없이 갇혀버렸다. 제2형 당뇨병에 걸렸다는 것은 곧 주류 식량 공급 체계와 정반대인 식단을 먹으며 살아가야 한다는 뜻이다. 정제 탄수화물이 넘쳐나는 식품 시장에서 이들은 설탕과 흰쌀 없이 지내는 법을 배워야만 한다. 음식의 양이 그 어느 때보다도 많은 세상에서 칼로리 섭취를 제한해야만 한다.

마른 비만 인도인이 겪는 딜레마는 현대사회에서 수백만 명이 직면한 문제의 극단적 형태라 할 수 있다. 우리 모두는 신체의 본능과 현재 처한 환경 사이에서 발생하는 생물학적 충돌에 어느 정도 영향을 받으며, 우리의 몸은 이러한 충돌에서 뚱뚱해질 수밖에 없는 운명처럼 보인다. 모든 아기는 태어날 때부터 단맛을 선호한다. 이는 설탕이 사치품이던 시절에는 별문제가 아니었겠지만 값싼 감미료가 넘쳐나는 세상에서는 문제가 된다. 또한 우리 몸은 본래 에너지를 비축하는 성향이 있는데, 이러한 성향은 신체 활동이 왕성한 수렵 채집인이나 농부에게는 큰 도움이 되었지만 자동차로 가득한 도시에서는 그다지 쓸모가 없다. 생존에 도움이 되도록 진화한 인간의 본능은 이제 대부분 골칫거리가 되어버렸다. 인간의 생명 활동에서 허기와 갈증이 서로 다른 독립된 메커니즘이라는 사실이 또 하나의 사례. 즉 우리 신체는 가당 음료를 끝없이 들이켜면서도 별다른 만족을 얻지 못할 수 있다.

음료수는 물이 아닌데

사람들은 음료와 간식을 어떻게 구분할까? 오늘날 이 두 가지는 구분이 어려울 수 있다. 만약 초콜릿 아이스크림을 먹는다면 우리는 이 아이스크림을 디저트로 여기며 대략 200칼로리를 섭취할 것이다. 하지만 똑같은 초콜릿 아이스크림을 커다란 밀크셰이크의 형태로 먹는다면 단번에 1000칼로리를 섭취할 수도 있다. 그러나 밀크셰이크는 그저 음료일 뿐이므로, 우리는 밀크셰이크와 함께 햄버거와 감자튀김까지 먹는다.

우리가 마시는 음료에 어떤 혁명적 변화가 일어났는지를 언급하지 않고 식습관의 변화를 논하는 것은 어불성설이다. 여러 식

식사에 대한 생각

단의 변화 중 탄산음료나 알코올 같은 음료만큼 우리가 생각 없이 에너지를 과다 섭취하는 데 일조한 것도 없다. 어른 아이 할 것 없이 많은 사람들이 갈증을 인식하지 못하는 위험하고 말도 안 되는 상태에 다다랐는데, 모두가 물이 아닌 다른 음료에 너무 익숙해졌기 때문이다.

2010년 미국인이 음료를 통해 섭취한 하루 평균 칼로리는 1965년보다 두 배 이상 증가한 450칼로리였다. 밥 한 끼를 액체 형태로 섭취한 것이나 다름없는 셈이다. 아침에 마시는 카푸치노든 저녁에 마시는 크래프트 맥주(소규모 양조장에서 자체적으로 생산하는 맥주-옮긴이)든, 운동 후에 마시는 녹즙이든 시도 때도 없이 마시는 콜라 한 병이든, 우리가 선택할 수 있는 고칼로리 음료의 종류는 그동안 무척 다양해졌다. 전 세계에는 버블티와 아구아 프레스카agua fresca(과일이나 꽃잎을 물 또는 탄산수에 섞어 먹는 스페인식 음료-옮긴이)도 있고, 코디얼cordial(과일 시럽을 물 또는 탄산수에 섞어 먹는 음료-옮긴이)과 에너지 드링크도 있으며, 녹차나 히비스커스를 우려 넣고 건강에 좋은 척하지만 사실은 거의 스프라이트Sprite만큼이나 설탕이 많이 들어 있는 최신 유행의 '크래프트 소다'도 있다. 안에 든 칼로리를 고려하면 현대의 음료는 대개 음료라기보다는 음식에 가깝다. 하지만 문화적, 생물학적 이유에서 우리는 음료를 음식으로 분류하지 않는다. 우리 신체는 이 끝없이 흘러드는 음료를 물과 다를 것 없이 인식한다.[13]

평범한 서양인의 하루를 상상하며 음료를 얼마나 마시는지 세어보자. 엄청 많을 것이다. 나는 오늘날 미국인의 5퍼센트 이상이 설탕이 든 탄산음료를 마시며 하루를 시작한다는 사실에 깜짝 놀랐다. 그러나 부엌에 들를 시간 없이 아침 일찍 일을 시작한다면 아침 식사 메뉴로 콜라는 꽤 타당한 선택이다. 더 보편적인 아침 음료는 커피다. 하지만 커피 또한 커피라기보다는 우유에 가까울 때가 많다. 어쩌면 식탁 한 편에 오렌지 주스도 있을 수 있다(수십 년간 높아지던 오렌지 주스의 인기는 오렌지 주스가 설탕과 별반 다를 게 없음을 알게 된 소비자들이 점점 많아지면서 마침내 떨어지기 시작했다. 미국에서 트로피카나Tropicana 사의 과일 주스 판매량은 2010년에서 2015년 사이 12퍼센트 줄었다). 설문 자료에 따르면 오전이 중반에 접어들 무렵 미국인의 10퍼센트가 커피나 소다를 또 한 잔 마신다. 개인적으로 나는 이렇게 오랫동안 음료를 참는 사람을 존경한다. 나는 (특히 일할 때) 심한 커피 중독이라 종종 첫 번째 잔을 비우기도 전에 두 번째 잔을 마실 생각을 하기 때문이다(이것이 내가 주로 우유를 넣지 않은 블랙커피를 마시는 이유 중 하나다. 한번 시도해보라).[14]

그렇게 하루가 흘러가는 사이사이 우리는 우유와 시럽을 넣거나 넣지 않은 채로 이런저런 가당 음료와 카페인 음료를 홀짝이고, 칵테일 아워가 되면 탄산음료나 술을 마신다. 사람들은 1950년대 매드맨 세대Mad Men generation(미국의 황금기에 성년 시절을 보내며 술과 담배를 달고 살았던 세대-옮긴이)가 요즘 사람들보다 술을 훨씬 많이 마셨을 거라고 생각하는 경향이 있다. 하지만 부유한 소수를 제외하면 당시 미국인은 오늘날보다 술을 훨씬 적게 마셨으며, 미국의 총 알코올 섭취량은 1965년에서 2002년 사이 네 배 증가했다.[15]

미국뿐만 아니라 전 세계가 마찬가지다. 음료 섭취량의 증가는 영양 전이가 일어난 모든 곳에서 나타나는 주요 특징 중 하나다. 2014년 한 탄산음료 시장 보고서는 중남미를 "전 세계 탄산음료 브랜드 소유주와 제조업체의 희망"이라고 묘사했다.[16] 멕시코나 아르헨티나 같은 신흥국 젊은이들은 소득이 증가하면서 탄산음료도 매년 더 많이 섭취하고 있다. 평생 설탕을 넣지 않은 차와 물만 마셨던 중국인들도 이제는 맥주와 탄산음료에 스타벅스의 온갖 음료를 마신다.

물 외의 음료로 갈증을 해소할 수 있다는 것은 곧 좋은 시간을 보내고 있다는 뜻이다. 탄산음료업계와 주류업계는 어느 때건 간에 한 손에 음료를 들고만 있다면 더 좋은 시간을 보낼 수 있다고 사람들을 세뇌시켰다. 공부 중이라면? 에너지 드링크가 집중을 도와줄 것이다. 친구들과 함께 있다면? 긴장을 풀어줄 음료가 필요하다. 2004년 한 해 동안 미국인은 물 외의 음료를 평균 135갤런 섭취했다. 하루에 1.5리터를 마신 셈이다.[17]

이러한 현대의 음료 섭취 습관을 지혜로운 증조할머니는 절대 탐닉한 적이 없는 새로운 유형의 폭식 행위로 여기기 쉽다. 하지만 멕시코 같은 중간 소득 국가의 경우 안전한 물이 공급되지 않는 지역이 많기 때문에 탄산음료를 사 마시는 것이 자신의 몸을 보호하는 행동일 수 있다. 병에 담긴 음료는 오염된 물처럼 박테리아가 들어 있지 않고 본인과 자녀를 아프게 할 가능성도 낮다. 게다가 이들에게는 탄산음료 구매가 더 알뜰한 선택일 수 있다. 물 한 병과 콜라 한 병의 가격이 비슷하다는 점을 고려하면 액체

와인 잔의 평균 크기(영국)

1700~2017년 영국 와인 잔의 변화. 크기가 일곱 배 커졌다(2017년 〈영국 의학 저널British Medical Journal〉에 실린 테리사 마르토Theresa Marteau와 그 동료들의 논문에 근거함).

식사에 대한 생각

에 맛과 에너지가 추가된 콜라가 더 나은 선택처럼 보일 수 있기 때문이다.

하지만 우리의 신체는 고칼로리 음료의 등장에 잘 적응하지 못했다. 사람들은 현대 음료의 문제점을 이야기하면서 설탕의 해악은 논하지만 인간의 허기와 포만감에 대해서는 그다지 논하지 않는다. 우리의 유전자는 맑은 액체를 마시는 것으로는 포만감을 느끼지 않게 진화했다. 음료에 3코스짜리 점심 식사만큼의 에너지가 들어 있어도 마찬가지다. 이것이 바로 음료의 난제다. 누군가는 저녁을 먹기 전에 커다란 잔으로 샤도네이(화이트 와인의 한 종류-옮긴이)를 두 잔 마신 다음 마치 아무 일도 없었던 것처럼 다시 상당한 양의 음식을 먹을 수 있다(어쩌면 나만 그런 걸지도). 또 다른 사람은 마운틴듀Mountain Dew 반 리터를 마시고도 여전히 30센티미터짜리 샌드위치를 먹고 싶을 수 있다. 몇몇 예외를 빼면 우리의 신체는 액체에 들어 있는 칼로리를 고형 음식에 들어 있는 칼로리와 똑같이 인식하지 않는다. 인간의 신체 활동과 현재의 식사 패턴 사이에서 발생하는 가장 극명한 부조화 중 하나다.

약 1만 1000년 전 벌꿀로 처음 와인을 빚기까지 인간이 마실 수 있는 음료는 물과 모유뿐이었으며, 아기를 제외하면 인간의 진화 역사상 음료와 음식은 대개 완전히 독립된 별개의 것이었다. 허기와 갈증의 메커니즘이 분리되어 있는 것은 생존에 도움이 되었다. 만약 수렵 채집인이 물에서 충분한 포만감을 느꼈다면 나가서 먹을 것을 찾을 필요도, 그리고 싶은 마음도 없었을 것이고, 결국에는 굶어 죽었을 것이다.[18]

수많은 연구에서 입증된 바에 따르면 대부분의 사람들은 음료에서 에너지를 섭취한 만큼 식사를 적게 하지 않는다. 물을 마시면 물은 빠르게 장으로 내려가 갈증을 해소해주지만 허기를 달래는 데에는 별 도움이 되지 않는다. 이건 물에 설탕이 들어 있을 때도 마찬가지다. 우리 신체는 잔이나 컵, 또는 캔에서 나온 칼로리는 칼로리로 인식하지 않는 것 같다. 스포츠 드링크나 과일 주스, 콜라, 가당 아이스티 같은 맑은 액체는 허기를 달래는 데 특히 소용이 없으며, 라테나 초콜릿 우유처럼 우유가 들어 있는 음료 역시 영양분이 들어 있음에도 대부분 놀라울 정도로 배를 채워주지 못한다. 여러 과학 연구가 음료에 든 칼로리와 상관없이 사람들은 맑은 음료에 포만감을 잘 느끼지 못한다는 사실을 보여준다. 즉 음료는 같은 양의 칼로리가 들어 있는 고형 음식만큼 우리 배를 채워주지 못한다. 그 결과 우리는 알지도 못하는 사이에 음료를 통해 애초에 의도한 것보다 더 많은 에너지를 섭취하게 되었다.[19]

　가당 음료는 2000년 미국 식단에서 가장 많은 칼로리를 제공한 단일 항목이다. 서양인은 수백 년 전부터 설탕을 넣은 차와 커피를 마셨지만 '고칼로리 음료'가 평균 식단에서 이렇게 큰 부분을 차지한 적은 없었다. 과거 식단에서 칼로리를 가장 많이 차지한 것은 빵 같은 주식이었으며 이런 음식은 실제로 사람들의 배를 채워주었다. 이토록 많은 사람이 극히 적은 포만감을 주는 식품으로 에너지의 대부분을 섭취하게 되었다는 것은 그만큼 우리가 자신의 허기와 단절되어 있다는 표지다.

　　　　　　　　　　　　　　　식사에 대한 생각

액체와 허기의 관계는 아직 명확히 밝혀지지 않았다. 음료가 포만감을 주지 않는 이유에 대한 생물학적 설명 중 하나는, 음식을 먹으면 위장에서 분비되는 펩타이드 같은 호르몬이 가당 음료나 술을 마실 때는 분비되지 않는다는 것이다. 이런 호르몬들은 우리 뇌에 배가 찼다는 신호를 보낸다. 하지만 대용량의 가당 음료를 마시면 위와 뇌 사이에서 불완전한 의사소통이 이루어지고, 어째서인지 방금 수백 칼로리를 섭취했다는 메시지가 제대로 전달되지 않는다.

우리에게는 음식뿐만 아니라 음료가 주는 포만감에 대해서도 생각해볼 방법이 필요하다. 나의 경우 물 외의 모든 것은 음료가 아니라 간식이며, 그러므로 꿀꺽꿀꺽 마시는 게 아니라 음미해야 한다고 되뇌는 것이 도움이 되었다. 음식이라고 생각하면 카푸치노 한 잔도 깜짝 놀랄 만큼 부드럽고 맛있을 수 있다. 막 맥주 세 잔을 들이켜고 한 잔 더 마실까 고민하는 금요일 밤에 이렇게 의식하며 음료를 마시는 게 도움이 될지에 대해서는 논란이 있겠지만 말이다.[20]

액체가 배를 채워주지 않는다는 통칙에도 예외는 있다. 어쨌거나 모유는 아기에게 음식이자 음료다. 어떤 사람은 고체 형태의 음식보다 특정 액체에 더 포만감을 느끼는데, 수프가 가장 좋은 사례다. 포만감의 유무에는 액체의 점도가 중요한 역할을 하는 것으로 보인다. 액체가 걸쭉할수록 허기를 더 많이 없앨 수 있다.[21] 여러 액체에 대한 우리의 생각 또한 만족도에 영향을 미칠 수 있다. 수프는 옛날부터 만족스러운(영양분을 주고 몸과 마음을 살

찌우는) 음식으로 알려져 있다. 반면 차가운 탄산음료는 수프처럼 영양가가 높다고 여겨지지 않는다.

널리 광고되는 고칼로리 음료의 증가는 우리의 에너지 균형(몸에 들어오는 칼로리와 몸에서 나가는 칼로리 간의 균형)을 무너뜨린 주요 원인이다. 미국인의 평균 체질량지수는 지난 250년간 쭉 증가해왔지만 1970년대 중반에서 후반 사이에 특히 더 많이 증가했다. 이 시기는 음료를 통해 섭취하는 하루 평균 에너지가 전체 에너지의 2.8퍼센트에서 7퍼센트로 급격하게 증가한 시기이기도 하다. 상관관계와 인과관계는 다르지만 두 시기가 겹친다는 사실은 음료 섭취의 증가와 비만 증가 간의 연관성을 뒷받침해준다. 고칼로리 음료 소비의 급격한 증가와 체질량지수 증가 간의 상관관계는 나이나 인종과 상관없이 전 인구에게서 나타난다.[22]

누군가가 뚱뚱하다면 그 이유는 분명 그 사람의 의지가 약하기 때문이라는 것이 (매력적이고) 주류적인 의견이다. 하지만 고칼로리 음료의 사례는 비만의 원인을 단순히 개인의 게으름이나 식탐으로 돌릴 수 없다는 사실을 다시 한 번 보여준다. 약 40년 전 여러 기업들은 미국과 유럽의 소비자에게 완전히 새로운 종류의 음료들을 광고하기 시작했다. 수십 년 후 이 음료들은 전 세계를 가로지르며 세력을 더욱 키웠다. 2015년 스타벅스는 한 잔에 설탕 20티스푼(102그램)이 들어 있는 시나몬롤 프라푸치노를 광고했다. 어떻게 보면 영국과 미국 인구의 3분의 2가 과체중이거나 비만이라는 사실보다 인구의 3분의 1이 아직 과체중이거나 비만이 아니라는 사실이 더 놀랍다.[23]

하지만 지금 우리가 살고 있는 문화는 음료에 설탕이 이렇게 가득 들어 있더라도 절대 뚱뚱해지면 안 된다고 말한다. 이는 오늘날의 음식 문화에서 가장 잔인한 측면 중 하나다. 매일 가장 쉽게 구할 수 있는 음식을 소비하는 사람들에 대해 우리가 이야기하는 방식과 그런 식음료의 구매가 너무나 쉬운 현실 사이에는 엄청난 부조화가 존재하기 때문이다.

체중이라는 죄

오늘날 대부분의 국가에서 대다수가 과체중이거나 비만이다. 하지만 이러한 변화가 전반적인 식사 경험에 어떤 영향을 미치는지는 논의된 바가 거의 없다. 사람들은 '비만 위기'를 초조하게 바라보면서도 오늘날의 세계에서 비만인으로 먹고 산다는 것이 어떤 것인지에 대해서는 전혀 관심을 기울이지 않는다. 우리 문화는 새로운 현실에 아직 적응하지 못하고 계속해서 날씬한 몸을 '정상'으로 간주한다. 이는 매우 슬픈 일이다. 비만인 비하fat shaming와 관련된 심리 요인이 비만 인구의 체중 감량을 어렵게 만드는 원인 중 하나이기 때문이다.

체중으로 인한 사회적 낙인이 문제라는 사실은 이미 1960년대부터 논의되기 시작했다. 1960년대 초반 사회학자들은 미국의 10세 소녀들에게 여섯 아이의 사진을 보여주고 선호도에 따라 순위를 매겨달라고 했다. 그러자 소녀들은 하나같이 비만인 소녀를 가장 꼴찌에 두었다. 비만인 소녀는 휠체어를 탄 아이나 얼굴

에 상처가 있는 아이, 또는 팔 하나가 없는 아이보다 낮은 점수를 받았다.[24]

1968년 독일계 미국인 사회학자 베르너 칸먼Werner Cahnman은 "비만 낙인The Stigma of Obesity"이라는 제목의 논문을 발표했다. 이 논문에서 그는 뉴욕에 있는 비만 클리닉에서 실시한 31회의 인터뷰를 토대로 미국의 젊은 비만 인구가 겪는 심각한 차별을 상세히 서술했다. 인터뷰에 응한 사람들은 자신이 경험한 거절과 조롱, 눈앞에서 닫힌 문들과 잃어버린 기회에 대해 이야기했다. 칸먼은 비만 인구에 대한 거부가 "우리 문화에 내재되어 있다"고 썼다. 1938년 젊은 유대인 남성이었던 칸먼은 다하우 강제수용소에 갇혔다가 탈출해 미국으로 이주했고, 미국에서 사회학자로서 다양한 형태의 사회적 편견을 연구했다. 그가 보기에 미국에서 과체중은 그저 "건강에 해로운 것"이 아니라 "도덕적 결함"으로 여겨지는 것이 분명했다.[25]

칸먼은 이런 낙인 때문에 비만인이 수치심을 내면화하고 수치심에서 "벗어날 수 없게 되는 것"이 가장 큰 문제라고 보았다. 칸먼이 논문을 발표하고 50여 년간 많은 연구가 이루어졌고 체중 낙인이 비만 인구의 건강과 안녕에 치명적인 영향을 미친다는 사실이 증명되었다.

하지만 과체중이거나 비만인 인구에 대한 낙인은 아무런 제재 없이 계속 이어지고 있다. 비만에 대한 부정적 메시지는 우리 문화에만 존재하는 예외라기보다는 규범에 가까운 전 세계적 현상이다. 과거에는 마르지 않은 신체를 찬양하는 문화가 많았지만, 2011년에 발표된 연구에 따르면 현재 비만 낙인은 멕시코와 파라과이, 미국령 사모아에까지 확산되었다. 한편 심리학자인 A. 재닛 토미야마A. Janet Tomiyama는 "서구 사회에서 체중 낙인이 인종차별과 성차별은 물론, 다른 형태의 편견보다 사회적으로 더욱 용인되고 극심하며, 어떤 경우에는 더 만연하다"는 사실을 발견했다.[26]

과체중이거나 비만인 사람 모두가 체중과 관련된 부정적 편견에 똑같이 민감한 것은 아니다. 체질량지수에 전혀 연연하지 않는 사람도 있고, 다양한 신체의 아름다움을 인정하자는 '신체 수용' 운동에서 자신감을 얻고 위안을 받는 사람도 있다. 하지만 전반적으로는 전 세계 수백만 명이 심리적으로나 신체적으로 비만 낙인에 부정적 영향을 받고 있다.

건강 관련 낙인은 공중보건 역사 곳곳에 자리하며 낙인찍힌 이들은 낙인에서 벗어나기가 결코 쉽지 않다. 콜레라와 매독, 결핵은 환자에게 도덕적 결함이 있다고 여겨질 때에는 통제가 아예 불가능했다. 2017년 영국 의학 저널 〈란셋〉의 사설에 따르면, 비만이 의지 부족에 기인한 개인의 도덕적 실패로 여겨지는 한, 의료 체계는 아동 비만을 결코 실질적으로 예방할 수 없을 것이다. 또한 비만이 "개인이 선택할 수 있는 생활방식이 아니라"는 집단적 인식이 생기기 전까지는 비만율이 낮아질 가능성은 적다.[27]

집단적 변화가 없을 경우, 비만을 유발하는 세상에서 스스로를 보호할 주요 방법은 개인적으로 식단 관리와 운동을 시작하는 것이다. 하지만 체중 낙인은 여기서도 우리를 좌절시킨다. 비만 낙인이 체중을 감량하려는 개인의 노력에 부정적인 영향을 미친다는 증거가 점점 더 많아지고 있다. 다이어트를 결심했다가 금세 다시 평소대로 돌아온 후 수치심에 시달려본 사람이라면 그 이유를 쉽게 이해할 수 있을 것이다.

과체중이었던 10대 시절 나의 식사 경험은 이른바 '정상 체중'의 중년 여성인 내가 지금 경험하는 것과는 확연히 달랐다. (운 좋게도 지금 내가 하고 있듯이) 자유로운 느낌 속에서 식사하는 것과 안개처럼 자욱한 주위의 시선 속에서 식사하는 것의 차이랄까. 먹고 싶은 음식을 먹을 자격이 내게는 없는 것 같은 느낌, 사람들 앞에서는 특히 그러면 안 될 것 같았던 느낌을 기억한다. 당시 분위기 때문에(나는 1974년에 태어났다) 나는 탄수화물보다 지방을 더 무서워했다. 그렇게 의미도 기쁨도 없이 수년간 버터를 거부했다. 영국 사이즈로 10(미국 사이즈로는 6) 이상인 사람은 버터를 먹을 자격이 없었기(또는 내가 그렇게 믿었기) 때문이었다.

과체중으로 사는 동안 내게는 확연히 다른 두 가지 식사법이 있었다. 하나는 사람들과 함께 있을 때, 하나는 혼자 있을 때를 위한 것이었다. 사람들 앞에서는(대부분의 시간이 그랬다) 내가 생각하기에 사회에서 허락한 음식만 먹었다. 대학 시절 가장 친한 친구가 거식증이었는데, 그 친구가 하라는 대로만 하면 절대 비난받지 않으리라고 생각했다. 그렇게 나는 양상추와 퍽퍽한 닭가슴살에 아무런 드레싱도 뿌리지 않은 밍밍한 샐러드를 먹었다. 간을 전혀 하지 않고 뜨거운 물에 데친 연어와 코티지 치즈를 쥐꼬리만큼 먹었다. 그리고 다이어트 콜라를 엄청 많이 마셨다. 이 모든 음식에 불쾌한 의무감이 깃들어 있었다.

하지만 닫힌 문 뒤에서 하는 식사는 완전히 달랐다. 하루 종일 좋아하지도 않는 음식을 극히 소량만 먹으면 내가 먹고 싶은 음식을 잔뜩 먹고 싶은 강렬한 충동이 밀려온다. 나는 달달한 비스킷 한 통을 전부 해치웠고 땅콩이 씹히는 땅콩버터를 병째로 퍼먹었으며 토스트도 여러 장 구워 먹었다. 저녁을 먹자마자 곧장 맥도날드로 향했다. 저녁만으로는 만족스럽지 않았기 때문이었다. 마치 내 삶 전체가 달린 문제인 것처럼 배고프지 않은데도 스스로를 위로하기 위해 음식을 먹었다. 스스로를 위로해야 했던 이유 중 하나는 내가 과체중이라는 데서 오는 괴로움이었다.

외모에 대한 수치심 때문에 몰래 무언가를 먹는 사람은 나 혼자만이 아니다. 많은 연구에 따르면, 체중 낙인을 경험하면 남몰래 폭식할 가능성이 높아진다. 과체중이거나 비만인 여성 2400명 이상이 참여한 연구에서는 거의 80퍼센트가 음식을 더 많이 먹는 방법으로 체중 낙인에 대처한다고 말했다. 또 다른 연구는 체중 때문에 놀림당하는 사람이 스포츠 같은 신체 활동에 덜 참여한다는 사실을 증명했다. 10대 시절 달리기를 하러 나가면(자주 있는 일은 아니었다) 운동복을 입은 내 모습이 부끄러웠다. 한 발 한 발이 수학적으로 계산 가능한 죗값으로 느껴졌다. 잔뜩 섭취한 칼로리만큼 뛰어야 한다고 생각했기 때문이다. 반면 지금은 달릴 때의 즐거움 외에는 다른 목표가 없다. 그렇게 다른 사람의 시선을 걱정하지 않고 더 오랫동안 뛸 수 있다.[28]

흔히들 체중 낙인이 체중 감량의 동기가 된다고 오해한다. 하지만 스스로를 미워하는 것은 식단을 바꾸는 데 아무 도움이 안된다. 오히려 비만으로 낙인찍힌 사람들은 의료 기관에 가는 것을 꺼릴 가능성이 높다. 비난조로 몸무게 이야기를 하는 의사가 많다는 점을 고려하면, 아무도 이들을 탓할 수 없을 것이다. 비만 낙인이 오히려 체중 증가를 불러오는 생물학적 원인일 수도 있다. 괴롭힘을 당한다는 느낌은 스트레스를 일으킨다. 그리고 인간의 주요 스트레스 호르몬인 코르티솔이 과식을 유발한다는 것은 이미 잘 알려진 사실이다. 쥐를 대상으로 실험해보면 코르티솔이 허기와 포만감을 느끼게 하는 신호를 엉망으로 만든다는 것을 알 수 있다. 일반적으로 높은 코르티솔 수치는 높은 복부 지방률과 매우 밀접한 관련이 있다.[29]

차별 또한 낙인이 체중 증가로 이어지는 메커니즘 중 하나다. 예를 들면 직장에는 '비만에 대한 임금상의 불이익'이 있으며, 여성의 경우 특히 불이익이 크다. 비만인 사람들은 비만이 아닌 동료에 비해 승진이나 직무 교육의 기회가 덜 주어진다고 말한다. 이처럼 다양한 형태의 경제적 차별은 체중 감량을 더욱 어렵게 한다. 소득이 적으면 그만큼 음식 선택이 제한될 뿐만 아니라 인구가 과밀하고, 건강에 좋은 음식을 쉽게 구할 수 없으며, 안전하게 걷거나 뛸 수 있는 곳이 부족한 지역에서 살 수밖에 없다.[30]

여기서 원인과 결과를 명확하게 구분하기는 어렵다. 비만은 빈곤의 원인이 된다. 그리고 빈곤하면 비만에서 벗어나기가 더욱 어려워진다. 우리는 낮은 사회경제적 지위가 높은 비만율과 연관되어 있음을 안다. 이는 전 세계적으로 마찬가지다. 애리조나 주립대학의 알렉산드라 브루이스Alexandra Brewis는 미국의 가난한 비만인 사이에서 '겹겹이 쌓인 낙인'을 발견했다. "스트레스와 괴로움, 잃어버린 기회와 사회적 지위의 하락"이라는 이 겹겹의 낙인은 본인이 선택하지 않은 삶과 몸으로 사람들을 몰아넣는다.[31]

비만 인구를 낙인찍는 것이 그들을 날씬하게 만들기 위해서라면 오히려 심각한 역효과가 발생하는 셈이다. 문제는, 그동안 우리 대부분이 체중 낙인에 너무 익숙해진 나머지 문제가 있다는 사실조차 인식하지 못한다는 것이다.

마지막으로 읽은 '비만 위기'와 관련된 신문 기사를 떠올려보라. 기사 옆에 실린 사진이 기억나는가? 분명 사진 속의 비만인은 편협한 관점에서 비호감으로 묘사되었을 것이다. 그 사람은 얼굴 없이 목 밑까지만 나왔을 것이고 너무 작은 의자나 너무 끼는 청바지 밖으로 살이 튀어 나와 있었을 것이다. 그리고 소스가 줄줄 흐르는 특대형 햄버거 같은 것을 먹고 있었을 가능성이 높다. 당신이 비만이든 아니든 그 사진은 과체중에 혐오감을 느끼게 한다. 미국 러드센터Rudd Center는 비만 관련 온라인 뉴스에 실린 사진의 72퍼센트가 비만 인구에게 낙인을 찍고 있음을 발견했다. 러드센터는 자체 갤러리를 만들어 비만 인구를 다양한 상황에서 '편견 없이' 묘사한 이미지와 비디오 클립을 모아두었다. 여기에서는 비만인이 직장에서 일을 하거나 식료품점에서 신선 식품을 구매하는 모습이 담긴 자료를 볼 수 있다.[32]

하지만 보다 많은 사람이 체중 낙인의 유해함을 인식하기 전까지는 비만 인구를 더욱 정중하게 묘사하는 것이 당연시되기 어렵다. 아직까지도 창피를 줘서 살을 빼게 하는 것이 비만 확산에 대응하는 가장 좋은 방법이라고 생각하는 사람이 상당히 많다. 심지어 정책 입안자와 전문 의료진 사이에도 이런 믿음이 퍼져 있다.

2008년 미시시피에서는 식당이 비만 인구에게 음식을 팔지 못하게 하는 법안이 발의되었다. 결국 법안은 통과되지 않았지만, 이런 주장이 제기되었다는 사실 자체가 (그렇지 않다는 모든 증거에도 불구하고) 얼마나 많은 사람이 체중 낙인을 공중보건의 유용한 도구로 생각하는지를 잘 보여준다.

비만 혐오에 의한 여러 피해 중 하나는 체중을 약간이라도 감량할 의욕을 꺾는다는 것이다. 비만인 사람은 체중의 약 10퍼센트만 감량해도 여러 건강상의 이점을 누릴 수 있다. 이 정도로 체중을 감량하면 제2형 당뇨병과 고혈압, 심장질환이 개선된다. 하지만 체중 낙인의 관점에서 보면 이러한 수준의 변화는 아무런 가치가 없다. 건강해진다 하더라도 사회가 생각하는 정상 체중에 비하면 여전히 너무 거대해 보일 것이기 때문이다.

체중 낙인이 아직까지 존재한다는 사실은 우리 사회가 혼란 속에서 식사를 하고 있다는 또 하나의 신호일 수 있다. 우리의 식생활은 도덕 체계가 따라올 수 없을 만큼 빠르게 바뀌었다. 식품 체계가 급변하지 않는 한, 앞으로도 비만은 줄지 않을 것이다. 과체중이라는 이유로 누군가를 비정상이라 여기지 않는 것은 기본적인 인간 품위의 문제로 여겨져야 한다. 베르너 칸먼은 이미 1968년에 이 문제를 다루었다. 그리고 "우리 모두의 공통된 인간성을 상호 존중하기로 합의하는 것"이 비만에 대응하는 방법이라고 말했다. 또한 그는 비만인을 보통 사람으로(그리고 다른 사람들만큼 똑똑하고 유능한 사람으로) 여기고 비만인이 느낄 수치심을 전부 없애지 않는다면 체중 낙인은 사라지지 않을 것이라고 지적했다.[33]

그로부터 50년이 지난 지금, 우리는 아직도 여기서 교훈을 얻지 못했다.

3장

식품의 경제학

＊

　우리가 더 나은 음식을 고르기만 한다면 오래오래 행복하게 살 수 있다고 (심지어 죽음을 피할 수 있을 거라고) 장담하는 전문가가 넘쳐난다. 음식 관련 도서들은 식단을 '똑똑하게' 바꾸라고 재촉한다(이런 책들에서 말하는 '똑똑한' 아이디어도 매우 기괴하긴 하지만 말이다). 영양학자들도 몸에 좋은 식단을 먹으라고 권고한다. 예컨대, 일주일에 기름진 생선을 두 번 이상 먹으라는 것이다. 마찬가지로 식품업계도 무엇을 먹느냐는 순전히 개인의 선택이라는 생각을 퍼뜨린다. 만약 300그램짜리 대용량 초콜릿을 한 봉지 사서 1회 권장량인 12분의 1만 먹는 대신 거의 다 먹어치운다면 그것 또한 개인의 자유로운 선택이다.

　'더 나은' 식사의 의미를 개인의 건강과 즐거움의 측면에서 정의하든 더욱 지속 가능한 농업의 측면에서 정의하든 간에, 음식을 더욱 잘 선택하려는 노력은 전적으로 가치가 있다. 어린 시절부터 우리는 주어진 음식 앞에서 입을 열지 닫을지를 결정할 힘을 갖는다. 우리가 더 건강한 식습관을 선택해서 정제 곡물과 가당 음료, 그리고 가공육을 더 적게 먹는다면 매년 만성질환으로 발생하는 수천만 명의 죽음을 예방할 수 있을 것이다. 또한 충분히 많은 사람들이 다양한 식재료를 저마다 다른 양만큼 구매하고 싶어 한다면 식품 체계는 사람들의 의견을 수용하는 쪽으로 바뀔 수밖에 없을 것이다. 슈퍼마켓 대신 파머스 마켓이나 동네의 독립 식료품점, 유기농 채소 배달 서비스를 이용할 때마다 더 나은 식품 체계를 위해 포크로 투표하는 것이라는 (옳은) 이야기도 흔히 들려온다.

하지만 우리가 무엇을 먹느냐는 오로지 개인의 욕망이나 요구의 문제만이 아니라는 사실을 기억해야 한다. 다르게 말하면 우리의 욕망조차 우리를 둘러싼 세계, 즉 우리가 공급받는 식품의 양과 가격, 광고를 통해 주입받는 음식 이야기에 따라 형성된다. 사람들은 시간의 흐름에 따라 점차 음식에 대한 이런저런 욕망을 학습한다. 그리고 무엇을 학습하느냐는 우리 신체가 필요로 하는 것이 아닌, 식품 공급 체계의 한계와 가능성에 따라 결정된다.

최근 출간된, 식량정책 관련 도서는 시민이라면 음식을 선택할 때마다 가격과 질, 편리함만이 아니라 건강과 지속 가능성 같은 더 큰 가치까지 고려해야 한다고 주장했다. 이런 주장을 하는 사람은 토요일 아침 슈퍼마켓에서 바글바글한 사람들 사이를 뚫고 카트를 밀며 일주일치 식량을 현금으로 계산할지 신용카드로 계산할지 초조하게 고민해본 적이 한 번도 없을 것이다.[1]

식사에 대한 생각

개인이 하는 음식 선택의 이면에는 그 누구도 요청한 적이 없는 경제적 환경이 자리하고 있다. 근처에는 신선 식품을 파는 가게도 없고 점심에 사 먹을 수 있는 것이라곤 샌드위치와 자판기 과자밖에 없는 콜센터에 갇혀 일하고 있다면 포크로 투표하기란 어려울 것이다. 사실상 우리가 섭취하는 대부분의 음식은 우리가 통제할 수도 없고 그저 희미하게 알고 있을 뿐인 공급의 힘이 우리 목구멍에 밀어 넣는 것이다. 여러모로 음식에 대한 우리의 선택은 경제적 조건에 따라 형성되고 제한된다.

지난 세대에 비해 평균 소득이 늘어나고 식품 가격도 전반적으로 저렴해졌지만 이런 풍요는 더 양질의 식단으로 이어지지 못했다. 앞으로 살펴보겠지만 지난 몇십 년간 상품의 상대가격은 고가공식품, 육류, 설탕 쪽으로 소비자들을 떠밀었다. 동시에 현대 식품 경제는 대부분의 사람들이 고품질 빵과 초록 채소를 구매할 가능성을 더욱 낮춰놓았다.

우리의 식단은 특정 식재료의 공급과잉을 부추기는 경제정책에 따라 형성되며, 사람들은 자기가 무엇을 하는지 인식하지도 못한 채 이 식재료를 소비한다. 대표적 사례가 바로 정제 식물성기름이다. 식물성기름이 현대의 식품 어디에나 들어 있는 것은 주로 공급 측면의 경제와 관련이 있다.

엄청난 기름을 마시는 사람들

최근 몇 년간 발생한 전 세계의 식단 변화 중에는 캐번디시 바나나의 확산처럼 알아채기 쉬운 것들도 있지만, 가장 큰 변화는 우리 눈에 보이지 않게 숨어 있다. 만약 세계 표준 식단에서 1960년대 이후 가장 큰 비율로 증가한 식품이 무엇이냐고 내게 묻는다면 나는 주저 없이 설탕이라고 대답했을 것이다. 하지만 그건 사실이 아니다. 전 세계 식단에는 지난 50년간 설탕보다 더 많이 늘어난 식품이 있다. 하지만 이런 크나큰 변화는 일상 속에서 거의 언급되지 않는다. 그 변화는 바로 정제 식물성기름의 증가다.

일반적으로 지방이 적고 설탕이 많은 것이 현대 식단의 문제라고들 한다. 지방이 적다는 부분을 제외하면 대체로 맞는 말이다. 우리가 지난 세대에 비해 전유를 훨씬 적게 마시고 저지방 우유를 훨씬 많이 마시는 것은 사실이다. 우리가 라드나 기 버터(기존 버터보다 지방 함량이 높은 정제 버터-옮긴이) 같은 포화지방을 전보다 덜 먹고 슈퍼마켓에서 '저지방' 제품을 더 많이 구매하는 것도 맞다(이런 저지방 제품 중 다수가 고도로 가공되었고 설탕도 잔뜩 들어 있다). 하지만 그렇다고 우리가 저지방 식단을 따른다는 뜻은 아니다. 오히려 영양 전이가 일어난 모든 지역에서 가장 처음 나타나는 징후 중 하나는 값싼 식물성기름의 공급이(그러므로 소비도 함께) 엄청나게 증가하는 것이다.[2]

많은 소비자들이 지방 걱정을 그만두는 대신, 액상 과당 같은 가짜 설탕을 포함한 설탕 섭취를 걱정하기 시작했다. 지나친 설탕 섭취는 당연히 문제다. 미국인의 평균 식단에는 세계보건기구의 1일 권장량보다 세 배 이상 많은 설탕이 들어 있다(이것도 과일 스무디 같은 제품에 들어 있는 눈에 안 보이는 '천연' 설탕의 양은 고려하지 않은 수치다). 고설탕 식단이 전 세계를 휩쓸고 있는 제2형 당뇨병의 확산과 밀접한 관련이 있다는 증거가 점점 늘어나고 있다.[3]

하지만 식단 관련 질환이 크게 확산된 시기에 전 세계에서 어떤 작물이 가장 많이 증가했는지를 살펴보면 설탕은 아예 후보에도 오르지 못한다. 1962년 사람들은 설탕과 감미료에서 하루 평균 220칼로리를 얻은 반면, 2009년에는 281칼로리를 얻었다. 엄청나게 증가한 것으로 보이겠지만 같은 기간 기름 사용이 얼마나 많이 증가했는지를 보면 생각이 달라질 것이다. 절대적 측면에서 해바라기씨유의 가용성은 50년 사이 275퍼센트 증가했고, 같은 기간 대두유의 가용성은 무려 320퍼센트 증가했다. 물론 우리가 이 기름을 한 방울도 빠짐없이 전부 섭취하는 것은 아니다. 튀김 요리에 사용되는 기름은 대부분 버려진다. 영국에서는 1인당 연간 4.2리터의 요리용 기름이 버려지는 것으로 추산되며, 그중 일부는 바이오연료가 된다. 하지만 버려지는 양을 감안하더라도 기름 사용은 믿을 수 없을 만큼 크게 증가했다.

심지어 이는 가축 사료에 들어가는 수백만 킬로그램의 대두유를 포함하지 않은 수치다. 설탕과 감미료의 가용성은 지난 50년간 고작 20퍼센트 증가했다는 사실을 생각해보라. 최근 몇십 년간 거의 모든 곳에서 섭취 칼로리가 가장 많이 증가한 식품은 (온갖 종류의) 설탕이 아니라 대두이고(주로 기름의 형태로 소비된다), 그 다음은 팜유와 해바라기씨유다. 전부 값싼 정제 식물성기름이다.[4]

대두유를 필두로 한 정제 식물성기름은 전 세계 식단에 그 어떤 식품군보다도 많은 칼로리를 추가했으며, 2위와의 차이도 매우 크다. 나는 '무설탕' 식단을 추구하거나 '트랜스지방'을 염려하는 사람은 많이 만나봤지만 대두유(또는 다른 정제 식물성기름) 섭취를 줄이기로 결심했다는 사람은 거의 만나본 적이 없다. 물론 단일 경작으로 인한 열대우림 파괴가 환경에 미치는 영향 때문에 팜유를 먹지 않는 사람들도 있다. 하지만 기름이 우리 식단에서 얼마나 큰 역할을 차지하는지는 대체로 눈에 보이지도 않고 논란도 되지 않는다.[5]

사람들은 '숨은 설탕'(예를 들면 미처 생각지 못한 피자 토핑 속의 액상 포도당이나 데리야키 소스에 들어 있는 막대한 설탕량)이 문제라고 말하지만 기름은 우리 식단 속에서 설탕보다 더 깊이 숨어 있다. 대부분의 사람들은 설탕을 너무나도 사랑하기 때문에 오히려 자신이 설탕을 많이 섭취한다는 사실을 정확히 인식하고 있다. 우리는 반짝이는 초콜릿 케이크 한 조각, 설탕에 졸인 견과류가 들어 있는 아이스크림, 오독오독한 M&M 초콜릿 한 움큼 속에서 우리를 향해 빛나는 달콤함을 본다. 반면 '기름진' 음식을 일부러 찾는 사람은 없다. 사람들은 알지도 못한 채로 기름을 섭취하는 것이다.

1980년대에 우리 아버지가 못마땅한 요리 앞에서 가장 많이 사용한 단어는 '기름지다'였다. 동네의 인도 레스토랑에서 카레를 포장해올 때면 아버지는 치킨 비리야니(인도의 쌀 요리-옮긴이)나 포파덤(기름에 얇게 튀긴 빵-옮긴이)이 "그렇게 기름지지 않다"라고 평하곤 했는데, 이건 엄청난 칭찬이었다. 아버지에게 기름

Deep-fried food

Food for farmed fish

Muffins

Animal feed for meat

Stir fried food

Doughnuts and other baked goods

Margarines and spreads

Instant noodles

Food-grade Wax for fruit

대두유의 (극히 일부) 용도

지다는 것은 곧 손님에게 내놓기 전에 아이리시 스튜 위에 뜬 기름을 제거하거나 달걀부침 아래의 기름을 닦아내지 않는 게으른 요리사가 만든 음식을 뜻했다.

지금 내 머릿속에 아버지가 떠오르는 이유는 아버지가 그토록 싫어한 기름진 음식이 이제 도처에 있기 때문이다. 기름은 머핀을 부풀게 하고 프라이드치킨을 바삭하게 만든다. 하지만 기름은 자신의 존재를 알리지 않는 은밀한 식재료다. FAO의 콜린 코우리 또한 세계 표준 식단에서 기름이 이렇게 큰 비중을 차지하리라고는 미처 예상치 못했다. 동료와 함께 세계 식단을 분석하면서 그는 (나처럼) 설탕의 비중이 가장 크게 늘었을 거라고 예측했다. 하지만 자료에서 나타난 가장 큰 변화는 대두유를 앞세운 소수의 정제 식물성기름을 향해 있었다. 그는 대두유의 증가폭을 보고 "정말 깜짝 놀라지 않을 수 없었다".

값싼 기름의 반격

대두유(그리고 다른 정제 식물성기름)는 '건강에 나쁜' 음식뿐만 아니라 '건강에 좋은' 음식을 통해 은밀히 우리 입속으로 잠입한다. 어떤 면에서 대두유는 세계 표준 식사자에게 딱 맞는 궁극적인 현대 식품이다. 저렴하고 풍부하며 수천 가지의 가공식품 생산에 이용되기 때문이다. 대두유를 꼭 먹고 싶어 하는 사람은 아무도 없지만, 대두유는 전 세계 사람들이 일곱 번째로 많이 섭취하는 식품이 되었다.

대두유가 이만큼 널리 인기를 끌 것이라 예상한 사람은 별로 없을 것이다. 이유는 간단하다. 대두유는 정말 맛이 없기 때문이다. 1951년에 나온 기름과 지방에 관한 산업 지침에 따르면 대두유는 '변향變香' 현상을 보인다. 이 건조한 단어의 의미는, 아주 신선한 상태로 먹지 않을 경우 수소를 첨가한 대두유는 풀이나 건초 같은 냄새가 나고 수소를 첨가하지 않은 대두유는 화학약품과 생선 맛이 난다는 뜻이다. 1980년대에 포화지방에 대한 염려가 커지기 전까지는 우지나 라드 같은 동물성 지방이 널리 사용되었는데, 맛 면에서 대두유는 이 동물성 지방을 따라가지 못한다. 은은한 비린내가 나는 식물성기름은 아마 아무도 먹고 싶지 않을 것이다.[6]

하지만 세계 식품 시장에서는 가격이 맛이나 영양을 이기는 경우가 많다. 대두유는 1940년대 미국에서 처음으로 널리 사용되기 시작했다. 바로 맛이 쉽게 변하는 성질 때문에 주요 경쟁 상대인 땅콩기름이나 목화씨기름보다 훨씬 저렴했기 때문이다. 이 저렴한 가격 때문에 제조업체들은 더 맛 좋은 기름을 사용할 수 있는데도 수많은 튀김 음식뿐만 아니라 크래커나 과자 같은 제품에까지 대두유를 사용했다.

현재 우리가 대두유를 이렇게 많이 먹고 있다는 사실은 전 세계적인 공급 체인이 우리가 먹는 식품의 종류를 바꿔버릴 수 있을 만큼 막강한 힘을 지녔음을 보여준다. 영국의 식품정책 전문가인 코린나 혹스Corinna Hawkes는 2000년대 초반에 처음으로 대두에 관심을 가진 후 콜린 코우리처럼 정제 기름이 우리의 평균 섭취 칼로리를 늘리는 데 그 어떤 식품보다 크게 일조했음을 알게 되었다. 혹스의 동료들은 패스트푸드의 세계화 때문에 대두유 사용이 증가했다고 주장했다. 감자칩 같은 튀김 음식을 더 많이 먹게 되었기 때문에 기름을 더 많이 먹게 된 것이라는 가정도 있었다. "하지만 저는 사람들이 음식에 대해 가정하는 게 싫어요." 혹스는 말한다. 혹스는 증거를 원했다.

나는 혹스를 만나 토마토소스를 끼얹은 구운 가지 요리를 점심으로 먹는다. 혹스의 딸이 다니는 학교에서 멀지 않은 곳에 있는 작은 이탈리아 식당이다. 혹스는 브라질에서 연구를 진행한 1년 동안 전 세계 수백만 명이 부유한 서구의 중산층처럼 몸에 좋은 음식을 쉽게 구하지는 못한다는 사실을 절실히 깨달았다고 말한다. 혹스는 진심으로 고기보다 채소를 좋아하고 정크푸드는 그리 좋아하지 않는다. "하지만 브라질에서는 영국에서 먹었던 것처럼 먹으려면 너무 비쌌어요." 혹스는 이렇게 말하며 마늘과 올리브오일이 들어간 맛 좋은 토마토소스 사이에서 포크로 가지를 집어 올린다. 혹스는 브라질의 중간 소득 소비자들이 가격 때문에 고도로 가공된 음식을 구매한다는 사실을 알았다. 심지어 집에서 요리할 때도 과거에 비해 정제된 요리용 기름을 훨씬 더 많이 사용했다.

혹스는 브라질 사람들이 집에서 콩과 쌀로 전통 요리를 만들어 먹을 때 기름을 얼마나 많이 사용하는지를 보고 깜짝 놀랐다. "싸다는 이유로 기름을 그냥 들이부어요. 그게 다 칼로리가 되고요!" 한편 혹스는 전 세계의 식단을 연구하면서 1980년대 이후

기름용 작물의 생산이 놀랄 만큼 증가했다는 내용의 통계자료를 거듭 발견했다. 혹스는 이렇게 말한다. "대두유가 엄청나게 증가했음을 알 수 있었어요. 상황을 더욱 자세하게 살펴보고 싶어졌죠. 이런 질문이 생겼어요. '이 기름을 누가 다 생산하고 있는 거지?'"

더 깊이 파고들어 가자 대두유의 증가는 브라질에서 있었던 일련의 경제정책 변화에서 비롯되었음이 분명해졌다. 대두는 브라질에서 전통적으로 생산해온 작물이 아니었다. 본래 브라질은 대두가 아닌 콩과 옥수수, 카사바, 쌀을 생산하는 국가이며, 설탕과 커피, 초콜릿이 주요 수출 품목이었다. 1950년대 브라질의 대두유 생산량은 국내 소비량에도 못 미칠 정도였다. 당시 가장 널리 사용된 요리용 기름은 라드였다. 하지만 브라질이 새로운 식품정책을 통해 대두 재배를 급격하게 밀어붙이기 시작한 1960년대부터 상황이 바뀌기 시작했다. 처음에 대두 생산량이 증가한 것은 우연에 가까웠다. 식량이 제대로 공급되지 않아 수백만 명이 굶주리던 브라질은 밀 산업에 보조금을 지급했고 그 부작용으로 대두 재배량이 증가한 것이다. 브라질 농부들은 밀 재배를 위해 토양을 비옥하게 만드는 보완 작물로 대두를 길렀기 때문이다. 브라질 대두가 이렇게 번성할 것이라고는 아무도 예상치 못했다.

1980년대와 1990년대에 브라질 정부는 대두가 가치 높은 수출 품목이 되어 국가 경제를 활성화할 수 있음을 깨닫고 대두 재배를 장려하는 여러 조치를 취했다. 먼저 비료 수입세를 낮추었고(대두는 비료가 많이 필요한 작물이다) 국내 농업에 대한 해외투자 규제를 없앴다. 대두 수출세도 사라졌다. 그 결과 전 세계 식품 시장에 갑자기 값싼 대두유가 넘쳐나게 되었다. 브라질의 대두 재배 성수기가 우연히 미국의 대두 재배 비수기와 일치한 것 또한 도움이 되었다. 1990년에서 2001년 사이 브라질의 대두유 생산량은 3분의 2 증가했고 수출량은 두 배가 되었다.

대두유는 주로 한 지역에서 재배된 다음 다른 지역에서 소비된다는 점에서 현대 식품 경제의 대표 격이라 할 수 있다. 오늘날 브라질산 대두유는 대부분 먼 중국과 인도에서 소비된다. 중산층의 소득과 인구 수가 늘어나면서 아시아인이 가장 먼저 돈을 쓴 품목 중 하나가 바로 요리용 기름이었다. 1989년에서 1991년 사이 중국은 거의 200만 톤의 대두유를 수입했다. 10년 후에 그 양은 거의 1500톤으로 늘어났다.[7]

이 모든 대두유는 어디로 가는 걸까? 혹스는 대부분의 대두유가 노점상에서 파는 값싼 길거리 음식으로 들어간다는 점을 지적한다. 하지만 대두유는 식당이나 가정집에서도 사용된다. "중국에서 요리할 때 기름을 얼마나 많이 쓰는지 아세요?" 나는 중국에 가본 적이 없다고 대답했다. "엄청나게 많이 써요." 혹스가 힘주어 말한다.

그로부터 1년 후 중국 난징을 여행하면서 나는 매 끼니마다 혹스와 나눈 대화를 떠올렸다. 레스토랑에서 주문한 간단한 가지 그린 빈 볶음조차 접시에 번들거리는 기름 자국을 남기는 것을 보고 정말 깜짝 놀랐다. 요리용 기름 가격이 낮아지고 소득이 오

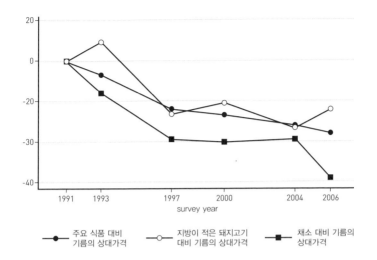

1991~2006년 중국의 요리용 기름 가격

출처: Figure 1, Lu and Goldman, 2010.

르자 갑자기 전 세계 요리사들이 팬에 기름을 전보다 훨씬 넉넉하게 붓게 되었다. (다른 국가와 마찬가지로) 중국에서 요리용 기름은 수백 년 동안 사치품이어서 한 방울 한 방울씩 아껴 써야 했다. 하지만 이제 사람들은 거의 알아차리지도 못한 채 순식간에 기름진 요리에 익숙해졌다.

오늘날의 음식이 우리 입에는 그리 '기름지게' 느껴지지 않을 수도 있지만 사실 대부분의 음식에는 기름이 상당히 많이 들어 있다. 우리가 기름의 존재를 알아채지 못하는 이유 중 하나는 대부분의 기름이 (중국에서처럼) 맛 좋은 요리가 아니라 식품 가공 산업으로 흘러들어 엄청나게 광고되는 시리얼과 비스킷, 아이스크림과 과자로 변신하기 때문이다. 그동안 우리에게는 이런 식품을 평가할 참고 기준이 없었다. 이 식품들은 우리가 과거에 먹던 음식과 전혀 닮은 점이 없었기 때문이다.

오로지 판매자의 입장에서

인스턴트 라면 한 봉지를 구매해보라. 당신이 어디에 살든 근처 슈퍼마켓에서 쉽게 구할 수 있을 것이다. 더욱 다양한 종류를 원하면 한국이나 중국 식료품점에 가볼 수도 있다. 전 세계 모든 대륙에서 인스턴트 라면이나 컵라면(반조리되어 뜨거운 물만 부으면 된다)은 많은 사람이 저렴한 가격으로 따뜻한 점심 식사를 해결하게 해준다. 차우멘, 닭고기와 버섯, 흑마늘, 돼지고기 라멘, 엄청나게 매운 태국식 톰얌 수프까지, 기분에 따라 수백 가지 맛 중 하나를 선택할 수도 있다.

다른 많은 현대 식품과 마찬가지로 인스턴트 라면은 우리에게 다채로운 선택지를 제공하는 듯하다(아이러니하게도 인스턴트 라면은 서구 음식 작가들에게 인기가 많다). 하지만 자세히 들여다보면 라면의 재료는 밀, 소금, 각종 화학조미료, 면에 윤기를 더해주는 식물성기름 등 기본적으로 똑같다. 만약 당신이 숙취 해소를 위해 아주 가끔씩만 인스턴트 라면을 먹는다면 별문제는 없다. 하지만 매일 라면에서 에너지를 얻는다면 이야기는 달라진다. 2016년 중국 소비자들은 385억 인분의 인스턴트 라면을 구매했다. 460억 인분을 구매한 2013년과 비교하면 그리 대단치 않은 양으로 보일 수도 있지만, 여전히 1인당 평균 30개에 해당하는 양이다. 즉

밀과 대두유, MSG로 서른 번의 식사를 한 셈이다. 영양학적 측면에서 인스턴트 라면은 사람들의 선택지를 넓히는 대신 오히려 좁히고 있다.[8]

이제는 물을 끓일 수 없는 곳에서도 인스턴트 라면을 먹는다. 음식 연구가인 페이스 달뤼시오Faith d'Aluislo는 2005년 저서 《헝그리 플래닛》의 취재 차 뉴기니 아스맛족을 방문했다가 어느 아버지와 그의 두 아들을 만났다. 세 사람은 심각한 영양부족 상태로 보였다.

이야기를 나누는 동안 첫째 아이는 바싹 마른 인스턴트 라면을 포장지에서 꺼내 우적우적 씹어 먹었다. 배가 불룩하고 벌거벗은 막내는 양념을 입속에 털어 넣은 후 가루가 녹을 때까지 입을 우물거렸다. 나는 넋이 나갈 정도로 깜짝 놀랐다. 그리고 전 세계 어디와도 연결되지 않은 사와Sawa에 머무는 동안 이 장면을 여러 번 목격했다. 이곳 아이들은 아주 먼 곳에 있는 사람들의 바쁜 삶을 간소화해주는 즉석식품을 조리도 하지 않은 채 먹고 있었다.[9]

이러한 변화는 우연이 아니다. 개발도상국의 식품 산업으로 흘러드는 해외직접투자 금액은 1980년대부터 오늘날 사이에 극적으로 증가했다. 유럽과 캐나다, 미국에서 스낵 판매가 포화 상태에 이르자 다국적 식품 기업들은 전인미답의 시장에서 새로운 판로를 찾았다. 한편 개발도상국 정부들은 경제성장에 보탬이 될 새로운 투자자들을 절박하게 찾고 있었다. 다국적 식품 기업과 개발도상국 정부는 서로에게 딱 맞는 짝이었다.

국경을 넘어 다른 국가에 투자하는 해외직접투자는 한 국가의 사업이 다른 국가의 사업에서 이익을 얻을 때 발생한다. 1990년에서 2000년 사이 개발도상국으로 흘러들어간 총 해외직접투자 금액은 2000억 달러에서 1조 4000억 달러로 여섯 배가 늘어났다. 가난한 중간 소득 국가에 꼭 필요한 금액이 대거 유입된 셈이다. 해외직접투자는 새로운 일자리도 만들어낸다. 미국의 슈퍼마켓 체인인 월마트의 멕시코 사업체인 월멕스는 2004년 전 세계에서 가장 규모가 큰 사기업으로 당시 고용인의 수가 10만 9075명이었다.[10]

하지만 이런 해외직접투자에는 부작용이 있었다. 가난하고 취약한 소비자에게 비만을 일으키는 상품을 만드는 기업이 해외에서 들어온 대부분의 투자금을 가져간다는 것이었다. 식품 분야에서 해외직접투자 금액은 거의 모두 아침용 시리얼이나 스낵 바, 가당 음료, 감자칩같이 고도로 가공된 식품을 만드는 기업에 들어갔다. 1980년에서 2000년 사이 미국이 해외 식품 가공 분야에 투자한 금액은 90억 달러에서 360억 달러로 증가했다. 투자 금액의 대부분은 네슬레나 펩시코PepsiCo 같은 초국적 식품 기업에서 나왔고, 이 기업들은 멕시코나 콜롬비아 같은 국가에 자사 공장을 세웠다.[11]

해외직접투자가 들어오기 전에도 많은 개발도상국에는 자국 기업이 만든 포장 식품이 있었다. 이빨을 썩게 하는 사탕과 가당 음료, 짭짤한 간식, 정제 식물성기름과 설탕 봉지도 있었다. 차이점은 이런 제품을 생산하는 국내 기업은 빠른 속도로 사업을 확장할 자본이 없었다는 것이다. 해외직접투자로 새로 자금이 흘러들어오면서 이런 식품을 제조하고 판매할 시설이 급속도로 늘어났다. 일부 탄산음료업체는 중남미로 사업을 확장하면서 누구라도 자사 음료를 파는 가장 가까운 판매처에서 100미터 이상 떨어져 있어서는 안 된다는 목표를 공공연하게 선언했다.

해외직접투자 덕분에 개발도상국 시장은 인스턴트 라면처럼 사람들이 한 번도 맛보지 못한 식품으로 흘러넘치게 되었다. (당연한 말이지만) 투자자는 늘 투자에서 수익을 내려고 한다. 특히 원재료 가격이 소매가의 극히 일부인 가공식품 분야는 많은 이윤을 보장해주었다. 해외직접투자 시스템은 수백만 명의 가공식품 가용성을 크게 끌어올렸다.

멕시코를 예로 들어보자. 멕시코와 미국의 시장이 통합되기 시작한 것은 겨우 1980년대부터이며, 1992년 북미자유무역협정으로 통합이 더욱 가속화되었다. 멕시코 식품 분야로 들어간 해외직접투자 금액의 4분의 3이 가공식품 생산에 쓰였다. 가공식품의 가용성과 함께 비만율이 높아지자 또 다른 투자 기회가 생겨났다. 이제 멕시코 시장은 다양한 다이어트 제품으로 넘쳐나기 시작했다. 2005년 코카콜라는 인공 감미료를 넣은 최소 20개의 '건강 음료'를 멕시코에 내놓았다. 이 음료들의 라벨에 정말 '건강'이라는 단어가 들어가도 되는지에 대해서는 논란이 있을 수 있다.

인공 감미료를 넣은 음료가 설탕을 넣은 음료 못지않게 제2형 당뇨병과 관련이 있다는 증거가 점점 늘어나고 있기 때문이다.[12]

더 나은 음식을 선택해야 한다고들 말하지만 대개의 경우 우리는 식품 기업이 우리에게 팔고자 하는 음식을 먹는다. 멕시코 사람들이 어느 날 아침 일어나 일제히 똑같은 음식을 먹기로 결심한 것이 아니다. 하지만 실제로 멕시코 사람들은 놀라울 정도로 똑같은 음식을 먹는다. 그 이유 중 하나는 (거의 모든 국가의 국민과 마찬가지로) 이들이 원형을 알아볼 수 없을 만큼 고도로 가공된 음식을 상당히 많이 먹기 때문이다.

해외직접투자는 우리가 신선한 식재료 대신 고도로 가공된 음식을 먹게 만드는 세계 식품 경제의 일부다. 브라질의 영양학 교수인 카를로스 몬테이루Carlos Monteiro는 이제 식품을 가공 정도에 따라 네 가지로 분류해야 한다고 주장했다. 2000년대 초반 몬테이루는 지방과 탄수화물 같은 다량영양소에 대한 낡은 논쟁을 넘어 다양한 음식에 대해 생각해보고자 NOVA 분류를 개발했다. NOVA 분류 체계의 첫 번째 그룹은 과일, 채소, 견과류, 신선한 육류, 플레인 요구르트 같은 자연식품이다. 꼼꼼한 사람이라면 이 식품들도 가게에 진열되기 전에 어느 정도의 '가공'을 거친다는 점을 지적할 것이다. 우유는 저온살균 후 냉장 보관되고 견과류는 껍질이 제거된다. 1그룹에는 건조 버섯과 냉동 완두콩처럼 말리거나 얼린 식품도 포함된다. 하지만 이 식품들은 여전히 원형을 쉽게 분간할 수 있다. 당근, 올리브, 양갈비, 감자, 타임, 말린 카넬리니 콩도 마찬가지다. 이 식품들은 눈으로 보고 이름을 댈

수 있다.[13]

2그룹은 몬테이루가 '가공된 요리 재료'라고 부르는 것들로, 버터, 소금, 기름, 설탕, 메이플시럽, 식초가 여기에 해당한다. 옛날부터 이 재료들은 1그룹에 속한 식품을 조리하고 맛을 끌어올리는 데 비교적 소량 사용되었다.

몬테이루 분류 체계의 세 번째 그룹은 단순 가공식품이다. 3그룹 식품은 대부분 1그룹 식품에 2그룹 재료를 더한 다음 발효 등의 방법으로 가공한 것이다. 예를 들면, 우유에 소금과 효소를 더한 치즈와 채소에 소금과 식초를 더한 피클이 여기에 해당한다. 생선 통조림이나 콩 통조림, 토마토 통조림도 3그룹에 속한다. 개인적으로 나는 3그룹에 속하는 가공식품을 정말 좋아한다. 토마토 통조림 한 캔과 파스타 한 봉지, 파르메산 치즈 한 덩이만 있으면 집에 먹을 게 전혀 없을 때에도 식사를 차려낼 수 있다.

하지만 우리 시대에 이르러 4그룹 식품이 접시 위를 점령하기 시작했다. 전반적으로 4그룹은 식품을 뜯어 고쳐 재창조한 것이다. 하지만 재창조의 결과가 더 나은 것은 아니다. 몬테이루는 이제 4그룹, 즉 초가공식품의 재료로 쓰이는 것이 2그룹 식품의 주 용도가 되었다고 말한다. 몬테이루의 정의에 따르면 초가공식품은 "기본적으로는 2그룹 식품으로 만든 과자류로, 식용 가능하고 맛있으며 습관적으로 먹도록 정교하게 첨가물을 더한 것"이다. 4그룹 식품은 '천연 원료'만 사용했다거나 건강에 좋다고 쓰여 있을지라도 1그룹 식품과는 공통점이 거의 없다. 4그룹 식품은 영양소와 섬유질이 적고 설탕과 지방이 많으며 대개 한정된 가짓수의 기본 재료에 색소와 향료를 가미한 것이다. 4그룹에 해당하는 수많은 식품 중에는 데우기만 하면 되는 즉석식품과 칼로리를 낮춘 다이어트용 식품, 탄산이 든 가당 음료와 시리얼 바, 치킨너깃과 핫도그, 설탕이 들어간 아침 식사용 시리얼과 '과일' 요구르트, 슈퍼마켓에서 판매하는 거의 모든 빵이 포함된다. 물론 인스턴트 라면도 4그룹에 속한다.

그 어떤 단일 영양소보다 온갖 종류의 초가공식품이 식단과 관련된 질환의 큰 원인이라는 것이 몬테이루의 주장이다. 영양학계 전체가 이 주장에 동의하는 것은 결코 아니지만 몬테이루의 명제에 힘을 실어주는 증거가 점점 늘어나고 있다. 2018년 프랑스에서 발표된 대규모 연구에 따르면 초가공식품 섭취량이 10퍼센트 증가할 때마다 전체 암 발병률도 10퍼센트 증가했고, 유방암 발병률도 증가했다.[14] 이 연구는 대량생산된 빵에서부터 치킨너깃, 포장된 수프, 실온 보관이 가능한 즉석식품까지 모든 종류의 음식을 대상으로 했다. 10만 명 이상의 연구 참여자들은 24시간 동안 먹은 것을 수차례 기록해야 했고 이 기록은 피와 오줌에서 나타나는 생체 지표로 대조 확인되었다. 참가자들은 8년간 6개월 간격으로 식단 일기를 작성했고, 연구자들은 참가자가 보고한 암 발병 사실과 의료 기록을 식단 일기와 비교 분석했다. 다른 영양학 연구에 비해 상당히 탄탄한 대형 연구였다.

아직 분명하지 않은 것은 초가공식품의 과다 섭취가 정확히 어떤 지점에서 질병 위험을 증가시키는지(초가공식품을 어느 정도까지 섭취해야 안전한지)다. 일부 4그룹 식품에는 베이컨 같은 가공육에

식사에 대한 생각

들어 있는 아질산나트륨과 질산염처럼 다량 섭취할 경우 인체에 해로운 것으로 알려진 첨가물이 들어 있다. 이 첨가물이 육류 속의 특정 화합물과 만나면 암을 유발하는 N-니트로소 화합물을 형성한다. 하지만 고도로 가공된 케이크와 디저트에는 N-니트로소 화합물이 없다. 또 다른 이론은 4그룹 식품을 제조하고 판매하는 과정(예를 들면 상당히 뜨거운 열을 가하고 플라스틱 용기에 포장하는 것)에서 발암물질이 생성될 수 있다는 것이다. 이 외에 더 확실한 설명도 있는데, 4그룹 식품은 대개 섬유질과 비타민 밀도가 낮고 지방과 설탕, 소금은 많이 들어 있다. 앞서 살펴본 프랑스의 암 연구에서 참여자들이 가장 많이 섭취한 초가공식품은 달콤한 음식(전체 초가공식품 섭취량의 26퍼센트)과 가당 음료였고, 그다음은 역시 설탕이 많이 든 아침 식사용 시리얼이었다. 초가공식품에는 정제 기름과 설탕 같은 식재료가 집에서 직접 요리할 때보다 훨씬 많이 들어 있다(앞에서 살펴봤듯이 사람들이 생각하는 기름의 적정 사용량 역시 크게 늘어나긴 했지만 말이다).[15]

소비자의 건강과 관련해서 4그룹 식품의 크나큰 문제는 바꿀 수가 없다는 것이다. 요리할 때 눈앞에 설탕 단지나 기름병이 있으면 원하는 만큼 넣는 것이 가능하다. 케이크 레시피에서 설탕량을 좀 줄이거나 볶음 요리에 기름을 살짝 적게 넣을 수도 있다. 하지만 도넛이나 냉동 피자의 형태로 설탕과 기름을 섭취할 때는 각 식재료의 섭취량이 이미 정해져 있다. 우리가 결정할 수 있는 것은 어떤 브랜드를 구매할 것인가, 얼마나 먹을 것인가뿐이다.

이런 상황을 보면 초가공식품을 지나치게 많이 섭취하는 것은 분명 좋은 선택이 아니다. 반면 판매자 입장에서는 초가공식품을 파는 것이 상당히 현명한 선택이므로 우리가 찾는 가게들에는 초가공식품이 매우 폭넓게 구비되어 있다. 1940년 캐나다에서는 이미 평균적으로 장바구니의 약 4분의 1이 초가공식품이었고, 오늘날에는 그 비율이 절반 이상으로 늘었다. 전 세계에서 초가공식품이 증가하고 있는 현상의 이면에는 냉혹한 경제적 계산이 자리한다. 4그룹 식품은 1그룹 식품보다 이윤이 훨씬 많이 남는다. 자연식품은 약 3~6퍼센트의 이윤을 내는 반면 (값싼 식재료를 사용해 어마어마한 규모로 생산하는) 초가공식품은 약 15퍼센트의 이윤을 보장한다.[16]

현재 우리는 초가공식품을 저렴하고 쉽게 구할 수 있는 식품 경제의 대가를 떠안고 있다. 카를로스 몬테이루는 초가공식품을 아예 먹지 않는 것이 가장 좋다고 말한다. 하지만 내게는 이 조언이 불가능해 보인다. 나는 가끔 달달한 콘플레이크 한 그릇이나 코카콜라 몇 모금을 먹는다고 해서 건강이 끔찍하게 악화될 거라고는 생각하지 않는다.[17]

하지만 우리가 매일 초가공식품을 주로 먹게 된다면 전에 없던 충격적인 영역으로 들어선 것이다. 오늘날 미국인이 섭취하는 총 칼로리의 절반 이상(57.9퍼센트)이 초가공식품이며, 영국 또한 식단의 약 50.7퍼센트가 초가공식품으로 구성되어 있다. 초가공식품으로 미어터지는 시장에서 우리의 식품 '선택'은 본질적으로는 같은 두 제품 사이에서 내리는 무의미한 결정일 뿐이다. 만약 몬테이루의 주장이 옳다면 유의미한 선택은 두 가지 아침 식

식사에 대한 생각

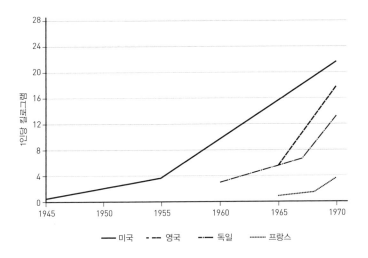

1945~1970년 감자 가공 제품 소비량

출처: 경제협력개발기구. The Impact of Multi-national Enterprises on National Scientific and Technical Capacities: Food Industry(Paris OECD, 1979), 118.

사용 시리얼의 가치를 비교하는 것이 아니라, 4그룹에 치우친 식단과 1그룹 자연식품에 기초한(그리고 유용한 3그룹 가공식품의 도움을 받은) 식단 중에 하나를 고르는 것이어야 한다. 하지만 평범한 예산을 가진 평범한 소비자는 이러한 변화를 만들기가 쉽지 않다. 이제 우리는 고도로 가공된 식품이 평범한 식품처럼 보이기 시작하는 단계에 이르렀다. 빵과 같은 아주 기본적인 식품도 마찬가지다. 몬테이루에 따르면 빵은 (주로 밀가루와 소금, 효모를 사용해) 과거의 방식대로 만들 경우 3그룹 가공식품으로 간주되지만, 산업 시설에서 유화제 등의 첨가물을 사용해 단시간에 제조될 경우 4그룹의 초가공식품이 된다. 그리고 일반 슈퍼마켓에서 초가공

식품이 아닌 빵을 찾기란 매우 어렵다.[18]

공장제 식빵의 경제학

왜 이렇게 많은 국가의 부자들이 맛없는 빵을 먹는 걸까? 가난한 사람들도 주로 맛없는 빵을 먹긴 하지만 이들에게는 애초에 선택의 여지가 별로 없다. 정말로 이해하기 힘든 것은 (실제로 빵 맛이 나는 건강 빵을 쉽게 살 수 있는) 부자들이 너무나도 자주 그저 그런 맛없는 빵에 만족한다는 것이다.

부유한 현대사회의 기이한 점은 풍족해질수록 빵을 덜 먹고, 심지어 자기가 먹는 빵의 품질에도 관심을 덜 기울인다는 것이다. 공장제 '빵'은 소금 함량만 높은 것이 아니다. 설탕도 많이 들어 있고 '반죽 조절제'와 방부제가 첨가될 뿐만 아니라 오븐에 들어가기 전에 발효도 거의 거치지 않는다. 빵이 '농가식'이든 '저탄수화물'이든 '통밀'이든 마찬가지다. 그런데도 우리는 이 물질을 '빵'으로 받아들인다. 어쩌면 이런 빵을 더 선호하기 시작했을 수도 있다. 이게 바로 우리가 아는 빵이기 때문이다.

다른 식품과 마찬가지로 공장제 식빵은 타협에서 나온 선택이다. 하지만 우리는 늘 특정 식품에 대해 더 쉽게 타협한다. 그리고 우리가 자기 돈으로 어떤 선택을 하느냐는 우리 문화가 무엇을 중시하는지를 보여준다. 신선한 블루베리를 예로 들어보자. 과거에 블루베리는 사치품이었으나 오늘날 영국에서 초고속 블렌더로 스무디를 만들어 먹는 것이 유행하고 블루베리가 '슈퍼푸드'가 되면서 (비싼 가격에도 불구하고) 생블루베리의 판매량이 사과와 바나나의 판매량을 앞질렀다. 많은 이들에게 베리류는 이제 사치품이 아니라 주식이다. 반면 빵은 수백 년간 차지해온 주식의 지위를 잃을 위험에 처했다. 우리 문화는 가장 기본적인 식품인 빵의 품질보다 운동 후에 먹는 간식의 품질에 더욱 집착한다. 빵의 가치 하락은 우리 문화가 더 이상 음식을 반드시 필요한 것으로 여기지 않고 일종의 여가 활동으로 바라보기 시작했음을 보여준다.[19]

앞서 살펴본 것처럼 영양 전이는 주로 경제가 번영하면서 발생한다. 하지만 이상하게도 그 번영이 늘 주식의 품질 개선으로 이어지지는 않으며, 오히려 반대 상황이 많이 벌어지곤 한다. 사람들은 (한 국가나 개인이) 부유해지면 자연히 더 영양이 풍부한 고품질 음식을 먹게 되리라고 생각한다. 하지만 대부분의 국가에서 생활수준이 향상되면 양은 많지만 질은 낮은 식단이 따라온다. 증조할머니 세대처럼 우리 역시 빵이나 쌀 같은 따분한 주식보다는 고기, 과일, 설탕처럼 무언가를 축하하기 위한 음식을 훨씬 가치 있게 여긴다. 하지만 (쌀 한 톨도 소중하게 여긴) 증조할머니 세대와는 달리 우리는 특별한 음식을 너무 많이 먹게 된 나머지 기본 식품을 무시하기 시작했다.

누군가는 단백질이 탄수화물보다 중요한 영양소이므로 빵보다 다른 식품을 우선시하는 것이 옳다고 말할지 모른다. 하지만 그렇다고 해서 사람들이 저탄수화물 식단을 먹는 것도 아니다. 빵이 무시당하는 가운데에도 세계 표준 식단 속의 곡물 양은

1961년 하루 976칼로리에서 2009년 하루 1118칼로리로 증가했다. 아침 식사용 시리얼에서 햄버거 빵에 이르기까지, 정제된 밀은 우리 식단에서 결코 부족하지 않다.

당연한 이야기지만 풍족한 사회의 모든 구성원이 고도로 가공된 빵을 먹는 것은 아니다. 세계 각국에 열정적인 취미 요리사들이 등장해 혼자 사워도 빵 굽는 법을 배우고 있으며, 오직 밀가루, 물, 소금, 효모, 불, 그리고 제빵사의 손만을 이용해 천천히 발효시킨 빵을 판매하는 훌륭한 빵집들이 점차 되살아나고 있다. 주류 빵의 품질이 다소 저하된 바로 그 시점에 사워도 빵은 (위에 '소량생산된' 아몬드 버터나 으깬 아보카도를 올렸다면 더욱이) 사람들이 거금을 들이는 제품으로 재탄생했다. 하지만 이런 빵은 일반적인 빵과는 거리가 멀며, '힙스터 사워도 빵'은 빵의 품질에 지나치게 신경 쓰는 것을 허세로 여기는 사람들에게 조롱의 대상이 되기도 한다.

과거에는 빵의 품질에 신경 쓰는 것이 마치 숨을 쉬는 것처럼 당연한 일이었다. 1850년에는 런던에 있는 모든 사람이 똑같은 빵을 먹었고 사워도에 관해서는 모두가 깐깐한 속물이었다. 1853년 조지 도드George Dodd는 자신의 저서 《런던의 음식The Food of London》에서 "밀로 만든 빵 한 덩이는 런던의 주식이다. [노동자는] 동료만큼이나 빵을 필요로 한다"라고 말했다. 런던의 표준 빵이 요즘 빵보다 훨씬 커다란 '4파운드 빵a quartern loaf(4파운드는 약 2킬로그램이다-옮긴이)'이라는 것은 당시 모두가 아는 상식이었다. 런던은 근대적인 도시였지만 빵은 여전히 손으로 직접 만들

식사에 대한 생각

었으며, 사람이 "지렛대나 장대 끝에 걸터앉아 몸을 비틀며" 반죽을 치댔다. 화학자 프레더릭 아쿰Frederick Accum처럼 런던에 거주하던 독일인들은 런던의 빵 품질이 나쁘다고 생각했다. 런던에서는 빵을 잘 부풀게 하려고 늘 명반alum 같은 화학물질을 섞었기 때문이다. 하지만 현재 영국 슈퍼마켓에서 파는 빵과 비교해보면 당시 런던의 빵은 삶아서 으깬 감자에 이스트를 섞어 천천히 발효시킨, 껍질이 딱딱하고 영양가가 높은 좋은 빵이었다. 1853년 런던에는 4파운드 빵을 판매하는 제빵사가 2500명가량 있었다. 4파운드 빵은 런던 사람들이 허기를 채우는 가장 기본적인 방식이었고, 맛과 질감이 똑같은 이 빵으로 부자와 빈자가 하나가 되었다.

만약 오늘날 누군가가 '런던의 빵'을 먹고 싶다고 하면 어디로 데려가야 할까? 브릭레인 거리에서 파는 쫄깃하고 따뜻한 베이글이나 유스턴 근처 드러먼드 가에서 파는 납작하고 중독성 있는 차파티를 권해야 할까? 버로마켓에 가면 빅토리아 시대의 4파운드 빵보다 훨씬 순수하고 훌륭한 빵을 건넬 수 있을 것이다. 현재 런던의 장인들은 그 어느 때보다 질 좋은 사워도 빵을 만든다. 호밀과 통밀로 만든 타워 모양의 빵도 있고, 커런트와 헤이즐넛을 넣은 기다란 빵도 있으며, 윗면에 하얀색 동심원 무늬가 있는 동그랗고 단단한 빵도 있다. 하지만 솔직히 말해서 한 덩이에 4파운드가 넘는 빵이 진정한 런던의 주식인 척할 수는 없다. 런던에서 일하며 살아가는 가난하거나 부유한 800만 명의 시민에게 오늘날 '빵'이란 대부분 동네 슈퍼마켓에서 구매한 공장제 식빵을 의미하기 때문이다. 흐물흐물하고 거의 부풀지 않았으며 첨가물이 가득한, 전 세계 모든 슈퍼마켓에서 똑같이 판매하는 질 낮은 빵 말이다.

경제학자들은 빵을 '열등재'로 분류한다. 사람들이 부유해질수록 가치와 수요가 줄어들기 때문이다. 감자도 마찬가지다. '열등재'는 소득이 증가하면 가치가 낮아지는 재화다. 탄수화물로 구성된 이런 주식들은 사람들이 부유해지면 어김없이 수요가 줄어든다. 전 세계 모든 부유한 국가에서 빵 소비가 급락했다. 영국의 빵 소비는 1880년에서 1975년 사이에 사실상 절반으로 줄었다. 빵을 전보다 덜 먹게 된 만큼 빵에 대한 관심도 줄어든 듯하다.[20]

과거에 빵은 우리 삶의 중심이었다. 빵이 소득의 상당 부분을 집어삼켰기 때문이다. 19세기 영국 서머싯주의 농장에서 일하는 노동자들은 보통 집세의 두 배에 달하는 금액을 빵 구매에 썼다 (1년 평균 집세는 5파운드 4실링, 1년 평균 빵 값은 11파운드 14실링). 하지만 공장제 빵이 등장하고 소득이 증가한 오늘날에는 한 가족이 빵과 버터 구입보다는 휴대전화와 와이파이 요금에 매달 더 많은 돈을 쓸 확률이 높다. 빵이 너무 많이 버려진다는 사실에서도 빵의 지위 하락이 잘 드러난다. 우리 조상들은 빵 한 덩이를 부스러기 하나까지 남김없이 먹었고 오래된 빵은 요리에 활용했다. 빵을 넣어 걸쭉하고 기름지게 끓여낸 이탈리아와 포르투갈의 수프, 빵 조각에 여러 재료를 섞어 오븐에 구워낸 미국 요리를 떠올려보라. 하지만 슬프게도 오늘날 오래된 빵은 아무런 쓸모가 없다(공장제 빵이 곱게 묵지 못하고, 부드럽고 신선한 상태에서 바로 곰팡

식사에 대한 생각

이 핀 상태로 변하기 때문이기도 하다). 영국에서 빵은 가장 많이 낭비되는 단일 식품으로, 소비자가 구매한 전체 빵의 32퍼센트가 그대로 버려진다.[21]

심지어 좋은 빵이 모든 요리의 기반이었던 곳에서조차 빵 문화가 바뀌고 있다. 호밀을 살펴보자. 이 독특한 풍미를 가진 짙은 색깔의 곡물은 한때 체코(과거에는 체코슬로바키아)에서 매일 사랑받는 주식이었다. 호밀은 중세 시대부터 중유럽에서 재배되기 시작했다. 이탈리아 사람들이 듀럼밀 파스타를 좋아하듯 호밀을 좋아하는 것이 곧 체코인의 정체성이었다. 원래 체코의 대표 빵은 밀과 호밀을 반씩 섞어 캐러웨이씨로 맛을 낸 동그란 사워도였다. 체코 사람들은 매 끼니마다 이 빵을 두툼하게 썰어 먹었고, 빵이 오래 묵으면 마지막 남은 질긴 빵조각을 모아 버섯, 딜(허브의 한 종류)과 함께 수프를 끓여 먹었다.

하지만 1960년대 이후 밀로 만든 흰 빵(호밀 빵보다 영양가가 훨씬 적다)이 인기를 끌면서 체코에서 호밀 소비가 급격히 줄어들기 시작했다. 한때 체코의 주식이었던 호밀은 현재 체코인의 평균 식단에서 과일보다도 적은 칼로리를 책임진다. 1962년 체코인은 호밀에서 하루 평균 345칼로리를 얻었다. 하지만 2009년 이 수치는 66.1칼로리로 뚝 떨어졌다. 영양 측면에서뿐만 아니라 맛과 문화의 측면에서도 엄청난 변화다. 호밀 빵이 더 이상 허기를 채우는 가장 기본적인 방법이 아니라면 체코 식단의 맛도 전부 바뀌어버리게 된다.[22]

하지만 (대두유의 증가 같은) 다른 식단 변화와 마찬가지로 체코에서 호밀 빵 소비가 줄어든 사실은 눈에 잘 보이지 않을 수 있다. 2017년 여름 옥스퍼드의 한 회의장에서 나는 체코계 미국인 음식 작가이자 역사가로서 프라하와 뉴욕을 오가며 생활하는 마이클 크런들Michael Krondl과 이야기를 나누었다. 나는 그에게 체코 사람들이 과거에 비해 호밀을 상당히 적게 먹는 것에 대해 어떻게 생각하느냐고 물었다. 그러자 그는 내가 잘못 알고 있는 거라며, 프라하 사람들은 옛날만큼 호밀을 많이 먹는다고 장담했다. 크런들 본인이 여전히 호밀 빵을 즐겨 먹었기에 다른 체코 사람들도 자신과 입맛이 비슷할 거라고 확신했던 것이다.

며칠 후 크런들은 내게 이메일을 보내 자신이 '호밀 문제'를 잘못 알고 있었다고 말했다. 하루 동안 프라하의 빵집과 슈퍼마켓을 돌아다닌 그는 놀랍게도 밀로 만든 롤빵이 호밀 빵보다 최소 네 배 이상 많은 것을 발견했다. 또 하나의 발견은 이제 '호밀' 빵에도 값싼 밀가루가 섞여 있다는 것이었다. 크런들은 체코 통계청에서 호밀 관련 자료도 검색해보았다. 그 결과 체코슬로바키아의 공산 정권이 막을 내린 1989년 이후 호밀 소비에 엄청난 변화가 있었음을 알 수 있었다. 크런들은 이렇게 썼다. "이유는 명확합니다." 1989년 이전에는 국가에서 빵을 관리했지만 1990년대부터는 사람들이 개인 빵집에서 빵을 구매하기 시작했다. 제빵사들은 밀로 만든 흰 롤빵(로흘리키rohliky, 위에 참깨나 양귀비씨를 뿌리기도 한다)을 더 선호했다. 호밀보다 밀가루가 다루기 훨씬 쉽기 때문이다. 한편 공산 정권하에서 긴 세월 호밀 빵만 구매해야 했던 소비자들은 호밀 빵보다 품질이 낮은 가벼운 밀가루 빵으로

식사에 대한 생각

기꺼이 마음을 돌렸다.

　빵의 사례에서 잘 나타나듯이 우리가 취향이라고 생각하는 것들은 대부분 경제적 조건에서 비롯된다. 여러 면에서 우리는 빵에 이렇게 관심을 적게 기울여도 되는 상황을 행운으로 여겨야 한다. 우리 문화에서 빵의 낮은 지위는 곧 우리가 그만큼 빵에 덜 의존한다는 사실을 보여준다. 수세기 동안 빵 소비는 생활수준이 높아질 때마다 예외 없이 줄어들었다.[23] 빵 값으로 돈을 너무 많이 쓰는 바람에 찻잎과 트리클treacle(당밀과 비슷한 걸쭉하고 어두운 색의 시럽으로 버터보다 저렴하다) 외에 다른 것을 살 여유가 없었던 19세기 영국 시골 노동자들의 삶은 아마도 매우 비참했을 것이다.

　빵 외의 다른 주식도 상황은 다르지 않다. 보통 한 국가가 얼마나 번영했는가는 주요 탄수화물 식품이 전체 섭취 칼로리의 몇 퍼센트를 차지하느냐로 측정할 수 있다. 2001년 자료에 따르면 캄보디아 국민은 하루에 섭취하는 에너지의 76.7퍼센트를 쌀에서 얻었다.[24] 이처럼 한 가지 작물에 크게 의존할 경우 영양부족에 시달릴 위험이 있다. 캄보디아와 달리 2003년 스페인에서는 하루 섭취 칼로리의 22퍼센트만을 곡물에서 얻었고, 나머지 칼로리는 식물성기름(20퍼센트, 거의 올리브오일), 과일과 채소(7퍼센트), 전분성 뿌리채소(4퍼센트), 동물성 식품(14퍼센트), 유제품(8퍼센트), 설탕(10퍼센트), 알코올(5퍼센트), 그 외 식품(10퍼센트)에서 얻었다. 캄보디아와 스페인 중 한 곳에서 생활하며 식사해야 한다면 아마 모두가 풍부하고 다양한 스페인 음식을 고를 것이다. 생존을 위해 쌀 같은 한 가지 작물에 의존하는 것은 위태로울 뿐만 아니라 매우 지겨운 삶의 방식이다.

과거에는 주식의 종류에 따라 전 세계를 분류할 수 있었다. 각 국에는 고유의 탄수화물 식품이 있었고, 이 저렴한 기본 식재료를 중심으로 국민의 식단과 생활이 형성되었다. 전 세계 인구가 대략 65억 명이던 2003년 (대부분 아프리카에 거주하는) 10억 명이 주식으로 카사바, 고구마, 얌 같은 뿌리채소를 먹었다. 그리고 40억 명이 주식으로 쌀, 옥수수, 밀을 각각 또는 고루 먹었다.[25]

하지만 (대부분의 서유럽 국가, 미국, 캐나다, 오스트레일리아에 거주하는) 나머지 15억 명은 한 가지 주식에 의존하지 않았다. 어떤 사람은 빵을, 어떤 사람은 쌀국수를, 어떤 사람은 뮤즐리(통귀리 등의 곡류, 생과일이나 말린 과일, 견과류를 혼합해 만든 아침 식사용 스위스 시리얼-옮긴이)를 먹었다. 하지만 이 탄수화물 식품들은 식단에서 더는 특별한 자리를 차지하지 않았다. 이때로부터 10여 년이 흐른 지금, 러시아, 일본, 중국, 남미에 거주하는 수백만 명의 사람들이 같은 길을 따라 주식을 외면하고 있다.

주식 없는 식생활이 전 세계의 표준이 되어가고 있다. 빵이나 쌀 같은 주식에서 멀어지는 것은 굶주림에서 멀어지는 과정의 일부다. 더 이상 한 가지 탄수화물 식품으로 배를 채우지 않아도 되는 것은 엄청난 사치이며, 이 지점에 이르면 전 인구가 살기 위해 먹는 대신 먹기 위해 살 수 있다.

주식 없는 식사에는 나름의 딜레마가 있다. 식단에서 주식이 사라지면 문화마다 달리 나타나는 요리 구조의 감각 역시 사라진다. 원래 프랑스 사람들에게 빵 없는 식사는 식사가 아니었다. 한국에서 밥 없는 식사는 식사가 아니었다. 말 그대로 무엇이든 먹어도 될 때 우리 몸과 정신에는 어떤 일이 일어날까? 선택의 자유는 특별하지만 동시에 무서운 일이기도 하다.

주식 없는 식단의 두 번째 딜레마는 더 이상 허기를 채우는 데 집착할 필요가 없다면 과거만큼 음식을 중시하지 않게 되므로 그만큼 음식의 품질 변화에 둔감해진다는 것이다. 셜록 홈스가 담뱃재만 보고 온갖 담배의 종류를 알아차렸듯 18세기 유럽인은 빵을 한 입만 먹고도 밀의 종류를 분간할 수 있었다. 사람들은 질 낮은 밀로 만든 빵을 알아차렸다. 하지만 셰프 댄 바버 Dan Barber가 말했듯 오늘날 우리는 밀에 맛이 있기를 기대조차 하지 않는다.

우리에게 빵에 쓰는 밀가루는 그저 설탕과 소금처럼 부엌에 있는 공장제의 하얀 가루일 뿐이다. 현대의 빵은 제조 방식만 문제인 것이 아니다. 밀 같은 기본 재료의 품질이 크게 낮아진 것 또한 문제다. 미국 빵에 들어가는 일반적인 밀가루는 매우 오래되었을 뿐만 아니라(그러면 영양가도 줄어든다) 생산량과 유통기한을 늘리기 위해 표백되고 글루텐이 첨가된다.[26]

빵의 품질 저하는 음식의 역설 핵심에 있는 더 큰 현상의 일부다. 현재 문제가 되는 것은 빵의 품질만이 아닌 음식 전체의 품질이다. 오늘날 우리는 음식에 무심할 수 있을 만큼 여유로워졌기에 음식이 얼마나 중요한지조차 잊어버리고 말았다. 우리는 식사에 많은 돈을 쓰려 하지 않으며, 그러므로 음식을 생산하는 사람들에게도 충분한 보상을 제공하지 않는다. 영국 신경제재단New Economics Foundation, NEF의 2014년 보고서에 따르면 영국 식품업계는 전체 노동 인구의 11퍼센트를 고용하고 있으면서도 영국 평균 임금의 절반도 안 되는 임금을 지급했다. 현재 우리는 음식 자체가 열등재가 되어가는 위험에 처해 있다. 소비는 자신에게 무엇이 중요한지를 알리는 방법 중에 하나인데, 지금 우리는 소비를 통해 음식은 그리 중요치 않다는 메시지를 보내고 있다.[27]

엥겔의 법칙

오늘날 인류는 소득의 극히 일부만 식품에 사용한다. 전에 없던 일이다. 현대 식단의 다른 측면과 마찬가지로 이러한 현상은 축복이자 저주다. 소득이 증가하면 식품비의 절대 금액은 늘어나더라도 전체 소득에서 식품비가 차지하는 비율은 낮아진다는 것이 경제학의 철칙이다. 타당한 이야기다. 일단 기초 생활수준이 충족되면 휴가나 텔레비전, 스마트폰, 앱처럼 음식 외에 사고 싶은 것들이 너무나도 많아지기 때문이다.[28]

부유한 국가의 국민이 다른 품목에 비해 식품에 돈을 덜 쓴다는 사실은 독일의 통계학자 에른스트 엥겔Ernst Engel(1821~96)의 이름을 따서 엥겔의 법칙이라고 불린다. 드레스덴 출신인 엥겔은 드레스덴에 거주하는 노동계급의 생활방식을 연구하며, 대부분의 삶을 보냈다. 그는 가난한 가족일수록 가계소득에서 식품비가 차지하는 비율이 높다는 사실을 발견했다.[29]

엥겔은 이 음식 소비에 관한 법칙이 개인뿐만 아니라 국가에도 적용된다는 것을 깨달았다. 부유한 국가일수록 식품에 대한 지출 비중이 낮았고 가난한 국가일수록 식품에 대한 지출 비중이 높았다.

모든 경제학자가 동의할 수 있는 경제법칙은 그리 많지 않다. 인간의 생활환경은 끊임없이 변화하며 새로운 환경 속에서 오래된 경제법칙은 비웃음의 대상이 되곤 한다. 하지만 엥겔의 법칙은 150여 년간 그 자리를 굳건히 지켜왔다. 2009년 오스트레일리아의 두 경제학자는 엥겔의 법칙을 "경제학 전체에서 가장 널리 받아들여진 실증적 규칙성"이라고 표현했다. 엥겔의 법칙은 그만큼 확실하기 때문에 한 국가의 상대적 빈곤을 평가하는 척도로 사용되기도 한다. 만약 어느 국가(예를 들어 마다가스카르라고 해보자)가 1인당 소비자 소득의 57퍼센트를 식품에 쓴다면 부유한 국가 순위에서 상당히 아래쪽에 위치하리라 확신할 수 있다.[30]

132개국의 자료에 따르면 2005년 식품에 대한 지출 비중이 가장 높았던 16개 국가는 기니비사우, 모잠비크, 시에라리온, 토고, 부르키나파소 등으로 전부 아프리카에 있는 가난한 국가였다. 이들 국가는 1인당 소비자 소득의 대략 절반 이상을 식품에 썼는데, 콩고민주공화국은 그 비율이 무려 62.2퍼센트였다. 더욱 최근인 2015년 자료를 보면 인도네시아(33.4퍼센트)와 필리핀(42.8퍼센트), 파키스탄(47.7퍼센트)을 포함한 많은 아시아 국가 역시 소득의 상당 부분을 식품에 쓰고 있었다. 다른 한쪽 끝에 있는 부유한 국가들의 경우 1인당 지출액의 극히 일부만이 집에서 먹을 식품에 들어갔다. 일본과 벨기에는 여전히 꽤 많은 금액을 식품 구입에 사용했지만(14.2퍼센트) 다른 부유한 국가들은 그 비율이 훨씬 낮아서 오스트레일리아는 10.2퍼센트, 캐나다는 9.3퍼센트, 영국은 8.4퍼센트, 미국은 6.4퍼센트였다. 이 수치는 총소득이 아니라 소비지출, 즉 자동차 유지비, 의류 구입비, 의료비, 전기세 등 한 가구의 총 지출액을 기준으로 삼은 것이다. 오늘날 전 세계 부유한 국가에서 식품비는 가계 예산의 극히 일부만을 차지한다(그러나 이 수치는 외식비를 포함하지 않은 것으로, 2014년 미국에서 외식비는 가처분소득의 4.3퍼센트를 차지했다[31]).

이 음식 관련 경제 규칙에도 예외는 있다. 모든 국가가 정확히 부유한 정도에 따라 식품비를 지출하는 것은 아니라는 점이다. 대체적으로는 모든 국가가 엥겔의 법칙을 따르지만 몇몇 국가는 평균 소득으로 예측한 금액보다 더 많은 돈을 식품비로 지출한다. 2005년 프랑스는 오스트레일리아보다 1인당 소득이 더 높았지만 소득에서 식품비가 차지하는 비율은 오스트레일리아보다 훨씬 높았다(10.6퍼센트 대 8.5퍼센트). 이는 현대사회에 들어와서도 프랑스가 여전히 자부심 넘치고 전통을 중시하는 음식 문화를 유지하고 있음을 뜻한다. 프랑스는 (최소한 일부 국민에게는) 여전히 아티초크와 푸드마켓의 나라, 트러플(송로버섯-옮긴이)과 생우유 치즈의 나라다. 프랑스에서 식품은 거래 장부 속의 숫자로만 환산되지 않는다.[32]

하지만 슬프게도 세계의 나머지 국가에서는 식품이 숫자로 환산되는 듯하다. 여러 부유한 국가에서 사람들은 식품비를 너무

식사에 대한 생각

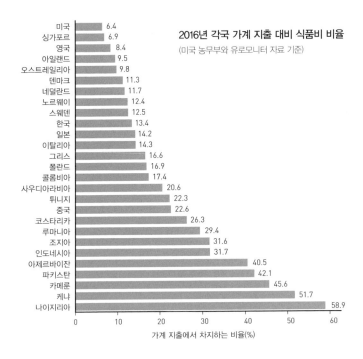

2016년 각국 가계 지출 대비 식품비 비율
(미국 농무부와 유로모니터 자료 기준)

국가	비율
미국	6.4
싱가포르	6.9
영국	8.4
아일랜드	9.5
오스트레일리아	9.8
덴마크	11.3
네덜란드	11.7
노르웨이	12.4
스웨덴	12.5
한국	13.4
일본	14.2
이탈리아	14.3
그리스	16.6
폴란드	16.9
콜롬비아	17.4
사우디아라비아	20.6
튀니지	22.3
중국	22.6
코스타리카	26.3
루마니아	29.4
조지아	31.6
인도네시아	31.7
아제르바이잔	40.5
파키스탄	42.1
카메룬	45.6
케냐	51.7
나이지리아	58.9

가계 지출에서 차지하는 비율(%)

많이 지출하다가 갑자기 태도를 바꿔서 식품비를 너무 적게 지출하기 시작했다. 그 어떤 국가나 개인도 식품비로 소득의 절반 이상을 쓰고 싶어 하지 않는다. 식품비에 그렇게 많은 돈을 지출한다는 것은 곧 허기를 면하는 것만도 힘든 극빈한 삶을 산다는 표지다. 문제는 부유한 국가의 중산층이 소득의 극히 일부만을 식품비로 지출하는 이유가 지속 가능한 식품 경제나 건강 때문이냐는 것이다.

우리가 허리띠를 조를 때 가장 먼저 줄이는 것

세 아이를 둔 나의 지인은 "우리 가족에게 영향을 미치지 않고도 지출을 줄일 수 있는 유일한 항목이기 때문에 식품비를 아끼는 것"이라고 말한다. 부동산 담보대출, 자동차 주유비, 아이들의 교복 값, 보험료, 세탁기 수리비, 휴대전화 다섯 대의 요금, 신발 다섯 켤레와 겨울 코트 다섯 벌을 비롯해서 다섯 개씩 준비해야 하는 다른 모든 생활용품 등의 생활비 항목은 대개 고정되어 있어 줄일 수가 없다. 하지만 식품비는 여기저기서 허리띠를 졸라 줄일 수 있는 몇 안 되는 항목 중 하나다. 이런 가구는 대형 브랜드의 자체 생산 티백과 냉동 채소를 구매하고, 방목해서 기른 닭고기 대신 가장 저렴한 닭고기를 선택한다. 예산이 빠듯할 때 어른들은 특가로 나온 아무 식빵에나 땅콩버터와 잼을 발라 며칠간 점심을 때울 수도 있다. 딱히 이 빵을 좋아하는 것은 아니지만 빠듯한 예산에서 몇 푼이라도 줄일 수 있다면 그걸로 된 것이다. "음식은 연료야"라고, 그녀는 말한다.

소득에서 식품비가 차지하는 비율이 이렇게 낮아진 것은 일종의 진보지만 더불어 음식의 질도 낮아진다는 것은 엄청난 피해다. 경제학자들은 '탄력성'이라는 개념을 이용해 소득이 달라지거나 상품 가격이 바뀌는 등 상황이 변화할 때 우리가 구매량을 얼마나 바꿀 수 있으며, 얼마를 더 지불할 의사가 있는지를 나타낸다. 일반적으로 '가격 탄력성'은 마이너스로 나타난다. 어떤 상품의 가격이 오르면 우리는 구매량을 줄이거나 다른 상품을 구매한다. 식품은 보통 가격 비탄력적인데, 모두가 반드시 무언가를 먹어야 하기 때문이다. 하지만 식품 중에도 특히 가격 탄력성이 높은 품목이 있다. 예를 들어 과일과 채소는 매우 가격 탄력적이다. 물가가 상승하면 소득이 적은 사람들은 과일과 채소 구매를 줄인다. 1킬로그램당 가격을 고려해봤을 때 과일과 채소는 허기를 채우는 데 별 도움이 되지 않기 때문이다.[33]

하지만 식품 경제의 가장 큰 수수께끼 중 하나는 소득이 올랐을 때 식료품 구매에서 벌어지는 일이다. 품질이 더 좋은 상품이 있고 소득이 더 올랐다면 이론상으로는 당연히 더 많은 돈을 지불해 더 질 좋은 상품을 구매해야 한다. 하지만 식품의 경우 이론이 늘 맞아떨어지는 것은 아니다. 사람들은 아이튠즈에서 더 많은 돈을 내고 일반 화질 대신 고화질 영상을 본다. 내가 얻은 이득이 더 선명하고 깨끗한 영상의 형태로 눈앞에 나타나기 때문이다. 그렇다면 왜 우리는 질 좋은 빵에 더 많은 돈을 지불하지 않을까? 맛이나 영양 면에서 자신이 어떤 이득을 얻는지 느끼지 못하기 때문일까?

2013년 식품 문제를 연구하던 한 경제학자가 우유나 버터, 달걀, 빵 같은 기본 식품의 '품질 탄력성'이 놀라울 만큼 낮다는 것을 발견했다. 즉 부유한 국가의 국민 대다수가 질 낮은 상품을 더 싼 가격에 구매할 수 있다면 질 좋은 우유와 버터, 달걀, 빵을 먹기 위해 굳이 더 많은 돈을 쓰려고 하지 않는다는 뜻이다. 이 경제학자는 빵과 달걀 같은 식품은 "대체로 품질이 균일한 제품군에 속해 있어 품질을 판별하기가 쉽지 않기 때문"이라고 설명했다.[34]

내게 이 현상은 음식에 관한 한, 우리가 얼마나 망가졌는지를 알려주는 표지로 보인다. 감각 수준에서 달걀의 품질은 전혀 '균일'하지 않다. 공장에서 생산된 식빵과 오로지 밀가루, 소금, 물, 효모만으로 천천히 발효시켜 만든 진짜 빵이 엄청나게 다르듯이, 대량생산된 밍밍한 달걀과 방목으로 잘 먹여 키운 닭이 낳은 달걀은 맛과 질감, 영양 면에서 엄청난 차이가 난다. 하지만 대부분의 소비자가 그 차이를 인식하지 못한다면, 특히 소득은 쥐꼬리만 하고 주거비는 너무 높다면 왜 굳이 돈을 더 내겠는가?

소득이 높아지면 사람들은 자신이 멋진 삶을 살고 있음을 스스로에게 입증할 수 있는 것들을 사고 싶어 한다. 슬프게도 질 좋은 빵과 달걀은 그 기준에 못 미치는 것으로 보인다. 우리가 어떤 식품을 구매할 수 있다고 해서 그 식품에 돈을 더 낼 가치가 있다고 생각하는 것은 아니다. 여분의 돈이 생겼을 때 사람들이 돈을 더 투자하는 식품은 육류처럼 오래전에 가치가 높았던 식품, 지금은 과거의 가치를 떠올릴 수 없을 정도로 저렴해졌지만 이전 세대가 부와 성공과 연관 지었던 식품인 경우가 많다.[35]

엥겔의 법칙에 따르면 우리는 풍족해질수록 그 어느 때보다도 식품에 적은 돈을 투자한다. 또한 우리는 풍족해질수록 다른 식품을 선택하기도 한다. 경제적 여유가 생기면서 우리 식단에 추가된 식품 중 가장 눈에 띄는 것은 아마도 육류, 특히 닭고기일 것이다. 그동안 빵이 사라진 빈자리는 흰 살 고기로 채워졌다. 빵 같은 식품과는 달리 흰 살 고기는 매우 소득 탄력적이라 부유해질수록 흰 살 고기를 더 많이 구매한다. 닭고기를 많이 먹는 것은 상당히 현대적인 식습관처럼 보이지만 우리 조부모 세대 역시 닭고기를 좋아했다. 그저 옛날보다 닭고기를 훨씬 많이 구매할 여유가 이제 생긴 것뿐이다.

저렴한 고기, 비싼 채소

웨이터가 두 번째로 우리 접시를 채워준 뒤 나는 더 이상 몇 접시를 먹었는지 세지 못했다. 내 앞에 있는 최소 여덟 개의 동그란 스테인리스 그릇에는 다양한 스튜와 달dal(렌틸로 만든 스튜-옮긴이), 또 다른 렌틸 요리, 카레(매운 것도, 맵지 않은 것도 있었다), 요구르트 소스를 흠뻑 뿌린 경단이 들어 있었다. 갖가지 처트니(과일이나 채소에 향신료를 넣은 인도 소스-옮긴이)도 조금씩 나왔는데, 신선한 고수로 만든 것도 있고 씹히는 맛이 있는 톡 쏘는 라임 처트니도 있었다. 시가와 비슷한 모양의 자그마하고 맛있는 튀김 요리와 납작한 빵은 우리가 접시를 비우자마자 즉시 방금 만든 것으로 채워졌다. 하지만 이 이상은 설명할 수가 없다. 술을 먹지 않았는데도 온갖 종류의 요리 앞에서 내 머리가 빙빙 돌기 시작했기 때문이다.

2016년 겨울 내가 인도의 음식 블로거 앤트완 루이스Antoine Lewis와 함께 뭄바이에서 점심을 먹었을 때의 일이다. 우리는 처음 만난 사이였지만 친절하게도 루이스는 랜드마크인 게이트웨이오브인디아Gateway of India 근처의 오래된 리갈 시네마 옆에서 기다리고 있으면 뭄바이 최고의 채식 탈리를 파는 스리 타커Shree

Thaker 식당에 데려가주겠다고 제안했다(탈리는 완벽하게 균형 잡힌 식사를 위해 다양한 요리가 담긴 작은 그릇들을 커다란 스테인리스 쟁반에 올려 내놓는 것이다). 우리가 탄 택시는 사람과 소, 문구점과 과일 가게로 가득 찬 좁은 골목을 빠져나가 레스토랑이라기보다는 빨래방처럼 보이는 곳에 도착했다. 스리 타커 식당은 신통치 않아 보이는 여관의 1층에 자리하고 있었지만 그곳에서 루이스와 함께 먹은 식사는 잊을 수 없을 만큼 훌륭했다(루이스는 '곱슬머리 요리사the curly-haired cook'라는 이름으로 블로그를 운영한다). 탈리의 맛과 질감이 어찌나 다양하던지 한 입 한 입이 전부 재미있고 만족스러워서 나는 배가 부른 수준을 한참 넘을 정도로 잔뜩 먹었다. 우연히도 식사는 전부 채식이었지만 맹세컨대 그 어떤 고기로도 이보다 더 훌륭한 식사는 만들지 못했을 것이다.[36]

인도에서는 채식주의자로 사는 것이 어렵지 않을 거라는 생각을 종종 한다. 고기 없는 식사가 특이하게 여겨지는 미국과 달리, 인도에서는 채식이 기본 선택지다. 유럽에 사는 채식주의자는 왜 고기를 안 먹느냐는 귀찮은 질문의 폭격을 받을 수도 있다. 윤리적인 문제 때문인가요, 맛 때문인가요? 단백질은 어떻게 섭취하시죠? 크리스마스에 칠면조 요리를 거절하는 건 좀 무례하지 않나요? 반면 채식이 주류인 인도에서 자신의 선택을 해명해야 하는 쪽은 고기를 먹는 사람이다. 나는 뭄바이에서 채식과 비채식 VEG AND NON-VEG이라고 써붙여놓은 식당을 수없이 많이 보았다. 인도에서 고기를 먹는 사람은 '비채식주의자'가 된다.

인도에서는 다양한 종교 집단이 각기 다른 종류의 육류를 문제 삼는다. 힌두교 신자들은 대부분 소고기를 보고 눈살을 찌푸리며, 나렌드라 모디Narendra Modi 총리의 민족주의 정권은 인도 대부분의 주에서 소 도축을 금지했다. 이슬람교도에게는 돼지고기 섭취가 금기다. 자이나교도의 경우 육류에서 더 나아가 당근도 먹으면 안 된다. 땅에서 당근을 뽑다가 땅속 곤충들을 놀라게 하면 안 되기 때문이다. 이처럼 여러 종교에서 육류 섭취를 엄격하게 금지하기 때문에 인도의 요리사들은 무척이나 다채로운 채식 요리를 만들어냈다. 렌틸 요리의 종류만도 엄청나게 다양하다.

이처럼 채식이 압도적인 주류이고 비채식 음식에 대한 여러 종교적 금기가 뿌리 깊게 자리하고 있음에도 현재 인도인들은 그 어느 때보다도 고기를 많이 섭취하고 있다. 2004년에서 2010년 사이 고작 몇 해 동안 평균적인 인도인(이라는 것이 실제로 존재하는 것은 아니지만)이 식품에 쓴 돈은 1341루피에서 2508루피로 거의 두 배가 되었다. 단기간에 발생한 엄청난 변화다. 시장 전망에 따르면 2030년 인도 도시에서 소비하는 가금류는 2000년에 비해 1277퍼센트 늘어날 것으로 보인다.[37]

이 광활한 국가에서 단순한 것은 하나도 없지만, 인도에서 고기를 먹는 식습관이 생겨난 가장 큰 원인은 돈이다. 원래 극소수를 제외한 인도인에게 고기는 너무 값비싼 식품이었지만 이제는 수백만 명의 인도인이 고기를 구매할 수 있게 되었다. 실제로 소득 증가와 육류 섭취의 증가 사이에는 직접적인 상관관계가 있다. 한 연구는 아시아 국가에서 연소득이 1000달러 증가할 때마다 1인당 고기 섭취량이 약 1킬로그램씩 증가한다는 사실을 보

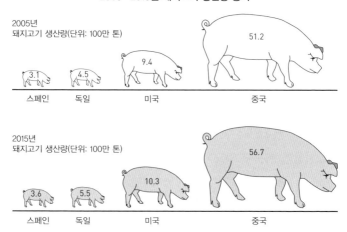

2005~2015년 돼지고기 생산량 증가

2005년
돼지고기 생산량(단위: 100만 톤)

3.1 스페인 4.5 독일 9.4 미국 51.2 중국

2015년
돼지고기 생산량(단위: 100만 톤)

3.6 스페인 5.5 독일 10.3 미국 56.7 중국

출처: Erik Millstone and Tim Lang, The Atlas of Food, Earthscan, 2008 and Statistics 2015 Pigmeat, Danish Agriculture and Food Council.

여주었다.[38]

새로 생긴 인도인의 육식 습관은 음식에 관한 한, 경제적 조건이 영적 측면을 이긴다는 것을 보여준다. 과거에는 많은 사람이 인도는 채식과 종교가 너무나도 밀접하게 연결되어 있기 때문에 서구 국가처럼 육식을 하지 않을 것이라 주장했다. 하지만 그동안 고기 섭취를 절제한 많은 인도인이(모든 인도인은 아니다) 사실은 뿌리 깊은 신념 때문이라기보다는 고기 살 여유가 없어서 고기를 먹지 않았던 것으로 드러났다.

《펭귄 인도 음식 가이드The Penguin Food Guide to India》의 저자 샤메인 오브라이언Charmaine O'Brien에 따르면 인도에서 육식은 여태껏 알려진 것보다 더 자주 있는 일이었다고 한다. 남성 힌두교도

식사에 대한 생각

들은 아내의 채식 요리에 반항하는 일종의 마초적 의례로 "창문 없는 어두운 술집"에 숨어들어 닭고기 티카(고기나 채소를 양념에 절였다가 익힌 요리-옮긴이)를 먹곤 했다. 오늘날 다른 점이 있다면 부유한 가정에서 태어난 인도의 젊은 세대는 공공연히 육식을 하며 육식이 과거 그 어느 때보다 늘어났다는 것이다.[39]

루이스는 탈리를 또 한 입 먹으며 뭄바이에서 닭고기 섭취가 현저하게 늘어난 것이 실감난다고 말한다. "겨우 5년에서 10년 사이에 닭고기가 없는 곳이 없어졌어요." 루이스는 저녁이면 점점 더 많은 젊은이들이 프라이드치킨이나 중국식 칠리 치킨을 먹으러 가는 모습을 본다. 정확히 말하면 그들은 맛을 위해서가 아니라("닭고기 자체는 아무 맛도 없잖아요, 안 그런가요?") 그저 그럴 수 있기 때문에 치킨을 먹으러 간다. 가족 식사의 규칙이 엄격한 국가에서는 KFC나 맥도날드에 가는 것이 해방으로 느껴질 수 있다.

〈이코노믹 타임스Economic Times〉에 경제와 음식 관련 글을 쓰는 저널리스트 비크람 닥터Vikram Doctor 역시 인도에서 닭고기 선호도가 증가하는 것을 관찰했다. 다히 푸리(기름에 튀긴 맛이 무척 좋은 빵으로, 안에 렌틸과 요구르트를 듬뿍 채워 먹는다)를 앞에 둔 비크람은 내게 닭고기는 "비채식 버전의 파니르"나 마찬가지라고 말한다(파니르는 두부처럼 순한 맛을 가진 인도의 생치즈다). 우리가 만나고 나서 얼마 지나지 않은 2017년 1월, 자신의 방송 〈리얼 푸드 팟캐스트Real Food Podcast〉에 필요한 자료를 찾던 비크람은 인도에서 닭고기가 성공한 이유가 전혀 고기 같지 않은 고기이기 때문임을 발견했다. 또한 닭고기가 너무 고기 같지 않아서 스스로를 '채식주의자'로 명명하는 자이나교도들조차 닭고기를 먹기 시작했다는 것도 알게 되었다.

비크람은 인도 닭고기의 밍밍한 맛과 인도 닭이 사육되는 열악한 환경을 애석해하긴 하지만, 한편으로 그는 수백만 명이 여전히 영양부족에 시달리는 국가에서 닭고기가 유용한 단백질 공급원이 될 수 있다는 것 또한 인정한다. 가난한 환경에서 단백질 부족에 시달렸다면 여유가 생기자마자 닭고기를 조금 구매하지 않을 이유가 어디 있겠는가?

닭고기의 매력은 인도 밖에서도 위력을 떨친다. 전 세계인에게 식사로 무엇을 먹느냐고 물어보면 십중팔구는 닭고기라는 답이 돌아올 것이다. 2006년 영화 〈미스 리틀 선샤인〉에서 욱하는 성격의 할아버지는 "한 번이라도 망할 치킨 말고 다른 걸 먹을 순 없는 거야?"라고 묻는다. 닭고기 소비는 거의 모든 곳에서 매우 빠른 속도로 증가하고 있다. 1970년대 이후 전 세계의 가금류 생산량이 거의 두 배로 뛰었고, 2013년 닭고기는 지구상에서 돼지고기 다음으로(중국인은 아직까지 돼지고기를 더 선호한다) 가장 많이 소비된 육류가 되었다. 대량생산된 닭고기가 가나 같은 사하라 이남 아프리카 국가에까지 들어가면서 2008년에서 2013년 사이 전 세계의 가금류 수출량이 4분의 1 이상 늘어났다.[40]

닭고기는 전 세계가 가장 사랑하는 단백질이다. 닭고기는 불쾌감을 주지 않고 "몸에 좋다"고들 하며 모든 양념과 잘 어울리고 어디에서나 구할 수 있다. 닭고기의 인기 상승은 확실히 경제 발전과 관련이 있다. 국가가 부유해지면 가금육 소비도 증가한다. 사람들이 부유해지는 동안 닭고기 가격이 더 저렴해진 것도 가금육 소비 증가에 일조했다. 1970년대 이후 전 세계의 닭고기 산업은 대규모로 산업화되었다. 1960년대 초에는 전 세계의 거의 모든 닭고기가 미국과 네덜란드, 덴마크에서 생산되었다. 하지만 지금은 태국과 중국 같은 아시아 국가들과 브라질이 미국을 앞질러 닭고기를 가장 많이 생산하는 국가가 되었다. 이들 국가에서 엄청나게 '효율적'인 방식으로 닭고기를 대량생산하기 때문에 한때는 사치품이었던 닭고기를 이제는 아주 가난한 사람을 제외한 모두가 먹을 수 있게 되었다.[41]

육류 및 기름의 증가와 빵의 몰락은 오늘날의 식생활에 얽힌 경제적 측면을 요약해 보여준다. 우리의 식품 시장은 빵을 무시하는 대신, 과거에 사치품이었던 식품을 마치 주식처럼 취급하라고 부추긴다. 이러한 부조리는 KFC가 '더블다운' 버거를 출시한 2010년 정점에 달했다. 이 말도 안 되는 치킨 버거는 빵이 치킨을 감싸고 있는 것이 아니라 튀긴 닭고기 두 장이 마치 빵처럼 내용물을 감싸고 있다. 치킨 사이에는 베이컨과 몬트레이 잭 치즈 같은 동물성 식품이 더 많이 들어 있다. 더블다운 버거는 오늘날 고기가 빵을 대체한 현실을 선명하게 보여주는 바비큐 맛의 상징이다. 심지어 어떤 사람은 '건강한 음식'에 대한 일부 통설에 따라 탄수화물이 적고 단백질이 많은, 이 기름진 치킨 버거가 평범한 치킨 버거보다 더 건강하다고까지 주장했다.[42]

과거의 빈곤한 소작농 사회에서 신선한 고기를 1년에 여러 차레 먹는 사람은 아주 운 좋은 사람이었다. 돼지를 잡는 날에는 큰 잔치가 열렸다. 하지만 오늘날 서구인은 평균적으로 고기를 빵보다 두 배 이상 많이 먹는다(물론 쌀이나 파스타 같은 다른 탄수화물 식품이 전 세계에 퍼진 데도 일부 원인이 있다).[43]

이러한 변화는 우리의 식탁을 뛰어넘어 환경에도 엄청난 피해를 입힌다. 밀 기반 식단에 필요한 땅은 고기가 풍부한 식단에 필요한 땅의 6분의 1밖에 되지 않으며, 미국과 유럽에 거주하는 대부분의 사람들이 고기가 풍부한 식단을 먹는다. 식단에서 고기가 매우 중요한 역할을 차지하는 미국에서는 재배한 작물의 대부분이 (아주 비효율적이게도) 동물의 사료로 쓰이기 때문에 미국에서 생산한 식량 중에 바로 인간의 입에 들어가는 양은 고작 34퍼센트에 지나지 않는다. 만약 스페인이 최근 몇 년간 늘어난 서구화된 식단을 버리고 전통적인 지중해 식단으로 되돌아간다면 온실가스 배출량이 72퍼센트, 토지 이용률이 58퍼센트 줄어들 것이라는 추산도 있다.[44]

질 낮은 빵과 가치가 낮아진 고기는 풍족한 현대사회에서 살기 위해 치러야 하는 대가일까? 아니면 또 다른 방법이 있을까? 런던 시티 대학교의 식량정책 교수였던 팀 랭Tim Lang처럼 지속 가능한 식단을 연구하는 전문가들은 오늘날 같은 수준의 육류 소비는 지속 불가능하다고 말한다. 그러면서 2050년경이면 전 세계 인구가 90억 명에 이를 것이므로, 정부가 더욱 시급하게 대안적 식생활을 촉구해야 한다고 주장한다. 랭 같은 전문가들은 '외부 효과'를 감안할 경우 값싼 육류(및 전반적인 초가공식품)의 진짜 가격이 소비자가 지불하는 금액보다 훨씬 크다는 점을 지적한다. 고기 때문에 식단 관련 질병이 늘고 오염이 발생한다면 값싼 고기는 결코 값싼 것이 아니다.[45]

도시에 거주하는 전 세계의 부유층 사이에서 육류 문화에 등을 돌리고 주요 곡물과 채소로 돌아가 새로운 식습관을 실험하는 사람들이 나타나고 있다.

삶이 점점 풍족해지고 기근의 공포에서 벗어날수록 사람들은 주식에서 멀어지고 고기 같은 과거의 고급 식품을 선호하게 된다. 하지만 사람들이 그보다 더 풍족해지고 건강에 더 많은 관심을 쏟기 시작하면 값싼 육류는 전과 같은 인기를 잃고 부유층은 5단계로 접어들게 된다. 갑자기 이들은 작은 혼합 씨앗 한 봉지에 상상 이상의 돈을 지불하려 하고, 조와 귀리 같은 과거의 여러 주요 식품이 값비싼 건강식품으로 재탄생한다.

비거니즘veganism(완전 채식)은 세련된 최신 유행이 되었다. 이전 세대에게는 꽤나 놀랄 만한 변화다. 2018년 95세이던 뉴올리언스 출신의 아프리카계 미국인 셰프 레아 체이스Leah Chase는 한 건물에 붙은 '채식 소울 푸드'라는 간판을 보고 경악해서 물었다. "채식 소울 푸드가 도대체 뭐야?" 그녀에게 이 새로운 고급 요리는 빈곤한 어린 시절에 먹었던 음식과 다를 바가 없었다. 체이스는 이렇게 회상한다. "대공황 때 나는 여섯 살이었어. 아무도 고기를 못 먹었지."[46]

식품 경제가 얼마나 빠른 속도로 급격하게 변하는지를 생각해

보면 놀랍기만 하다. 한때 가난한 사람들은 특별한 날을 제외하면 고기를 먹지 못했지만 이제는 고기보다 채소 먹기가 더 어려울 때가 많다. 가계의 예산에 적합한 음식과 건강에 좋은 음식이 일치하지 않는 상황에 많은 소비자가 붙잡혀 있다.

가격이 낮아지면 채소 소비가 늘어날까

수입이 적은 소비자들은 건강한 식품을 선택하기가 상당히 힘들다. 지난 30년간 건강식품은 정크푸드보다 훨씬 빠른 속도로 꾸준히 가격이 올라갔다. 옛날부터 과일과 채소는 재배에 돈이 많이 들었다. 피망이나 시금치 같은 작물은 재배에 물이 매우 많이 필요하며, 특성상 운송과 보관에도 많은 돈이 들어간다. 음식 전문 기자인 타마르 해스펠Tamar Haspel은 채소가 곡물에 기반한 정크푸드만큼 저렴하기를 바라는 것은 매우 비현실적인 기대라고 보았다. 그녀는 이렇게 말한다. "브로콜리는 밀이 아니잖아요."[47]

하지만 눈에 띄는 점은 채소가 절대적으로 비싸다는 것만이 아니다. 다른 식품에 비해 채소는 과거보다 훨씬 더 비싸졌다. 1980년과 2011년 사이 미국에서는 신선한 과일과 채소 가격의 상승률이 설탕이 든 탄산음료의 가격 상승률을 두 배 이상 앞질렀다. 오늘날 토마토와 브로콜리의 가격은 과거 미국 소비자들이 구매한 가격보다 훨씬 더 비싸다. 반면 케이크나 햄버거 같은 고칼로리 식품은 과일과 채소에 비해 훨씬 저렴해졌다. 슈퍼마켓에서 이런저런 식품을 두고 고민할 때 우리는 자연스럽게 가성비를

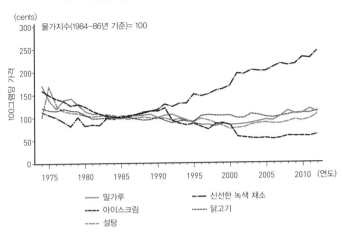

1974~2012년 영국의 아이스크림 대비 녹색 채소의 가격

(cents)
물가지수(1984–86년 기준)= 100

100그램당 가격

300
250
200
150
100
50
0

1975   1980   1985   1990   1995   2000   2005   2010   (연도)

——— 밀가루   —·—· 신선한 녹색 채소
––– 아이스크림   ········ 닭고기
— — 설탕

출처: 영국 환경식품농무부(DEFRA) 자료를 토대로 구성

비교하게 된다. 그리고 슬프게도 그럴 때면 과일과 채소는 종종 너무 비싸 보인다.[48] 사람들은 '현명하게' 식품을 선택해야 한다고 말하지만 1달러당 칼로리라는, 외면할 수 없는 경제적 측면에서 보면 가족이 먹을지 안 먹을지도 모르는 당근 한 봉지보다는 아이스크림 한 통을 사는 편이 더 현명할 수도 있다.

1997년에서 2009년 사이 영국에서 과일과 채소 가격은 7퍼센트 상승했지만 정크푸드 가격은 15퍼센트 낮아졌다. 마찬가지로 1991년에서 2012년 사이 브라질, 중국, 한국, 멕시코에서도 과일과 채소 가격이 매해 평균 2~3퍼센트 상승했는데, 이는 다른 식품의 가격 상승률보다 두 배 높은 수치다. 반면 포장된 케이크, 초콜릿, 과자, 아이스크림처럼 고도로 가공된 식품은 전부 가격

이 낮아졌다.[49]

　많은 전문가들이 정크푸드를 '맛 좋은' 음식이라고 칭한다. 마치 우리가 초록색의 아삭한 샐러드나 진한 오렌지 빛깔의 따뜻한 호박 수프는 절대 먹고 싶어 할 리가 없는 것처럼 말이다. 하지만 오늘날 초콜릿이나 아침 식사용 시리얼을 원 플러스 원으로 판매하는 것처럼 초록 채소를 열렬히 홍보하는 환경에서 쇼핑할 수 있다면 개인의 입맛도 달라질 것이다. 2011년 경제학자 타일러 코언Tyler Cowen은 평소처럼 미국의 대표적인 슈퍼마켓에서 장을 보는 대신 한 달 동안 만리장성Great Wall이라는 이름의 아시아 식료품점에서 장을 보기로 했다. 이후 코언은 자신이 녹색 채소를 옛날보다 더 많이 사 먹는다는 것을 깨달았다. 아시아 식료품점은 미국 슈퍼마켓보다 채소가 더 저렴하고 풍성한 데다 더 먹음직스러워 보였기 때문이다. 아시아 식료품점에서 채소는 미끼 상품, 즉 손님을 가게 안으로 유인하는 상품 역할을 했다. 이 식료품점이 갖춰놓은 잎채소와 새싹 채소, 콩류는 "중국 부추와 고구마 줄기, 중국 베이비 브로콜리, 쑥갓, 완두콩, 그린 빈, 베이비 레드 아마란스(각종 영양소가 풍부한 슈퍼 곡물-옮긴이), 인디언 시금치, 얌(열대 뿌리채소-옮긴이) 이파리"에서부터 여섯 종류의 청경채에 이르기까지 무척 다양했다. 코언은 이 맛있는 채소들의 가격이 근처 슈퍼마켓인 세이프웨이Safeway보다 훨씬 저렴하다는 것도 알게 되었다. 청피망은 세이프웨이에서는 0.5킬로그램에 5.99달러였지만 이 식료품점에서는 99센트였다. 한 달 동안 만리장성에서 장을 본 후 코언은 자신이 채소를 훨씬 좋아하게 되었으며, 거

의 자동적으로 채소를 고르기 시작했음을 깨달았다.[50]

식품정책은 현재의 건강 지침과 앞뒤가 안 맞을 때가 많다. 정부는 가난한 사람들에게 과일과 채소를 더 먹으라고 설교하지만 빠듯한 예산 속에서도 채소를 안전하고 매력적인 선택지로 만들려는 노력은 거의 하지 않는다. 가격이 채소 섭취를 방해하는 유일한 장애물은 아니다. 가난한 가정일수록 근대를 한 접시 볶아 먹을 수 있는 부엌 시설이 없을 가능성이 높다. 사용할 수 있는 도구가 주전자와 전자레인지뿐이라면 채소 요리를 해 먹기가 쉽지 않다. 또한 저임금을 받고 장시간 노동하거나 불규칙적인 교대 근무를 하고 있다면 당근 껍질을 벗기거나 콜리플라워를 썰 에너지나 정신적 여유가 없을 수 있다. 제임스 블러드워스James Bloodworth는 영국의 '긱 이코노미gig economy(비정규적인 프리랜서 근로 형태가 확산되는 경제 현상-옮긴이)'에 위장 취업해 6개월 동안 저임금 노동을 했다. 그가 이때 만난 사람들 중에는 일을 끝내고 집에 돌아가 약 30분 동안 부엌에 서서 브로콜리를 요리하는 사람이 한 명도 없었다. 블러드워스는 "교대 근무를 마치고 자정에 집에 돌아오면 신발을 벗어던지고는 맥도날드 봉지와 맥주 한 캔을 들고 침대 위로 쓰러지게 된다"라고 말한다.[51]

하지만 채소 가격이 낮아지는 것은 도움이 된다. 채소 가격 상승이 과일과 채소 구매량에 즉각적인 영향을 미친다는 분명한 증거가 있으며, 저소득층의 경우에는 특히 그 영향이 크다. 미국에서 1998년, 2000년, 2002년에 6~17세의 어린이와 청소년 약 4000명에게서 얻은 장기 데이터에 대한 연구가 실시되었다. 연구자들은 과일과 채소 가격이 10퍼센트 오르는 동안 아이들의 체질량지수는 0.7퍼센트 상승한 것을 확인했다.[52] 12세 여자아이의 경우 이러한 변화는 몸무게가 약 230그램 증가한 것으로 나타났다. 그리 크지는 않지만 그래도 중요한 변화다. 채소 가격은 분명 중요한 문제다.

더 큰 문제는 우리 문화가 아직도 질 좋은 음식의 가치와 음식이 인간의 삶에 미치는 영향을 제대로 인식하지 못하고 있다는 것이다. 몇몇 아이들이 채소가 부족한 형편없는 점심 식사를 하는 이유에 대해 영국의 한 교장 선생님과 이야기를 나눈 적이 있다. 이런 아이들 다수가 9세에서 10세 사이에 이미 비만해져 있었고, 그중에는 부모의 약물 중독이나 학대에 시달리는 아이들도 있었다. "당신은 잘 몰라요." 선생님이 말했다. "음식은 아이들에게 별 걱정거리가 아니에요." 더 건강한 음식이 모든 것의 해결책은 아니라는 선생님의 말은 분명 옳다. 결핍과 슬픔, 고통이 가득한 이 세상에서 더 나은 식단이 모든 상처를 달래주지는 못한다. 하지만 인간의 다른 괴로움과는 달리 질 낮은 식단이 주는 고통은 우리가 어떻게든 손을 써볼 수 있는 문제다.

음식의 진정한 가치는 가격을 넘어선다. 우리 모두가 이 사실을 깨닫기 시작할 때 정책 입안자의 과제는 사람들이 형편없는 음식을 선택한다고 질책하는 것이 아니라 더 나은 음식을 선택하도록 식품 환경을 조성하는 것이 된다. 정부는 설탕, 대두유, 값싼 옥수수 대신, 채소 재배에 보조금을 지급할 수 있다. 연구에 따르면 채소에 보조금을 단 5퍼센트만 지급해도 저소득층의 채소 섭

취를 3퍼센트 이상 늘릴 수 있다.[53]

우리가 구매하는 다른 물품과 마찬가지로 음식 또한 시장 원리의 기이한 작용에 좌우된다. 하지만 다른 소비재와는 달리 좋은 음식은 삶의 질에 매우 중요한 역할을 하며 근본적으로 대체재가 존재하지 않는다. 모두를 위한 식품 품질 규제에 돈을 쓰는 것은 절대 낭비가 아니라는 사실을 정부가 이해하지 못한다면 사람들이 먼저 더 나은 식품을 선택할 가능성은 낮다. 더 나은 품질의 식품에 투자하는 것은 곧 땅과 공기, 더 나아가 건강과 기쁨에 투자하는 것이다. 미래 세대는 번영과 음식을 바라보는 새로운 시각을 개발해야 한다.

나는 정부가 오늘날처럼 식품 품질을 늘 방관한 것만은 아니라는 사실을 떠올리며 희망을 얻는다. 18세기 파리에서는 기본 빵의 품질을 엄격하게 관리했다. 역사학자 스티븐 카플란Steven Kaplan이 쓴 것처럼 시장에 질 나쁜 빵이 돌아다닌다는 사실은 곧 "사회 붕괴의 증거"로 여겨졌기 때문이다. 자신이 질 낮은 빵이나 무게가 덜 나가는 빵을 샀다고 생각하는 소비자는 빵을 경찰에 가져갔고, 경찰은 빵에 문제가 있다고 판단되면 제빵사에게 벌금을 물렸다. 오늘날 우리에게도 이렇게 엄격한 식품법이 있다면 어떨지 상상해보자. 얼마나 많은 슈퍼마켓에서 나온, 얼마나 많은 수준 이하의 빵이 즉각 경찰의 조치를 받게 될까?[54]

현대사회에서 이런 법은 절대 제정될 수 없고 절대 제정되어서도 안 된다. 하지만 엄격한 식품법이 존재했다는 사실은 우리 사회가 식품의 품질 유지에 늘 이렇게 부주의했던 것은 아니라는 점을 상기시켜준다. 어쩌면 머지않아 우리도 좋은 음식이 없는 풍요로운 삶은 절대 풍요로운 것이 아니라는 사실을 다시 한 번 깨닫게 될지 모른다. 오래된 옛말처럼, "우리는 돈을 먹을 순 없기" 때문이다.

4장

그 많던 식사 시간은
어디로 갔을까

★

 1969년 한 의학 연구팀은 일본을 떠나 서구에 자리 잡은 일본인 남성의 건강에 어떤 일이 일어나는지를 연구하기로 했다. 이들은 일본에 거주하는 평범한 일본 남성이 미국에 거주하는 평범한 중년 남성에 비해 심장질환에 훨씬 덜 걸린다는 사실을 알고 있었다. 그렇다면 미국에 사는 일본인 남성은 어떨까? 이들은 미국의 심장질환 패턴을 따를까, 아니면 일본의 패턴을 따를까?

 당시 미국 남성은 이미 관상동맥성 심장질환의 발병률이 세계에서 가장 높은 축에 속했던 반면, 일본의 심장질환 발병률은 상당히 낮았고 부유한 국가를 기준으로 하면 특히 더 낮은 편이었다. 이런 건강상의 차이를 불러오는 가장 확실한 원인은 식단이었다. 주로 햄버거와 피자, 탄산음료로 이루어진 식사는 생선, 채소, 두부, 녹차, 해조류 중심의 전통적인 일본 식단보다 심장 건강에 훨씬 안 좋은 영향을 끼쳤다.

당연히 샌프란시스코 베이에어리어에서 모은 의료 데이터는 캘리포니아에 거주하는 일본인 남성의 심장이 일본에 거주하는 일본인 남성보다 대체로 건강하지 못하다는 사실을 확증해주었다(그러나 여전히 미국 남성 평균보다는 나았다). 일본계 미국인 남성은 일본에 사는 일본인 남성보다 가슴 통증과 심장마비를 더 많이 경험했다. 이 결과는 일본의 전통 식단을 서구화된 식단으로 바꾼 것이 미국 거주 일본인 남성의 심장질환 발병률을 높인 원인이라는 추측과 일치하는 듯 보인다.

하지만 마이클 마멋Michael Marmot의 연구팀이 자료를 더 깊이 파고들자 식단만으로는 일본에 거주하는 일본인 남성에 비해 미국에 거주하는 일본인 남성이 심장질환으로 더 많이 사망하는 이유를 설명할 수 없었다. 심장을 짓누르는 것은 서구 음식만이 아니었다. 속도와 개인주의를 중시하는 서구 문화 역시 이들의 심장을 짓눌렀다.

마멋과 동료들은 샌프란시스코와 오클랜드에 거주하는 30세 이상 일본인 남성 약 4000명의 생활방식과 건강 기록을 연구했다. 일부는 일본에 거주하는 일본 남성보다 심장질환 발병률이 훨씬 낮았지만 일부는 그 비율이 훨씬 높았다. 자료를 분석한 연구자들은 어떤 음식을 먹는가만으로는 차이를 설명할 수 없음을 깨달았다(흡연 여부 같은 다른 위험 요소도 마찬가지였다). 전통적인 일본 식단을 먹는다고 보고한 일본계 캘리포니아 남성들도 심장질환 발병률이 매우 높았기 때문이다.

음식 자체보다 이들의 건강에 더 큰 영향을 미친 요소는 어떤 문화 속에서 식사를 하는가였다. 캘리포니아에 거주하는 일본인 남성들은 미국의 사회문화적 가치에 얼마나 동화되었는지를 평가하는 설문지를 작성했다. 그 결과 가장 많이 서구화된 집단과 가장 덜 서구화된 집단은 어떤 식단을 선호하는지와 상관없이 관상동맥성 심장질환의 발병률이 다섯 배나 차이 났다. 문화적으로 가장 일본다운 삶을 사는 사람들은 심장질환을 앓는 비율이 가장 낮았다. 이 남성들의 심장 상태는 자녀와 일본어로 대화하는지, 어린 시절 일본 문화에 얼마나 많이 노출되었는지, 현재 다른 일본인과 교류하고 있는지 같은, 언뜻 보기에는 건강과 완전히 무관한 요소들의 영향을 받았다.[1]

다시 한 번 정리하면, 어떻게 먹느냐는 무엇을 먹느냐만큼 건강에 중요한 영향을 미친다. 일본 음식을 먹는 것만으로는 심장질환 발병률이 낮아지지 않았다. 최대의 효과를 얻기 위해서는 캘리포니아의 태양 아래서 고향의 문화를 재창조해 일본의 방식으로 속도를 낮추고 식사를 해야 했다. 마멋은 심장질환 발병률이 가장 낮은 일본계 미국인들이 안정적인 사회의 덕을 보았다고 주장했다. 안정적인 사회의 구성원들은 긴밀한 관계로 엮인 집단 안에서 동료의 지지를 받는다. 그러나 미국 문화에 동화된 일본인 남성들은 이런 공동체 의식을 경험하지 못했다. 삶의 모든 측면에서 보면, 심장이 건강한 일본인 남성은 공통의 가치를 중심으로 끈끈하게 결합된 문화 속에서 스트레스를 줄여주는 생활방식의 혜택을 누리고 있었다.

심지어 같은 음식을 먹을 때에도 일본 문화에 더욱 가까운 일본인 남성은 다른 방식으로 식사를 했다. 이들은 허둥지둥 서둘러 식사를 끝내는 대신 의식을 치르는 느낌으로 밥을 먹었으며, 무슨 음식을 먹든 간에 식사 시간을 따로 마련했다. 반면 같은 시기에 미국인 남성을 대상으로 연구한 결과 심장질환 발병률이 가장 높은 사람은 개인주의와 조급증에다 항상 시간이 부족하다고 느끼는 절박감을 보였다. 전부 미국 사회가 널리 퍼뜨린 것들이다.[2]

영양 전이의 4단계에서는 우리가 먹는 음식만 변하는 것이 아니다. 4단계는 우리가 과거에 실천한 식사 의례까지 없애버린다. 우리의 건강은 식단의 내용만큼이나 식사 의례와 그 리듬의 영향을 받는다. 그동안 사람들은 식사에서 중요한 것은 음식에 들어 있는 영양소뿐이라고 생각했다. 하지만 불안하고 고독한 상태에서 급히 밀어 넣는 유기농 샐러드가 친구들과 여유롭게 먹는 테이크아웃 피시앤칩스보다 반드시 더 '건강'한 것은 아니다.

시간 부족은 현대의 식습관이 이전 세대와 달라진 원인 중에서 가장 분석이 되지 않은 요인이다. 나는 하루 일과를 마치고 아이들을 여기저기 데려다준 다음 주말 신문의 식사 관련 부록을 읽다가 여러 개의 프라이팬과 각종 희귀 양념, 복잡한 요리법이 필요한 '빠르고' '쉬운' 가족 식사를 소개하겠다는 야심찬 아이디어를 보고 여러 번 웃음을 터뜨렸었다. 내가 원하는 식사를 준비하기엔 시간도 없고 피곤한 뇌에 여유 공간도 없다는 기분 역시 자주 느낀다.

시간 부족(또는 시간이 부족하다는 느낌)은 현대의 여러 식습관 위를 맴돌며 우리의 욕망을 좌절시키고 전혀 의도하지 않은 타협점으로 우리를 몰고 간다. 시간이 부족하다고 느끼는 사람은 요리를 더 적게 하고 식사를 제대로 즐기지 못하며 식사량은 더 많다는, 특히 '즉석' 식품을 더 많이 먹는다는 증거가 점점 늘어나고 있다. 공장제 식빵은 시작일 뿐이었다. 어디를 쳐다보든 그곳에는 즉석 파스타라는 눅눅한 흉물에서부터 즉석 밥에 이르기까지 시간을 아껴주겠다고 약속하는 다양한 식품이 있다. 시간을 언급하는 것은 똑똑한 마케팅 수단이기도 하다. 20분 이상 걸리는 요리를 애쓰지 않고도 만들 수 있다고 우리를 설득하기 때문이다(온라인 쇼핑을 할 때에는 20분이 아무것도 아닌 것처럼 느껴지지만 말이다). 조급한 느낌은 사람들이 포장 식품을 더 많이 사게 하는 한편, 전자레인지는 더 자주, 나무 숟가락은 더 가끔 사용하게 만든다.

삶의 리듬이 바뀌는 과정에서 우리의 식단은 종종 패자가 된다. 나쁜 타이밍과 힘든 일상은 몸에 좋은 식사를 챙겨먹으려는 모든 노력을 좌절시킬 수 있다. 장시간 저임금 교대 근무를 하는 어떤 미국인 노동자는 연구자에게 자신이 채소를 먹을 유일한 방법은 일자리를 바꾸는 것뿐이라고 말했다. 교대 근무로 허둥대는 현재 상태로는 일상적으로 채소를 먹을 방법이 전혀 없다는 것이다.[3]

밥 먹을 시간이 점점 사라지고 있다고 느끼는 사람은 이 노동자만이 아니다. 하지만 요리를 하거나 제대로 밥을 차려먹을 시간이 부족하다는 생각에는 한 가지 역설이 있다. 절대적이고 객

관적인 기준에서 봤을 때 우리 대부분은 100년 전의 노동자들에 비해 자유 시간이 훨씬 많다. 그 차이는 1년에 거의 1000시간이다. 1900년에 미국인은 1년에 평균 2700시간을 일했다. 반면 2015년에는 평균 1790시간만 일했으며, 부엌에는 우리 선조가 꿈도 꾸지 못했던, 시간 절약형 최신 기술 가전도 있었다.[4]

요리할 시간(더 나아가 먹을 시간)이 부족하다는 말에는 더욱 복잡한 의미가 담겨 있다. 즉 이 말은 하루를 촘촘히 나눠 써야 한다는 사회적 명령과 문화적 가치를 언급하는 것이다. 삶의 리듬 변화는 우리의 식생활에 놀랍고도 극심한 영향을 미쳤다. 시간이 부족하다는 압박감은 기존과 다른 음식을 먹게 할 뿐만 아니라 그 음식을 새로운 방식으로 먹게 한다. 시간을 낭비하면 안 된다는 집단적 강박의 결과로 간식 소비가 늘어나고 아침 식사를 직접 요리하는 일이 줄어들었으며 간편 식품이 증가하고 점심시간이 사라졌다.

"이건 우선순위의 문제예요." 어느 날 오후 나와 대화를 나눈 트리니다드 출신의 여성이 말했다. 직장인인 이 여성은 방과 후에 고강도 스포츠 활동을 하는 세 아이를 두고 있었다. 그녀는 직장일과 양육으로 바쁜 와중에도 항상 직접 요리한 음식으로 저녁 식사를 차린다고 했다. 남은 음식을 다시 데우는 한이 있더라도 말이다. 그녀에게 저녁 식사는 어린 시절을 보낸 트리니다드에서 그랬듯이 타협이 불가능한 문제였다. 그녀는 오늘날 너무나도 많은 영국인이 자신처럼 식사를 직접 준비하는 것을 중요한 저녁 일과로 여기지 않는 것에 안타까워하고 있었다.

식사에 대한 생각

나는 어느 정도 그녀의 말에 동의한다. 하지만 우리의 음식 선택이 완벽하게 자유로운 선택이 아니라는 점도 짚고 넘어가고 싶다. 현대 식문화에서 정말로 안타까운 점은 너무나도 많은 사람이 자신의 생활환경 때문에 어쩔 수 없이 식사 시간을 후순위로 밀어내고 있다는 사실이다. 시간과 타이밍은 다른 문제다. 과거에 비해 자유 시간은 늘어났을지 몰라도 이 시간들은 정말 필요한 식사 시간과 일치하지 않는 경우가 많다. 1970년대에 마이클 마멋이 관찰한 것처럼 캘리포니아의 일본계 미국인 남성에게 관상동맥성 심장질환을 유발한 개인주의와 조급증 문화는 이제 전 세계로 퍼져나가고 있다.

점심시간 90분

1920년대 베스트팔렌에서 여성 직조공으로 사는 것은 그리 한가하지 않았다. 독일 북서부에 있는 베스트팔렌은 햄과 원단으로 유명한 지역이었다. 1927년 연구자인 리디아 루에브Lydia Lueb가 목화와 아마로 직물을 짜는 젊은 베스트팔렌 여성 2000명을 만났다. 그리고 솜씨 좋게 실을 잣고 베를 짜고 바느질을 하는 이 여성들에게 자유 시간Freizeit을 어떻게 보내는지 물었다. 그러나 소득이 많지 않은 이 젊은 여성들은 일터와 가정에서 해야 할 일이 너무 많아서 요즘 같은 의미의 자유 시간이 거의 없었다. 그들은 전혀 외식을 하지 않았고 대부분은 자신이 태어난 작은 마을을 벗어나본 적도 없었다. 가장 좋아하는 활동이 뭐냐고 물어

보자 가장 많이 나온 대답(표본의 41퍼센트)은 그냥 "쉬는 것"이었다.[5]

이 베스트팔렌 여성들은 일주일에 평균 54시간(토요일 아침 포함)을 옷감 앞에서 고되게 일했다. 휴가는 1년에 일주일뿐이었고 여성의 절반은 휴가 기간에도 바느질을 하거나 정원 일을 했다. 일요일에도 해야 할 일이 가득했다. 아침에 교회에 갔다 와서 집안일을 했고, 점심 식사를 마친 후에는 가족을 방문해야 했다.

하지만 이 여성들은 우리 사회에서 거의 전례 없는 사치가 되어버린 것을 지니고 있었다. 매일 때가 되면 이들은 하던 일을 멈추고 75분에서 90분의 점심시간을 온전히 누렸던 것이다. 점심시간은 사람마다 다른 것이 아니라 공장에 따라 12시에서 1시 15분, 또는 12시에서 1시 30분까지로 동일했다. 점심시간이 되면 한 명도 빠짐없이 모두가 자리에서 일어나 식사를 하러 갔다. 이 베스트팔렌 여성들은 매우 부지런했음에도 일 때문에 끼니를 건너뛰는 것은 있을 수 없는 일이었다. 식사 시간이 하루 일과 속에 단단히 고정되어 있었던 덕분이다. 긴 점심시간은 아마가 리넨으로 직조되듯 이들의 일상에 견고히 짜여 있었다. 이들은 결코 밥 먹을 시간이 부족하지 않았다.[6]

1920년대 베스트팔렌의 가난한 여성 직조공에 비하면 오늘날의 노동자들은 자유 시간이 넘쳐난다. 하지만 식사할 시간만은 없는 것 같다.

제대로 식사할 시간이 부족하다는 것은 모두가 함께 식사할 수 있는 정해진 식사 시간이 부족하다는 의미일 때가 많다. 우리

식사에 대한 생각

의 하루하루는 여러 방해물로 끊임없이 분열된다. 그래서 모두가 함께 식사하는 대신 겨우 시간을 내어 홀로 헤드폰에서 흘러나오는 목소리를 들으며 여기저기서 따로 간식을 먹게 되었다. 짜증나게도 우리 상당수가 갇혀 있는 일상에서는 제대로 식사하는 것이 거의 불가능해 보인다. 그러나 상황이 이렇게 된 것은 우리가 살고 있는 세상이 음식보다 시간에 더 높은 가치를 부여하기 때문이기도 하다.

우리가 식사를 얼마나 중요치 않게 여기는지는 점심시간이 더 이상 근무시간에 당연히 포함되지 않는다는 사실에서 잘 드러난다. 과거에는 부유하건 가난하건 상관없이 대부분의 사람이 일터에 식사 시간이 있으리라고 확신할 수 있었다(돈이 있어서 배고픔을 달랠 음식을 구매할 수 있다는 가정하에 말이다). 하지만 이제 전 세계의 일터에서 점심시간은 빨라진 삶의 속도에 밀려 점점 사라지고 있다. 언젠가 나는 런던 뱅킹 디스트릭트 근처의 패링던 지역에서 "45분은 새로운 한 시간이다"라고 쓰여 있는 포스터를 보았다. 바쁜 노동자들이 점심시간에 서둘러 '초집중 운동'을 끝낼 수 있다고 광고하는 체육관의 포스터였다. 이제 점심시간은(점심 시간이 있다면 말이다) 다른 활동, 즉 쇼핑이나 운동, 아니면 더 많은 일처럼 식사보다 더 중요하게 여겨지는 활동에 쓰이는 경우가 많다.

베스트팔렌의 노동자들이 즐긴 긴 점심시간이 늘 일반적이었던 것은 아니다. 언제가 '적절한' 식사 시간인지는 그동안 수없이 바뀌어왔다. 우리는 하루 세끼를 제대로 챙겨먹는 1950년대의 식사 패턴을 지키지 못하는 경우 스스로를 질책하곤 하지만 사실 이러한 식사법이 늘 이상적이었던 것은 아니다. 세계 역사상 격식을 차리거나 식기류를 이용하지 않고 아무렇게나 무계획적으로 간식을 먹듯 식사를 했던 때도 상당히 많았다. 산업혁명이 일어나기 전, 밭일을 하던 노동자들은 배가 고프거나 작업이 잠시 중단되면 시간과 상관없이 바로 빵과 치즈를 꺼내 먹었을 것이다. 유럽과 미국에서 공식적으로 점심시간을 정한 것은 밭에서 일하던 노동자들이 공장으로 대거 밀려들어온 19세기의 일이다.[7]

하지만 오늘날 우리가 경험하고 있는 식사 시간의 변화는 과거와는 차원이 다르다. 식사 시간은 문화에 따라 하루 중 각기 다른 시간에 자리 잡았다. 하지만 전 세계에서 이렇게 많은 인구가 다른 사람과 함께 식사할 시간을 마련하지 않은 채로 삶을 꾸린 적은 한 번도 없었다.

만약 당신이 나처럼 쓸데없는 일에 관심이 많은 성격이라면 서로 다른 유럽 국가의 국민이 시간을 어떻게 보내는지를 보여주는 그래프를 훑어보며 오후 시간을 보내는 것도 나쁘지 않을 것이다. 대략 1998년부터 2006년까지 유럽의 연구자들은 15개 유럽 국가에서 사람들이 시간을 어떻게 사용하는지 자료를 수집했다.* 이들은 (2만 명 이상의 이탈리아인과 거의 4000명의 스웨덴인을 포함한) 수많은 유럽인에게 하루를 어떻게 보내는지 매일 기록해달

---

* 15개 국가는 벨기에와 불가리아, 에스토니아, 핀란드, 프랑스, 독일, 이탈리아, 라트비아, 리투아니아, 노르웨이, 폴란드, 슬로베니아, 스페인, 스웨덴, 영국이다.

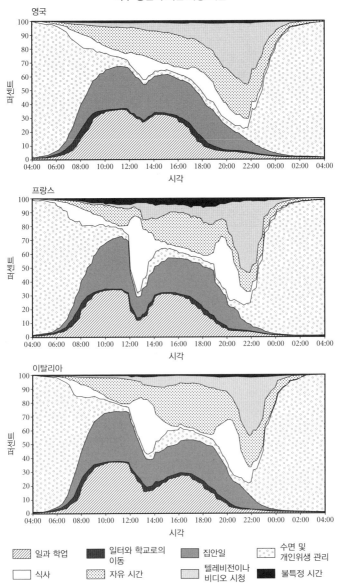

하루 동안의 시간 사용 패턴

영국

프랑스

이탈리아

| 일과 학업 | 일터와 학교로의 이동 | 집안일 | 수면 및 개인위생 관리 |
| 식사 | 자유 시간 | 텔레비전이나 비디오 시청 | 불특정 시간 |

라고 했다. 그리고 그렇게 모은 자료를 정리해 2006년경 유럽 각
국에서 하루의 시간을 어떻게 분배하는지를 보여주는 표(영역 그
래프)를 만들었다.[8]

시간 사용에 대한 이 통계자료가 흥미로운 이유는 (이런 데이터
는 어쩔 수 없이 불완전하긴 하지만) 여러 국가에서 사람들이 어떻게
행동하는지를 들여다볼 수 있는 비밀의 창문이 되어주기 때문이
다. 모두가 잠을 자고 밥을 먹고 일을 하고 휴식을 취하지만 각자
가 이런 활동들을 다른 방식으로 분배한다. 예를 들어 불가리아
인은 왜인지는 모르지만 평균 수면 시간이 노르웨이인보다 길다.

그래프를 보면 사람들의 하루가 몇 가지 단순한 활동으로 분류
되어 있으며, 각 활동은 24시간에 걸쳐 서로 다른 무늬로 그려져
있다. 그래프는 오전 4시에 시작하고 오전 4시에 끝난다. 각각의
무늬는 인구의 몇 퍼센트가 특정 시간에 특정 활동에 참여하고
있는지를 보여준다. 예를 들면, 오전 4시에는 동그라미 무늬의 면
적이 무척 넓다. 거의 모든 유럽 인구가 잠들어 있기 (또는 잠들기
위해 노력하고 있기) 때문이다. 오전 6시부터 오후 8시까지는 사람
들이 일하거나 공부하고 있음을 보여주는 빗금무늬가 두툼하게
자리를 잡고 있다.

식사는 시간 사용 그래프에서 독특한 특징을 보인다. 근무시
간이나 휴식 시간과는 달리 식사에 쏟는 시간의 패턴은 국가별
로 상당히 다르게 나타난다. 아무 무늬도 없는 하얀색 부분이 사
람들이 음식을 먹는 시간인데, 국가에 따라 모양이 매우 다르다.
프랑스와 스페인, 불가리아, 이탈리아의 그래프를 보면 식사 시

식사에 대한 생각

간은 잠시 근무시간과 휴식 시간을 밀어내며 명확하고 분명하게 가장 많은 면적을 차지한다(툭 불거져 나온 하얀색 봉우리를 보라). 이 봉우리는 아침 식사 시간에 가장 면적이 작다. 심지어 크루아상과 카페오레의 나라 프랑스에서도 아침에는 식사 시간이 조금 볼록해지고 마는데(오전 6시에서 오전 8시까지 하얀색 부분이 살짝 늘어난다), 이는 많은 사람들이 아침 식사를 선택의 문제로 여긴다는 사실을 보여준다. 하지만 점심 식사는 다르다. 프랑스와 이탈리아에서는 정오에서 오후 2시까지, 스페인에서는 오후 1시 반부터 4시까지 그래프의 하얀색 부분이 급격하게 늘어난다. 여기서 프랑스, 스페인, 이탈리아 국민의 대부분이 여전히 예측 가능한 시간에 규칙적으로 점심을 먹는다는 사실을 알 수 있다. 그리고 저녁이 되면 식사 시간이 두 번째로 크게 늘어난다. 프랑스의 경우 오후 7시에서 9시, 스페인은 오후 9시에서 11시까지가 저녁 시간이다. 이 그래프들이 보여주는 삶의 방식 속에는 여전히 언제가 '점심시간'이고 언제가 '저녁 시간'인지에 대한 합의가 존재한다.

2006년 프랑스와 이탈리아, 스페인에서는 인구의 대부분이 여전히 공통된 리듬에 따라 식사를 했다. 하지만 다른 국가에서는 이 오래된 삶의 속도가 이미 철저히 무너진 상태다. 스페인의 그래프에서 눈을 돌려 영국과 폴란드, 슬로베니아, 스웨덴, 노르웨이의 그래프를 보면 깜짝 놀라게 된다. 이들 국가에서 식사 시간(하얀색 부분)은 더 이상 명확한 봉우리를 차지하지 않으며, 그보다는 하루 종일 이어지는 띠 형태를 띤다. 오전 6시에서 오후 10시 사이의 어느 시점에나 비슷한 수의 사람들이 식사를 하고 있는 것이다. 노르웨이와 영국에서는 오후 12시에서 1시 사이에 식사하는 인구 비율이 살짝 늘어나지만(오래된 점심시간의 흔적이다) 그때를 제외하면 식사를 하는 인구 비율은 어느 때건 대략 10퍼센트 언저리에 머문다. 이 국가들에서 정해진 시간에 식사를 하는 사람이 한 명도 없다는 뜻은 아니다. 노르웨이에도 정확히 매일 오후 7시에 저녁 식사를 시작하는 가족이 있을 수 있다. 하지만 자료에 따르면 그 시간에 가족 구성원 모두가 식사를 할 가능성은 별로 없다.

이 영역 그래프는 식사 시간에 대한 공통 감각을 잃어버린 사회를 적나라하게 보여준다. 이제 폴란드나 스웨덴에서는 저녁을 오후 8시뿐만 아니라 오후 4시에도 먹을 수 있다. 이제 수백만 명의 사람들에게 '일반적인' 식사 시간의 패턴은 존재하지 않는다.

식사는 그저 시간을 보내는 하나의 방법이 아니라 시간을 경험하는 일련의 의식이다. 종교 예배나 라디오 뉴스처럼 식사는 원래 특정 시간마다 하루를 끊어주는 역할을 했다. 과거에는 점심을 혼자 먹고 있어도 국민 대다수가 정확히 같은 시간에 같은 행동을 하고 있으리라는 걸 알 수 있었고, 이를 통해 외로운 식사에도 리듬이 생겨났다. 식사 때를 지키는 사람들은 적절한 시간에 적절한 행동을 하고 있는 것이었다. 하지만 오늘날에는 식사 시간이 그리 일치하지 않는다. 밤 9시에 카페에 가서 하루 종일 판매하는 아침 식사 메뉴를 주문할 수도 있고, 아침에 신문과 함께 아이스크림 한 통을 사도 아무도 의심하는 눈으로 쳐다보지 않는다. 이제 여러 국가에서 식사 시간은 하루 종일 이어지는 얇은 띠

식사에 대한 생각

모양을 하고 있으며, 한집에 사는 사람들조차 식사 시간을 맞추는 경우가 드물다.

이 자료가 수집된 이후에도 함께하는 식사 시간은 계속 사라지고 있다. 심지어 스페인과 이탈리아에서도 식사 시간이 짧아지는 동시에 무미건조해지고 있다. 2008년 경제 위기 이후 스페인의 여러 기업이 전통적으로 두 시간이었던 점심시간을 한 시간으로 줄였다. 느린 식사의 보루였던 프랑스의 파리지앵 노동자들도 식당에서 여러 코스의 식사를 하는 대신, 바로 먹는 샐러드 같은 즉석식품이나 매점에서 구매한 벌거bulgur(밀을 삶아서 말린 후 빻은 것-옮긴이) 샐러드 또는 샌드위치로 끼니를 때우기 시작했다.

오늘날 입맛과 스케줄이 다른 두 명 이상의 사람이 함께 식사하는 것은 엄청나게 대단한 일처럼 보일 정도다. 현대적 삶의 특징인 개인주의는 공동 식사에서 더욱 멀어지도록 우리를 떠민다. 사람들과 함께 밥을 먹고 싶으면 음식이 완성되는 타이밍 외에도 많은 것을 맞춰야 한다. 음식의 타이밍을 맞추는 것만으로도 이미 충분히 까다로운데 말이다(쌀밥이 아름답게 끓어오른 순간, 밥과 함께 먹을 카레는 20분 내에 완성되지 않으리라는 것을 깨달은 적이 많을 것이다). 식사는 음식만큼 사람들의 일정도 지휘한다. 전통적인 가족의 식사 시간에는 몇 가지 가정이 있다. 첫째는 가족 구성원 모두가 같은 시간, 같은 공간에서 식사를 할 수 있다는 가정이고, 둘째는 모두가 식탁 위에 차려진 음식을 좋아할 거라는 가정이다. 오늘날의 세계에서는 결코 쉽지 않은 것들이다.

2009년에서 2011년 사이 런던의 한 연구팀은 40가구의 맞벌이 가정을 대상으로 어떻게 식사하는지를 물어봄으로써 현대의 가족이 '시간에 쪼들린다'라는 통념을 살펴보기로 했다. 반복적으로 나온 이야기는 부모가 '가족 식사'를 중시하긴 하지만 가족 모두가 같은 시간에 식사하기가 너무 어렵다는 것이었다. 인터뷰에 참여한 가족들은 대개 다 같이 식사를 하고 싶어 했지만, 이런 저런 이유로 3분의 1도 안 되는 가족만이 주중에 식탁에 둘러앉아 함께 식사할 수 있었다.

가족이 따로 식사를 한다는 사실에 꼭 불안해할 필요는 없다. 진정한 가족 만찬이 줄고 있다는 사실에 충격을 받을 수는 있겠지만, 그림 〈최후의 만찬〉에서처럼 가족이 일렬로 나란히 앉지 않더라도 식사를 즐기고 나눌 여러 가지 방법이 있다. 나는 보통 일요일 밤의 늦은 저녁 식사를 가장 좋아한다. 그때 나는 요가 수업에 다녀와 모두가 떠난 식탁에 홀로 앉아 책과 함께 샐러드나 누들 수프 한 그릇을 먹는다. 더없는 행복감이 밀려온다.

하지만 가족이 다 같이 밥 먹는 일이 한 번도 (아니면 거의 한 번도) 없다면 식사의 중요한 요소가 사라져버리게 된다. 오래된 말중에 '커멘설리티commensality'라는 것이 있다. 한 식탁에서 함께 식사한다는 뜻이다. 음식 인류학자인 클로드 피슐러Claude Fischler는 함께하는 식사가 인간의 식사 행위에 기초적인 '대본'을 제공한다고 보았다. 또한 함께하는 식사는 친족 간의 기본적인 유대감을 쌓는 한 가지 방법이기도 했다.

가족이 더는 함께 식사하지 않을 때 우리 식습관에는 결코 작지 않은 변화가 일어난다. 오늘날 많은 사람들에게 식사는 음식의 맛을 나누고 함께 시간을 보내는 것보다는 영양소를 섭취하는 일에 가까워졌다. 런던에 거주하는 어느 5인 가족의 엄마는 연구자들에게 모두가 같은 시간에 같은 음식을 먹는 때는 크리스마스뿐이라고 말했다.[9] 다른 날에는 시간과 입맛을 맞추기가 거의 불가능해 보였다. 이 가족의 엄마와 아빠(정해진 근무시간이 없는 대부업자였다)는 서로 다른 다이어트 식단을 따랐고 열한 살인 막내딸은 밖에서 사온 피자와 감자튀김 같은 것만 좋아하는 극도로 까다로운 식성이라서 엄마나 아빠의 식사는 전혀 먹으려 하지 않았다. 한편 남자친구와 함께 사는 스물한 살의 맏딸은 케밥처럼 자기들이 먹을 음식을 따로 사왔다. 저녁이 되면 엄마는 4시 15분에 막내딸에게 즉석식품을 데워준 다음 자신의 다이어트 식단에 따라 스테이크에 코티지 치즈와 토마토를 곁들여 먹었다. 그리고 마지막으로 남편이 운동에서 돌아오면 닭가슴살과 샐러드로 남편을 위한 저녁 식사를 차렸다.[10]

식사가 전혀 공유되거나 통제되지 않는 가족의 모습이다. 이 가족 구성원들은 먹는 음식뿐만 아니라 식사하는 시간 면에서도 서로에게서 분리되어 있다. 이 엄마는 결코 요리에 적은 시간을 쓰지 않는다. 오히려 자신과 딸, 남편이 먹을 음식을 준비하는 데 엄청난 정신력과 에너지를 쏟고 있다. 엄마는 자신을 포함한 모든 가족 구성원의 요구를 충족시켜주기 위해 매일 오후 4시 15분부터 6시까지 한 시간 45분 동안 요리를 한다. 아마도 그녀는 온 가족이 같은 시간에 같은 음식을 먹을 때보다 요리에 훨씬 많은 시간을 쏟고 있을 것이다. 하지만 선호하는 음식과 일상이 서로 다르다 보니 이 가족은 단 한 번도 식사 시간을 맞추지 못하고 있었다.

함께하는 식사가 사라지는 데에는 결과가 따른다. 엄마는 요리하고 아빠는 계속 주문만 하는 가부장적 시대로 돌아가자는 것이 아니다. 가족이 현대적으로 변할 때에도 음식을 즐기는 시간은 기본적인 인간의 욕구라는 원칙을 고수하자는 것이다. 일본계 미국인 남성의 사례가 보여주듯 (최소한 가끔씩이라도) 하던 일을 멈추고 식사할 시간이 없는 문화는 결국 우리의 건강을 해칠 수 있다. 질 낮은 식단이 원인처럼 보이는 문제가 본질적으로는 극단적 개인주의 문화가 초래한 바쁜 일상의 문제일 때가 너무나도 많다.

오늘날의 식사에 나타나는 이러한 개인주의는 혼자 식사하는 방식과 더불어 다른 사람이 만든 음식을 먹는 방식에까지 영향을 미친다. 혼자 식사하는 덕분에 이제 많은 이들이 원치 않는 음식은 조금도 먹을 필요가 없다고 느끼게 되었다. 가령 오늘은 글루텐을 함유하지 않은 음식을 먹더라도 내일은 글루텐을 함유한 음식을 먹을 수 있다. 한번은 개인이 운영하는 카페에서 한 젊은 여성이 식사하는 모습을 지켜본 적이 있다. 그 여성은 채소를 면처럼 길고 가늘게 썬 샐러드를 스타벅스에서 사들고 온 라테와 함께 먹었다.

식품 선택의 가능성이 거의 무한에 가까운 오늘날 우리는 원하는 만큼 변덕을 부릴 수 있다. 이제는 정해진 식사 시간에 한 가지 메인 요리를 나눠 먹는다는 생각은 텔레비전 채널이 오직 세 개뿐인 세계처럼 시대에 뒤떨어진 불합리한 요구로 보인다. 식사 시간이 사라진 배경에는 사회의 분열이 자리하고 있다. 덕분에 많은 이들이 더 이상 집단의 가치에 순응할 의무를 느끼지 않는 것이다.

하지만 이런 사회적 의무의 약화는 양방향으로 나타난다. 원래 고정된 식사 시간은 먹는 사람과 요리하는 사람 사이에서 일종의 계약 역할을 했다. 하지만 이제는 계약의 두 당사자가 해체되었다. 어린 시절 정해진 시간에 식탁에 앉아 주어진 것을 먹어야 한다고 느꼈던 의무감을 기억한다. 하지만 이런 의무감을 느낀 것은 누군가가 수고를 아끼지 않고 나를 먹여주었기 때문이기도 하다. 이제는, 특히 노동의 세계에서는 내가 밥을 먹든 말든 아무도 신경 쓰지 않는 것처럼 느껴진다.

식사가 일을 방해한다는 생각

앤 마리 래퍼티Anne Marie Rafferty가 1970년대 후반 스코틀랜드에서 간호 실습생으로 일하던 시절 점심시간은 하루 중 가장 좋은 때였다. 다른 모든 간호사와 마찬가지로 래퍼티도 여덟 시간 교대 근무를 했고 중간에 한 번 쉬는 시간을 가졌다. 모두가 쉬는 시간을 온전히 사용했다. 당시에는 '사회적 서열'이 엄격하게 나뉘어 있었기 때문에 남성과 여성이 각기 다른 공간에서 식사를 했다. 보조금 덕분에 모두가 몸에 좋고 저렴한 음식을 먹을 수 있었고, 모두가 함께 앉아 식사를 했다. 근무시간 내내 다른 사람을 돌보는 전 세계 간호사들에게 식사 시간은 고용주에게 돌봄을 받는 흔치 않은 시간이었다. 래퍼티는 이렇게 회상한다. "점심시간은 음악 속에서의 휴식 같았어요. 리듬을 한번 끊어주고 기운을 북돋아 다시 일할 수 있게 해주었죠."

그 시절 병원 구내식당은 직원들에게 푸짐한 2코스짜리 점심을 제공했다. 래퍼티는 식당 음식을 먹는 것이 정말 즐거웠다고 말한다. 음식은 주로 로스트비프, 치킨, 스튜 같은 "제도화된 컴포트 푸드comfort food(마음을 편안하게 해주는 음식-옮긴이)"였고, 채소와 따뜻한 푸딩, 커스터드가 늘 넉넉하게 준비되어 있었으며, 원하는 사람은 수프로 식사를 시작할 수도 있었다. 래퍼티는 구내식당에서 음식을 포장해가는 직원은 "단 한 명도 없었다"고 말한다. 구내식당에서 식사를 마칠 시간이 충분한 데다 식후에 커피를 마시거나 담배를 피우며 휴식을 취할 시간도 있었다("그때는 모두가 병원에서 담배를 피웠지요").

이런 식사 방식은 이제 사라졌다. 영국만 그런 것이 아니다. 이제 59세인 래퍼티는 여전히 활기차게 살면서 밝은 주황색 헬멧을 쓰고 자전거로 런던을 돌아다닌다. 킹스칼리지런던에서 간호학 교수로 일하고 있는 그녀는 요즘 간호사들에게는 자신이 누린 느긋한 점심시간이 주어지지 않는다는 사실에 슬퍼한다. 1980년대에 래퍼티는 직원 식당과 병동에 상업적인 '스낵류'가 등장하는 것을 목격했다. 감자칩과 초콜릿, 탄산음료가 잔뜩 들어 있는 자판기가 등장했던 것이다. 병원들은 훨씬 큰 규모로 재건축되었고 그 과정에서 종종 직원 식당과 주방이 철거되었다.

현재 전 세계의 많은 간호사들에게는 나쁜 식습관이 하루의 일부나 마찬가지다. 오늘날 간호사의 삶은 1970년대 간호사의 삶과는 무척 다르다. 아무도 병원에서 담배를 피우지 않게 된 것은 좋은 일이지만 다른 면에서는 일터에서 건강을 유지하기가 전보다 훨씬 어려워졌다. 12시간 교대 근무가 여덟 시간 교대 근무를 대체해 근무시간이 길어졌는데도 식사 시간은 오히려 줄어들었다.

사람들이 더욱 건강해지도록 돕는 의료 전문가들이 일반인보다 과체중이거나 비만일 확률이 높다는 사실은 종종 엄청난 아이러니로 언급되곤 한다. 어째서 건강 전문가들조차 건강한 식사를 이렇게 어려워할까? 하지만 이건 문제를 잘못 이해한 것이다. 간호사들은 우리보다 건강 지식은 더 많을지 모르지만 밥 먹을 시간은 훨씬 부족하다.

2008년 미국 간호사들의 평균 체질량지수는 27.2로 과체중과 비만의 중간쯤에 있었다. 잔인한 사람들은 이 사실을 보고 비만인 간호사는 환자에게 "나쁜 본보기"가 되므로 일을 절대 잘할 수 없다는 결론을 내리기도 한다. 하지만 간호사들이 질 낮은 식단을 먹는 것은 자기 일을 제대로 못 해서가 아니라 괜찮은 식사를 거의 불가능하게 하는 스케줄에 따라 일을 너무 열심히 하기 때문이다. 많은 간호사들이 병원의 근무시간과 일의 압박 때문에 건강한 식사를 경험하지 못한다. 2017년 나는 영국의 젊은 간호사인 케리 하트Kerry Hart를 인터뷰했다. 하트는 자신이 일하는 부서(대형 연구 병원의 발 클리닉)의 간호사 모두가 규칙적으로 식사하기를 어려워한다면서 자신보다 환자를 먼저 챙기는 것이 그 이유 중 하나라고 했다. 또한 하트는 자신을 포함한 모든 간호사가 종종 환자를 몇 명이라도 더 돌보기 위해 점심시간을 줄이곤 하며, 그럴 때는 전자레인지에 수프 한 그릇을 데울 시간도 없이 다시 병동으로 돌아와야 한다고 말했다.[11]

당신이 한밤중에 일하는 간호사라고 상상해보라. 아픈 사람을 돌보거나 산더미 같은 서류를 처리하며 쉴 틈 없이 아홉 시간에서 12시간을 일한다. 피곤하고 배고프다며 몸이 아우성을 친다. 지친 몸을 달래고 잠을 깨워줄 무언가가 필요하다. 복도 끝에는 카페인이 들어 있는 가당 음료와 감자로 만든 포근포근한 과자 그리고 초콜릿 바를 파는 자판기가 있다. 지금 따뜻한 음식을 파는 곳이 없다는 것도 알고, 가령 문을 연 식당이 있더라도 매니저가 30분간의 휴식 시간을 주지 않으리라는 것도 안다. 직원에게 밥을 먹이는 것은 매니저의 임무가 아니기 때문이다.

밤에 일하는 노동자들은 이중으로 시간의 압박을 받는다. 다른 사람과 마찬가지로 이들도 몸에 좋은 음식을 요리하고 먹을 시간이 부족하다고 느낀다. 하지만 이들은 여기에 더해 식사 시간도 문제가 된다. 일의 특성상 적절하지 않은 시간에 음식을 섭취해야 하기 때문이다. 전 세계적으로 야간 근무자는 주간 근무자에 비해 심장질환과 제2형 당뇨병, 비만 같은 식단 관련 질환에 더 많이 시달린다.[12] 밤새 일하느라 깨어 있게 되면 생체 시계가 엉망이 되고, 그러면 신진대사에도 나쁜 영향을 미친다. 보통 신체는 밤사이에 공복 상태에 있기 때문에 몸이 쉬려고 하는 시간에 식사를 하면 낮 시간에 식사할 때보다 더 과도한 혈당 반응을 일으킬 수 있다.

야간 근무자들의 또 다른 고충은 한밤중에 먹을 수 있는 음식의 종류가 주로 초가공 음식으로 한정된다는 것이다. 2017년 오스트레일리아 멜버른의 소방관들은 연구자들에게 밤에 일하고 나면 초콜릿이나 설탕이 든 비스킷을 잔뜩 먹는다고 했다. 그것 말고는 소방서에 먹을 것이 없기 때문이었다. 야간 근무를 하는 소방관은 낮에 일하는 소방관보다 달거나 짠 스낵을 더 많이 먹었다. 또한 이들은 동지애로 뭉쳐서 한밤중에 맥도날드에 가거나 피자를 시켜 먹는 경우가 많았는데 이때 혼자만 빠지겠다고 말하는 것은 쉽지 않았다.[13]

간호사도 소방관도 의지가 부족한 것이 아니다. 다른 많은 노동자들처럼 근무시간과 근무 환경 때문에 어쩔 수 없이 몸에 나쁜 음식을 먹어야 한다고 느끼는 것이다. 어른뿐만 아니라 어린이도 마찬가지다. 웨일스 소재 학교에서 진행한 한 연구에서는 점심시간을 단 몇 분만 늘려도 아이들이 급식에서 과일과 채소를 선택할지 말지가 달라진다는 사실이 드러났다. 아이들은 점심시간이 짧아질수록 감자튀김을 더 많이, 채소를 더 적게 먹었다.[14]

언제부터 우리는 식사 시간을 하루에 패턴과 의미를 부여하는 시간이 아니라 근무를 방해하는 시간으로 여기게 되었을까? 근무시간에서 식사 시간이 사라지는 현상은 이메일과 스마트폰이 악화시킨 더욱 거대한 변화의 일부다. 이 변화 속에서 사람들은 항상 근무 상태여야 한다고 느낀다. 미국의 노동자들은 대부분

휴가를 다 쓰지 않는데, 일터에서 뒤처질까 봐, 또는 동료보다 일에 덜 헌신하는 것으로 여겨질까 봐 두렵기 때문이다. 많은 10대역시 끊임없이 휴대전화 알림에 신경을 곤두세우느라 다른 사람과 눈을 맞추며 천천히 먹는 식사를 온전히 즐기지 못한다.

옛날 같은 점심시간과 이를 지지해주는 문화가 있다면 우리의삶과 식생활은 얼마나 달라질까? 오늘날 대부분의 노동자들은1920년대 베스트팔렌의 직조공과 자신의 처지를 바꾸고 싶어 하지 않을 것이다. 엄격한 근무시간도, 부자유도, 단조로운 노동도, 의무적인 토요일 아침 근무도 결코 좋아하지 않을 것이다. 하지만 90분의 점심시간이라니! 그 시간만은 정말 부러울 따름이다.

음식을 아끼던 옛날 사람들, 시간을 아끼는 요즘 사람들

"우리 엄마가 당신이 콩 다듬는 걸 봤으면 아마 심장마비로 쓰러졌을 거예요!" 어느 4월의 오후 요리 선생인 니키타 굴한Nikita Gulhane이 내게 소리쳤다. 그는 감자 코코넛 카레에 넣을 그린 빈의 윗부분과 아랫부분을 내게 다듬어달라고 부탁한 참이었다. 나는 친구 집의 부엌에 있었고, 굴한은 우리에게 정통 인도 요리를 가르쳐주고 있었다. 나는 평소처럼 조급하게 그린 빈 한 뭉텅이를 집어서 한 번에 여러 개의 꼭지를 칼로 썰어냈다. 그러면 잘린꼭지들의 길이가 들쭉날쭉해질 수도 있다는 사실은 그냥 무시한채로 말이다. 물론 이게 완벽한 방법이 아니라는 것은 알았다. 하지만 집에서 식사를 준비하면서 2분 안에 그린 빈을 냄비에 넣어

식사에 대한 생각

야 하는 경우, 나는 이렇게 그런 빈을 다듬곤 했다. 그리고 솔직히 말하면, 거의 항상 이렇게 한다.

그때까지는 아무 문제가 없었으나 굴한은 내 방식이 상당히 못마땅한 모양이었다. 영국에서 자란 굴한은 인도인 엄마(그는 자기 엄마를 "G 부인"이라고 부른다)에게 콩(과 그 밖의 모든 채소)을 다듬는 법을 배웠다. 어머니는 너무 딱딱해서 정말로 먹을 수 없는 줄기 부분만 제거하고 끝을 아주 조금만 다듬으라고 가르쳤다. 그러느라 시간이 더 오래 걸린다면 그냥 시간을 더 쓰면 된다. 현재 굴한은 채소를 낭비하며 다듬는 것이 별 금기가 아닌 런던 북부에 살고 있지만 여전히 콜리플라워 줄기를 버리는 것을 힘들어한다. (뭄바이에서 멀지 않은 인도 서부 지역 출신인) G 부인은 그에게 최선을 다해 음식 낭비를 피하라고 가르쳤다.

나는 그린 빈을 놓고 굴한과 옥신각신한 끝에 약간 충격을 받았다. (짜증나긴 하지만) 사실은 그의 말이 옳다는 것을 깨달았기 때문이다. 나는 음식 낭비와 시간의 상관관계를 다른 방식으로 생각해보기 시작했다. 한때 전 세계 사람들은 대부분 (G 부인처럼) 음식을 낭비하는 것을 몹시 싫어했다. 대부분의 요리는 재료를 남기지 않기 위한 기술인 동시에, 곧 썩어서 버려야 할 음식을 마지막까지 남김없이 활용하기 위한 복잡하고도 시간이 많이 드는 임무였다. 19세기 사람들은 스토브 옆에 '기름 단지'를 두고 베이컨이나 소금에 절인 돼지고기를 구울 때 나오는 기름을 모아두었다.[15] 오늘날에는 상상이 불가능할 정도의 검소함이다. 아침에 베이컨을 굽고 나서 하얗게 굳은 돼지기름을 최대한 빨리 버려야 할 폐기물이 아닌 영양분으로 여길 가족이 이제 몇이나 있겠는가?

한때 우리는 음식 낭비를 싫어했다. 하지만 이제는 시간 낭비를 싫어한다. 미국의 시간 사용 전문가인 존 P. 로빈슨John P. Robinson과 조프리 갓비Geoffrey Godbey는 1997년 시간이 "가장 희소한 상품"이 되었다고 썼다.[16] 이러한 변화는 우리 모두의 삶에 영향을 미쳤다. 영국의 환경단체 WRAPWaste and Resources Action Programme의 2004년 연구에 따르면 한 해 동안 영국에서 낭비되는 음식의 가치가 1인당 평균 424파운드에 달했다. 영국 가구의 절반 이상이 먹을 기회가 없다는 이유로 우유와 빵, 치즈, 조리된 육류, 먹다 남은 와인을 통째로 내다버렸다. 이런 음식 낭비 패턴은 전 세계의 모든 선진국에서 똑같이 나타난다('사용 기한'과 '유통 기한'은 전혀 도움이 되지 않는다. 이 숫자가 아니었더라면 충분히 먹을 수 있는 음식을 잔뜩 내다버리게 만들기 때문이다).

이렇게 음식을 낭비하는 데에는 여러 원인이 있고 그 형태도 다양하다. 인도 같은 개발도상국에서 음식은 대부분 생산 단계, 즉 밭에서 낭비된다. 인도에서는 모든 신선 식품의 40퍼센트가 시장에 도달하기 전에 썩어버린다. 제대로 운송하고 저장하지 못하기 때문이다. 반면 선진국에서는 소비자가 낭비하는 음식이 가장 큰 문제다. 사람들은 가끔 음식을 낭비하는 현상 전체를 젊은 세대의 도덕적 결함으로 치부할 때가 있다. 하지만 다른 여러 식습관과 마찬가지로 음식 낭비 역시 주변 환경과 관련된 구조적 문제다. 음식이 낭비되는 주요 원인은 소매업자의 판매 방식에

식사에 대한 생각

있다. 이들은 원 플러스 원 마케팅으로 우리가 먹을 수 있는 것보다 더 많은 양의 음식을 사게 하고, 가게 선반을 항상 가득 채워 놓는다.[17]

여러 형태의 음식 낭비는 늘 시간이 부족하다고 느끼게 하는 문화의 부산물이기도 하다. 우리는 쇼핑 단계에서 시간이 부족하다고 느끼면 음식을 필요한 것보다 더 많이 구매할 뿐만 아니라 생닭 한 마리를 사서 손질 후에 남김없이 먹기보다는 값비싼 닭 가슴살을 사서 빨리 조리해버리곤 한다. 조리하고 먹는 단계에서 시간의 압박을 느끼면 냉장고를 급하게 훑어보느라 상하기 전에 얼른 먹어야 할 식품을 발견하지 못하게 된다.

1965년에 경제학자 게리 베커Gary Becker(1930~2014)는 미국인이 음식을 아끼는 사람에서 시간을 절약하는 사람으로 바뀌었다고 말했다.[18] 베커의 획기적인 논문 〈시간 분배 이론A theory of the allocation of time〉은 '신新가정 경제학'이라는 새로운 분야의 형성에 일조했다. 베커와 그의 컬럼비아 대학 동료인 제이컵 민서Jacob Mincer는 인간의 행동을 오로지 개인적인 것으로 이해하는 대신 가정 단위의 측면에서 설명하고자 했다.

베커는 최근 몇 년간 동시대 미국인이 시간과 새로운 관계를 맺기 시작했음을 깨달았다. 이들은 시간이 더 많아졌는데도 더 열심히 시간을 비축했다. 우선 베커는 사람들의 근무 주수가 "지속적으로 크게 감소해왔음"을 발견했다. 즉 대부분의 국가에서 노동자들은 사용 가능한 시간의 약 3분의 1만 일하는 데 썼다. 한편 1960년대 소비자들은 자동차와 전기면도기, 전화기처럼 일하지 않는 시간을 최대한 활용하게 도와주는 장비 덕분에 전쟁 전의 선조들보다 훨씬 많은 자유 시간을 누리기도 했다.[19]

하지만 이상하게도 전에 없이 자유 시간이 늘어날수록 사람들은 더욱 괴로워하는 것 같았다. 베커는 1960년대 미국인이 그 어느 때보다 시간을 '의식'한다는 것을 알게 되었다. "사람들은 끊임없이 시간을 확인하고, 더욱 구체적인 시간에 약속을 잡으며(지키며), 더 바삐 돌아다니고, 조리 시간이 긴 스튜 같은 음식보다는 스테이크나 갈빗살을 구워 먹는다." 미국인의 이런 시간 강박은 어디에서 왔을까? 베커가 생각하기에 가장 큰 요인은 (음식을 포함한) 상품 가격 대비 시간의 '시장가치'가 다른 어느 국가보다 미국에서, 특히 여성에게서 크게 높아졌다는 것이었다.[20]

어떤 면에서 변한 것은 가정 내에서 성별에 따라 시간을 분배하는 방식이었다. 1930년대 이후 노동연령 남성의 평균 유급 노동량은 점점 줄어들었지만 여성의 유급 노동량은 엄청나게 늘어났다. 2000년에 미국인 여성은 1970년보다 유급 노동을 11시간 더 많이 했다. 이 엄청난 사회적 변화는 삶 전체에 연쇄반응을 일으켰고 남녀 모두 요리할 시간이 부족해졌다. 여성은 곡예를 하듯 유급 노동과 집안일을 다 해내느라 몹시 힘들어했다. 시간이 부족하다고 느끼는 것은 남성 역시 마찬가지였다. 전보다 일하는 시간이 줄긴 했지만 갑자기 더 많은 집안일을 해야 했기 때문이다. 또한 남녀 모두 과거보다 자녀 양육에 훨씬 더 많은 시간을 쏟았고, 이 역시 요리할 시간을 더욱 부족하게 했다(하지만 내 경험에 따르면 아이를 계속 즐겁게 해줄 수 있는 가장 좋은 장소는 바로

부엌이다).[21]

원래 음식 준비는 예외 없이 늘 하루의 일정 시간을 차지하는 일이었다(어쨌거나 여성에게는 말이다). 하지만 지난 20~30년간 우리는 소중한 시간을 음식 준비에 덜 쓸 수 있게 되었다. 2001년 미국 시간 사용 조사에서는 21~64세의 미국인 남성 64퍼센트와 여성 35퍼센트가 매일 음식 준비에 시간을 전혀 쓰지 않는다고 보고했다.[22]

요리 시간이 줄고 있다고 슬퍼하기 전에 우리가 무엇을 슬퍼하는지를 분명히 파악해야 한다. 과거에 여성이 그렇게 많은 시간을 음식 준비에 쏟았던 것은 자신의 시간에 별 가치가 없다고 생각했기 때문이다. 1950년대 엄마들은 (유급 노동을 하지 않는 엄마라면 특히 더) 가장 저렴한 제철 식품을 찾기 위해 시장을 돌아다니고, 여기저기서 몇 푼이라도 아끼기 위해 쿠폰을 오리느라 시간을 모두 썼을지 모른다. 하지만 베커가 말한 것처럼 시장에서 여성의 시간 가치가 높아지면 여성은 유급 노동을 구하고 즉석식품에 의지해 요리 시간을 줄이게 된다. 베커가 보기에 이런 현상은 미국 엄마들이 게을러지고 있다는 증거가 아니라 대체로 합리적인 경제적 결정이었다. 베커는 경제학자들이 정말로 가계소득을 이해하고 싶다면 가족의 금전적 예산뿐만 아니라 시간적 예산까지 들여다봐야 한다고 생각했다. 즉 가족 구성원에게 자유 시간이 각각 얼마나 있으며 (이 못지않게 중요한 요소로) 그들이 그 시간에 얼마큼의 가치를 부여하고 있는가를 이해해야 한다는 것이었다.[23]

요즘 세상에도 여전히 음식을 가치 있게 여기는 사람들이 있다. 시간이 늘 부족한 상황에서도 시간과 경주한다는 느낌 없이 빠르게 요리를 해 먹는 것이 분명 가능할 텐데, 그러려면 자신에게 주어진 시간에 맞게 요리의 개념을 바꿔야 할지 모른다. 만약 당신이 스페인에 산다면 구운 빵 한 조각 위에 알싸한 마늘을 문지르고 소금과 질 좋은 올리브오일을 뿌린 다음 으깬 토마토를 올려 5분 만에 판 콘 토마테pan con tomate를 즐길 수 있다. 이런 음식은 순식간에 만들어 순식간에 먹을 수 있고, 원래 그렇게 즐기는 음식이다.

1950년대 가정주부들이나 기꺼이 차릴 법한 식사가 사라졌다고 개탄하기보다는 새로운 삶의 리듬에 맞게 우리가 먹는 음식을 바꿀 필요가 있다. 식사 속도가 너무 빨라지고 있다고 걱정한 것이 우리 세대가 처음은 아니다. 어쩌면 우리는 거의 100년 전에 이미 바쁜 생활 속에서도 잘 먹을 수 있는 방법을 고민한 에두아르 드 포미안Edouard de Pomiane에게서 무언가를 배울 수 있을지 모른다.

음미해도 괜찮아

오늘날의 관점에서 보면 1930년대는 삶의 속도가 그리 빠르지 않았던 것 같다. 아침을 직접 만들어 먹고 종이 신문을 보던 시대, 모자를 쓰고 축음기로 노래를 듣던 시대이기 때문이다. 하지만 100여 년 전에 성장한 사람들의 관점에서 보면 1930년대도 이미

식사에 대한 생각

정신없이 바쁜 시대였다.

1930년, 폴란드계 프랑스인 영양사이자 과학자였던 55세의 에두아르 드 포미안은 자신이 젊은 시절을 보낸 19세기에 비해 삶의 속도가 빨라졌다고 느꼈다. 포미안이 보기에 프랑스 사람들은 더 이상 옛날처럼 오랫동안 식사하지 않았다. 포미안은 이런 변화를 심각한 재앙이라기보다는 새로운 시대에 걸맞은 새롭고 빠른 요리로 갈아타야 한다는 신호로 이해했다. 그는 이렇게 썼다. "오늘날의 삶은 모든 리듬을 바꾸어놓았다. 이제 미식가들은 순식간에 요리한 음식으로 만족해야 하고, 유감스럽게도 재빨리 식사를 마쳐야 한다. 하지만 그렇더라도 그들은 여전히 미식가다."

1930년 포미안은 엄청난 인기를 끌었던 요리책《10분 안에 요리하기Cooking in Ten Minutes》를 출간했다. 그는 적절한 태도로 제대로 계획만 세운다면 10분이라는 짧은 시간 안에(두 가지 이상의 요리를 즐기고 싶다면 약간 더 길어질 수도 있다) 맛있는 식사를 만들 수 있음을 독자에게 보여주었다. 그는 "학생, [재봉사나 여점원] …… 예술가 …… 게으른 사람, 시인, 행동하는 사람, 몽상가, 과학자 …… 점심이나 저녁 시간은 한 시간뿐이지만 30분은 평온을 누리고 싶은 사람들"을 위해 이 책을 썼다. 포미안의 훌륭한 조언 중 하나는 집에 오자마자 최대한 빨리 물을 끓이라는 것이었다. 또한 그는 재료를 볶아야 할 때 "모자를 벗느라 꾸물대지 말고 반드시 프라이팬부터 불 위에 올려두라"고 조언했다.

오늘날의 기준에서 보면 포미안이 내놓은 10분 요리들은 놀라울 정도로 야심차다. 그는 수많은 달걀 요리("푸른 완두콩을 곁들인

스크램블드에그는 정말 기분 좋은 광경이다")뿐만 아니라 5분 동안 재료를 익히기만 하면 되는 프랑스식 홍합찜이나 따뜻한 새우 요리에 신선한 빵, 버터를 곁들여 먹을 수도 있고, 송아지고기 커틀릿이나 청어구이, 메추라기찜도 요리할 수 있다고 말한다. 그가 10분 안에 조리하기가 쉽지 않다고 말한 재료는 놀랍게도 대개가 신선한 채소들이다(버터에 볶은 시금치 같은 몇 가지 요리는 제외다). 그래서 그는 완두콩 통조림이나 반조리된 비트, 사워크라우트(양배추를 절여서 발효시킨 독일식 김치-옮긴이) 병조림 같은 맛 좋은 저장 식품을 이용하거나 생토마토를 얇게 썰어 곁들이는 것을 선호한다. 포미안 덕분에 내가 그린 빈을 헤프게 다듬는다는 것에 대해 마음이 좀 편안해졌다. 그는 요리를 빨리하려면 "호박 과육을 최대한 남기려고 노력하지 말고 그냥 껍질을 두껍게 벗겨서" 호박을 깍둑썰기한 다음 버터에 볶으라고 설명하기 때문이다. 포미안의 책은 신선한 호박을 먹을 시간이 아예 없다고 느끼기보다는 껍질을 조금 두껍게 깎는 게 낫다고 말한다.[24]

포미안이 생각하는 빠른 식사는 요즘 대부분의 사람들이 생각하는 패스트푸드와는 상당히 달랐다. 포미안이 빨리 요리하라고 했던 것은 저녁에 얼마간의 여유를 되찾기 위해서였다. 그는 저녁 식사를 마친 독자에게 이렇게 말한다. "컵에 따뜻한 커피를 담아 편안한 소파에 푹 파묻혀라. 의자에 발을 올려두고 담배에 불을 붙인 다음 담배연기 한 모금을 천천히 천장으로 올려 보내라. 눈을 감아라. 다음 담배 연기를, 다음 커피 한 모금을 떠올려라. 당신은 운 좋은 사람이다. 지금 축음기에서는 탱고나 룸바가 잔

식사에 대한 생각

잔하게 흘러나오고 있다."

　포미안의 책을 읽으면 오늘날 우리가 자꾸 잃어버리는 것은 시간 자체라기보다는 자리에 앉아 한 입 한 입을 음미하며 식사를 즐겨도 된다는 생각임을 상기하게 된다. 포미안에게 간단하게 만든 식사(그리고 와인이나 커피)를 맛있게 먹는 것은 개인이 가진 쥐꼬리만 한 자유 시간을 즐기는 한 방법이었다. 반면 오늘날 많은 사람들은 자유 시간을 식사 후에나 가질 수 있는 것으로 여긴다. 그렇다면 식사를 대충 때우는 것이 당연한 수순일 것이다. 자기 몸에 최대한 빨리 칼로리를 밀어 넣는 데에만 관심이 있다면 나이프와 포크를 들고 자리를 잡는 것은 그저 시간 낭비처럼 보일 수 있다.

　전자레인지에 돌려 먹는 식사나 샌드위치를 기준으로 하면 포미안의 10분 요리는 말도 안 되게 속도가 느리다. 바로 이 조급한 문화가 오늘날 이렇게 간식을 많이 먹게 된 한 가지(하나만 있는 것은 결코 아니지만) 이유다.

나는 간식이 필요 없어요

　"식당 영업 끝났다." 1980년대 후반, 올리아 헤르쿨레스Olia Hercules의 시베리아 출신 할머니가 저녁 식사가 끝났음을 알릴 때 했던 말이다. 할머니는 이런 식으로 올리아와 그녀의 오빠에게 오늘은 더 이상 먹을 것이 없다고 말하곤 했다.

　올리아가 우크라이나의 작은 시골 마을에 살았던 1980년대와

1990년대 초반에는 그 누구도 그녀에게(올리아는 1984년에 태어났다) 간식을 주지 않았고, 그럴 필요도 없었다. 올리아와 오빠, 아빠, 엄마를 포함한 온 가족이 매일 오후 2시쯤 집에 돌아오면 엄마가 모두를 위해 늦은 점심 식사를 성대하게 차려주었기 때문이다. 냄비 가득 끓인 보르쉬borscht(소고기와 비트, 토마토를 넣은 든든한 수프)에 빵을 곁들이는 것이 메뉴 중 하나였다. 이렇게 올리아의 가족은 매일 식탁보를 깔고 식탁에 둘러앉아 밥을 먹으며 이야기를 나누었다. 이 의례는 특별한 행사가 아니라 매일의 일상이었다. "그때는 삶이 지금처럼 말도 안 되게 바쁘지 않았어요." 올리아는 어느 겨울 아침 런던에 있는 한 중동 레스토랑에서 나와 함께 아침을 먹으며 말했다. 그녀는 가지를 넣은 달걀 요리와 타히니(껍질을 벗긴 참깨를 곱게 갈아 만든 페이스트-옮긴이), 플랫브레드(납작하게 구워낸 빵-옮긴이)와 함께 달달한 카르다몸(서남 아시아산 생강과 식물 씨앗을 말린 향신료-옮긴이) 향이 나는 커피를 마셨다.

올리아가 열두 살까지 살았던 우크라이나에서는 간식을 먹지 않는 것이 그리 어렵지 않았다. 1980년대 우크라이나의 작은 마을에서는 모든 마을 사람이 올리아네 가족과 비슷하게 식사를 했기 때문이다. 모두가 따뜻하고 푸짐한 식사를 먹었고, 끼니 사이에는 간식을 거의, 아니면 아예 먹지 않았다. 그렇다면 올리아는 간식을 달라고 엄마를 졸라본 적이 한 번도 없을까? 나는 물었다. 그녀는 왜 그래야 하냐는 듯 고개를 저었다. "배가 고프면 밥을 먹으면 되잖아요."

식사 패턴은 빠른 속도로 바뀌며, 생생한 기억 속에서는 당연하

식사에 대한 생각

게 여겨지는 습관도 갑자기 기이해 보일 정도로 이례적인 것이 되어버릴 수 있다. 런던에서 음식 작가이자 셰프로 일하는 올리아 헤르쿨레스는 늘 그래온 것처럼 식사를 하다 보니 어쩌다 저항가가 되었다. 다양한 맛과 질감의 감자칩이 쏟아져 나오고 늘 야금야금 간식을 먹는 세상에서 올리아는 절대 간식을 먹지 않는다.

내가 올리아를 처음 알게 된 것은 그녀가 첫 번째 요리책《마무시카Mamushka》를 출간한 2015년이었다. 이 책에는 사워크림 팬케이크부터 면과 함께 먹는 거위 구이, 소금에 절인 기름진 돼지고기와 감자 요리, 집에서 만드는 다양한 종류의 피클에 이르기까지 어린 시절 올리아가 먹고 자란 다양한 우크라이나 요리 레시피가 담겨 있다. 올리아와 이 요리책은 내게 믿기 힘든 미스터리였다. 어떻게 저렇게 요정같이 작고 여린 사람이 이렇게 푸짐한 음식을 먹을 수 있지? 그해 크리스마스 직전에 올리아는 자기 집에서 함께 저녁을 먹자며 나를 초대해주었다. 그녀는 향신료와 설탕을 넣고 데운 알코올 사이다와 양념한 호박 구이를 곁들인 묵직한 미트볼로 식사를 차렸다. 통통하게 부푼 달달한 우크라이나식 빵을 디저트로 내놓은 올리아는 무심결에 자신이 간식을 전혀 먹지 않는다고 말했다. 나를 포함해 그 자리에 있던 세 명의 영국 여자는 흥분의 도가니에 빠졌다. 절대 안 먹는다고요? 토요일 밤에 텔레비전 앞에서 나초 한 봉지를 품에 안고 구아카몰레(으깬 아보카도에 갖가지 양념과 허브를 넣은 멕시코의 전통 소스-옮긴이)를 찍어 먹지도 않나요? 운동하고 나서 다크 초콜릿이 뿌려진 쌀과자를 먹지도 않고요? 아니요, 안 먹어요. 올리아가 대답했다.

그날 저녁 이후 나는 간식을 먹는 행위에 대해 다시 생각해보게 되었다. 만약 이 많은 간식을 하나도 먹지 않는다면 오늘날의 삶이 어떻게 변할지(오늘날의 식사는 말할 것도 없다) 생각해보기 시작했다. 순간 나는 너무나도 많은 간식이 우리 가족의 일상에 파고들었음을 깨달았다. 확실히 나에게는 시베리아 출신 할머니 같은 권위가 부족하다. 우리 아이들은 "식당 영업이 끝났다"는 사실을 믿지 않는 것 같기 때문이다.

마음 한편으로는 올리아처럼 엄격하게 간식을 금지하고 싶었지만 내가 그럴 수 있을지 확신이 없었다. 아무도 간식을 먹지 않는 시대에 간식을 먹지 않는 것과, 간식이 일상이 된 사회에서 전과 똑같이 간식을 금지하는 것은 완전히 다른 문제다. 한때는 끼니 사이에 간식을 먹으면 안 된다는 분위기가 있지 않았던가? 그랬다 한들 지금은 사라진 지 오래다.

오늘날처럼 인간이 간식을 많이 먹은 적은 없었다. 간식은 양면에서나 종류 면에서 크게 바뀌었다. 전 세계의 식품 판매를 분석하는 기업인 데이터모니터Datamonitor에 따르면 현재 간식은 미국에서 발생하는 모든 '식사 횟수'의 절반을 차지한다. 우리는 이전 세대보다 간식을 훨씬 많이 먹을 뿐만 아니라, '간식'을 먹기 위해 초콜릿이 뒤덮인 프레첼이나 고추냉이 맛의 일본 과자, 브라우니보다 달콤한데도 대추와 견과류로 만들어서 '몸에 좋다'는 기이한 에너지 볼까지 우리 선조가 전혀 예측하거나 짐작하지 못했을 상품들을 소비한다. 우리가 더 이상 아이들에게 끼니 사이에 간식을 먹지 말라고 말하지 않는 이유는 어쩌면 '끼니 사이에 먹는 간식'이 우리 식생활에서 너무 큰 부분을 차지하기 때문일지 모른다. 간식은 하루의 리듬이 크게 변한 원인이자 결과다.

정신없이 바쁜 이 시대에 작은 우크라이나 마을에 살던 1980년대의 가족처럼 먹는 사람은 점점 더 드물어지고 있으며, 심지어 이는 우크라이나에서도 마찬가지다. 우크라이나는 중국과 인도, 러시아 다음으로 세계에서 감자를 많이 생산하는 국가다. 원래 우크라이나 사람들은 감자를 집에서 요리해 먹었다. 다른 채소와 함께 끓이거나 볶거나 스튜를 만들었고, 감자 팬케이크를 만들어 사워크림을 듬뿍 올려 먹기도 했다. 하지만 전 세계 사람들과 마찬가지로 우크라이나인들도 곧 감자칩이라는 것을 발견했다.

올리아 헤르쿨레스가 우크라이나를 떠나고 몇 년이 지난 2002년, 플린트Flint라는 스낵 브랜드가 우크라이나에 설립되었다. 플린트는 케밥, 소고기, 게살, 붉은 캐비어, '헌팅 소시지' 등 예상치 못한 온갖 종류의 맛이 나는 감자칩과 크래커, 그리고 '아이들의 간식'을 판매한다. 화려하게 포장된 이 짭쪼름한 우크라이나 스낵은(옛 소련 전역에 판매되고 있다) 이제 기존의 푸짐한 식사를 대체해버렸다. 크리스마스이브를 제외하면 젤리 형태로 굳힌 잉어에 서양 고추냉이 소스를 올린 전통 요리로 식사를 하는 우크라이나인은 오늘날 별로 없을 것이다. 하지만 우크라이나 사람들은 생선 젤리와 고추냉이 맛이 나는 과자를 사서 이 전통 요리를 대체할 수 있다. 마치 할머니 할아버지가 드셨던 요리가 짭짤한 유령의 모습으로 나타난 것 같다.

간과하기 쉽지만 간식은 정의상 양이 적어야 한다. 옥스퍼드 영어사전은 간식을 "아주 적거나 소량의 음식"이라고 정의하고 있다. 하지만 이 소량의 음식이 점점 양을 불리고 있다. 1970년대 이후 간식을 먹는 빈도가 늘어나고 있다는 사실은(전 세계적인 현상이다) 이제 많은 사람이 공복감을 잘 모른다는 것을 의미한다. 아침, 점심, 저녁이라는 사회적으로 구조화된 식사가 사라지고, 음식이 식도를 통과하는 것을 즐기거나 인식하지도 못한 채 혼자서 여러 번 간식을 먹는 것이 새로운 식사 패턴이 되었다.

간식(그리고 사실상 마시는 형태의 간식인 가당 음료)을 제외하면 우리는 1970년대 사람들보다 훨씬 적은 칼로리를 섭취하고 있을 것이다. 나는 오늘날 미국인이 총 칼로리의 평균 3분의 1(남자는 하루 600칼로리 이상, 여자는 하루 약 500칼로리)을 간식으로 섭취한다는 사실을 알고 깜짝 놀랐다. 이 수치는 개인이 직접 보고한 자료에서 나온 것이므로 간식으로 섭취하는 실제 칼로리는 이보다 더 높을 것이다. 한때는 길에서 무언가를 먹는 것이 금기였던 곳에서도 이제 그런 행동이 아무렇지 않아졌다. 스스로 간식을 많이 안 먹는다고 생각하는 사람조차도 아침에는 카페라테 한 잔과 비스코티를, 오후에는 프로틴 바를 먹을 수 있다. 식품 산업은 이전 세대가 먹는 것은 고사하고 아예 상상조차 못 했을 수많은 스낵 제품을 내놓고는 배고플 때마다 무언가를 먹으라고 부추긴다.[25]

현대 세계에서 간식을 먹지 않는 것은 너무 예외적인 일이라 다른 사람들의 불신을 일으키기도 한다. 올리아 헤르쿨레스는 현재 다섯 살 난 아들 사샤와 함께 런던 북부 지역에서 살고 있다.

사샤는 매일 학교에서 돌아오면 엄마에게 간식을 달라고 조른다. 다른 부모들이 친구들에게 비스킷과 크루아상, 크래커, 말린 과일을 주는 모습을 보고 자기도 먹고 싶어 하는 것이다. 하지만 올리아는 매번 거절한다. "간식은 우리 문화에 없는 거라고, 우리는 간식을 안 먹는다고 계속 말해줘요."

어떤 문화에서는 올리아가 어린 시절을 보낸 우크라이나에서처럼 간식을 금지하지 않는다는 점을 짚고 넘어가는 것이 좋겠다. 간식이라는 단어에는 두 가지 전혀 다른 의미가 있다. 간식은 명사일 수도 있고 동사일 수도 있다. 우선 '간식'은 특정 유형의 스낵, 즉 설탕과 지방, 소금이 많이 들어간 초가공식품을 가리킬 수 있다. 하지만 간식은 여러 식사 방법 중 하나, 즉 많지 않은 양의 음식을 하루 대여섯 번 먹는 식사 패턴을 의미할 수도 있다(올리아 헤르쿨레스가 우크라이나에서 먹었던 두세 번의 풍성한 식사와 대조된다). 이것도 영양학적으로 완벽한 식사법이다. 어떤 국가에서는 간식이 매우 중요해서 고유의 이름도 있고 다른 식사처럼 시간도 정해져 있다. 프랑스에는 르 구테le goûter(말 그대로 '맛보다'라는 뜻이다)라는 이름의 식사가 있는데, 직장이나 학교에서 돌아온 오후에 먹는다. 프랑스 아이들은 자기 전에 바게트나 다크 초콜릿, 과일, 우유 한 잔처럼 빠르게 원기를 회복해주는 간식을 먹기도 한다. 스페인어권 국가에는 아침과 점심 사이, 또는 점심과 저녁 사이에 가볍게 먹는 식사인 메리엔다merienda가 있다. 메리엔다로는 얇게 저민 하몽(돼지 뒷다리를 소금에 절여 건조·숙성시킨 스페인의 대표적인 생햄-옮긴이)과 빵 또는 차가운 토르티야와 블랙커피 한 잔을 먹거나 토스트에 잼을 발라 먹는다.

인도는 간식이 옳지 않거나 영양학적으로 나쁘다고 여기지 않는 국가다. "인도 엄마들은 아이에게 끼니 사이에 다른 것을 먹지 말라고 가르치지 않아요." 인도계 영국인 음식 작가 미라 소다Meera Sodha의 말이다. 그녀는 감자 차트chaat(채소에 고수와 여러 향신료를 섞어 만든 인도의 길거리 간식-옮긴이)에서 사모사(살짝 양념한 채소, 또는 카레를 넣은 닭고기나 양고기 등으로 다양하게 속을 채운 튀김 음식)에 이르기까지 다양하고 맛 좋은 간식을 먹으며 성장했다. 소다는 사모사를 "기쁨을 채운 삼각형"이라고 부른다.

2016년, 이른 아침 식사와 늦은 점심 식사 사이에 나는 뭄바이의 유기농 파머스 마켓에서 '스낵'을 판매하는 가판대를 찾았다. 가게의 여주인은 몇 년 전 남편이 세상을 떠난 후 이 가게를 차렸다고 했다. 그날 가게에서는 이들리idli를 팔고 있었다. 이들리는 영양이 풍부한 붉은 쌀을 쪄서 만든 짭짤한 팬케이크다. 이들리는 미국에서 아침 식사로 먹는 팬케이크와 크기가 비슷했지만 거친 쌀알이 기분 좋게 씹혔다. 가게 주인은 이들리와 함께 먹으라며, 내가 여태까지 맛본 것 중 가장 맛있는 처트니를 듬뿍 담아주었다. 코코넛, 레몬즙, 설탕, 초록색 허브로 만든 이 처트니는 톡 쏘는 동시에 맛이 풍부했고, 그러면서도 달콤했다.

많은 인도인에게 가장 심각한 영양학적 문제는 영양 과다가 아니라 영양부족이다. (주로 병아리콩 같은 콩류나 조 같은 곡물로 만드는) 맛있는 간식은 특히 국민 대다수가 채식을 하는 국가에서 꼭 필요한 영양소를 공급해줄 수 있다. 만약 모든 간식이 인도의 맛 좋은 간식과 비슷하다면 간식 섭취에는 별문제가 없을 것이다. 스페인의 타파스(스페인의 전체요리-옮긴이)와 중국의 딤섬처럼 인도의 전통 간식은 앵글로색슨 식의 세끼 식사보다 영양과 맛, 식감이 훨씬 다양한 즐겁고 사교적인 식사 패턴일 수 있다.

하지만 뭄바이에 머무는 동안 나는 인도에 상륙한 새로운 종류의 간식에 대해 듣게 되었다. 검은색과 노란색으로 칠해진 오토 릭샤를 타고, 덥고 붐비는 도시의 거리를 뚫고 나아가면서 나는 신선한 오렌지와 코코넛을 파는 오래된 노점상 옆에 가당 탄산음료와 사탕, 감자칩을 가득 늘어놓은 가판대가 새로 생긴 것을 보았다. 2014년 인도는 짭쪼름한 스낵에만 17억 달러를 썼고, 2015년 시장 보고서는 인도가 아직 일본이나 중국 같은 다른 아시아 국가만큼 감자 스낵을 많이 구매하지는 않지만 "이례적인 성장세"를 보이고 있다고 발표했다. 마찬가지로 원래는 인도에서 전혀 먹지 않았던 초콜릿 바 또한 이제는 인도 풍경의 일부가 되었다.[26]

내부자의 말에 따르면 인도 초콜릿 시장이 빠르게 성장할 수 있었던 핵심 요인은 "침투와 적절한 가격"이었다. '침투'는 인도에 진출한 다국적 식품 기업이 커다란 슈퍼마켓에서 제품을 판매하는 것보다 마을에 있는 작은 가게에 빠짐없이 제품을 공급하는 것을 더 중요하게 여겼다는 뜻이다. 적절한 가격은 다국적 초콜릿 제조업체들이 인도를 위해 특별히 작은 크기의 제품을 만들어 단 몇 루피라는 저렴한 가격을 매겼다는 뜻이다.[27] 어린아이들도 구매할 수 있도록 말이다.

나는 방갈로르 근처의 시골 마을에서 아이들을 대상으로 봉사 활동을 했던 여성과 이야기를 나누었다. 그녀는 내게 시골에 사는 가난한 가족들이 상업적인 스낵을 얼마나 열렬히 반기는지 이야기해주었다. 이 여성이 만난 가족들은 대부분 흰쌀과 묽은 채소 카레 약간으로 연명했고 그 외의 음식은 거의 먹지 못했다. 이들의 식단에는 단백질이 부족했다. 아니, 사실 거의 모든 영양소가 부족했다. 마을에 작은 초콜릿을 파는 가게들이 생겨나자 아이들은 간절하게 초콜릿을 먹고 싶어 했다. 이 스낵의 가치는 맛에만 있지 않았다. 초콜릿은 마치 서구의 경제적 풍요를 포장해놓은 것 같았다.

우크라이나와 달리 인도는 늘 간식과 길거리 음식을 사랑해온 국가다. 이런 인도에 상업적 스낵이 전례 없이 밀려들면서 국민 건강에도 엄청난 악영향을 미치고 있다. 이 스낵들은 수백만 가족의 빈곤한 식단을 더욱 악화시킨다. 영양 전이의 다른 양상들과 마찬가지로 상업적 스낵이 증가하는 패턴 또한 전 세계에서 똑같이 반복되는 중이다.

감자칩은 어떻게 세계를 정복했을까

배리 팝킨은 간식이 중국에서 정확히 몇 년도부터 인기를 끌기 시작했는지 안다. 2004년이다. 그전까지 중국인들은 녹차와 따뜻한 물을 제외하면 간식을 거의 먹지 않았다. 하지만 2004년 팝킨은 하루에 두세 번 끼니를 챙기는 중국의 기존 식생활이 새

로운 식사 패턴으로 뚜렷하게 이동하
는 것을 목격했다.[28]

중국에 간식이 들어온 것은 식단뿐
만 아니라 식사 방식 면에서도 크나
큰 변화였다. 원래 식탁에 앉아 밥
을 먹고 배가 고플 때까지는 밥을 먹지
않았던 중국의 식문화는 하루 종일 먹을 것과 마실 거리로 조금
씩 위를 채우는 방식으로 바뀌었다.

팝킨은 중국 영양학자 팀과의 협업하에 약 1만에서 1만 2000
명을 대상으로 정기 조사를 실시하여 2~3년마다 중국인의 식단
자료를 추적하고 있다. 1991년 팝킨이 관찰한 바에 따르면 중국
에서 끼니 사이에 무언가를 먹는 것은 흔치 않은 일이었다. 1년
중 특정 시기에는 중국인도 매일 먹는 식단 외에 특별한 음식을
먹었다. 예를 들면, 중추절에는 라드로 풍미를 높인 페이스트리
반죽에 단팥 앙금을 채운 월병을 먹곤 했다. 하지만 이런 축제 음
식은 의례의 일부였고 일상적으로 먹는 시리얼 바와는 달리 드물
게 먹었다.

2004년, 갑자기 중국에서 간식 먹는 습관이 빠르게 퍼져나갔
다. 지난 3일간 간식을 먹은 적이 있다고 답한 19~44세의 성인
인구 수가 거의 두 배로 급증했고, 간식을 먹는다고 답한 2~6세
의 어린이 수 또한 거의 두 배가 되었다. 2011년 간식은 또 한 번
의 거대한 변화를 맞이했다. 팝킨의 자료는 이제 중국 인구의 절
반 이상이 주기적으로 간식을 먹고 있음을 보여주었다. 가장 최

근 자료에 따르면 중국 어린이의 3분의 2 이상이 낮 동안 간식을 먹는다고 보고되었다. 이건 식생활의 혁명이다.[29]

중국의 간식 섭취 습관에서 흥미로운 사실은 처음에는 간식이 실제로 사람들을 더 건강하게 만들었다는 점이다. 중국인이 대개 간식으로 과일을 먹었기 때문에 가능한 일이었다. 2009년, 단 2~3퍼센트의 중국 어린이만이 간식으로 사탕이나 그 외의 달콤한 과자류를 먹은 반면 35~40퍼센트가 간식으로 과일을 먹었고 약 20퍼센트는 간식으로 곡류와 견과류를 먹었다. 이 초기 단계에 간식을 먹기 시작한 사람들은 대부분 음식에 쓸 약간의 가욋돈이 있어서 항상 먹고 싶었던 음식을 더 많이 살 수 있게 된 계층(특히 도시 거주자)이었다. 초기 자료에 따르면 이때 간식을 먹은 중국 아이들은 실제로 간식을 먹지 않은 아이들보다 과체중 비율이 더 낮았다. 아마도 이 아이들의 식단이 더 다양해지면서 주식인 쌀을 덜 먹게 되었기 때문일 것이다.

하지만 두 번째 단계는 초기와는 상당히 달랐다. 팝킨은 내게 이렇게 말했다. "마케팅이 들어와요. 그러면 팡! 팡! 팡! 이제 간식은 더 이상 몸에 좋지 않죠." 2015년 중국 스낵 시장의 규모는 7억 달러가 넘었다. 미국이나 유럽과 달리 중국에서 평범한 감자칩은 별로 인기가 없어서 시장점유율이 겨우 5퍼센트다. 하지만 중국 사람들은 그 밖에 고도로 가공된 이런저런 스낵들을 엄청나게 좋아하는데, 그중에는 짠것도 있고 단것도 있다. 일본 식품기업 가루비Calbee(중국 스낵 시장점유율이 가장 높은 기업으로, "자연의 힘을 수화하다"가 슬로건이다)는 기름에 튀긴 새우 맛 과자와 채소 맛

과자, 압출 성형해 기름에 튀긴 완두콩 과자 등 다양한 스낵을 판매한다.[30]

간식 섭취의 증가는 더 방대하고 위험한 식생활의 변화, 즉 사람들이 점점 더 끊임없이 무언가를 먹는 현상의 중요한 특징이다. 팝킨은 내게 이렇게 말한다. "제2차 세계대전 이전에는 거의 아무도 간식을 먹지 않았습니다. 적어도 이 정도 규모로는 안 먹었어요." 그리고 그때는 이런 종류의 간식도 없었다.

마케팅은 아시아 전체에 전에 없던 간식 먹는 습관을 만들어냈다. 1999년 태국 사람들은 상업적 스낵을 1년에 1인당 1킬로그램씩 먹었다. 같은 시기 멕시코 사람들은 1인당 3킬로그램을, 미국 사람들은 놀랍게도 10킬로그램을 먹었다는 사실과 비교해 보면 그리 많은 양은 아니다. 그때 펩시코의 자회사인 프리토레이Frito-Lay가 태국에서 기회를 발견했다. 프리토레이는 태국 구매자들이 무엇을 모르는지 잘 알고 있었다. 즉 마케팅만 제대로 하면 태국인들이 짭짤한 스낵을 더 많이 구매할 여지가 있다는 뜻이었다. 1999년부터 2003년 사이 프리토레이는 태국에서 광고비를 두 배 이상 늘렸고 다양한 고객층에 맞춘 여러 텔레비전 광고를 진행했다. 새우 맛 치토스는 어린아이들을 타깃으로 삼았고 레이즈Lay's 감자칩은 더 나이가 많고 부유한 소비자를 대상으로 판매됐다. 태국 전통 음식과 아무런 연결 고리가 없는 도리토스 나초의 경우 주로 새로운 고객층을 찾아 기존에 없던 취향을 만들어내는 것을 목표로 삼았다.[31]

1999년 프리토레이는 태국에서 도리토스를 홍보하는 데 4500

만 바트를 쏟아부었다. 200만 개의 무료 샘플을 나눠주었고 MTV 채널에 10대를 겨냥한 세련된 광고를 내보냈다. 그다음 해 프리토레이는 도리토스의 마케팅 예산을 네 배로 늘리는 한편, 노키아Nokia와 협력해 도리토스 봉지 안에 들어 있는 퍼즐 조각을 모아 노키아 휴대전화 그림을 완성한 소비자들에게 무료로 휴대전화를 제공했다. 얼마 지나지 않아 이 짭짤한 과자는 태국 식단의 일부로 자리 잡았다.[32]

현재 아시아에서 일어나고 있는 일은 1980년대 서유럽에서 이미 일어난 일이다. 시장조사 기관 민텔Mintel은 영국의 짭쪼름한 스낵 시장에 대한 1985년 보고서에서 스낵 산업이 "폭발적"으로 성장했다고 언급했으며, 에일리언 스페이서Alien Spacers('직접 압출법'으로 생산된 여러 색깔의 옥수수 과자)나 트월러Twirler('꽈배기' 모양으로 압출한 감자 과자)같이 아이들을 겨냥한 과자는 판매량이 특히 더 증가했다. 감자칩 광고(대부분 어린이가 시청하는 텔레비전 프로그램 중간에 방송되었다)는 어린아이들의 수요를 창출하는 것을 공공연한 목표로 삼았다. 마케터들은 일단 감자칩이 집 안에 들어가면 어른들도 식사 전후 술을 마시며(마시거나) 텔레비전을 볼 때 감자칩을 우물거리게 될 확률이 높다는 것을 잘 알고 있었다.

마케터들은 수많은 사람이 끼니와 함께 스낵을 먹기 시작하리라는 것은 예상했지만 식사 대신 스낵을 먹으리라고는 예상하지 못했다. 스낵은 그리 비싸지 않은 가격에 많은 칼로리를 제공한다. 이러한 이유로 스낵은 비만과 공존하는 새로운 형태의 배고픔을 만들어내는 데 일조했다. 과거에 우리는 그럭저럭 질 좋고,

따뜻한 식사를 할 수 없는 사람은 배가 고프리라는 것을 알았다. 하지만 오늘날 식량 빈곤은 저영양 스낵의 풍요 속에 모습을 감추고 있으며, 이로써 사람들은 자리에 앉아 직접 요리한 식사를 먹지 않고도 수천 칼로리를 섭취할 수 있게 되었다.

식사와 스낵의 상관관계

모든 사람이 식사 전에 입이 심심해서 간식을 먹는 것은 아니다. 간식 뒤에는 냉혹한 경제적 논리가 자리하고 있을 때도 있다. 돈이 부족한 사람들에게 스낵은 진짜 음식을 먹을 수 없을 때 구매하는 상품이 되었다. 2011년 연구자들은 필라델피아 저소득 가정의 어머니 33명을 대상으로 간식에 관해 심층 면담을 실시했다. 대부분이 아프리카계 미국인으로, 절반은 비만이었고 5분의 1은 영양가 높고 신선한 음식을 구매할 여유가 없는 식품 불안정 상태였다. 이 부모들은 유치원에 다니는 아이들에게 마시는 요구르트인 대니멀스Danimals와 얼려 먹는 요구르트인 고거트Gogurts, 케이크 브랜드인 테이스티케이크Tastykake와 포장된 컵 과일, 칩과 쿠키, 씹어 먹는 작은 사탕인 마이크 앤 아이크Mike and Ikes 같은 이런저런 스낵을 먹였다. 엄마들은 생각 없이 간식을 나눠주지 않았다. 이들은 특대형 봉지에 담긴 감자칩을 작은 봉지에 나눠 담아, 먹는 양을 파악하려 했으며, 케이크의 개수를 제한했다. 여유가 있으면 가끔은 케이크 대신 과일을 주기도 했다. 하지만 이들의 어려운 생활 속에서 스낵은 평범한 음식이 맡을 수 없는 중요한 역할을 맡고 있었다. 이 가족들에게 스낵은 경제적이면서도 감정적인 가치를 지니고 있었다.[33]

스낵은 어떻게 빈곤과 비만이 공존하게 되었는가에 대한 대답 중 하나다. 저소득층은 종종 돈을 아끼기 위해 식사를 건너뛰어야 할 경우 스낵을 찾는다. 감자칩 한 봉지는 식당에서 따뜻한 음식을 한 그릇 사 먹는 것보다 훨씬 저렴하다. 필라델피아의 엄마들처럼 식품 불안정 상태에 있는 사람들은 식품 안정 상태에 있는 사람들보다 스낵을 먹을 가능성이 더 높다. 미국 어린이들이 먹는 스낵은 대부분 '칼로리는 높지만 영양소는 부족한' 것들로, 설탕과 정제 탄수화물은 많고 비타민은 적다. 2009~2010년 자료에 따르면, 미국 어린이는 간식을 통해 칼로리의 37퍼센트를 섭취하지만 이 간식들은 몸이 필요로 하는 필수 미량영양소의 15~30퍼센트만을 제공한다.[34]

대체로 스낵은 집에서 요리한 균형 잡힌 음식보다 영양이 훨씬 적다. 하지만 빵이나 고기를 굽고 남은 기름처럼 과거 빈곤할 때 먹었던 식품과는 달리 스낵은 분노나 실망이 아니라 일종의 고마움과 브랜드 충성도를 일으킨다. 스낵은 다양한 색깔의 포장지에 싸여 있고 한 입 한 입에 진한 인공 조미료가 배어 있어 배 속은 아니더라도 혀는 제대로 만족시켜준다. 앞에서 말한 필라델피아의 엄마들은 스낵을 음식과 다른 것으로 인식했다. 이들에게 스낵은 식사보다 더 저렴하고 간단하며 쉽고 즐거운 것이었다. 한 엄마는 자기 아들이 스낵이라면 하루 종일 기쁜 마음으로 먹겠지만 "음식은 그리 좋아하지 않는다"고 말했다.

스낵은 항상 식사와 비교되어 정의되었지만 음식 자체와 비교되기 시작한 것은 현대 스낵만의 특징이다. 스낵은 식사에는 없는 모든 것을 갖고 있다. 식사는 양이 많고, 대체로 따뜻하며, 짭짤하고, 여럿이 함께 느긋하게 먹는다. 스낵은 보통 차갑고, 양이 적으며, 혼자 먹고, 달콤한 종류가 많다. 많은 사람들이 스낵과 음식 자체를 서로 다른 범주로 보기 시작한 것도 놀라운 일은 아니다.

늘 돈이 부족한 생활 속에서 필라델피아의 부모들은 스낵을 영양 공급원이라기보다는 아이의 감정 상태, 때로는 자신의 감정 상태를 관리하기 위한 도구로 사용했다. 많은 엄마들이 스낵 이야기를 하면서 '통제'라는 단어를 사용했다. 스낵은 끼니 사이에 아이가 너무 칭얼거리지 않게 '통제'하는 역할도 했다. 또한 스낵은 아이의 기분을 좋아지게 함으로써 병원을 방문하는 등의 힘든 상황에서 엄마를 도와주기도 했다. 스낵은 심통 난 아이를 달래주었고 얌전하게 군 아이에겐 보상이 되었다. 한 엄마는 "사회복지사 사무소에 가면 네 시간은 기다려야 해요. 사탕이나 감자칩, 주스 같은 걸 가져가는 게 좋죠. 그래야 두세 시간 동안 아이를 달랠 수 있으니까요"라고 말했다.

음식과 사랑은 절대 따로 떼어놓을 수가 없다. 항상 아이의 부탁을 거절할 수밖에 없는 저소득 가정에서 저렴한 스낵은 아이에게 보상을 제공할 좋은 방법이기도 하다. 사회학자 프리야 필딩 싱Priya-Fielding-Singh은 다음과 같이 썼다. "가난한 삶은 청소년기 자녀의 요구에 '예스'라고 답할 기회를 저소득층 부모에게서 빼앗아간다. 그 요구는 새 신발을 사달라는 것일 수도, 디즈니랜드로 놀러 가자는 것일 수도 있다. 하지만 음식은 중요한 예외일 수 있다. …… 없는 돈으로도 치토스 한 봉지는 거의 항상 구매할 수 있기 때문이다."[35]

한 엄마는 아들을 자리에 앉히고 밥을 먹이는 건 무척 힘들지만 "스낵은 순식간에 먹게 할 수 있다"라고 말했다. 많은 엄마들이 '스낵'을 잠금 장치가 있는 선반에 넣어두고 아이들과 자신이 하루 종일 먹지 못하게 했다. 엄마들이 생각하는 식사는 채소와 탄수화물, 또는 쌀을 포함해야 했다. 처음부터 요리한 음식이 아닐지라도 식사는 최소한 따뜻하게 데워야 했다. 식사는 준비, 노동, 시간, 비용이 요구되는 일이었다. 반면 스낵은 "포장지만 뜯으면" 바로 먹을 수 있었다. 식사는 의무적이고 따분한 것인 반면 스낵은 즐거운 보상이어서 잠시나마 온 가족이 곤경을 잊게 해주었다. 한 엄마는 상황을 이렇게 설명했다. "제가 보기에 차이는 이래요. 간식은 우리 아들이 원하는 거예요. 그리고 식사는, 아들이 원하는지 원하지 않는지는 별로 중요하지 않아요. 어차피 먹어야 하는 거니까요."

스낵이 많은 사람들에게 얼마나 높은 점수를 받고 있는지를 이해해야만 식사가 어디까지 내려갔는지를 인식할 수 있다. 2011년 연구에 참여한 필라델피아의 가족들에게 스낵과 식사의 가장 큰 차이점은 엄마도 아이들도 식사보다 스낵을 훨씬 더 좋아한다는 것이었다.

스낵 산업이 거침없이 성장한 것은 제조업체들이 여러 다양한 시장에 동시에 접근할 방법을 찾아냈기 때문이기도 하다. 먼저 저렴하게 허기를 달래기 위해 스낵을 먹는 가난한 소비자들이 있다. 그리고 이미 풍성한 식단에 더해 새로 생긴 여분의 현금으로 스낵을 추가 구매하는 중국과 태국의 (그리고 다른 모든 곳의) 중산층 소비자들이 있다. 두 소비자층 모두 전통적인 식사에서는 찾을 수 없는 것을 스낵에서 발견하고 있다.

시장 보고서에 따르면 스낵 제조업체의 가장 큰 걱정거리는 소비자들이 갑자기 스낵이 몸에 얼마나 나쁜지를 깨닫고 더는 먹지 않게 되는 것이다. 미국의 짭짤한 스낵 시장에 대한 데이터모니터의 2015년 보고서는 "과일 같은 식품이 스낵을 대체할 위험이 크다"라고 경고한다. 1985년 영국 스낵에 대한 민텔 보고서는 영국 성인의 52퍼센트가 지방과 설탕을 줄이겠다고 말한 사실에 비추어, 건강에 대한 소비자의 염려 때문에 스낵 판매량이 줄어들 수도 있다고 경고했다. 하지만 이 보고서는 몸에 더 좋은 대체 스낵을 개발하면 스낵에 반대하는 분위기를 막을 수 있을 거라고 예측하기도 했다. 누가 썼든 간에 그는 아마 자신의 말이 이 정도로 정확하게 들어맞을 줄은 상상도 못 했을 것이다. 건강에 대한 염려 때문에 소비자들이 간식을 먹지 않기는커녕, 오히려 소비자의 염려가 스낵 산업에 새로운 시장을 열어주었던 것이다.[36]

오늘날 미국 고급 슈퍼마켓의 프리미엄 스낵 코너에 들어가면 매우 당황스러운 경험을 하게 된다. 이곳에는 케일이나 푸른 옥수수로 만들어 '죄책감에서 자유롭게 하는' 칩과 풋콩을 말린 안주, 고급 팝콘, 다양한 해조류로 만든 스낵이 있다. 칩 같은 과일 스낵도 있고 스낵 같은 과일 칩도 있다. 글루텐을 함유하지 않은 식단을 먹는 사람들에게는 소고기 육포나 코코넛 육포가 있고, 도대체 무엇을 위한 것인지 전혀 알 수 없는 '슈퍼 칼륨 스낵'도 있다. 심지어 이제는 쿠키도 '고대 곡물'을 함유하고 있다고 뻐긴다. 이 스낵들은 평범한 '음식'은 따라할 수 없는 혜택을 제공한다면서 가격도 비싸게 받는다. 푸짐한 샌드위치나 수프 한 그릇을 사 먹기보다 두어 가지 '건강 스낵'에 돈을 더 많이 쓰기 쉽다.

새로이 등장한 건강에 대한 염려는 스낵 제조업체에게 위협이자 기회다. 영양 분야에서 가장 최근에 등장한 유행은 '설탕과의 전쟁'이다. 시장조사 기관인 유로모니터 인터내셔널 Euromonitor International의 자료에 따르면, 2016년 조사에 참여한 전 세계 소비자의 절반이 설탕이 들어 있지 않은 음식을 적극적으로 찾고 있었다. 그 결과 '건강' 스낵 제조업체들은 설탕과 액상 과당 같은 감미료에서 점차 멀어지기 시작했다. 설탕이 들어 있지 않은데도 여전히 맛이 좋은 스낵은 많은 이들에게 일종의 성배가 되었다. 우리 몸에 이런저런 문제가 생길 때 아예 스낵을 먹지 않는 것이 아니라 더 나은 스낵을 먹는 것이 답이라고 생각하기가 쉽다.

솔직히 '건강 스낵'이라는 이름으로 판매되는 것들은 대부분 건강과는 거리가 멀다. 그래놀라(곡류, 말린 과일, 견과류 등을 설탕이나 꿀, 오일과 함께 섞어 오븐에 구워낸 시리얼-옮긴이) 바처럼 '천연 재료'로만 만들었다는 스낵은 초콜릿 바보다도 설탕이 더 많이 들어 있는 경우가 많다. 2016년 영국 슈퍼마켓 테스코Tesco는 "요구르트를 코팅한 한 입 딸기"를 판매하며 아이들을 위한 건강 스낵이라고 광고했다. 그러나 이 스낵의 설탕 함유량은 100그램당 70그램으로, 마스Mars 초콜릿 바(100그램당 설탕 60그램)보다도 높았다. 벤 앤 제리Ben & Jerry's에서 나온 초콜릿 퍼지 아이스크림(100그램당 설탕 27그램)보다 100그램당 설탕량이 더 많은 스낵을 원한다면 글루텐을 함유하지 않은 귀리로 영양을 강화한 호박 치아시드 '파워 볼'을 먹으면 된다. 최근 나는 이 제품의 포장지를 보고 100그램당 설탕량이 37.8그램이라는 것을 알게 되었다.

그런데 '건강 스낵'은 전 세계의 간식 먹는 습관을 강화할 뿐이다. 간식을 끊어야 할 이유를 찾지 못하게 만들기 때문이다. 한 세대 전에도 서양에서는 스낵을 즐겨 먹었지만 스낵은 제대로 된 식사보다 건강에 나쁘고 기름지기 때문에 너무 많이 먹어선 안 된다는 생각이 어느 정도 퍼져 있었다. 하지만 건강 스낵은 우리의 불편한 마음을 없애버렸다. 이 제품들은 이렇게 말한다. "어서 드셔보세요! 어서 먹어보지 않는 건 어리석은 짓이에요." 내가 다니는 체육관에서 가끔 건강 스낵을 늘어놓고 판매하는데 나는 그 제품들이 주장하는 내용과 뻥튀기된 가격에 경탄하곤 한다. 그중에는 단백질 함량을 늘린 팬케이크도 있고 에너지를 높여준다는 터무니없이 비싼 주스들도 있다. 하지만 아무리 생각해도 나는 이 제품들이 평범한 수프 한 그릇(수프를 즐기는 시간 포함) 만큼 원기를 회복해줄 것 같지 않다.

우리 음식 문화 전체가 '스낵화snackification'를 겪고 있음을 보여주는 표지들이 있다. 한 소비자 보고서에서 언급한 것처럼 비교적 영양가 높은 스낵이 점차 많아지면서 "식사는 그저 다른 활동을 멈추는 일시 정지 버튼이 되었다. 점심 식사는 넘쳐흐르는 미팅과 해야 할 일들을 처리하느라 스케줄에서 밀려나기 십상이다. 아침 식사는 통근하고 일하는 중간에 다른 활동과 병행된다. …… 스낵은 더 이상 즉흥적이거나 이례적인 일회성 사건이 아니다. 스낵은 우리 식생활의 핵심이다."[37] 스낵은 빠르게 변화하는 식문화의 원인이자 결과다.

어쩌면 우리가 먹는 음식만큼 우리 자신도 '스낵화'되어가고 있는지 모른다. 우리는 바쁘지 않을 때도 무슨 바쁜 일이 있는 것처럼 먹고 마신다. 많은 사람들이 스낵 제조업체와 소매업자에게 꼬여서 마치 끝없는 테마파크에 있는 것처럼 하루 종일 야금야금 간식을 먹는다. 카페 계산대에서 라테를 일회용 컵에 담아달라고 부탁하고는 카페 안에서 라테를 마시는 사람이 많다는 것을 눈치챈 적이 있는가? 마치 사기 컵과 컵받침을 사용하는 것이 도가 지나친 것처럼 말이다.

이렇게 한번 해보자. 우리가 스낵에서 얻는 칼로리를 식사에서 '얻으면' 어떻게 될지 상상해보는 것이다. 그러면 우리도 올리아 헤르쿨레스처럼 기름지고 푸짐하고 만족스러운 식사를 할 수 있다(그런 요리를 할 시간이 있다는 가정하에). 또 다른 옵션은 스낵을 아예 섭취하지 않는 것이다. 스낵을 전부 없애보자(여기에는 이른 바 '건강' 식품도 포함된다). 어쩌면, 정말로 어쩌면 비만과 식단 관련 질환의 발병률이 역전될 수도 있다. 문제는 스낵이 사라지면 우리 자신과 우리의 하루가 어떻게 되느냐는 것이다. 평범한 사람이 하루에 먹는 음식에서 스낵이 한 번의 식사보다 더 큰 부분을 차지할 수 있다는 점을 생각하면 놀랍기만 하다.

나는 끼니 사이에 무언가를 먹는 것이 도덕적 재앙이라고 생각하지 않는다. 10대 시절 가끔 아침 식사로 감자칩을 먹으며 그 짭짤한 맛을 즐긴 사람으로서 나는 그 누구의 식생활도 평가할 자격이 없다. 어떤 사람은 하루에 세 번 푸짐한 식사를 하기보다는 작은 양의 식사를 여섯 번이나 여덟 번 정도 하는 것이 몸에 가장 잘 맞을 수도 있다. 하지만 스낵 시장은 더 이상 통제가 불가능할 정도로 급속히 성장하고 있다. 스낵이 만들어내는 불협화음 속에서 사라진 것은 아무것도 먹지 않는 경험이며, 과거에는 이 공복의 경험이 식사에 목적을 부여해주곤 했다. 적막이 없으면 음악도 존재할 수 없다. 우리가 먹는 것을 멈추지 않는다면 진정한 식사도 존재할 수 없다.

우리는 중간중간 휴식 시간을 두고 여러 사람과 함께 푸짐한 식사로 배를 채웠던 기존의 식문화에서 점점 더 멀어지고 있다. 스낵은 오래된 삶의 리듬을 파괴하며 하루 종일 거의 무한정으로 무언가를 먹게 만들었다. 원래 아침·점심·저녁 식사는 우리 삶에 중심점을 제공했고 하루의 시작과 끝을 정해주었다. 식사는 사람들이 함께 모이는 방식이자 기쁜 일을 축하하는 방식이었다.

식사는 우리에게 어떤 음식을 어떻게 먹어야 하는지에 대한 규칙을 부여했다. 하지만 끝없는 간식에는 어떤 구조도 규칙도 없다. 간식은 언제 어디서나 먹을 수 있으며, 지금 내가 잘 먹고 있는지 아닌지를 다른 사람에게 평가받을 일도 없다. 간식이 가진 또 하나의 특징은 (오늘날 많은 식사 경험이 그러하듯) 보통 혼자 먹는다는 것이다.[38]

먹방과 테이스티 영상

미국 인구조사국 자료에 따르면 1970년에서 2012년 사이 혼자 사는 미국인 남성의 수가 6퍼센트에서 12퍼센트로 두 배 증가했다.[39] 2016년 2월 〈뉴욕타임스〉가 보도한 것처럼 전문직에 종사하는 미국인의 62퍼센트가 매일 책상 앞에서 점심을 먹으며 그중에는 모든 끼니를 책상 앞에서 먹는 사람도 있다. 홀로 바삐 밥을 먹는 전 세계 수백만 명의 식사 경험은 미디어가 퍼붓는 식사의 사교적 이미지와 전혀 맞지 않다.

이런 이유로 한국에서는 유명인이 밥 먹는 모습을 찍은 인터넷 영상을 많은 사람이 시청하는 현상이 나타났다. 멀리 떨어진 형태의 교류인 셈이다. 이런 영상은 '먹는 방송'의 줄임말인 '먹방mukbang'이라는 이름으로 불린다. 영상의 주인공인 BJ(Broadcasting Jockey의 줄임말)들은 웹캠 앞에서 음식을 먹으며 친근한 말투로 수다를 떨고 음식 먹는 소리를 일부러 크게 내면서 한 달에 1만 달러를 벌기도 한다. 한국 먹방은 대부분 온라인 채널인 아프리카 TVAfreeca TV를 통해 방송된다. 시청자들은 자신이 좋아하는 BJ들에게 가상 화폐인 '별풍선'을 보내고 이 별풍선은 나중에 실제 화폐로 교환된다.[40]

전형적인 먹방 영상은 날씬한 여성이 도저히 먹기 불가능해 보이는 양의 패스트푸드를 먹는 모습을 보여준다. 250만 명 이상이 영상을 시청한 BJ 키노시타 유우카Kinoshita Yuka는 만화 속의 자그마한 공주 같은 모습을 하고 인스턴트 돈가스 두 팩과 밥 4.8 킬로그램을 한자리에서 먹어치운다. 이는 총 6404칼로리에 달하는 양으로, 평균적인 여성은 이 에너지로 3일 이상을 생활할 수 있다. 영상 속에서 키노시타는 이렇게 말한다. "밥과 카레가 얼마나 맛있는지 잊고 있었어요. 무적의 조합이에요!" 키노시타의 다른 영상은 크래프트Kraft 사에서 나온 마카로니 치즈 10팩, 오레오 시리얼 3킬로그램, 인스턴트 라면 여섯 팩, 100개 이상의 스시를 먹는 모습을 담고 있다.

먹방 영상의 어떤 점이 이렇게 눈을 뗄 수 없게 만드는지 정확히 짚어내기란 쉽지 않다. 과거에는 다른 사람이 밥을 먹으며 지극히 평범한 말을 던지는 모습을 20분 동안 지켜보는 것은 페인트가 마르는 모습을 지켜보는 것만큼이나 지루했을 것이다. 하지만 시청자가 상당히 많은 것을 보면 먹방이 어떤 관음증적 코드를 건드리는 것이 분명하다. 미국의 먹방 '스타'인 트리샤 페이타스Trisha Paytas는 엄청난 양의 쉑쉑Shake Shack 버거나 KFC 프라이드치킨을 먹는 유튜브 영상으로 100만 회가 넘는 조회 수를 기록했다. 먹방은 사람들이 음식에 대한 자신의 불안과 욕망을 자유롭게 고백할 수 있게 해주는 것으로 보인다. 대부분의 사람들이 너무 많이 먹는 이 세상에서, 음식을 끝없이 먹는 모습을 담은 이 영상들은 테이크아웃 피자를 먹는 나의 식사가 별것 아닌 것처럼 느껴지게 한다.

음식은 우리가 사는 현실 어디에나 있기 때문에 온라인에서는 음식을 보고 싶어 하지 않을 거라고 생각할 수도 있다. 하지만 사람들은 하루 종일 끊임없이 간식을 먹은 후에도 실제 식사로는 채울 수 없는 허기를 디지털 음식으로 달래는 것 같다. 유행하는 건 먹방만이 아니다. 손은 등장하지만 얼굴은 나오지 않는 빠른 속도의 요리 영상 역시 인터넷에서 매우 인기 있는 아이템 중 하나다. 이런 요리 영상은 요리책을 구매하거나 신문에서 요리 레시피를 읽는 소수에게만 인기 있는 것이 아니다. 유명 인사의 가십과 스캔들이 판을 치는 세상에서 모르는 손이 이런저런 요리를 하는 따뜻한 영상을 많은 이들이 간절히 원하게 된 것으로 보인다. 가장 조회 수가 높은 요리 영상은 버즈피드BuzzFeed의 음식 채널인 테이스티Tasty의 영상이다. 2015년에서 2016년까지 1년도 안 되는 기간 안에 테이스티는 버즈피드의 가장 인기 있는 페이스북 페이지가 되었다.[41] 2017년 6월에만 11억 명이 테이스티의 영상을 시청했다.[42] 어디서 만든 것인지는 몰랐어도 "획기적인 여덟 가지 피자 레시피", "땅콩버터 팬을 위한 아홉 가지 디저트" 같은 테이스티의 요리 영상은 아마 본 적이 있을 것이다. 많은 사람들이 이 영상을 그냥 "손만 나오는 음식 영상" 정도로 알고 있다.

테이스티의 영상을 보다 보면 마치 내 손이 요리를 하고 있는 것 같은 이상한 느낌을 받게 된다. 내가 달걀을 깨고, 버터를 녹이고, 페이스트리 반죽을 꽈배기 모양으로 꼬고, 오이와 아보카드를 썰어 샐러드를 만들고, 레몬을 짜고, 따뜻한 겨울 수프를 한 국자 듬뿍 퍼서 담는 듯한 느낌이 드는 것이다. 결정적으로 우리는 영상 속의 손이 누구의 손인지 모른다. 버즈피드는 시청자들이 눈에 띄는 특징이 너무 많거나 액세서리를 착용한 손을 별로 보고 싶어 하지 않는다는 것을 알게 되었다. 어쩌면 시청자 자신이 양파를 순식간에 썰고 있는 것 같은 느낌에서 깨어나고 싶지 않기 때문에 팔찌를 착용한 손에 "버튼이 눌리는 건지" 모른다.[43] 테이스티의 영상을 다 볼 때쯤이면 항상 깨끗하고 잘 정돈된 부엌에서 임무를 완수했다는 느낌에 약간의 도파민이 분비된다. 면 요리에 마지막으로 쪽파를 썰어 올리고, 페이스트리 위에 하얀 글레이즈를 지그재그로 뿌리고, 애플파이 위에 아이스크림 한 스쿱을 올린다. 모든 것이 완벽하게 해결된 채로 깔끔하게 마무리된다.[44]

테이스티와 먹방의 성공은 얼마나 많은 사람이 사회적으로나 시간적으로 식사와 멀어졌는지를 잘 보여준다. 한국에서 "다음에 밥 한번 먹자"는 헤어질 때 흔히 하는 인사지만 보통 우리는 다른 사람과 함께 밥을 먹지 않는다. 다른 많은 아시아 국가들처럼 한국 사회에서도 혼자 밥 먹는 것을 상당히 터부시한다. 하지만 결혼하지 않는 사람이 점점 늘어나는 것을 보면 홀로 하는 식사는 수백만 명의 엄연한 현실이다. 먹방이라는 '사회적 식사social eating'는 혼자서 비빔밥을 먹는 것을 덜 의식하게 해준다. 아프리카 TV의 경영진인 안준수는 "온라인에서 벌어지는 일이긴 해도 누군가가 음식을 먹으며 이야기를 하면 똑같은 말도 훨씬 더 친근하게 느껴진다"고 했다.

나는 10대 시절 식탁에 홀로 앉아 공허감을 채우기 위해 음식을 먹으며 두려움과 수치심을 느끼곤 했다. 가끔은 그때 스마트폰이 있었더라면 내 식사 경험이 달라졌을까 궁금해지곤 한다. 그랬다면 온라인에서 마음 맞는 사람을 찾아내 내 비밀스러운 식욕에 수치심을 덜 느낄 수 있었을까? 어쩌면 스크린 속에서 충분히 유대감을 얻어 그렇게 자주 폭식의 충동을 느끼지 않았을 수도 있다.

혼자 먹는 식사가 꼭 외로워야 하는 것은 아니다. 먹방은 수많은 사람이 더 이상 전통적인 가족 형태 내에서 밥을 먹지 않는 현실에 식문화가 천천히 적응하고 있다는 표지일 수 있다. 1인 가구가 증가하고 있는 것을 보면 혼자 먹는 식사는 수백만 명에게 그저 어쩔 수 없는 현실일 뿐이다. 유로모니터에 따르면 전 세계에서 혼자 사는 사람의 수는 1996년 1억 5300만 명에서 2011년 2억 7700만 명으로 증가했다. 미국과 영국에 있는 총 가구의 약 3분의 1이 1인 가구지만 요리책(다이어트 책 제외)들은 여전히 4~6인 분량의 레시피만 소개한다. 나와 이야기를 나눈 한 50대 싱글 여성은 혼자 레스토랑에 가서 스스로에게 멋진 식사를 대접하는 것을 좋아하지만 결혼한 친구들이 종종 "혼자 사는데 군이 왜 그렇게까지 해?"라는 식의 부정적 말을 던져서 기분이 상한다고 했다.

2018년 출간된 요리책《솔로: 나를 위한 요리의 즐거움Solo: The Joy of Cooking for One》의 저자 시그너 요한슨Signe Johansen은 "우리가 더 기쁘게 즐길 수만 있다면 홀로 하는 식사는 자유를 줄 수 있다"라고 말한다. 또한 그녀는 자기 자신만을 위해 요리하면 음식으로 다른 사람을 감동시키려는 "고단한 노력"에서 해방된 느낌을 느낄 수 있다고 말한다. 요한슨은 "나 혼자 먹는 요리에는 마늘과 고추를 원하는 만큼 마음껏 넣을 수 있다"는 점을 좋아한다. 에두아르 드 포미안처럼 요한슨도 피곤한 하루 끝에 긴장을 푸는 방법으로 짧은 시간에 폭풍처럼 요리하는 것을 즐긴다. 그녀는 자신을 위해 위스키와 소다를 따르고 팟캐스트를 튼 다음 "재빨리 간단한 요리를 만들어야겠다는 생각"에 행복을 느낀다.[45]

여전히 우리는 여럿이서 함께하는 식사를 이상적으로 여기지만 혼자 살지 않는 사람들도 새로 등장한 외로움에 빠지곤 한다. 셰리 터클Sherry Turkle이 자신의 저서《외로워지는 사람들》에서 설명했듯이 많은 사람이 같은 방에 있는 사람보다 자기 손안에 있는 아이패드에 더 친밀감을 느낀다. 소셜미디어 또한 음식 사진을 찍으라고 부추기며 우리의 식사를 방해한다.

음식 사진을 찍는 것은 몇 년 전만 해도 이상하고 무례해 보였지만 이제는 (최소한 밀레니얼 사이에서는) 거의 당연한 일이다. 식사가 나왔지만 아무도 음식을 입에 넣지 않는다. 마치 식사 기도를 하듯 모두가 아무 말 없이 숨을 삼킨다. 사람들은 기도 대신 카메라를 꺼내 음식 주위로 몰려들고, 곧 인스타그램에 사진을 올릴 준비를 마친다. #푸드. #친구들. #즐거움. 한때는 아기의 첫 걸음마 사진을 찍는 부모들에게서나 보았을 법한 애정 어린 마음으로 라테 아트를 한 컵 한 컵 기록하는 사람들도 있다.

음식을 앞에 두고 식탁에 둘러앉아 다른 사람과 눈을 맞추며 대화를 나누는 과정은 폭군 같은 휴대전화 알림음에 반응하며 하루의 대부분을 보내는 우리의 생활방식과 전혀 맞지 않다. 우리가 가상의 친구와 가상의 식사를 하는 데 더 많은 시간을 보낼수록 피와 살이 있는 친구와 진짜 식사를 하는 데 쓸 에너지는 더욱더 줄어든다.

스마트폰이 우리 식생활에 미치는 영향을 전부 알아내기란 불가능하다. 학술 연구의 속도는 느린 반면 버즈피드의 테이스티 영상 같은 신문물은 단 몇 달 안에 변화를 불러오기 때문이다. 하지만 스크린과 식사가 기름과 식초 같다는, 즉 전혀 섞이지 않는다는 징조들이 보인다. 미국의 10대를 관찰한 2014년의 한 연구에 따르면, 가족 식사 시간에 스크린을 들여다보는 아이들은 초록 채소나 과일을 덜 먹고 설탕이 든 소다를 더 많이 마시며 가족 구성원과 이야기를 덜 나누고 실제로 가족 식사를 전혀 중요치 않게 여기는 경우가 많았다.[46]

인터넷은 늘 집을 찾기에 적합하지 않은 곳이었다. 우리가 전통 요리, 그리고 그 이점에서 멀어지는 만큼 스크린 속의 따뜻한 음식도 우리에게서 멀어질 수 있다. 우리가 페이스북에서 순식간에 식사를 만들어내는 재주 많은 손에 매료된 것도 당연하다. 이 영상들은 우리가 영양가 없는 작은 물건을 밀거나 누르는 데에만 엄지를 사용하는 바쁜 사람이 아니라 부엌에서 손에 밀가루를 묻히고 일하는 장인이라는 상상을 하게 해준다.

오늘날 많은 사람들이 집에서 직접 만든 음식을 먹지 못해 애를 태우고, 맛있는 것들에 둘러싸여 있으면서도 그것들을 요리하거나 제대로 즐길 시간이 없다고 느낀다. 정말 슬픈 일이다. 제대로 된 식사를 할 시간이 부족하다는 우리의 집단적 믿음에는 엄청난 아이러니가 있다. 바로 시간을 풍성하게 보내는 데에는 훌륭한 식사, 특히 함께하는 식사만큼 좋은 것이 없다는 것이다. 효율적인 시간 관리에 지나치게 집착하면 그만큼 시간을 제대로 즐기지 못하게 된다. 시간의 경험 방식을 조사한 연구들은 1분 1초에 매달리기를 그만두고 자기 시간을 더 자유롭게 나누어줄 때, 예를 들면 사랑하는 사람을 위해 요리를 할 때 실제로 초조함을 덜 느낀다는 사실을 보여준다.[47]

늘 바쁘고 알림이 울려대는 현대의 생활 속에서도 시간이 고무줄처럼 늘어난 것 같은 순간들이 있다. 내 경험상 이 순간들은 다른 사람과 함께 무언가를 먹을 때 찾아온다. 여름날 저녁 통통하고 싱싱한 체리를 입속이 새빨개질 때까지 느릿느릿 먹는다. 식탁에는 신선한 민트 차 한 주전자가 있고, 우리는 마지막 남은 아몬드 케이크 한 조각을 모두와 함께 나누어 먹는다. 이럴 때면 마치 누가 나에게 시간을 뚝 잘라 나눠준 것처럼 잠시나마 시계에서 눈을 떼고 실제로 시간을 경험할 수 있게 된다.

5장

음식에 관해서라면
우리는 다중인격자

*

내가 어쩌다 아침에 스퀴르를 먹게 되었는지는 나도 잘 모르
겠다. 나는 인생의 대부분을 이런 것이 존재하는지도 모른 채 살
았다. 하지만 언젠가 알 수 없는 이유로 스퀴르가 좋은 것이라고
확신하게 되었음이 틀림없다. 왜냐하면 어느 여름날인 오늘 마치
스퀴르가 지극히 평범한 식품인 것처럼 딸기와 구운 헤이즐넛을
넣은 스퀴르를 퍼먹고 있기 때문이다. 그리고 실제로 지금 내게
스퀴르는 지극히 평범한 식품이다.

잘 모르는 사람을 위해 설명하자면, 스퀴르는 아이슬란드의 발
효 유제품으로 질감은 요구르트와 크림치즈 사이 어디쯤에 있다.
혀에 닿는 느낌은 마스카르포네 치즈처럼 묵직하지만 다른 유제
품에 비해 놀라울 정도로 지방은 적고 단백질은 많다. 아이슬란
드에서는 바이킹 시대부터 스퀴르를 이런저런 형태로 섭취해왔
다. 요구르트보다 더 단단한 질감의 스퀴르는 숟가락을 빙빙 돌

려도 떨어지지 않는다(우리 막내처럼 자기가 옳다는 것을 증명하려고 일부러 숟가락을 바닥에 대고 세게 흔들지만 않는다면 말이다). 처음에 나는 스퀴르를 '스퀴르'가 아니라 '스키이르'라고 발음하는 줄 알았다. 10년 전 스퀴르는 아이슬란드 바깥에서는 거의 언급되는 일이 없었지만 2016년이 되자 전 세계에서 시장 가치가 무려 80억 달러가 되었고 지금도 시장이 점점 커지고 있다. 정말 놀라운 변화다.

최근 몇 년간 새롭고 놀라운 식품이 우리 식탁에 너무 많이 올라온 나머지 우리는 그 식품이 우리 앞에 있다는 사실에 놀라지도 않게 되었다. 나는 요즘 옻과 말린 페르시안 라임 가루를 아무렇지 않게 요리에 사용하는데, 중동에서 온 이 향신료들은 최근까지만 해도 내가 전혀 몰랐던 것들이다. 수십 년이 지난 어느 날 내 손주들이 내게 몇 살이냐고 물으면 나는 "퀴노아를 어떻게 발음하는지 몰랐던 시절을 기억할 정도로 오래 살았지"라고 대답할 것이다.

앞으로 유행할 식품을 예측하는 전문가들은 지금이라도 금방 열풍을 일으킬 거라는 불가사의한 식품 목록을 매년 끈질기게 내놓는다. 차이 티 맛이 나는 쿠키! 청록색 조류! 매콤한 은두자 nduja 소시지! 하지만 새로운 식품이 아니라 아주 오래전부터 있었던 식품이 최신 유행이 되기도 한다. 예를 들면 케일이 그렇다. 2009년 셰프 댄 바버가 올리브오일을 바르고 오븐에서 구운 '토스카나식 케일 칩' 레시피를 발표했는데, 이 레시피 덕분에 많은 사람들이 이 양배추 같은 채소를 달리 보게 되었다. 바버가 바싹 구운 케일을 실험하던 그때 미국의 또 다른 셰프 조슈아 맥패든 Joshua McFadden은 케일을 전혀 가열하지 않고 생으로 찢어서 마늘과 오일, 칠리 플레이크와 섞어보고 있었다. 맥패든의 생케일 샐러드는 현대에 가장 많이 따라한 레시피 중 하나가 되었다. 2017년 케일 칩은 모든 슈퍼마켓에서 한자리를 차지했고 케일 샐러드는 맥도날드의 메뉴가 되었으며 생케일은 미국에서만 연간 1억 달러어치 이상 판매되었다.[1]

대략 2012년부터 사람들은 음식에 관해 전보다 훨씬 변덕스럽게 굴기 시작했다. 2017년 봄 나는 수시 리처즈Susi Richards와 함께 밝은 금빛이 도는 강황 후무스를 먹고 있었다. 당시 리처즈는 영국에서 두 번째로 큰 슈퍼마켓 체인인 세인즈버리Sainsbury's의 제품개발부 부장이었다. 그녀는 이렇게 말했다. "강황은 뜬금없이 나타난 유행이에요." 세인즈버리는 이미 생강황과 강황 가루, 강황 차와 작은 병에 담긴 '강황 주스'를 판매하며 강황의 주성분인 커큐민의 항염 효과에 대해 들어본 사람들을 공략하고 있었다. 당시 리처즈는 많은 사람이 강황의 형광 노란색을 좋아하지 않는다는 것을 인정하면서도 강황으로 후무스를 만들려고 시도했다.

세인즈버리에서 일한 12년 동안 리처즈는 사람들의 식품 선택이 크게 바뀌는 모습을 지켜보았다. 그녀는 이렇게 말했다. "소비자들은 전보다 훨씬 더 불규칙하게 행동하고 있어요." 한편으로는 많은 사람이 고구마와 아보카도로 영양을 높인 비건 건강식품을 원한다. 하지만 다른 한편으로 리처즈는 '두드 푸드dude food(금요일 밤 맥주와 함께 먹기 위한 나초 피자처럼 엄청난 고기 함유량을 자랑하는 즉석식품)'의 증가를 목격하기도 했다. 2014년경 리처즈는 쇼핑객들이 전보다 "훨씬 더 요구가 많아지고 세상 물정에 훤해졌다"는 것을 느꼈다. 슈퍼마켓 입장에서는 누가 "전통주의자"고 누가 "건강에 신경 쓰는 사람"인지 파악하기가 점점 더 어려워졌다. 그리고 지난 3~4년간 이 모든 상황은 훨씬 더 뒤죽박죽이 되었다. 세인즈버리의 멤버십 카드인 넥타카드의 자료(이 자료로 소비자가 무엇을 구매하는지 파악할 수 있다)에 따르면 많은 소비자들이 전혀 다른 식단으로 보이는 식품들을 동시에 장바구니에 담는다. 한 사람이 슈퍼푸드인 비트 샐러드와 녹진한 토피(설탕, 당밀, 버터, 밀가루 따위를 섞어 만든 과자—옮긴이) 푸딩을 똑같이 간절히 원할 수도 있는 것이다.

음식이 곧 정체성이라면 오늘날 많은 사람들이 다중인격자다.

사람들이 식품을 구하는 방식은 오랜 시간에 걸쳐 변화해왔는데, (관점에 따라 허황된 열풍으로 보일 수도 있는) 특정 식품의 극단적 유행은 그중에서 가장 최근에 나타난 단계다. 먼 과거에 우리의 식습관은 근처 땅에서 재배할 수 있는 식재료에 의해 정해졌다. 그 이후 수세대에 걸쳐 아이들은 꼼짝 없이 식탁에 앉아 엄마가 주는 음식을 먹거나 거부할 수밖에 없었다. 이제 우리는 돈만 있으면 어떤 음식이든 전부 먹을 수 있다. 그리고 이 자유는 우리를 들뜨게 하는 동시에 불안하게 만든다.

식품 트렌드에 대한 이야기는 굉장히 사소하고 무의미해 보일 수 있다. 누군가가 흑탄으로 만든 스무디가 곧 세상을 휩쓸 거라고 말하면 나는 눈을 굴리며 내 머그잔에 담긴 따뜻한 차를 계속 마신다. 수십 년 동안 같은 방식으로 내린 차, 죽는 날까지 죽, 같은 머그잔에 담아 마시고 싶은 차다. 사람들이 하와이안 사시미 포케 볼을 "새로운 스시"라고 광고하면 나는 이렇게 생각한다. '원래 스시에 무슨 문제라도 있었어?'

하지만 식품 트렌드에 대한 이야기가 아무리 하찮게 들릴지라도 유행에는 우리 모두의 생활방식에 영향을 미칠 수 있는 힘이 있으며, 그건 그 유행이 아보카도 토스트처럼 그리 대단치 않아 보일 때에도 마찬가지다. 입맛의 변화는 소비자뿐만 아니라 음식을 생산하는 사람에게도 영향을 미친다. 유행하는 음식을 맹목적으로 추종하는 것은 농부나 소비자에게 좋지 않은 경우가 상당히 많다. '슈퍼푸드'라는 이름으로 광고되는 식품 중에 실제로 특히 몸에 좋은 것은 하나도 없다고 말해도 무방하다. 그리고 수백만 명의 사람들이 동시에 식단을 바꾸면 예상치 못한 일이 일어난다. 마치 노 젓는 배의 맨 끝에서 너무 많은 사람이 일제히 일어나면 배가 뒤집히는 것과 같다.

우리는 지금 식재료의 변화뿐만 아니라 인간 행동의 몇 가지 근본적인 변화에 대해 말하고 있는 것이다. 인간은 과거에도 무역과 제국의 확장을 통해 새로운 식품을 맞이했지만 보통 이런 변화의 과정은 느리고 점진적이었다. 사람들은 어떤 식품이 늘 충분하고 맛이 좋으면 그 식품에 대체로 만족하곤 했다. 하지만 오늘날 사람들은 식품 선택에 있어 유례없이 변덕스러워졌으며, 양말을 바꾸는 것만큼 자주 먹는 것을 바꾸고 싶어 한다. 어쩌면 가장 크게 변화한 것은 변화 자체에 중독된 우리 자신일 수도 있다.

인스타그래머블한 브런치

왜 우리는 새로운 식품을 이렇게 많이, 그리고 이렇게 다양한 형태로 먹게 되었을까? 2016년 출간된 저서《아루굴라의 미국The United States of Arugula》에서 저널리스트 데이비드 캄프David Kamp는 우리 식단에 새로운 식품이 들어오는 속도를 보고 깜짝 놀란다. 그리고 1984년에 있었던 한 결혼식에서 살사 이야기를 처음 듣고 "살사가 뭐예요?"라고 되물어야 했던 기억을 떠올린다. 그러나 2006년이 되자 살사는 케첩을 앞지르고 미국에서 가장 인기 있는 소스가 되었다.[2]

식품 트렌드의 관점에서 2006년은 고릿적처럼 느껴진다. 아직 인스타그램이 없던 시절이기 때문이다. 2010년에 등장한 사진 공유 서비스인 인스타그램은 전 세계에서 식품 트렌드의 변화를 가속화했다. 캄프가 저 책을 쓰던 순수했던 시절, 사람들은 가장 '인스타그래머블instagrammable(인스타그램에 올릴 만하다는 의미의 신조어-옮긴이)'한 브런치가 있는 카페로 향하는 대신 머릿속에서 상상되는 맛에 따라 새로운 식품을 선택했다. 오늘날 식품 트렌드는 그 어느 때보다도 빠르고 광범위하게 전 세계로 퍼져나가고 있으며, 여기에는 소셜미디어의 영향력도 어느 정도 관련이 있다. 엑스트라버진 올리브오일과 페스토, 그리고 캄프의 책 제목에도 들어간 아루굴라(영국에서는 로켓, 한국에서는 루콜라라는 이름으로 불린다)는 식품계의 엘리트 같은 인상에서 벗어나 수백만 명의 장바구니에 들어가기까지 수십 년이 걸렸다. 반면 인스타그램을 포함한 여러 소셜미디어와 함께라면 한 셰프의 반짝이는 아이디어가 몇 달, 또는 단 며칠 만에 널리 퍼질 수 있다.

샌프란시스코에서 식품 혁신 기업 글루토노미Gluttonomy를 경영하고 있는 니달 바라크Nidal Barake에 따르면, 현재 레시피와 새로운 식재료가 퍼져나가는 속도는 5년 전보다도 더 빨라졌다. 바라크는 내게 풀드포크와 자타르 치킨 같은 몇몇 레시피가 레스토랑에서부터 평범한 커피 체인을 거쳐 가정집 부엌에까지 '눈덩이'처럼 굴러가고 있다고 말한다.

소셜미디어가 우리 식생활에 너무나도 강력한 영향을 갖게 되면서 많은 카페와 레스토랑이 음식 사진을 찍어 온라인에서 '나누고' 싶어 하는 소비자의 욕망에 맞춰 메뉴와 조명, 식기류를 바꾸기 시작했다. 사진에 잘 나오는 그릇에 예쁘게 담은 음식(볼푸드 bowlfood라고도 불린다), 위에 꽃잎을 흩뿌려 장식한 샐러드(꽃잎은 먹을 수 있을 수도 없을 수도 있다), 특이한 색깔의 채소들. 전부 최근 몇 년간 소셜미디어가 만든 유행들이다.

소셜미디어는 아사이베리(브라질 아마존강 열대우림 지역에서 자라는 아사이 야자나무의 열매-옮긴이)나 햄프시드(대마씨) 우유 같은 새로운 식품을 널리 퍼뜨리기도 하지만 오래된 식품의 인기를 되살리기도 한다. 예를 들면, 달걀이 그렇다. 달걀은 노른자에 콜레스테롤이 많다는 이유로 건강을 챙기는 사람들에게 수십 년간 외면당했지만 이제는 소셜미디어의 '인기 주제trending'가 되었다. 여러 연구들은 1990년대부터 줄곧 달걀이 심장질환에 그 어떤 원인도 제공하지 않는다고 말해왔다. 노른자에 들어 있는 콜레스테롤은 (이전에 알려진 것처럼) 몸속에서 혈중 콜레스테롤로 바로 바뀌지 않는다. 흰자로만 만든 오믈렛을 늘 슬픈 난센스로 여기던 사람들에게는 매우 좋은 소식이었다. 하지만 (여전히 토르티야가 중요한 식품으로 남아 있는 스페인을 제외하면) 세계 대부분의 지역에서 달걀 판매량은 계속 낮은 수준에 머물렀다. 달걀 판매량이 마침내 다시 오르기 시작한 것은 달걀로 만든 브런치 사진이 인스타그램에 끝도 없이 올라오면서부터다.

2016년 #달걀은 #피자, #스시, #치킨, #샐러드, #파스타, #베이컨, #버거에 이어 전 세계 인스타그램에서 여덟 번째로 많이 해시태그된 식품이었고, #샌드위치, #누들, #카레보다 두 배 이상 많이 해시태그된 식품이기도 했다.[3] 달걀은 인스타그램에서 먹힐 만한 장점들을 지니고 있다. 먼저 달걀은 소셜미디어에서 인기 있는 고단백 저탄수화물 식단에 적합한 식품이며, #비건은 아니더라도 #채식에 속한다. 하지만 가장 중요한 사실은 흰자와 노른자가 만들어내는 색의 대비가 사진 찍기에 매우 좋다는 것이다. 2017년 인스타그램에서 가장 인기 있었던 식품 트렌드 중 하나는 '구름 달걀'이었다. 구름 달걀은 부드럽게 거품을 낸 흰자 한가운데에 노른자를 올려 오븐에 구운 요리로, 마치 만화책에 나오는 달걀 프라이처럼 생겼다.[4] 현대 음식 사진의 도상학(미술 작품에 담긴 상징을 해석하는 방법론-옮긴이)에서 달걀은 세잔의 사과나 마티스의 오렌지처럼 행복을 상징하는 동그라미가 되었다.

사람들이 이 모든 음식을 '나누는' 데에는 좋은 점이 있다. 2017년 인스타그램에는 해시태그 #푸드가 달린 게시물이 2억 5000만 개가 넘었다. 누구나 인스타그램에 들어가면 다양한 도

식사에 대한 생각

시와 먼 대륙에 사는 사람들이 어떻게 먹고 사는지를 알 수 있다. 헬싱키에서 먹는 아침 식사와 네팔에서 먹는 아침 식사를 비교해볼 수도 있고, 런던의 오렌지는 주황색이지만 베트남의 오렌지는 초록색이라는 것도 알 수 있다. 같은 시간에 얼마나 많은 사람이 다양한 종류의 맛 좋은 수프를 먹으며 위로받고 있는지, 또는 얼마나 많은 부엌에서 얼마나 많은 와플을 굽고 있는지를 알게 되면 나 또한 기운이 난다. 음식은 늘 사람과 사람을 연결해주는 수단이었으며, 온라인에 올라온 음식 사진을 통해 우리는 수많은 사람의 삶을 들여다보고 수천 개의 새로운 음식 아이디어를 얻을 수 있다.

온라인에 공유된 아이디어 덕분에 집에서 요리하는 평범한 사람도 전보다 훨씬 열린 마음으로 실험적인 요리를 해볼 수 있게 되었다. 가끔은 내가 집에 있는 모든 요리책 못지않게 블로그와 소셜미디어를 통해서도 새 요리법을 많이 배웠다는 생각이 든다. 나는 빵 반죽을 항상 치댈 필요가 없다는 것과 기름 대신 물로 스크램블드에그를 만들 수 있다는 것을 온라인에서 배웠다(캘리포니아의 셰프 대니얼 패터슨Daniel Patterson의 아이디어다). 압력솥을 사용해서 최소한의 시간과 노력으로 인디언 버터 치킨을 만드는 법도 배웠다. 무엇보다도 푸드 랩The Food Lab의 J. 켄지 로페즈-알트J. Kenji Lopez-Alt에게서 (내가 가장 좋아하는 채소인) 아스파라거스는 그동안 내가 믿어온 것과 달리 찌는 대신 약한 불에서 푹 끓여야 단맛이 우러나와 가장 맛있다는 사실을 배웠다.

이처럼 블로그와 소셜미디어는 새롭고 유용한 음식 아이디어를 퍼뜨리는 아주 훌륭한 수단이긴 하지만, 그만큼 나쁜 아이디어를 퍼뜨리는 매개체가 되기도 한다.

인스타그램은 그 특성상 맛을 희생하면서까지 음식의 외관에 집중할 것을 요구한다. 인스타그램은 모양도 없고 색깔도 평범하지만 맛있고 영양가 높은 음식(예를 들면 스튜)보다는 겉보기엔 다채롭지만 별맛이 없는 음식(예를 들면 꽃을 뿌린 스무디 볼)을 더 선호한다.

최악의 경우 소셜미디어는 그저 예뻐 보인다는 이유로 유해하거나 건강에 나쁜 음식을 퍼 나를 수 있다. 한 세대 전에는 식용색소에 들어 있는 화학물질이 알레르기를 일으킬 수 있고 어쨌거나 영양학적 가치도 전혀 없으므로, 인공색소를 너무 많이 사용하면 안 좋다는 것이 보편적인 생각이었다. 하지만 이제 식용색소는 인스타그램의 '무지개색' 음식, 특히 무지개 베이글과 함께 위풍당당하게 우리 곁에 돌아왔다. 그렇다면 무지개 베이글이 무엇일까. 한 온라인 비평가의 말을 빌리면 "한심하고 진부한 형광색 망작"이다.[5] 무지개 베이글은 일곱 개의 식용색소로 물들인 반죽을 고리 모양으로 구운 빵으로, 다섯 살 난 아이의 생일파티에서조차 지나치게 화려해 보일 것같이 생겼다. 이런 게 평범한 빵보다 더 좋아 보이는 곳은 오직 인스타그램뿐이다. 무지개 베이글은 실재하는 기쁨이라기보다는 기쁨의 아이디어에 가깝다.

우리 식문화에서처럼 소셜미디어상의 음식 역시 몸에 나쁘다고 규정된 음식과 몸에 좋다고 여겨지는 음식으로 양분되어 있다. (무지개 베이글을 포함한) 인스타그램 트렌드 중 상당수가 쿠키와 마시멜로로 장식한 아이스크림선다나 인간의 입에 넣을 수 없을 정도로 고기와 치즈가 겹겹이 쌓인 햄버거 같은 극단적 정크푸드다. 하지만 인스타그램의 다른 한쪽 끝에서는 건강식품을 맹목적으로 숭배한다. 오버나이트 오트밀이나 치아 푸딩, 또는 다양한 종류의 요구르트를 볼에 담아 베리류로 솜씨 좋게 장식한 우아한 아침 식사가 특히 인기가 많다.

인스타그램에서 #스퀴르를 검색해보라. 이 글을 쓰고 있는 시점에 스퀴르는 인스타그램에서 25만 번 이상 언급되었다. 스퀴르는 모두가 열망하는 스칸디나비아 느낌의 아침 식사를 자신도 먹고 있음을 알리는, 요즘 유행에 딱 들어맞는 식품이다. 아무도 모르는 식품이었던 스퀴르는 겨우 몇 년 만에 대중 시장에 진입했고, 그 과정에서 아이슬란드의 발효 유제품이 요구르트보다 단백질이 더 풍부하다는 이야기를 퍼뜨린 소셜미디어의 도움을 받았다. 아이슬란드의 사업가 시지 힐마르손Siggi Hilmarsson이 만든 스퀴르 '시지스Siggi's'는 2006년에는 미국 내의 판매처가 단 두 곳뿐이었지만 2016년에는 2만 5000곳으로 늘어났다. 2016년은 시지스의 바닐라 맛 스퀴르가 스타벅스 카페에 입점되고 수백만 미국인의 평범한 아침 메뉴가 된 해이기도 하다.[6]

영국에서 스퀴르는 더욱 빠르게 자리를 잡았다. 스퀴르는 2015년부터 2017년까지 단 2년 만에 무명에서 주류로 올라섰다. 원래 스퀴르는 영국에서 아예 상업적 규모로 판매되지 않았다. 그러다가 2015년 6월에 두 회사가 스퀴르를 출시했다. 그중 하나가 바로 21세의 농부 샘 무어하우스Sam Moorhouse가 요크셔에서 출시한 헤르퍼 팜 스퀴르Hesper Farm Skyr다(이게 다른 하나보다 더 맛있다). 무어하우스는 2014년까지는 스퀴르를 본 적도, 맛본 적도, 심지어 들어본 적도 없었다. 하지만 다른 밀레니얼 세대처럼 무어하우스도 새로운 맛에 개방적이었다. 그는 집에서 키우는 홀스타인 품종 소로 일반 우유를 생산·판매하는 것보다 이윤을 더 많이 낼 수 있는 방법을 알아보다가 우연히 스퀴르를 발견했다고 한다. 한편 루어팍Lurpak 버터를 생산하는 유럽의 거대한 유제품 기업 알라 푸드Arla Foods도 같은 생각을 하고 있었다. 현재 영국의 모든 대형 슈퍼마켓에서 찾아볼 수 있는 알라의 스퀴르는 마치 옛날부터 늘 그 자리에 있었던 것처럼 태연하게 그릭 요구르트 옆에 놓여 있다.[7]

식품 산업의 가장 큰 미스터리 중 하나는 유행이 실제로 어떻게 일어나는가다. 늘 새로운 것을 추구하는 시대라지만 새로운 식품이 전부 순조롭게 소비자에게 받아들여지는 것은 아니다. 스퀴르처럼 어떤 상품은 단시간에 크게 성공하는 반면 어떤 상품은 유행에 실패한다.

우리가 언제부터 코코넛워터를 마셔왔다고

한 번도 유행한 적이 없는 식품 트렌드만큼 터무니없고 이상해 보이는 것도 없다. 케일 칩이나 라스 엘 하누트ras el hanout 향신료 같은 새로운 식품이 우리 접시 위로 올라올 때마다 수천 개 이상의 트렌드 꿈나무들이 충분한 반응을 얻지 못하고 사라져간다. 카푸치노 맛 칩, 보라색 케첩, 블루치즈 맛의 포르투갈식 커스터드 타르트(이상하지만 내가 지어낸 게 아니다). 2014년 미국에서는 1만 4000개 이상의 새로운 식음료 제품이 출시되었지만 압도적 다수가 곧 흔적도 없이 사라질 것이다.[8]

2016년 여름 나는 런던 동부에서 열린 식품무역박람회를 돌아보고 있었다. 수백 곳의 업체에서 신제품을 내놓았고, 대다수는 (나를 포함한) 전 세계의 소비자들이 아직 별로 좋아하지 않는 상품을 열심히 홍보하고 있었다. 예를 들면 아보카도 아이스크림과 슈퍼푸드인 바오바브 열매로 만든 쫄깃한 사탕 같은 것들이었다. '새로운 코코넛워터'라는 말은 또 어찌나 많은지 그 수를 세다가 중간에 까먹을 정도였다. 한 남자는 메이플워터를 홍보하고 있었다. "메이플워터는 코코넛워터와 비슷하지만 설탕 함유량은 절반입니다. 사람들이 정말 좋아해요. 없어서 못 마실 정도죠!" 남자가 명랑하게 덧붙였다. 마치 같은 말을 계속 반복하면 현실이 될 것처럼.

어떤 식품을 유행시키기란 몹시 어려운 일이다. 식품 트렌드는 인간 욕망의 예측 불가한 변화와 관련이 있고, 인간의 욕망은 영향을 미치기는 쉽지만 만들어내기는 어렵기 때문이다. 식품 트렌드는 선언한다고 해서 일으킬 수 있는 것이 아니다. 보통 새로운 음식은 사람들에게 온전히 수용되기까지 몇 년간은 이상해 보이거나 심지어 역겨워 보이기도 한다.

대놓고 혐오하는 것까지는 아니더라도 새로운 음식을 의심하는 것은 인간에게 너무나도 자연스러운 현상이다. 일부 심리학자에 따르면, 이런 감정은 인간이 수렵 채집인이었던 시절 독성이 있거나 썩은 음식을 먹지 않도록 보호해주는 진화상의 이점으로 작용했다. 식사와 관련해서 인간은 늘 네오포비아neophobia(새로운 것에 대한 두려움)와 네오필리아neophilia(새로운 것을 향한 사랑) 사이 어디쯤에 위치한다. 우리는 독이 있는 산딸기를 먹고 죽기를 원치 않는다. 하지만 우리 몸에 에너지를 주고 혀에 즐거움을 안겨줄 온갖 좋은 것들을 놓치는 것 또한 원치 않는다.[9]

실제로 큰 성공을 거두는 식품 트렌드는 새로운 것을 제공해 우리의 네오필리아적 측면을 자극하는 동시에 익숙함으로 네오포비아적 측면도 달래주는 것들이다. 이는 스퀴르가 순식간에 유행할 수 있었던 이유이기도 하다. 사실 스퀴르는 북유럽의 양모 스웨터를 입은 그릭 요구르트나 다름없다.

"새롭지만 진짜로 새롭지는 않아요." 스퀴르 열풍에 대한 린 돈블레이저Lynn Dornblaser의 해석이다. 돈블레이저는 시장조사기관 민텔에서 1986년부터 혁신과 통찰 부서 책임자로 일했다. 그녀는 음식이 반짝 유행했다가 사라지는 모습을 오랫동안 지켜본 사람 특유의 쾌활하고 염세적인 어조로 이렇게 말한다. "트렌드는 너무 새로워서는 안 돼요." 왜냐하면 사람들이 이해할 수 있어야 하기 때문이다. 돈블레이저가 수년간 배운 것은 '새로운 식품' 중 정말로 새로운 것은 거의 없다는 것이다. "너무 웃긴 게 뭐냐면, 스퀴르는 그냥 요구르트라는 거예요!"

성공한 식품 트렌드는 대개 순수한 혁신이라기보다는 우리가 이미 좋아하는 맛이나 식재료에 대한 편승에 가깝다. 이전에 그릭 요구르트가 유행하지 않았더라면 스퀴르는 이만큼 갑자기 성공할 수 없었을 것이다. 시장 내부자들은 스퀴르를 여러 국가가 벌이는 '원조 요구르트' 경쟁의 일부로 바라본다.[10] 주로 마시는 형태인 불가리아 요구르트는 싱가포르와 태국에서 큰 성공을 거두었고, 크림 같은 오스트레일리아식 요구르트는 북미에서 인기를 얻고 있다. 그리고 이제 우리에게는 아이슬란드의 스퀴르가 있다. 하지만 이 '원조 요구르트' 중 그 어떤 것도 그릭 요구르트에 버금가지는 못한다.[11]

미국 요구르트는 1970년대에 요구르트 제조업체 다논Dannon과 함께 처음으로 대량 판매되기 시작했다. 다논은 그루지야소비에트사회주의공화국에서 요구르트를 먹던 노인들이 100세 이상 장수했다는 사실을 알리며 자사 요구르트를 홍보했다. 돈블레이저는 이렇게 기억한다. "그때 요구르트는 대개 전유로 만들었고 증점제도 많이 안 들어 있었어요." 당시 요구르트는 어렴풋하게나마 자연식의 느낌이 났고 미국 반문화와도 관련이 있었다.

그러다 1980년대가 되자 요구르트는 디저트에 훨씬 가까워졌다. 증점제와 유화제, 감미료가 들어갔고, 기존의 딸기 맛에 더해 치즈케이크나 초콜릿 칩 같은 독특한 맛이 추가되었다. 돈블레이저는 이렇게 말한다. "요플레가 시장을 주도했죠." 요구르트(그리고 프로즌 요구르트)는 다이어트 중에도 먹을 수 있는 디저트가 되었다. 1980년대에서 1990년대 사이 모든 선진국에서 포장된 요구르트는 더 이상 소수의 취향이 아니었다. 요구르트는 트렌드였다.

물론 인도나 폴란드, 터키 사람들은 요구르트(발효된 유제품)가 '유행'이 아니라 주식이라고 주장할지 모른다. 많은 문화에서 요구르트는 플라스틱 컵에 든 과일향 제품이 아니라 거의 매일 집에서 냄비와 유리병을 이용해 신선하게 만드는 음식이다. 하지만 영국이나 미국 같은 서구 국가에는 그런 전통이 없었기 때문에 대형 식품 제조업체들은 요구르트를 '새로운' 식품으로 판매할 수 있었다. 업체들은 이 다디단 요구르트가 몸에 좋다고 말했고, 우리는 그 말을 믿었다.

전 세계 요구르트 시장의 규칙을 바꾼 것은 현재 미국의 그릭 요구르트 시장을 주도하고 있는 초바니Chobani였다. 7년 사이에 초바니의 판매량은 18억 달러나 성장했다. 수분을 짜내 단단한 초바니 요구르트는 묽은 일반 제품보다 25퍼센트가량 비쌌지만 몇 년 지나지 않아 미국 요구르트 시장의 약 3분의 1을 차지하기에 이른다. 초바니의 성공은 어린 시절 터키에서 먹은 요구르트를 그리워했던 함디 울루카야Hamdi Ulukaya의 탁월한 능력 덕분이기도 했다. 20대에 뉴욕에서 대학을 다니던 울루카야는 미국인이 왜 그렇게 질 낮은 요구르트를 참고 먹는지 이해할 수 없었다. 미국 요구르트는 지나치게 달달했고 여러 불쾌한 점증제로 양을 늘렸으며 방부제를 넣어 신선도도 낮았다. 터키에서 어린 시절을 보낸 그는 요구르트가 얼마나 더 맛있을 수 있는지를 잘 알고 있었다. 진정한 요구르트는 박테리아가 살아 있어야지, 박테리아를 죽이는 방부제가 가득해서는 안 되었다. 하지만 울루카야는 질 좋은 요구르트를 한 번도 맛보지 못한 미국 쇼핑객들은 생각이

식사에 대한 생각

다르리라는 것도 알았다. 아직은 때가 아니었다.[12]

초바니를 출시하는 과정에서 울루카야는 이 '새로운' 요구르트가 미국 소비자에게 친숙해 보이도록 최선을 다했다. 그는 당시 판매량이 가장 많았던 그릭 요구르트 브랜드 파예가 브랜딩을 잘 못하고 있다고 생각했다. 먼저 사람들은 브랜드 이름을 어떻게 발음해야 하는지 헷갈려 했다(파예Fage의 g는 ay처럼 부드럽게 발음된다). 더 근본적으로, 소비자들은 이 그릭 요구르트가 어디에 좋은지 잘 몰랐다. 그릭 요구르트는 묵직하고 시큼한 간식인가? 아니면 다이어트 음식인가? 왜 이렇게 비싼 거지? 울루카야는 아직 마음을 못 정한 쇼핑객에게 더 많은 금액을 지불해야 하는 이유를 설명하기 위해 단백질 함량이 높다는 사실을 강조했다. 터키 출신인 울루카야는 초바니를 터키 요구르트라고 부를 수도 있었음에도 그릭 요구르트라는 이름을 고집했다. 그 편이 더 기억하기 쉬웠기 때문이다. 마지막으로 울루카야는 블루베리같이 미국인에게 마음의 안정을 주는 맛을 요구르트에 섞었다. 레베카 미드Rebecca Mead는 2013년 〈뉴요커The New Yorker〉에 이렇게 썼다. "울루카야는 분명한 민족 정체성을 가진 제품 초바니를 오롯한 미국 제품으로 탈바꿈시켰다."[13]

시지스 스퀴르가 미국 식료품점에 나타나기 시작하던 2004년경, 이 신상품이 마음에 들 거라고 소비자를 설득하는 일은 초바니 그릭 요구르트가 이미 거의 다 마친 상태였다. 돈블레이저는 스퀴르와 그릭 요구르트를 통해 미국인과 요구르트의 관계가 다시 원점으로 돌아왔다고 생각한다. 집에서 요구르트를 직접 만드는 것이 반문화의 일부였던 1960년대에는 요구르트가 시큼하고 몸에 좋았다. 그러다 요구르트는 대대적으로 광고되는 달콤한 초가공식품이 되었다. 그리고 다시 요구르트는 시큼하고 건강한 식품이 되어가고 있다.

지난 30여 년간의 식품 트렌드를 요약해달라고 부탁하자 돈블레이저는 "무엇이 건강한지에 대한 우리 생각이 변한 것"이 가장 큰 트렌드라고 답했다. 30년 전 미국의 '다이어트 식품'은 칼로리는 낮지만 나트륨과 콜레스테롤 함량은 높고 식이섬유도 적었다. "그때는 아는 게 별로 없었어요." 그러다 1989년이 되자 상황이 바뀌기 시작했다. 이때 미국 냉동식품 브랜드 헬시 초이스Healthy Choice의 CEO는 심장마비를 겪은 후 이사회 회의에서 이 회사는 "내가 먹을 수 있는 음식은 하나도 팔지 않는다"고 불평하기도 했다. "하지만 이제는 건강에 훨씬 전체론적으로 접근하는 것 같아요. 소비자들은 최고로 좋은 식품을 먹고 싶어 해요. 건강과 안녕이 강조되면서 우리가 먹는 모든 것이 바뀌었죠." 스퀴르는 이 광범위한 트렌드의 작은 일부일 뿐이다.

오랫동안 스퀴르가 삶의 중요한 일부였던 아이슬란드인에게는 전 세계 사람들이 일제히 스퀴르를 '발견'해 모닝커피와 함께 먹는 것이 무척 기이해 보일 것이다. 하지만 식품 트렌드들이 대개 그렇다. 어떤 사람에게는 트렌드인 것이 다른 사람에게는 오랫동안 지켜온 요리 전통일 수도 있다.

최근 몇 년간 가장 흥한 식품 '트렌드' 중 하나는 바로 아프리카 음식이다.[14] 유럽과 미국, 오스트레일리아에서 수많은 기사들이 아프리카 음식을 '핫'한 유행으로 칭송하고 있다. 좋은 일이다. 몇 가지 작은 문제만 빼면. 먼저, '아프리카 음식'이라는 것은 존재하지 않는다(하지만 가나 음식이나 튀니지 음식을 비롯해서 다양한 아프리카의 지역 음식은 존재한다. 아프리카에는 아프리카 대륙만큼이나 다양한 식문화가 있다). 그리고 두 번째로, 이미 12억 명의 사람들이 먹고 있는 음식을 '핫'한 유행이라 칭할 순 없다.

식품 트렌드 현상은 우리 식품 시스템이 가진 더 큰 문제의 일부다. 더 큰 문제는 우리가 식재료를 원산지와 단절된 것으로 경험한다는 것이다. 어떤 식품이 갑자기 유행하면 그 식품을 생산하는 사람들도 좋든 나쁘든 영향을 받을 수밖에 없다. 하지만 식품을 먹기만 하는 우리는 대개 그 결과를 알지 못한다. 음식은 내가 원하기만 하면 마법처럼 접시 위에 나타나는 것이라고 여기게 되었기 때문이다.

퀴노아와 아보카도엔 무언가 특별한 게 있다

1950년대 내내 〈뉴욕타임스〉는 퀴노아를 딱 한 번 언급했다. 1954년이었고, 헤드라인은 "이제는 퀴노아다"였다. 뉴스 면에 실린 이 작은 기사는 미국 농무부가 "퀴노아라는 식물의 얇은 잎을 시금치 대체재로 활용해보려고 노력 중"이라고 밝혔다. 이름을 알 수 없는 글쓴이는 "부드러운 어린잎이 샐러드에 적합하다"고 했다. 하지만 퀴노아의 씨는 "비누 같은 맛"이 난다고 불평하면서 먹지 말라고 했다.[15]

입맛이 바뀐다는 말로 설명하기에는 부족하다. 1990년에서 2018년 사이 〈뉴욕타임스〉는 퀴노아를 다룬 기사를 300편 이상 실었으며, 기사는 전부 퀴노아의 이파리가 아니라 씨에 관한 것이었다. 요리 칼럼니스트들은 현미만큼 몸에 좋지만 단백질 함유량은 더 높은 이 곡물 같은 씨를 재발견하고 모두 흥분을 감추지 못했다. 게다가 퀴노아에는 글루텐도 없었다!

2000년대 초반, 건강을 챙기는 사람들 사이에서 퀴노아는 거의 주식이 되었다. 1961년에서 2014년 사이 페루의 퀴노아 생산량은 2만 2500톤에서 11만 4300톤으로 증가했다. 이제 전 세계에서 퀴노아 샐러드는 건강한 식사의 대명사가 되었다. 나는 케이프타운과 런던에서, 또 뭄바이와 브뤼셀에서도 퀴노아를 보았다.

고대부터 퀴노아를 재배하던 안데스 산맥에서는 퀴노아 소비가 줄고 있다. 볼리비아의 알티플라노 고원에서 퀴노아를 재배해 수출하는 농부들은 더 이상 퀴노아를 먹지 않는다. 너무 비싸기 때문이다. 코펜하겐에서 생명과학을 가르치는 스벤-에리크 야콥센Sven-Erik Jacobsen 교수는 볼리비아에서 20년 이상 퀴노아를 현장 연구해왔다. 그는 퀴노아를 향한 전 세계의 고삐 풀린 사랑이 원래 주식으로 퀴노아를 먹던 볼리비아인의 삶에 어떤 영향을 미치는지를 직접 목격했다. 2000년 퀴노아 가격은 100킬로그램당 28.40달러였다. 하지만 2008년에는 600퍼센트 이상 올라 204.50달러가 되었다.[16]

퀴노아 가격이 순식간에 급등하면서 많은 볼리비아 사람들이 퀴노아의 영양을 누리지 못하게 되었다. 전 세계의 퀴노아 생산량이 세 배 증가하는 동안 볼리비아의 퀴노아 소비량은 3분의 1 이상 줄어들었다. 이제 볼리비아에서는 원래 주식이었던 탄수화물 식품을 구매하는 것보다 밀로 만든 인스턴트 면을 먹는 것이 더 저렴하고 쉬운 선택지다. 볼리비아에서 구호 활동을 하는 사람들은 이미 건강한 식단에 영양이 풍부한 퀴노아를 추가하고 싶어 하는 북미인의 열망이 볼리비아인의 영양 결핍을 더 악화시킬까 봐 두려워하고 있다. 볼리비아 주민들의 식단에서 지나치게 가공된 저품질 탄수화물의 양이 늘어나고 있기 때문이다.

퀴노아의 수요 증가는 땅에도 흔적을 남겼다. 전보다 훨씬 많은 양의 퀴노아를 생산해야 하는 상황이 되자 볼리비아 우유니 사막 근처에서 퀴노아를 재배하는 방식도 완전히 바뀌었다. 원래 사람들은 느리고 고되지만 지속 가능한 방식으로 직접 퀴노아를 재배했다. 하지만 오늘날 손 대신 트랙터를 사용하는 사람들이 점점 늘어나면서 토양이 악화되었다. 과거에는 퀴노아 재배에 라마를 이용하면서 자연스럽게 라마의 분뇨가 땅을 비옥하게 하는 비료로 쓰였다. 하지만 이제 라마를 키우던 목초지는 더 넓은 퀴노아 밭에 자리를 내주었다. 볼리비아의 퀴노아 재배지에서 농부와 동물, 땅 사이의 관계가 완전히 바뀌어버린 것이다. 이 모든 것이 퀴노아와 구운 뿌리채소로 만든 비건 샐러드를 먹고 싶다는, 겉보기에는 전적으로 무해한 우리의 욕망 때문이었다.

퀴노아 재배를 늘리는 것은 그 자체로는 나쁜 생각이 아니다. FAO는 2013년을 세계 퀴노아의 해로 선정했었다. FAO는 퀴노아가 "필수아미노산과 미량영양소, 비타민은 전부 들어 있고 글루텐은 없는 유일한 식물"이라고 자랑스럽게 떠들었다. 이론상 퀴노아는 전 세계를 먹일 식품이 될 수 있다. 퀴노아는 가난한 사람들이 먹는 음식의 양보다는 질을 개선해줄, 굶주림의 좋은 해결책이다.[17]

2040년 전 세계 인구가 90억 명에 달하는 상황이 오면 퀴노아가 이 모든 인구를 먹일 지속 가능하고 영양이 풍부한 해결책으로 보인다. 작물로서 퀴노아는 가뭄과 혹한을 잘 견딘다. 기후 변화로 환경이 급변하고 있으므로 이러한 특성은 매우 중요하다. 또한 퀴노아는 유일한 완전 단백질 식물이다. 또 다른 식물성 단백질 공급원인 렌틸 등의 콩류는 쌀이나 빵 같은 탄수화물 식품과 함께 먹어야만 영양이 완벽해진다.

"세계를 구하고 기후 변화와 영양 문제를 전부 해결해줄 유일한 작물이 뭐냐고 묻는다면 그 답은 퀴노아다"라고 스벤-에리크 야콥센은 말했다. 하지만 볼리비아 농부들은 유전자은행에 보관한 퀴노아 종자를 전 세계에 나누어주기를 꺼린다. 저널리스트인 리사 해밀턴Lisa Hamilton은 2014년 볼리비아에서 퀴노아를 재배하는 농부들을 인터뷰한 후 많은 볼리비아인에게 퀴노아 종자의 소유권 문제는 곧 식량 주권의 문제임을 알게 되었다. 볼리비아 사람들은 퀴노아 종자를 전 세계에 나누어주면 미국 기업이 퀴노아 판매를 시작해 더 이상 퀴노아가 볼리비아인의 것이 아니게 될까 봐 두려워하고 있다.[18]

그래도 여전히 퀴노아는 전 세계를 구할 식품이 될 수 있을지

식사에 대한 생각

모른다. 지난 몇 년간 미국과 캐나다, 그리고 영국에서는 퀴노아를 직접 재배하려는 시도가 계속되었다. 특히 영국에서는 농부들과 협력해 지속 가능한 방식으로 콩을 재배하는 호드미도드 Hodmedod라는 회사가 서퍽카운티에서 퀴노아를 재배하고 있다.

하지만 퀴노아가 슈퍼푸드에서 벗어나 다시 주식이 될 수 있을지는 아직 미지수다. 서구에서 퀴노아가 탐나는 유행 식품이 되면서 퀴노아 시장 전체가 전 세계 가난한 사람들의 손이 닿지 않는 곳으로 이동했다. 이제 퀴노아는 사치품이 되었기 때문에 정말 퀴노아가 필요한 사람들을 위한 자급용 작물로 되돌아가기는 쉽지 않을 것이다.

퀴노아 말고도 생산지에 의도치 않은 영향을 미친 식품 트렌드가 있다. 2006년에서 2016년 사이 미국인의 아보카도 섭취량이 네 배 이상 증가해 연간 100만 톤을 넘어섰다. 이 수요를 충족하기 위해 2001년에서 2010년 사이 멕시코 미초아칸주의 아보카도 생산량은 세 배 늘었고, 이는 삼림 파괴와 지나친 물 사용으로 이어졌다. 아보카도 재배지는 숲에 비해 물을 헥타르당 두 배 이상 많이 사용한다. 즉 아보카도 재배지의 숲 생태계가 숲 손실과 수원의 고갈로 이중의 타격을 받는다는 뜻이다. 멕시코에서 아보카도 산업의 성장은 엄청난 경제적 이득을 불러왔다. 2016년 전 세계로 수출된 아보카도 10개 중 여덟 개 이상이 미초아칸주에서 생산되었다. 하지만 멕시코의 환경보호청장인 기예르모 아로 Guillermo Haro는 멕시코의 숲은 "아보카도 수출보다 훨씬 가치가 높다"라고 말했다.[19]

서구의 카페에서 아보카도 토스트보다 더 무해한 선택지는 없어 보인다. 아보카도 토스트는 '플렉시테리안flexitarian(주로 채식을 하지만 가끔 육류나 생선도 먹는 사람-옮긴이)'이 베이컨 대신 고르는 메뉴다. 몸을 생각하는 사람이 케이크 대신 고르는 메뉴이기도 하다. 또한 토스트의 바삭함과 대비되는 아보카도의 풍부하고 녹진한 질감과 청록빛의 색감이 좋아서 먹는 메뉴다. 카페 안에 있는 사람의 절반이 먹기 때문에 나만 안 먹으면 이상해 보일까 봐 먹는 메뉴이기도 하다.

　하지만 서구(그리고 아보카도 수입량이 매년 200퍼센트 증가하고 있는 중국)의 아보카도 유행은 아보카도를 재배하는 수많은 멕시코 농민의 삶을 더욱 부유하게 만든 동시에 훨씬 위험하게 만들었다. 2010년대에 멕시코에서 아보카도의 수익성이 커지자 마약 카르텔이 아보카도 생산자들에게 '세금'을 걷기 시작했다. 이를 거부하면 가족이 납치당하거나 공격당할 수 있었고, 농장이 불에 탈수도 있었다. 이렇게 범죄가 급증하자 멕시코산 아보카도를 "피묻은 구아카몰레"라고 부르는 사람들도 생겨났다.[20]

　퀴노아나 아보카도를 먹는 사람 중 자신의 새로운 취향이 이렇게 폭력적인 결과를 낳길 바란 사람은 아무도 없을 것이다. 하지만 이게 바로 식품 트렌드의 문제다. 전세계의 소비 패턴이 손바닥 뒤집듯 쉽게 바뀔 때에는 우리의 바뀐 입맛

식사에 대한 생각

이 어떤 영향을 미치는지 찬찬히 따져보고 검토할 시간이 없다. 최신 유행인 건강식품을 구매할 때 우리는 이 식품의 생산자들이 고통받을 거라고 예상하지 못한다. 그리고 우리가 그토록 탐내는 이 새로운 식품이 가짜일 수 있다는 것도 예상하지 못한다.

무엇이 음식인지 잊어버린 사람들

불순물이 섞여 있거나 내용물과 이름이 다를 가능성이 특히 높은 음식을 원한다면 유행하는 음식을 먹으면 된다. "식품 사기와 식품 유행은 밀접하게 엮여 있습니다." 크리스 엘리엇Chris Elliott 교수가 말한다.

마음을 편하게 해주는 북아일랜드 악센트를 가진 엘리엇은 세계 최고의 식품 사기 전문가 중 한 명이다. 그는 식품 사기가 어떻게 발생하는지, 또 어떻게 막을 수 있는지를 안다. 값싼 햄버거에 말고기가 섞여 있었던 영국의 '홀스게이트horsegate 스캔들' 이후 엘리엇은 식품 공급망의 안전성에 대해 〈엘리엇 보고서Elliott report〉를 작성했다. 벨파스트 퀸스 대학교의 부총장보인 엘리엇은 어떤 식재료가 진짜인지 아닌지를 분석하는 최신 기술을 갖춘 연구소를 운영하고 있다. '오레가노'라고 쓰인 이 허브 한 통은 진짜 오레가노일까, 아니면 옻에 올리브 이파리를 섞어서 오레가노인 척하는 것일까? 엘리엇과 동료들은 전 세계의 식품 공급망을 끊임없이 살피며, 다음에 발생할 식품 스캔들을 예측하고 방지하려고 노력한다. 사기꾼들이 엘리엇의 작업을 얼마나 못마땅

하게 여기는지, 그의 식품 분석 연구실에 폭탄을 견디는 문이 달려 있을 정도다.[21]

식품 사기는 식품을 사고팔기 시작한 때부터 있었던 아주 오래된 현상이다. 비싼 사프란을 구매한 다음 값싼 대체재를 마구 섞어 되파는 상인, 물 탄 맥주를 파는 여관 주인, 무게를 속여 파는 판매자는 늘 존재했다. 하지만 오늘날 세계화된 식품 공급망은 전에 없던 대규모의 사기를 가능하게 한다.

트렌드, 즉 '유행'을 살피는 것은 엘리엇이 하는 일의 핵심이다. 식품 사기의 발생 원인은 다양하지만(판매자의 욕심, 정부의 자유방임적 태도, 한 사람이 감독할 수 없을 정도로 긴 식품 사슬), 가장 큰 원인 중 하나는 공급과 수요의 부조화다. 어떤 식재료가 갑자기 수요를 감당하지 못하면 사기꾼이 가짜 상품을 판매할 강력한 동기가 생긴다.

이런 이유로 순식간에 탐나는 상품이 되어버린 최신 유행 '슈퍼푸드'는 전체 식품 공급망에서 가장 위험한 상품일 수 있다. 가장 순수한 식재료만 모았다고 주장하는 상품도 예외는 아니다. 석류 주스가 좋은 사례다. 2000년대의 첫 10년 동안 석류의 항산화 작용을 홍보하는 건강 관련 기사와 마케팅에 힘입어 석류 제품의 인기가 크게 치솟았다. 2004년 미국에서는 한 병당 무게가 약 227그램인 석류 주스가 7500만 개가 소비됐으나 그로부터 겨우 4년이 지난 2008년에는 무려 4억 5000만 개 소비됐다.[22] 동시에 소비자들의 요구는 점점 늘어났다. 2004년에 미국인이 구매한 석류 주스의 절반은 석류 주스에 더 저렴한 주스를 섞은 것이었다. 하지만 2008년이 되자 100퍼센트 석류 주스라고 주장하는 제품이 전체 판매량의 4분의 3을 차지했다. 충분히 이해가 간다. 건강을 위해 석류 주스를 구매하는 것이라면 최고의 효과를 얻고 싶을 테니 말이다.

하지만 작은 문제가 하나 있었다. 당시 엘리엇이 들여다본 자료에 따르면 석류 주스를 향한 이 전례 없는 열망을 충족시킬 만큼 전 세계에 석류나무가 충분하지 않았다. 새로 심은 석류나무가 열매를 맺기까지는 8년이 걸린다. 엘리엇 같은 식품 사기 전문가들의 눈에는 이란과 이라크, 시리아 등의 중동 국가에서 미국과 영국으로 수출한 '100퍼센트 석류' 주스가 전부 진짜일 리 없다는 것이 너무나도 명백했다.

석류 주스 사기로 얻을 수 있는 경제적 이익은 엄청났다. 2013년 당시 100퍼센트 석류 주스 농축액은 1갤런에 도매가로 30~60달러였던 반면, 사과 주스 농축액은 1갤런당 겨우 5달러에 불과했다. 사과 주스나 포도 주스와 반씩 섞어 석류 주스 양을 '깎아내면' 생산자들은 엄청난 이윤을 낼 수 있었다. 이 주스는 의심을 피하기 위해 인도나 중국 또는 러시아에 있는 유통업체로 보내져 재포장된 다음 다시 서구 국가로 돌아와 병에 담겼다. 이 주스를 병에 담아 판매하는 사람은 자신이 구매한 100퍼센트 석류 주스가 가짜라는 사실을 전혀 모를 수도 있었다. 그리고 한 번도 100퍼센트 석류 주스를 마셔본 적이 없는 소비자 역시 자신이 더 비싸게 구매한 건강 주스가 다른 주스로 희석된 것이라는 사실을 전혀 몰랐다.[23]

나와 인터뷰한 2016년 당시 엘리엇은 코코넛을 주시하고 있었다. 1637년 네덜란드에서 튤립 버블이 발생한 이후 코코넛워터만큼 단시간 내에 엄청난 관심을 받은 상품은 드물다. 당시 이 맹맹한 음료는 유행 중에서도 으뜸가는 유행이었다. '수분 보충'에 특히 뛰어나다는 이 음료는 달콤한 탄산음료의 대체재를 찾던 소비자들에게 높은 가격에 판매되었다. 전 세계의 코코넛워터 시장은 2020년까지 연평균 26.7퍼센트 성장할 것으로 예측되었다. 사기꾼들의 주요 타깃이 되기 딱 좋은 것이다. 엘리엇은 이렇게 말했다. "가장 쉬운 방법은 물로 코코넛워터를 희석해서 설탕을 섞는 거예요." 코코넛워터의 영양 함량은 어느 해에 수확했느냐에 따라 다르기 때문에 어떤 물량이 테스트에서 너무 묽은 것으로 나와도 원래 그 정도 차이는 있다고 생각할 수 있다.[24]

석류 제품과 마찬가지로 코코넛 제품도 사기꾼들에게는 거의 선물이나 다름없다. 현재 건강에 신경 쓰는 소비자들은 코코넛 설탕에서 코코넛 식초(그렇다. 이런 것이 실제로 존재한다)에 이르기까지 코코넛으로 만든 식품이라면 가격이 얼마든 전부 구매하려고 하기 때문이다. 수년간 코코넛은 높은 포화지방량 때문에 건강을 위해 피해야 하는 식품으로 여겨졌지만 지금은 '클린 이팅 clean eating(유해한 식재료를 배제하고 최대한 자연에 가까운 식품만 섭취하는 것-옮긴이)'을 하는 사람들 사이에서 '좋은 지방'으로 추앙받고 있다(하지만 코코넛에 어떤 건강상의 이점이 있는지는 아직 논란이 분분하다).[25]

2016년 태국의 코코넛 흉작으로 갑자기 코코넛 공급량이 줄었고, 펩시코를 비롯한 세계 최대의 코코넛워터 가공업체들은 인도로 사업을 옮겼다. 엘리엇은 코코넛 사기가 (정말로 있다면) 얼마나 일어나고 있는지 분명하게 말하지 못한다. 하지만 사기를 치기에 완벽한 상황인 것만은 분명해 보인다. 프리미엄 '건강'식품의 끝도 없이 늘어나는 수요와 일정치 않은 공급량. 석류처럼 코코넛도 쉽게 생산량을 늘릴 수 있는 것이 아니다. 석류나무가 열매를 맺기까지 8년이 걸린다면, 코코넛 야자나무는 무려 10년이 걸린다.

50대 중반인 엘리엇은 사람들의 식습관이 더 느리고 한결같았던 시절을 기억한다. 그는 앤트림카운티에 있는 작은 농장에서 자라났다. "소 몇 마리와 감자, 부드러운 과일이 있었지요." 엘리엇의 가족은 식품 트렌드와 아무 관련이 없었다. 어린 시절 내내 엘리엇은 커민씨를 한 번도 먹어보지 못했다. 엘리엇 가족이 먹은 새로운 식품은 전부 이웃 농장과 교환한 것이었다. 엘리엇이 어렸을 때 엘리엇의 할아버지는 밴에 감자를 한가득 싣고 가서 양배추를 한가득 담아오곤 했다. 엘리엇은 당시에 먹은 식단을 오늘날 대부분의 사람들이 먹는 식단과 비교하며 자신이 정말로 운이 좋았다고 생각한다. 그의 가족은 결코 부유하지 않았지만 매 끼니마다 신선한 식재료를 소박하게 요리해 먹었다. 반면 오늘날 그가 보기에 "신선한 식재료는 많은 이들에게 거의 사치품에 가깝"다.

어린 시절 엘리엇은 자신이 무엇을 먹고 있는지 알았다. 그는 이런 지식이 점점 희귀해지고 있다고 염려한다. 영국의 많은 아이들은 베이컨이 돼지에서 나온다는 사실이나 우유가 소에서 나온다는 사실을 모른다. 엘리엇은 '건강'식품 트렌드가 늘어나면서 사람들이 식품 현실과 더욱 단절될까 봐 우려하고 있다. 우리가 식단 관련 질환을 치료하려고 최신 유행 식재료를 열렬히 찾을수록 통제 불가능한 식품 시장에 더 취약한 상태가 된다.

새로운 것을 향한 추구는 언제 끝이 날까? 그리고 그 대가는 무엇일까? 나는 내 냉장고에 스퀴르가 들어 있는 것이 얼마나 운 좋은 일인지 잘 안다. 가끔 우리 할머니 세대에게는 식품의 종류가 얼마나 적었을지 생각해본다. 그리고 현재 내가 태국 바질의 달콤한 허브향과 판단pandan 잎의 신비한 맛을 비롯해 전 세계의 맛을 얼마나 다양하게 경험하는지를 떠올리고 깜짝 놀란다. 때로는 아무런 문제가 없는데도 그리 새롭지 않거나 자극적이지 않다는 이유만으로 우리에게서 버려진 옛 식품에 대해 생각해본다. 우리는 스퀴르 대신 라이스 푸딩을 먹을 수도 있었다.

뒤처진 사람들이 염려될 때도 있다. 린 돈블레이저는 민텔에서 식품 트렌드를 분석하는 내내 저소득 소비자들이 고소득 소비자만큼 트렌드에 참여하지 못하는 것을 지켜봐야 했다. 식품 트렌드는 또 다른 형태의 문화적 배제가 될 수 있다. 돈블레이저는 미국에서 소득이 연 5만 달러 이하인 소비자는 "절대 트렌드에 앞장설 수 없"다고 말한다. "저소득 소비자는 새로운 것을 구매했다가 가족들이 싫어한다는 이유만으로 버릴 수 있는 여유가 없어요." 앞에서 살펴봤듯이 석류나 코코넛 유행에 참여할 여유가 있는 것은 은총이자 저주일 수 있지만, 적어도 돈이 있는 사람은 원한다면 이 터무니없는 유행에 합류할 기회가 있다. 돈블레이저는 오랜 시간 소비자들을 연구하면서 저소득 쇼핑객들도 다른 사람이 구매하는 고품질 식품을 똑같이 구매하고 싶어 한다는 사실을 알게 되었다. 값비싼 유행 식품이 늘어나는 현상은 부유층과 나머지 소비자 사이의 간극을 더욱 벌려놓는다. 좋은 식품은 특권층만을 위한 것이라는 생각을 강화하기 때문이다.

최근 큰 인기를 끈 새로운 식품들은 대개 그저 마케팅에 돈을 많이 쓴 상품일 뿐이다. 영양학 교수인 매리언 네슬레Marion Nestle는 식품 산업이 과학자와 블로거에게 돈을 주고 다른 식품에 피해를 입혀가며 특정 식품을 홍보하게 한다는 사실을 폭로했다. 피스타치오가 모든 견과류 중에서 가장 몸에 좋다는 내용의 기사가 나온다면 그 기사에서 언급한 정보와 '연구'는 피스타치오 업계의 돈을 받고 나온 것일 가능성이 높다. 값비싼 슈퍼푸드에 대한 마케팅은 몸에 좋은 식단에 꼭 요즘 유행하는 특정 식재료가 포함될 필요는 없다는 중요한 사실을 감춘다. 어떤 슈퍼푸드도 매일 여러 가지 채소와 과일을 골고루 먹으며 거기에 몇 가지 몸에 좋은 식품을 추가하는 것만큼 효과가 좋을 수 없다. 하지만 이건 이제 아무도 듣고 싶어 하지 않는 지루하고 오래된 이야기일 뿐이다.[26]

물과 공기가 그렇듯 식품도 5분마다 새롭게 바뀔 필요가 없다. 어쩌면 오늘날 식품 트렌드의 가장 큰 문제점은 바쁜 현대의 생활 속에서 어떻게 즐거움과 건강을 모두 챙기며 규칙적인 식사를 할 수 있는가 같은 더 근본적인 문제에서 눈을 돌리게 만든다는 것일 수 있다. 기초적인 사실은 무시하면서 식단 관련 질환을 해결하기 위해 새로운 것에만 매달리는 데에는 다소 불안정하고 정신없는 면이 있다. 이는 식단의 변화를 너무 많이 경험해서 가끔은 무엇이 음식인지조차 잊은 것처럼 보이는 세대의 행동이다.

6장

외식하세요!
쓰레기든 캐비어든

★

어느 여름밤 저녁 7시(스페인어권 국가에서는 저녁 9시)에 전 세계 아무 도시의 중심가를 걸으면 수백 명의 사람들이 수없이 다양한 방식으로 외식을 하는 모습을 볼 수 있다. 북적거리는 광장의 야외 테이블에서는 커플들이 맥주나 네그로니 칵테일을 홀짝이며 포크로 스파게티를 돌돌 말고 있다. 20명 남짓 되는 커다란 무리는 함께 웃으며 나무 화덕에서 구운 피자를 나눠 먹는 중이다. 어린 자녀가 있는 가족은 레바논식 에피타이저를 먹으며 막 아장아장 걷기 시작한 아이의 입에 작은 팔라펠 조각을 넣어주고 있다. 아시아 음식 팬들은 입안이 얼얼하고 코가 뻥 뚫릴 정도로 매운 베트남 쌀국수나 스시를 먹는다.

홀로 식사하는 사람들도 있다. 비스트로(규모가 작은 프랑스 파리식 식당-옮긴이)의 구석 테이블에서 카술레cassoulet(고기와 콩을 넣어 뭉근히 끓인 스튜-옮긴이) 한 접시와 레드 와인 한 잔, 책 한 권을 즐기며 하루 동안 요리를 쉬는 사람이 보인다. 나도 그런 사람이 되고 싶다. 잘 차려입고 우리 집 부엌보다 더 세련된 조명을 갖춘 공간에서 다른 사람이 요리한 맛있는 음식을 먹는 사람 말이다.

레스토랑에서는 모든 것의 중심에 있는 느낌이 드는 동시에 언제든지 어둠 속으로 사라질 수 있을 듯한 기분을 느낄 수 있다. 집에서는 감히 시도하지 못할 새로운 요리를 자유롭게 탐험할 수 있고, 어린 시절에 금지되었던 좋아하는 요리를 마음껏 시킬 수도 있다. 현대의 레스토랑 식사는 부모님이 모든 것을 감독하고 통제했던 과거의 가족 식사와는 완전히 다르다. 레스토랑에는 어떤 평가도 장애물도 없다. 이렇게 많은 사람이 집이 아닌 다른 곳에서 자유롭고 손쉽게 식사의 즐거움을 누릴 수 있었던 적은 여태껏 없었다. 오늘날 미국인은 음식에 쓰는 돈의 약 절반 이상을 외식비로 지출한다.[1]

밀레니엄 이후 외식은 특히 젊은이들 사이에서 단지 선호하는 식사 방식이 아니라 선호하는 오락의 한 형태가 되었다. 이러한 현상은 우리가 늘 시간에 쫓들리면서도 여전히 식사를 소중히 생각하고 돈 쓸 가치가 있는 것으로 여긴다는 표지다. 시장조사업체 민텔에서 근무하는 토비 클라크Toby Clark는 외식비 증가의 원인이 "물건을 더 많이 쌓아두기보다"는 경험에 돈을 쓰고자 하는 소비자의 새로운 욕망에 있다고 보았다.[2]

오늘날 즐거움을 위한 외식이 이렇게 인기를 끄는 것은 우리가 (적어도 이런 형태의) 외식을 즐기기 시작한 것이 얼마 되지 않아서이기도 하다. 고대에도 요리를 하고 빵을 굽는 공간이 있었

식사에 대한 생각

고, 손님은 이곳에 들러서 맛있는 식사를 포장해갈 수 있었다. 하지만 필요에 의해서가 아니라 즐거움을 위해 자리를 잡고 앉아 따뜻한 음식을 대접받는 경험은 길가 여관에서 식사를 하던 여행자를 제외하면 비교적 드문 호사였다. 오늘날 외식은 매일 누릴 수 있는 사치이자 자기표현의 한 방법이다. 오늘밤에는 한국식 바비큐를 먹을까, 아니면 모퉁이에 새로 생긴 시칠리아 음식점에 가볼까?

사람들은 그 어느 때보다도 외식을 많이 한다. 이렇게 집밖에서 하는 식사들은 가처분소득이 있는 사람의 수가 전보다 많아졌음을 보여준다. 많은 사람들이 전보다 부유해졌다는 행복한 사실이 없었더라면 1990년대 이후 전 세계적으로 이렇게 외식이 급증할 수는 없었을 것이다. 1994년에서 2010년 사이 남아공에서는 평균 소득이 거의 두 배가 되었고(3610달러에서 6090달러), 난도스 치킨Nando's chicken이나 데보네어스 피자Debonairs Pizza 같은 저렴한 레스토랑 체인이 크게 늘어났다.[3]

전 세계적으로 외식이 엄청나게 증가하면서 1년에 한 번 있는 특별한 일이었던 레스토랑에서의 식사는 쇼핑몰에서 기분 내키면 즉시 할 수 있는 평범한 일이 되었다. 그 배경에는 우리가 음식을 둘러싼 여러 사회적 의무에서 해방되었다는 더 큰 맥락이 있다. 원치 않는다면 누구도 요리할 필요가 없다. 오늘날 우리가 획득한 음식의 자유는 과거에 음식을 구매하고 먹던 방식과는 확연히 다르다. 거대한 맛의 시장에서 우리의 입맛은 완전한 자유를 누릴 수 있다.

외식을 하든 온라인 쇼핑을 하든 사람들은 기막힐 정도로 손쉽게 다양한 음식을 한데 모을 수 있으며 전통적인 식사법을 지켜야 한다는 오래된 의무도 더 이상 존재하지 않는다. "먹을 게 이렇게 많아지리라고는 전혀 예상하지 못했어요." 먹을 것이 부족한 상태로 수십 년을 살아온 한 중국인 할아버지가 2007년에 한 말이다. 이 할아버지는 어린아이들이 등굣길에 기다란 튀김 도넛을 사서 반만 아침으로 먹고 나머지는 버리는 모습에 불편한 마음을 내비쳤다.[4]

이런 음식 구매 방식의 변화는 식사뿐만 아니라 우리가 삶을 조직하는 방식과도 관련이 있다. 오늘날 우리는 대부분 바깥에서 음식을 먹고 사적인 공간에서 온라인으로 식재료를 구입한다. 하지만 과거에는 정반대였다. 식재료 쇼핑은 야외에 있는 시장에서 하든 작은 독립 식료품점에서 하든 보통 바깥에서 이루어졌기에, 다른 사람의 조언이나 판단에 노출되지 않고는 음식을 하나도 살 수 없었다. 여러 요리 규칙과 음식을 둘러싼 행동 규칙이 이런 식으로 유지되었다. 사람들은 다른 사람이 무엇을 사는지를 보고 같은 식품을 구매했다. 반면 식사는 대개 가족이 모인 자리에서 이루어지는 사적인 일이었으며, 우리가 무엇을 얼마나 먹을지, 특정 식재료를 좋아할지 싫어할지는 부모가 결정했다.

이제는 그 누구도 우리의 음식 선택을 감독하거나 방해하지 않는다. 영양 전이의 다른 측면과 마찬가지로 이런 음식 구매 방식의 변화는 좋은 결과와 나쁜 결과를 동시에 가져왔다. 카페와 편리함의 시대는 전에 없던 엄청난 자유를 불러왔지만 모두가 이런 자유를 똑같이 누릴 수 있는 것은 아니다. 게다가 내가 먹고 싶은 것은 무엇이든 선택할 수 있는 자유는 겉으로 보이는 만큼 늘 자유롭지만은 않다. 우리는 사회경제적 자유를 통해 많은 것을 얻은 만큼 건강을 잃었다. 레스토랑과 슈퍼마켓의 성장은 우리 삶을 더욱 편리하게 만들어주었지만 한편으로는 수많은 사람에게 식단 관련 질병을 안겨주었다. 원래 음식은 이렇게 쉽게 구할 수 있는 것이 아니었다. 우리가 언제 어디서든 먹을 수 있는 엄청난 양의 음식은 여태까지 우리의 뇌와 신체가 경험한 수준을 훌쩍 넘어선다. 다정하게 우리를 부르는 비스트로와 테이크아웃 전문점, 카페와 게스트로펍이 주변에 즐비할 때에는 언제 숟가락을 놓아야 하는지 판단하기가 쉽지 않다.

누구든 외식할 수 있어요!

이제 외식은 너무 평범해져서 그렇지 않았던 때를 기억하기조차 어렵다. 그러나 지난 수천 년간은 집에서 만든 요리가 전 세계에서 섭취하는 대부분의 칼로리를 책임졌다. 1950년대까지만 해도 미국의 평범한 가족이 즐거움을 얻기 위해 레스토랑에서 식사하는 것은 매우 중요한 사건이었을 것이다.[5]

부유한 상류층을 제외하면 외식은 대부분 즐거움이 아니라 유용성을 위한 것이었다. 미국에는 옛날부터 다이너diner나 간이식당처럼 노동자를 위한 소박한 식당들이 있었는데, 여기서 샌드위치나 달걀, 해시브라운hash brown(감자를 다지거나 잘게 썰어 튀긴 요리-옮긴이) 같은 소박한 즉석요리와 끝없이 리필되는 묽은 커피를 사 먹을 수 있었다. 하지만 식탁보와 와인이 갖추어진 곳에서 집에서 만든 것과는 다른 음식을 사 먹는 일은 매우 드물었다. 전 세계 거의 모든 국가들도 미국과 다르지 않았다(프랑스와 이탈리아처럼 가족 소유의 작고 저렴한 식당이 오래도록 전통을 잇고 있는 일부 국가는 제외). 1960년 조사 결과 네덜란드 인구의 84퍼센트는 외식을 "거의 또는 아예 하지 않"았다. 잦은 레스토랑 방문은 부자들만의 전유물이었다. 당시 네덜란드의 레스토랑들은 너무 딱딱하고 형식적이며 비싸다는 평판이 있었다.[6]

한때는 식료품점이 다른 사람에게 평가받는 느낌을 주는 장소였듯, 값비싼 즐거움을 제공하는 레스토랑도 많은 이들에게 소외감을 주는 곳이었다. 과거 영국의 레스토랑은 상류층이 샴페인과 굴 요리를 즐기는 동안 나머지 사람들은 추운 바깥에서 창문에 코를 박고 구경만 하는 속물적인 장소라는 평판이 있었다. 레스토랑은 지나치게 격식을 차리고 야단스럽게 꾸며진 장소, 잘못된 포크를 사용하면 가혹한 비판을 받을 것만 같은 장소였다.

하지만 몇십 년이 지나지 않아 즐거움을 위한 외식은 더 이상 소수의 전유물이 아니게 되었다. 1980년에 외식을 "거의 또는 아예 하지 않는다"고 답한 네덜란드 인구는 겨우 26퍼센트뿐이었다. 다른 나라에서도 비슷한 추세가 나타났다. 1959년 영국 사람들의 식비 예산에서 외식비가 차지하는 비율은 겨우 9.6퍼센트였다. 하지만 1995년이 되자 영국의 외식비 비중은 28.4퍼센트로 거의 세 배가 되었다. 가장 눈에 띄는 변화는 이제 평범한 영국인도 부유한 사람과 비슷한 비율의 식비 예산을 외식에 쓰고 있다는 것이다. 상당히 짧은 기간 안에 벌어진 놀랄 만한 변화다. 이제는 사회의 모든 구성원이 평등하게 외식을 할 수 있게 되었다.[7]

외식이 일상적인 습관으로 자리 잡기 위해서는 몇 가지 다른 변화가 선행되어야 했다. 먼저 레스토랑 음식을 사 먹을 수 있을 만큼 경제적 여유가 있는 사람들이 충분히 많아야 했다. 그리고 이들을 먹일 수 있는 적절한 가격의 레스토랑과 음식점이 충분해야 했다. 마지막으로 새로운 음식을 맛보는 데 돈을 지불할 가치가 있다고 느낄 만큼 소비자의 입맛이 바뀌어야 했다.

외식에 돈을 쓰려면 자신감이 있어야 한다. 이 자신감은 어느 정도 소득이 있어야 나오는 것이다. 외식 증가의 기반이 된 첫 번째 변화는 전 세계의 소득 증가였다. 즉 스스로에게 훌륭한 식사를 대접할 여분의 현금이 생겼다는 뜻이다.

집에서 만든 음식이 늘 저렴한 것은 아니듯, 집밖에서 하는 외식이 늘 부의 표지인 것은 아니다. 어떤 사람들은 자기 부엌이 없을 정도로 가난해서 밖에서 음식을 사 먹을 수밖에 없다. 아시아 길거리 음식의 경우 사람들은 주로 저렴한 가판대에서 음식을 구매해 비닐봉지에 담아 집으로 가져온다. 메뉴는 소금에 절인 생선 부스러기를 넣은 볶음밥일 수도 있고 로티(북인도에서 만드는 빵의 총칭-옮긴이)와 함께 먹는 그린 카레일 수도 있다. 하지만 대다수의 외식은 (심지어 패스트푸드도) 집에서 요리한 가장 기본적인 식사보다 돈이 더 많이 든다. 모든 국가에서 소득이 오르면 외식의 횟수도 늘어난다. 영양 전이의 4단계가 가진 다른 특징과 마찬가지로 외식 또한 어떤 국가와 국민이 더 부유해질 때, 집밖에서 유급 노동을 시작하는 여성이 더 많아질 때, 노동자들이 도시로 밀려들 때 일어난다.[8]

외식 증가의 토대가 된 두 번째 변화는 프랑스의 오랜 전통인 브라스리brasserie(술과 식사를 판매하는 프랑스식 식당-옮긴이)보다 더 저렴하고 덜 형식적인 새로운 종류의 식당이 생겨난 것이다. 네덜란드의 인도네시아 레스토랑, 시애틀의 베트남 쌀국수집, 사실상 전 세계 어디에나 있는 이탈리아의 피자와 파스타집처럼 이민자들이 '에스닉ethnic' 푸드를 파는 새로운 레스토랑을 세우지 않았더라면 20세기 후반에 사람들이 이렇게 많이 외식을 즐길 수는 없었을 것이다. 현대 레스토랑의 성공은 이민에 관한 이야기이자 전 세계인들이 이주를 통해 서로 거주지를 바꾼 결과물이다.

세 번째 중요한 변화는 집에서 만든 요리와는 다른 새로운 음식이 먹고 싶어질 만큼 우리의 입맛이 계발되었다는 것이다. 사람들은 낯선 맛에 입과 마음을 모두 열어야 했다.

"사람들은 어떻게 음식이 달콤한 동시에 새콤할 수 있는지 이해를 못 했어요." 운윙입Woon Wing Yip은 1950년대와 1960년대에 중국 레스토랑을 찾은 영국 손님을 이렇게 회상한다. 1937년에 태어난 운윙입은 1962년 영국의 바닷가 마을 클랙턴온시Clacton-on-Sea에 그의 첫 중국 레스토랑을 열었다. 1959년 주머니에 단 2파운드만 넣고 홍콩에서 영국으로 넘어온 그는 먼저 웨이터로 일을 시작했다. 레스토랑을 개업한 초창기에 그는 손님이 메뉴에 대해 불평하는 소리를 자주 들었다. 사람들은 레스토랑 밖에

서서 마치 이런 괴상한 조합은 농담일 것이 분명하다는 듯 "달콤하고 새콤한 돼지고기 요리"라는 말을 빈정대며 읽곤 했다. 하지만 처음에는 확신이 없던 영국 사람들도 곧 중국 레스토랑이 (인도 카레하우스와 마찬가지로) 영국 식당이라면 같은 가격에 절대 내놓지 않을 훌륭한 요리와 서비스를 제공한다는 사실을 깨달았다. 1970년이 되자 영국에는 중국 레스토랑의 수가 4000여 개로 늘어났다(1914년에는 겨우 하나였다).⁹

전 세계의 여러 저렴한 레스토랑과 마찬가지로 영국에 있는 중국 레스토랑 역시 손님이 원하는 것은 영국 음식을 포함해 무엇이든 내놓음으로써 새로운 맛에 친숙해질 기회를 주었다. 만약 영국인 손님이 치킨 카레를 밥이 아닌 빵과 버터에 먹고 싶다고 해도 세련되지 못하다고 비웃음당하는 느낌 없이 맘껏 먹을 수 있었다. 2016년 내가 인도에 있을 때 많은 인도인이 인도에 있는 중국 레스토랑에 대해 이야기했다. 이 중국 레스토랑들도 중국의 간장과 식초에 인도의 커민과 그린 칠리를 섞어서 현지인의 입맛에 맞는 요리를 만든다. 이 요리들은 정통은 아니지만 인도인 손님에게 즐거움을 준다.

영국에 있는 중국 레스토랑들은 초창기에 손님을 왕처럼 대접했다. 손님의 말이라면 무조건 옳았고, 목요일 밤에는 성대한 만찬도 대접했다. "카펫도 깔아놓았어요." 한 인터뷰에서 운영인은 영국의 옛날 중국 레스토랑을 회상하며 이렇게 말했다. "식탁보도 깔았지요. 중국 레스토랑이 생기기 전에는 호텔에서나 카펫과 식탁보, 웨이터를 볼 수 있었어요. 호텔은 평범한 재력으로는 갈 수 없는 곳이었고 9시 반이면 문을 닫았어요." 나도 어린아이였던 1980년대에 중국 레스토랑에 가는 것이 얼마나 신나는 일이었는지를 영원히 잊지 못할 것이다. 간장 냄새를 은은히 풍기며 철판 위에서 지글거리던 짭쪼름한 요리들. 하얀색과 분홍색이 어우러진 부드러운 식탁보가 깔린 테이블. 식사를 시작하면 여러 가지 색깔의 양념이 식탁보 위로 떨어져 잭슨 폴록Jackson Pollock의 그림 같은 자국을 남겼다.

그때까지만 해도 레스토랑에서의 식사는 여전히 드물고 특별한 일이었지만 이제는 점점 더 그렇지 않은 일이 되고 있다. 1985년에서 2005년 사이 영국인의 외식비는 33퍼센트 증가했다. 미국의 경우 무려 76퍼센트가 증가해 2005년 미국인은 외식에 평균 2500달러를 지출했다.[10]

친구들과의 외식은 삶의 큰 기쁨 중 하나다. 나는 욕심 많은 사람이라서 이렇게 갖가지 유쾌한 방식으로 외식할 수 있는 시기를 살아간다는 사실에 감사함이 물밀듯 밀려올 때가 있다. 오늘날에는 음식으로 위로받거나 기분 전환을 할 방법도 많고, 우리를 기쁘게 해줄 점포와 테이블도 수없이 많다. T. S.엘리엇T. S. Eliot의 시에서 프루프록Prufrock은 커피 스푼으로 자신의 삶을 잰다. 나는 레스토랑의 테이블로 내 삶을 잴 수 있을 것 같다. 이 테이블 하나하나가 내게 새로운 맛의 세계를 열어주었다. 어린 시절에는 아버지가 매운 빈달루(인도 고아 지역의 매운맛 카레-옮긴이)를 먹고 얼굴이 빨갛게 바뀌는 모습을 지켜보던 카레하우스가 있었다. 베네치아의 한 테이블에서 물처럼 부드럽고 섬세한 맛의 해물 리소

　　　　　　　　　　　　　　　식사에 대한 생각

토를 먹던 20대의 내 모습도 떠오른다. 그리고 몇 년이 지나 할머니가 돌아가신 후 눈물을 흘리며 허겁지겁 타파스를 먹던 스페인 레스토랑도 있다.

하지만 외식이 증가하면서 기쁨뿐만 아니라 문제도 생겨났다. 그중 하나는 특별한 날에 먹던 음식이 흔히 먹는 음식이 되면 그 음식에서 전과 같은 기쁨을 얻지 못한다는 것이다.

영국의 한 음식사회학 연구팀은 외식을 대하는 태도에 대해 1995년에 한 번, 2005년에 한 번 연구를 실시했다. 1995년에는 영국인 대부분(1000명이 조금 넘는 표본에 근거)이 외식을 매우 특별한 사건으로 여겼다. 표본에 속한 사람들은 연구자들에게 외식하는 경험을 몹시 기대한다고 말했다. 또한 사람들과의 교류, 집밥과는 다른 음식, 특별한 행사에 참여하고 있다는 느낌 등 레스토랑 식사의 특징 하나하나가 즐겁고 기쁘다고 했다.[11] 마치 이 경험에서 만족을 얻기로 작심한 것 같았다.

하지만 2015년 똑같은 연구를 다시 실시했을 때 응답자들 사이에서 이런 기쁨은 거의 발견할 수 없었다. 대부분의 사람들에게 외식은 20년 전보다 훨씬 자주 있는 일이었고, 그만큼 당연시되는 일상이었다. 외식을 많이 하는 사람일수록 외식을 덜 즐긴다고 답했다. 과거 외식이 가졌던 특별한 느낌은 사라지고 없었다.

이제는 외식이 꼭 사교 행사인 것도 아니다. 지난 10년간 전 세계의 중심가는 패스트푸드점과 레스토랑 사이 어디쯤에 있는 식당으로 넘쳐흐르게 되었다. 이 식당들의 목적은 식사할 시간이 거의 없는 사람들에게 음식을 파는 것이다. 거리에는 주스 바도 있고 비트 퀴노아 샐러드를 파는 가게도 있으며 스시와 샐러드, 미소 된장국처럼 몸에 좋은 일본 음식을 판매하는 일식당도 있다. 수프 카페와 부리토 카페가 있으며 수천 개가 넘는 스타벅스도 있다. 내가 어떤 음식을 선택하는지 감시당하지 않고 (심지어 근무시간에) 갖가지 다양한 요리 중에 하나를 고를 수 있는 것은 엄청난 사치다. 하지만 끝없이 펼쳐진 이 모든 음식에도 따분한 면이 있다. 식사의 분위기가 너무 가볍고 평범하다는 것이다.

외식의 증가가 불러온 더 심각한 문제는 영양상의 대가가 무척 크다는 것이다. 미국의 한 연구에 따르면 매주 외식을 딱 한 번만 해도 하루에 134칼로리를 추가로 섭취하는 셈이 되어, 1년에 몸무게가 1킬로그램 증가하게 된다. 그러나 미국을 포함한 어디서든 사람들은 외식을 일주일에 단 한 번만 하지 않는다.[12]

패스트푸드의 세상

보통 우리가 밖에서 먹는 음식은 집에서 먹는 음식과 영양 수준이 다르다. 1970년대 미국 농무부의 분석에 따르면 미국인이 외식하는 음식은 집에서 먹는 음식에 비해 비타민이 심각하게 부족하고 칼슘과 지방은 더 많은 경향을 보였다. 하지만 1970년대에는 이런 특성이 미국 식단의 전반적 수준에 별 영향을 미치지 않았다. 그때만 해도 외식은 흔치 않은 특별한 일이었기 때문이다. 한 달에 한 번 사치를 부리면서 크리미한 알프레도 파스타의 칼로리를 지나치게 걱정하는 것은 어리석은 일이었을 것이다.[13]

그러나 외식 횟수가 늘어난 오늘날에는 얘기가 다르다. 외식에서 얻는 (또는 얻지 못하는) 영양소는 우리에게 더 많은 영향을 미치기 시작했다. 외식이 사람들의 건강에 영향을 미치는 국가는 미국만이 아니다. 유럽 10개국에서 거의 4만 명을 대상으로 실시된 연구에 따르면 사람들은 집에서 식사할 때보다 외식할 때 칼로리를 더 많이 섭취하고 달콤한 음식도 더 많이 먹었다. 타당한 결과다. 외식할 때는 스스로에게 좋은 대접을 해주는 느낌이 들어서 마음을 위로해주는 음식을 넉넉히 먹고 싶어지기 때문이다. 한편 레스토랑도 기분 좋은 음식을 충분히 제공하지 않으면 손님이 떠나갈 수 있다는 점을 잘 안다.[14]

레스토랑 음식이 집밥만큼 몸에 좋지 못할 이유는 없다. 하지만 (패스트푸드점이건 아니건 간에) 서구의 많은 레스토랑은 채소처럼 몸에 좋은 식품은 절대 좋아할 수 없을 거라는 생각을 영속화한다. 영국 푸드파운데이션Food Foundation의 2017년 조사 결과 영국 사람들이 레스토랑에서 세 번 외식하는 동안 섭취하는 평균 채소량은 겨우 2분의 1인분이었다.

아이들과 함께 외식할 때 나는 종종 사이드 메뉴로 초록 채소 요리 두어 개를 주문한다. 우리 가족은 채소 요리를 좋아하기 때문이다. 그러면 웨이터는 우리가 너무 "건강하게" 사는 것 아니냐며 농담 섞인 놀라움을 표시하곤 한다. 하지만 우리가 중국 레스토랑에서 채소 요리를 주문할 때는 완전히 다른 경험을 하게 된다. 중국 레스토랑의 웨이터는 채소를 먹고 싶어 한다는 사실을 의아해하는 대신 청경채와 가이란gai lan 중 무엇을 고르는 것이 좋을지 조언해주거나 마늘 소스와 굴소스의 장점이 무엇인지 설명해줄 가능성이 높다.[15]

모든 인간의 삶은 슬픔과 상실로 가득하기에 레스토랑에서 훌륭한 식사로 슬픔을 달래거나 (또는 만사가 잘 돌아가는 흔치 않은 순간을 축하하거나) 내 책임이 아닌 식탁에 앉아 다른 사람이 공들여 만든 음식을 먹는 것은 그리 나쁜 일이 아니다. "하늘 아래서 먹고 마시며 즐기는 일밖에 사람에게 무슨 좋은 일이 있겠는가?"라고 성경은 말한다. 오늘날 달라진 점은 마음껏 먹는 일이 너무 잦아진 나머지 여러 질병의 원인이 되었다는 것이다.

잦은 외식이 우리의 건강을 해친다면 그건 외식으로 먹는 음식의 상당수가 패스트푸드이기 때문이다. 현재 미국에 있는 레스토랑의 약 절반이 패스트푸드 레스토랑이며, 이곳에서는 아무 의무 없이 식사를 한다는 느낌을 더 강하게 받을 수 있다. 패스트푸드 프랜차이즈는 그동안 전 세계로 퍼져나가면서 일부에게는 거절당하고 일부에게는 현대적인 맛이라며 환영받았다.[16]

나는 2002년 출간된 에릭 슐로서의 저서 《패스트푸드의 제국》을 읽었다. 패스트푸드 버거와 감자튀김 뒤에 가려진 진짜 세력을 폭로한 이 책은 대규모 도축장에서 나온 다진 소고기가 분뇨로 오염되기도 한다는 충격적 사실을 폭로했다. 나는 모건 스펄록의 2004년 다큐멘터리 〈슈퍼사이즈 미〉도 보았다. 이 다큐멘터리에서 30일 내내 오로지 맥도날드 음식만 먹은 스펄록은 11킬로그램이 늘었고 감정 기복과 지방간을 얻었다.

하지만 나는 1993년 모스크바로 여행 갔을 때 먹었던 빅맥만큼 맛있는 음식은 없었다고 생각한다. 소비에트연방이 무너지고 몇 년 되지 않았던 그때 나는 바퀴벌레가 들끓는 모스크바의 학생 아파트에 잠시 머물고 있었다. 당시 대부분의 러시아 식료품점은 아직 공산주의 시대의 사고방식에서 벗어나지 못한 상태였다. 호밀 빵을 한 덩이 사려면 선반의 반이 텅텅 빈 식료품점 앞에 줄을 서야 했다. 하지만 푸시킨 광장에 있는 맥도날드(1990년 1월에 문을 열었다)는 풍요와 기쁨의 분위기가 감돌았고 정확히 자신이 원하는 것을 먹고 있는 사람들로 가득했다(자신이 원하는 것이 햄버거와 감자튀김과 치킨너깃과 걸쭉하고 차디찬 밀크셰이크라는 말이다).

패스트푸드는 한 번도 99센트짜리 햄버거에 유혹을 느껴본 적이 없는 사람들에게 무시당하기도 한다. 패스트푸드 레스토랑이(가난한 손님의 필요를 채워준다는 이유로) 자리에 앉아 서비스를 받는 레스토랑만큼 만족감을 주지 못할 거라고 생각하는 사람들도 있다. 내 경험상 그건 전혀 사실이 아니다. 패스트푸드가 주는 기쁨(집이 아닌 공간에서 내가 요리하지 않은 엄청나게 자극적인 맛의 음식을 먹는 기쁨)은 미슐랭 스타를 받은 레스토랑에서 10코스짜리 테이스팅 메뉴를 먹을 때 느끼는 감정 못지않게 강렬할 수 있다. 차이점이 있다면 많은 패스트푸드 소비자들이 (헤비 유저일 경우) 즐거움을 얻는 대신 여러 만성질환을 앓게 된다는 것이다.

이제는 잦은 패스트푸드 섭취가 심장질환뿐만 아니라 인슐린 저항성과 제2형 당뇨병의 발병 위험도 높일 수 있다는 말을 아무런 의심 없이 할 수 있을 정도로 충분한 증거가 쌓였다. 패스트푸드가 집에서 만든 음식보다 지방과 설탕은 더 많고 채소와 섬유질, 비타민, 우유는 더 적다는 사실을 감안하면 그리 놀라운 일은 아니다. 2007년에서 2008년, 패스트푸드를 먹는 평범한 미국 성인은 이런 음식에서 하루 평균 877칼로리를 얻었다.[17]

패스트푸드 애호가들이 전부 몸무게가 늘어나거나 아플 거라는 말은 아니다. 음식이 관련되면 늘 그렇듯 이 또한 복잡한 문제다. 여러 종류의 패스트푸드에서 위험 요인을 구분하려 했던 몇 안 되는 연구 중 하나는 다음과 같은 결과를 도출했다. 30세 이상의 아프리카계 미국인 여성 4만 명 사이에서 10년 후 제2형 당뇨병의 발병률은 햄버거와 감자튀김, 치킨을 일주일에 두 번 이상 먹었을 때 가장 높았고, 기름에 튀긴 생선이나 중국 음식을 주기적으로 포장해 먹은 경우에는 발병 위험이 그보다 낮았으며, 멕시코 음식이나 피자는 발병률을 높이지 않았다. 해석은 각자의 몫이다.[18]

패스트푸드는 건강 불평등을 일으키는 요인 중 하나다. 가난한 동네일수록 패스트푸드 매장이 밀집된 경향이 있기 때문이다. 패스트푸드 레스토랑의 1인당 가용성과 아동 비만율이 관련이 있다는 분명한 증거가 있다. 오늘날 미국 어린이 세 명 중 한 명이 매일 패스트푸드를 먹는다는 사실을 고려하면(1970년대 이후 다섯 배 증가한 수치다) 이건 결코 작은 문제가 아니다.[19]

어른 아이 할 것 없이 패스트푸드 레스토랑에 가까이 살수록 비만이 될 가능성이 더 높다. 2010년 미국에서 실시한 한 연구는 300만 명의 어린이와 300만 명의 임신부를 대상으로 패스트푸드 레스토랑과의 근접성에 따라 몸무게가 어떻게 변하는지를 살펴보았다. 컬럼비아 대학교 경제학자 재닛 커리Janet Currie의 연구팀은 학교에서 160미터 반경 내에 패스트푸드 레스토랑이 있을 경우 아동 비만율이 5.2퍼센트 증가한다는 사실을 발견했다. 이 연구는 대규모 표본을 통해 패스트푸드 레스토랑과의 근접성이 비만과 상관관계만 있는 것이 아니라 실제로 비만을 야기할 수도 있음을, 그 어떤 연구보다도 강력하게 암시하고 있다. 하지만 이 연구가 완벽했던 것은 아니다. 커리가 지적했듯 패스트푸드점이 드문 동네에 사는 미국인도 비교 대상에 포함시켜야 했지만 그럴 수가 없었다. 미국에는 패스트푸드점이 드문 곳이 없기 때문이다.[20]

패스트푸드를 어떻게 정의할 수 있을까? 대부분이 어떤 음식이 패스트푸드인지를 알지만 실제로 패스트푸드가 무엇을 의미하는지에 대해서는 합의된 바가 거의 없다. 《미국 문화유산 사전 American Heritage Dictionary》은 패스트푸드를 "햄버거나 프라이드치킨처럼 빠른 시간 내에 조리되어 제공되는 저렴한 음식"으로 정의한다. 다른 정의들은 패스트푸드가 메뉴의 가짓수가 적고 테이블 서비스가 없으며 일회용 포장지나 용기에 담겨 나온다는 점을 언급한다. 하지만 이런 정의로는 '패스트푸드'와 개인 푸드 트럭에서 직접 만든 비건 타코(토르티야에 고기, 해산물, 채소, 치즈 등을 넣은 멕시코 요리-옮긴이)를 구분할 수 없다. 커리와 동료들은 패스트푸드를 정의하는 여러 기준을 마련했지만 가장 좋은 방법은 그냥 가장 규모가 큰 미국 패스트푸드 체인 10곳에 집중하는 것이었다. 2010년 현재 미국의 톱10 패스트푸드 체인은 맥도날드, 서브웨이, 버거킹, 피자헛, 잭인더박스Jack in the Box, KFC, 타코벨, 도미노피자, 웬디스, 리틀시저스Little Caesar's로, 이 체인들은 정제 기름과 설탕, 탄수화물 함량이 높은 음식을 지나치게 푸짐한 양으로 판매한다는 사실뿐만 아니라 자사 음식을 공격적으로 브랜딩·마케팅·광고하는 것으로도 유명하다.

패스트푸드의 마케팅은 패스트푸드가 전통 음식보다 영양과 맛이 부족하다는 사실을 아는 사람들조차 패스트푸드를 사 먹게 만들 수 있다. 2009년 한 연구팀은 태국에서 600명 이상의 10대를 대상으로 패스트푸드를 어떻게 생각하는지 물었다. 4분의 3이 넘는 아이들이 프라이드치킨이나 햄버거 같은 패스트푸드는 칼로리가 높고, 신선한 허브와 갈랑갈(생강과에 속하는 향신료-옮긴이)로 만든 태국 전통 요리보다 비만을 유발할 가능성이 높다는 사실을 알고 있었다. 하지만 아이들의 절반 이상이 주기적으로 서구식 패스트푸드를 먹었는데, 그 이유는 맛이나 식감 때문이 아니었다. 아이들이 패스트푸드를 사랑하는 이유는 패스트푸드가 현대적인 음식이기 때문이었다. 아이들은 공짜로 나눠주는 증정품과 가격 프로모션, 그리고 TV 광고를 좋아했다. 무엇보다도 아이들은 빠르고 편리하게 햄버거와 탄산음료를 포장해갈 수 있다는 사실을 좋아했다. 이 음식들은 어렸을 때부터 먹은 음식만큼 몸에 좋지 않을 수도 있고 심지어 더 맛이 없을 수도 있지만 절대적 편리함을 제공했다.

패스트푸드는 우리가 맥도날드에 발을 들여놓은 적이 있든 없든 우리 모두의 식생활을 바꾸어놓았다. 많은 소비자들이 우리가 먹는 모든 음식에서 패스트푸드 수준의 편리함을 요구하기 시작했기 때문이다. 이제는 많은 사람들이 허공에서 먹을 것을 만들어내는 마법사가 된 것처럼 느끼게 해주는 음식을 원하는 듯하다.

배달 앱 입금, 배달 앱 출금

"이상한 점은 상사를 볼 일이 전혀 없다는 거예요. 이름도 얼굴도 없는 앱이 상사죠." 2017년 여름, 나는 열여덟 살의 영국인 잭과 그가 하는 아르바이트에 대해 이야기를 나누고 있다. 나의 거주지이기도 한 대학 도시 케임브리지에서 고등학교를 다니는 잭은 마지막 시험을 준비하며 아르바이트를 병행하고 있다. 잭은 전 세계에 3만 명이 넘는 딜리버루 배달원이다. 딜리버루는 2013년 2월 창업한 스타트업으로, 스마트폰으로 주문을 하면 따뜻한 레스토랑 음식을 자전거나 스쿠터로 몇 분 안에 배달해준다. 2017년 9월 기준 딜리버루는 기업 가치가 20억 달러를 넘어섰고 12개국 150개 도시에서 서비스를 제공했다.[21]

얼마 전만 해도 스테이크와 베아르네즈 소스, 감자튀김을 자전거로 배달해달라고 하는 것은 상상하기 힘든 사치처럼 보였지만 이제 적어도 도시에 사는 사람들에게는 아주 평범한 일이 되었다. 매일 저녁 케임브리지 도로에 딜리버루 배달원이 얼마나 많은지, 몇 년 전만 해도 딜리버루 배달원이 아예 없었다는 사실을 기억하려면 내 볼을 꼬집어야 할 정도다.

딜리버루 배달원들은 자전거를 탄 파란색 거북처럼 보인다. 팟타이(태국의 볶음 쌀국수-옮긴이)와 폭립(돼지 갈비-옮긴이), 그리고 엄청나게 많은 감자튀김으로 가득 찬 파란색 백팩을 짊어지고 있기 때문이다. 매주 금요일 오후 잭은 뜨겁게 데운 냉동 치킨 버거와 파스타로 든든하게 배를 채운 다음 터키석 색깔의 커다란 보냉 가방을 메고 여섯 시간 근무를 위해 자전거에 올라탄다. 그리고 최대한 빨리 도시 전체를 돌아다닌다. 배달 횟수에 따라 수당을 받기 때문이다("부모님은 제가 길에서 사고라도 당할까 봐 걱정하세요"). 평범한 금요일 밤이면 잭은 여덟 명을 위한 중식 만찬에서부터 에세이를 쓰느라 요리할 시간이 없는 학생을 위한 멕시코 요리 1인분까지 온갖 다양한 종류의 음식을 배달한다. "한번은 한 사람한테 부리토 한 개랑 코로나 맥주 12병을 배달해야 했던 적도 있어요."

다른 10대 친구들과 마찬가지로 잭 또한 딜리버루의 직원이자 고객이다. 잭은 토요일 밤에 여자 친구와 데이트할 돈을 벌 수 있어서 이 일이 좋다고 말한다. 보통 여자 친구와 있을 때는 집에서 넷플릭스를 보면서 딜리버루로 저녁을 주문한다. "리얼리티 쇼를 보면서 밥을 먹은 다음 영화를 봐요." 곧 대학에 진학해 과학을 공부할 예정인 잭은 은행 계좌의 입출금 내역이 "거의 다 딜리버루 입금 아니면 딜리버루 출금"이라며 농담을 한다.

놀라울 정도로 짧은 시간 안에 딜리버루(그리고 딜리버루의 미국 버전인 심리스와 우버이츠UberEATS)는 사람들이 음식을 얻는 방식을 크게 혁신했다. 배달 앱은 의무 없는 식사의 극치다. 앱과 돈만 있으면 소파나 사무실, 학교 기숙사 등 어디에서나 온 도시의 레스토랑을 바로바로 이용할 수 있다. 이런 음식 배달 서비스가 없었던 것은 아니지만 과거에는 주로 특정 음식에 한정되어 있었다. 특히 피자는 1960년대 이후 도미노피자를 포함한 여러 프랜차이즈가 배달을 시작하면서 대표적인 배달 음식으로 부상했다. 미국 소비자들이 2016년 한 해 동안 피자 배달에 지출한 금액만 100억 달러다. 심리스와 딜리버루의 새로운 점은 피자 배달의 편리함을 프렌치 비스트로와 일식당, 대형 프랜차이즈와 작은 개인 식당을 아우르는 모든 장르의 레스토랑에 적용했다는 것이다. 2016년에는 배달 주문이 미국 레스토랑 매출의 약 7퍼센트를 차지했다.[22]

가족이 운영하는 몇몇 레스토랑에는 이런 배달 서비스가 생명줄과 같다. 영국 브리스틀에 있는 작은 인도 레스토랑 체인의 주인은 내게 딜리버루에 가맹한 후 매출이 기하급수적으로 올랐다고 말했다. 그의 레스토랑에 발을 들여놓은 적이 없는 손님들에게도 앱을 통해 손을 뻗을 수 있기 때문이다. 한편 배달 앱이 수익의 너무 큰 부분(보통 주문 금액의 약 20~40퍼센트)을 가져가기 때문에 배달 모델이 사업의 활기를 빼앗는 경제적 재해라고 말하는 레스토랑들도 있다. 배달 주문이 들어오면 레스토랑은 고객에게 음료를 판매할 기회를 잃는다. 배달 앱이 인기를 끌면서 한때는 북적거렸던 레스토랑들이 이제는 점심시간에도 반은 비어 있게 되었다.[23]

식사 앱은 외식에 대한 우리의 기대를 바꿔놓고 있다. 갑자기 레스토랑이 내 앞에 찾아올 수 있게 되면서 과거에 누군가가 느꼈을 수도 있는 외식의 어려움이나 어색함이 대부분 사라졌기 때문이다. 배달 서비스는 마치 끝없는 룸서비스와 같다. 삼형제의 막내인 잭은 자신이 주말에 친구들과 먹고 노는 방식이 두 형이 잭의 나이였던 2010년대 초반과는 상당히 다르다고 느낀다. 잭의 둘째 형은 잭보다 겨우 네 살이 많은데도 음식에 관한 한, 둘은 완전히 다른 세대에 속한 것처럼 보인다. 잭의 형은 주말이면 파티를 즐기거나 클럽에 갔다가 집에 오는 길에야 뒤늦게 먹을 음식을 샀다. 반면 잭은 휴식 시간의 초점이 외출보다는 음식에 있다고 느낀다. "딜리버루가 없었다면 주말에 뭘 했을지 잘 모르겠어요."

이미 편리함에 집착하고 있던 식품 시스템 안에서 딜리버루는 편리함을 새로운 경지에 올려놓았다. 우리 가족 다섯 명이 처음으로 딜리버루 앱을 사용했을 때(와가마마Wagamama 체인에서 일본 음식을 주문했다) 나는 사람마다 다른 메뉴로 한 끼 식사를 배달받아 먹기가 이렇게 쉽다는 사실을 믿기 힘들었다. 우동과 라멘은 검은색 뚜껑이 달린 커다랗고 매끈한 플라스틱 용기에 1인분씩 포장되어 있었다. 잭이 말한 것처럼 딜리버루 배달에는 "어마어마한" 양의 포장 용기가 사용된다. 잭은 음식이 새지 않도록 다양한 크기의 박스를 백팩에 차곡차곡 쌓는 일을 즐긴다고 했다. "꼭 테트리스를 하는 것 같거든요."

많은 사람들이 마치 주변에 보는 눈이 하나도 없는 것처럼 식사를 하기 시작했다. 과거에 먹을 음식을 구하는 일은 매우 사회적인 행위였다. 하지만 심리스와 딜리버루는 정반대다. 배달 앱의 주문 과정은 일반적인 사회적 의무에서 벗어난 것 같은 느낌을 준다. 아마 사람을 전혀 만나지 않고도 터치스크린에서 직불카드를 이용해 음식을 눈앞에 불러올 수 있기 때문일 것이다. 런던에서 일하는 한 딜리버루 배달원은 2016년 〈가디언The Guardian〉과의 인터뷰에서 레스토랑에서 누텔라 크레페 하나를 받아 "런던에 있는 누군가의 책상으로 즉시 배달해달라는 요청을 받을 때면 소외감"을 느낀다고 말했다. "그럴 때는 이런 생각이 들어요. 지금 내가 뭘 하고 있는 거지? 이건 후기 자본주의 그 자체잖아." 또한 이 배달원은 음식을 전달할 때 "사람들이 대부분 그냥 음식만 받고 아무 말도 하지 않"는다고 했다. 잭은 "40번 연속"으로 팁을 받지 못한 적이 있다고 한다. 잭의 경험상 팁을 받아도 보통 50~60펜스밖에 안 된다. 잭처럼 여분의 현금을 벌기 위해 몇 시간만 일하는 학생의 경우에는 팁이 부족해도 별문제가 안 되지만 풀타임으로 일하며 가족을 부양하는 배달원도 많다. 이들이 속한 '긱 이코노미'의 수백만 근로자는 '온디맨드on-demand' 비즈니스(수요 중심의 소비자 맞춤형 비즈니스─옮긴이)의 불안정한 변화에 대비하는 안전망이나 혜택 없이 불안하게 일하고 있다.[24]

딜리버루는 현대에 음식을 구하는 방식에 나타난 거대한 변화의 종착점에 있다. 과거에는 음식을 사고팔려면 매일 다른 사람과 만나야 했다. 하지만 요즘에는 클릭 몇 번으로 몇 가지 브랜드를 훑어보면 끝이고 누군가와 눈을 맞춰야 할 일도 없다. 한때 매우 공적이고 사회적인 행위였던 식재료 쇼핑은 점점 더 몰개성적이고 사적인 일이 되어가고 있다. 온라인에서 식재료를 구매하면 누군가가 나를 지켜보거나 판단한다는 느낌 없이 음식을 고를 수 있다. 우리 조상에게 이런 상황은 믿기 어려운 해방인 동시에 꽤나 충격적인 일일 것이다.

슈퍼마켓에 관한 은밀한 이야기

우리가 처음에 슈퍼마켓과 사랑에 빠진 이유에는 여러 가지가 있다. 편리함과 선택권, 상품이 동나는 일이 절대 없다는 사실, 시간을 절약하고 있다는 환상, 카트를 살짝 빨리 밀 때 느껴지는 흥분. 하지만 슈퍼마켓이 우리 삶에 일으킨 가장 큰 변화는 사회적인 것임을 우리는 종종 잊곤 한다. 슈퍼마켓은 가게나 노점상 주인에게 부탁할 필요 없이 혼자서 상품을 고를 수 있게 해주었다. 또한 슈퍼마켓은 우리를 쳐다보는 박스들을 제외하면 처음으로 남의 시선에서 벗어난 채로 식품을 구매할 수 있게 해주었다. 아니, 적어도 우리는 그렇게 생각했다.

개인이 운영하는 작은 식료품점에서 몰개성적인 대형 소매업체로의 변화는 세계 도처에서 극적으로 발생했다. 1956년 푸에르토리코에는 수페르메르카도supermercado, 즉 슈퍼마켓으로 분류될 만한 식료품점이 전국에 겨우 13개뿐이었다. 하지만 1998년이 되자 푸에르토리코의 수페르메르카도는 441개로 늘어났다. 월마트Wal-Mart 같은 초대형 소매업체가 전 세계로 퍼져나가면서 거의 모든 곳에서 같은 상황이 벌어졌다. 영국은 단 네 개의 슈퍼마켓 체인이 총 식품 구매의 75퍼센트를 책임지고 있다.[25]

슈퍼마켓은 자유로운 상태에서 음식을 구매한다는 환상을 레스토랑보다 더 많이 제공한다. 하지만 레스토랑의 메뉴가 똑똑하게 단어를 골라 우리의 선택을 특정 방향으로 몰아가는 것처럼, 슈퍼마켓의 구조 역시 공격적이지만 대개는 눈에 보이지 않는 방식으로 우리의 결정을 좌우한다. 소매업체는 특가 판매와 상품 배치를 통해 고객이 전혀 살 생각이 없었던 상품을 카트에 담게 할 수 있다. 슈퍼마켓에서는 손님에게 말을 거는 가게 주인 대신 선명한 색깔의 박스와 유리병이 '말없는 세일즈맨' 역할을 한다. 우리가 음식 자체의 가치가 아니라 그래픽 디자이너가 고른 폰트와 마케팅팀이 내건 요란한 약속으로 음식을 평가하기 시작한 것은 슈퍼마켓에 발을 들이고 난 이후의 일이다.

'좋은' 식품 선택과 '나쁜' 식품 선택이 있다고들 말하지만 대부분의 선택은 우리가 슈퍼마켓에 들어선 순간 이미 이루어진다. 식품을 어디서 사느냐가 우리의 식단과 건강에 중요한 영향을 미칠 수 있다는 증거가 점점 더 늘어나고 있다. 저소득 소비자들은 가장 가까운 슈퍼마켓이나 대형 식료품점이 1.6킬로미터 이상 떨어져 있는 식품 사막food desert(마땅한 상점이 없어서 몸에 좋은 식품을 구매하기가 어려운 지역-옮긴이)에 거주하는 경우가 많다. 2011년 식품 사막에 거주하는 미국인의 수는 2350만 명이었다. 한편 식품 사막이 있다면 식품 늪food swamp도 있다. 많은 저소득층 미국인이 음식을 구매할 곳이 넘쳐흐르는 지역에 살고 있지만 선택 가능한 상품은 거의 다 몸에 좋지 않은 것들이다. 규모가 작아서 채소를 팔지 않는 슈퍼마켓은 우리 몸에 좋지 않다. 하지만 초대형 슈퍼마켓도 좋지 않은 것은 마찬가지다. 필요한 양보다 더 많은 식품을 사도록 유도하기 때문이다. 프랑스와 오스트레일리아에서 실시한 연구들은 슈퍼마켓의 규모가 클수록 단골 고객의 비만율이 더 높다는 사실을 보여준다.[26]

우리는 자신이 자유롭게 슈퍼마켓을 돌아다니며 식료품을 고른다고 생각하지만 사실은 마케팅의 영향을 받아 특정 상품에 더 마음이 끌리는 채로 슈퍼마켓에 도착한다. 특정 인구 집단은 다른 집단보다 마케팅의 영향을 더 많이 받는다. 미국의 식품 마케팅은 인종 편향이 강하다. 연구에 따르면 히스패닉 어린이와 아프리카계 어린이는 백인 어린이에 비해 과자류와 탄산음료 광고를 두 배 더 많이 본다. 식품 브랜드는 탄산음료와 시리얼 TV 광고에 흑인 배우나 라틴계 배우를 내보내면 브랜드 충성도를 파격적으로 끌어올릴 수 있다는 것을 안다. 이 인종 집단의 경우 백인이 장악하고 있는 주류 미디어에서 자신과 비슷한 사람이 나오는 광고를 보는 것이 비교적 흔치 않은 일이기 때문이다.[27]

일반적인 슈퍼마켓은 설탕과 지방 함량이 높은 스낵 소비(과소비)를 장려하는 방식으로 배치된다. 슈퍼마켓에서는 신선 식품보

식사에 대한 생각

다는 초가공식품을 위한 가격 프로모션을 압도적으로 많이 실시한다. 중국에서는 포장 식품과 가공식품의 80퍼센트가 슈퍼마켓에서 구매된다. 이는 소매 이윤이 보통 1~2퍼센트로 대단히 낮기 때문이기도 하다. 소매업체 입장에서 신선 식품은 리스크가 더 크다. 빠른 시일 안에 판매되지 않으면 상해서 폐기 처분해야 하기 때문이다(이를 업계에서는 '감손shrinkage'이라고 한다). 설탕이 잔뜩 든 아침 식사용 시리얼은 긴 유통기한 덕분에 양상추보다 감손이 훨씬 적다.[28]

중요한 질문은 왜 슈퍼마켓이 우리 식비에서 이렇게 큰 몫을 가져가게 두었느냐는 것이다. 많은 사람들이 더 단순하고 인간적이었던 식재료 쇼핑이 그립다고 말한다. 이것이 바로 파머스 마켓(또는 작은 과일 가게나 정육점, 치즈와 육가공품 전문점)의 매력이다. 누군가와 눈을 맞추며 상품을 구매하는 것 말이다. 토마토는 플라스틱 용기 안에 숨어 있지 않고 내 눈앞에 그대로 드러나 있다. 판매자에게 질문을 할 수도 있다. 이번 주에는 클레멘타인 오렌지가 더 좋은가요, 아니면 사츠마(귤)가 더 좋은가요? 이 생선은 어떻게 요리하면 되죠? 본래 쇼핑은 매일매일 일어나는 주요 상호작용 중 하나였다. 일용할 양식을 판매하는 사람과 더는 이야기를 나누지 않게 되면 우리는 식품 이상의 것을 잃게 된다. 이탈리아와 스페인 대부분의 지역에서는 신선 식품 시장에서 볼 수 있는 이런 쇼핑 방식이 여전히 평범한 생활방식으로 남아 있다.

하지만 우리 정직해지자. 모든 음식 쇼핑이 이렇게 인간적이었던 시절에도 긍정적인 면뿐만 아니라 불편한 점이 있었다. 판

매자와 구매자의 인간관계(오늘날 우리가 이상화하는 관계)는 갑갑하고 속물적이고 불편할 수도 있다(게다가 쇼핑객이 정육점에서 빵집이나 과일 가게로 터벅터벅 걸어서 이동해야 하기 때문에 번거롭고 느리기도 하다). 작가 조너선 메디스Jonathan Meades는 어린 시절을 보낸 1950년대에 관한 글에서 모두가 "긴 황갈색 웨어하우스 코트"를 입고 줄을 서서 차례를 기다리던 영국의 옛 식료품점을 회상한다. 작은 식료품점은 "너무 좁아서 옆 사람의 고약한 냄새까지 전부 맡을 수밖에 없었다. 소곤거리는 험담도 절대 못 듣고 지나칠 일이 없었다." 셀프 서비스(소비자가 직접 물품을 골라 카운터에서 계산하는 방식-옮긴이)가 없던 시절 소비자들은 가게 주인과 옆 사람의 감시하는 듯한 시선에 불편을 느낄 수도 있었다.[29]

가게 주인에게 의지해야 했던 때에 처음 등장한 셀프 서비스는 많은 이들에게 해방으로 느껴졌다. 그 누구도 카운터 뒤에서 나와 내 욕망에 끼어들지 않았다. 셀프 서비스를 뜻하는 프랑스어 단어는 리브러-세르비스libre-service로, 자유 서비스라는 뜻이다. 레이철 볼비Rachel Bowlby는 현대 쇼핑의 역사를 다룬 저서 《캐리드 어웨이Carried Away》에서 셀프 서비스 고객을 "다른 누군가에

식사에 대한 생각

게 설득당하는 대신 자유롭게 여러 상품 중 하나를 선택하는"사람이라고 썼다. "상품의 가격과 무게가 분명하게 적혀 있고, 눈금이나 거스름돈에 오류가 있을까 봐 걱정할 일도 없다."[30]

미국에서 처음 셀프 서비스 방식을 도입한 식료품점은 1916년 테네시주에서 문을 연 피글리 위글리Piggly Wiggly다. 셀프 서비스로 운영되는 식료품점은 초기에 '그로서테리아grocerteria'라고 불리기도 했는데, 사람들 눈에 '카페테리아cafeteria'와 비슷해 보였기 때문이다. 하지만 최초의 슈퍼마켓은 1930년대에 뉴욕 퀸스의 자메이카 거리에 들어선 킹컬렌King Kullen이었다. 킹컬렌의 창업자인 마이클 컬렌Michael Kullen은 한 지붕 아래에서 필요한 식품을 전부 구매할 수 있는 매장을 짓고 셀프 서비스를 도입했다. 원래 주차장이었던 곳에 세워진 이 매장에는 설탕, 신선 식품, 생선, 유제품 등 없는 것이 없었다.[31]

1930년대 이전에 가게 주인들은 소비자가 줄 서서 기다리는 경험을 좋아하며, 직접 물건을 가져와야 하는 번거로움을 감수하지 않을 거라고 생각했다. 하지만 얼마 지나지 않아 많은 소비자가 중재자 없이 직접 상품을 고르는 것을 좋아한다는 사실이 분명해졌다. 1935년 무역 정보지인 〈프로그레시브 그로서 Progressive Grocer〉의 편집자 칼 디프먼Carl Dipman은 셀프 서비스를 도입하면 식품을 더 많이 팔 수 있다고 썼다. "잘 배열된 매장에는 …… 불필요한 장애물이 없다. 장애물 없는 매장은 여성과 상품이 서로를 만나게 한다."[32]

사람들은 슈퍼마켓에서 느끼는 자유로움 때문에 슈퍼마켓의 부흥에 일조했다. 슈퍼마켓은 쇼핑객에게 사탕 가게에 홀로 남겨진 아이가 된 것 같은 느낌을 주었다. 사탕을 골랐다고 꾸짖을 사람은 아무도 없었다. 와인 한 병이나 아이스크림 한 통을 더 사도 아무도 눈살을 찌푸리지 않았다. 더 싼 상품을 고른다는 이유로 인색한 사람으로 취급하는 점원도 없었다. 내가 무엇을 구매하는지 아는 사람은 계산원뿐이었다. 연구에 따르면, 보다 전통적인 식료품점에서 장을 볼 때와 슈퍼마켓에서 장을 볼 때 구매하는 식품의 종류가 서로 달라지는 경향이 있다. 2018년 케냐의 도시 지역에서 실시한 연구에 따르면, 슈퍼마켓의 빠른 확산이 초가공 식품은 더 많이, 가공되지 않은 자연식품은 더 적게 구매하게 했다.[33] 은밀히 특정 식품을 강매하는 슈퍼마켓이 얼마만큼의 원인으로 작용했고 우리의 수요와 욕망의 변화가 얼마만큼의 원인으로 작용했는지는 구분하기 쉽지 않다.

아무도 자신을 보고 있지 않다고 느낄 때 사람들은 다른 식품을 선택한다. 가끔 나는 옛날 식료품점에서 장 보는 사람처럼 내가 무슨 음식을 좋아하는지를 하나하나 공표해야 한다면 과연 어떤 음식을 먹게 될지 상상해본다. 보통은 이런 식의 쇼핑이 냉장고와 찬장에 먹을 것을 지나치게 많이 쌓아두는 내 성향을 누그러뜨릴 것이라 생각한다. 치즈와 소금에 절인 육류를 사기 위해 동네에 있는 이탈리안 델리에 갈 때면 내가 너무 탐욕스럽게 식품을 주워 담고 있다는 사실을 깨닫고 난처해하며 멈추곤 한다. 하지만 슈퍼마켓에서는 이런 난처한 느낌이 전혀 들지 않아, 결국 늘 너무 많은 양의 식품을 사게 된다.

　　　　　　　　　　　　식사에 대한 생각

슈퍼마켓은 인간의 머리로는 파악이 어려울 만큼 광범위한 선택지를 제공한다. 킹컬렌이 퀸스에 개점한 1930년에는 판매하는 품목이 200가지였다. 1990년 평범한 미국 슈퍼마켓에서 판매하는 품목은 7000가지였다. 품목의 수가 가장 많이 급증한 시기는 1990년대 이후다. 오늘날 도시 외곽에 있는 대형 슈퍼마켓은 무려 4만 가지에서 5만 가지의 상품을 제공한다.[34]

얼핏 자유로워 보이는 우리의 식품 선택은 온라인 쇼핑의 등장으로 한 단계 더 발전했다. 침실이라는 작은 공간에서 노트북을 열고 클릭 몇 번으로 식품을 구매할 때 우리는 정확히 내가 원하는 것을 고르고 있다고 느낄지 모른다. 하지만 검색 결과에서 가장 위에 뜨는 식품은 이미 적극적으로 편집된 결과다. 게다가 그 순간 우리는 우리의 모든 선택을 등록하고 추적하는 정보 처리 장치를 통해 전보다 더 심하게 감시당하고 있다. 하지만 많은 사람이 그런 사실을 거의 인식하지 못한다.

온라인 쇼핑을 하든 직접 장을 보든, 현재 우리가 선택할 수 있는 식품의 종류는 놀라울 정도로 다양하다. 1970년만 해도 영국의 요리 작가 엘리자베스 데이비드Elizabeth David는 "중국 요리와 말레이시아 요리, 인도 요리의 중요한 식재료인 햇생강을 구하기가 어렵다"고 불만을 표했다. 하지만 오늘날에는 평범한 슈퍼마켓에서도 햇생강을 쉽게 구할 수 있다. 나는 판 젤라틴이나 메이플 추출액 같은 전문적인 식재료가 필요하면 다른 동네에 있는 식료품점에 가야 했던 때를 기억한다. 이제는 이 모든 것 외에도 많고 많은 식재료를 전부 온라인에서 구입할 수 있다. 그 어떤 식도락가도 만족을 유예할 필요가 없다. 우리에게는 신날 정도로 다양한 식품 선택지가 있지만 한편으로 그 선택지는 비정상적일 정도로 과다하다.[35]

모두가 이런 다양한 선택지를 누릴 수 있는 것도 아니다. 현재 우리가 살고 있는 당황스러운 식품 환경에서 가장 심각한 모순 중 하나는 식품 선택지가 너무 많은 사람과 선택지가 거의 없는 사람 사이에 격차가 크다는 것이다. 음식에 대한 우리의 기대가 더 화려하고 정교해질수록 이 격차는 더욱더 벌어진다. 3장에서 살펴봤듯이 과거에는 한 국가의 국민 모두가 쌀이나 빵이나 옥수수 같은 한 가지 주식에 의존했고 부유한 사람만이 주식 외에 다른 음식을 곁들여 먹을 수 있었다. 하지만 오늘날의 '좋은 식단' 개념에는 전부 곁들이는 음식만 있고 주식이 없다. (우리에게 부엌이 있다고 가정할 때) 예산 안에서 식사를 가장 잘할 수 있는 한 가지 방법은 곡물과 콩류를 맛있게 요리해 먹는 것이다. 인도 스튜인 달과 밥을 먹을 수도 있고, 렌틸을 넣은 스튜와 벌거를 먹을 수도 있다. 하지만 현대의 많은 식단 전문가들은 "탄수화물이 너무 많다"면서 이런 메뉴들을 거부하고 지나치게 비싼 녹즙과 야생동물 고기, 우유가 안 들어간 요구르트를 먹어야 한다고 설교한다. 우리는 선택지가 끝없어 보이는 도시에 살고 있지만 눈앞에 매달린 그 선택지를 붙잡을 수 있는 사람은 소수다. 이 사회 불평등 문제는 음식에 한정되지 않는다. 저널리스트 존 랜체스터 John Lanchester가 2018년에 썼듯이 "모든 곳에서 우리는 무엇을 원해야 하는지를 알려주는 삶의 이미지를 주입받는다. 인간 역사상 이런 때는 없었다. 하지만 동시에 우리는 자신이 그런 삶을 살 수 없다는 것을 잘 알고 있다."[36]

푸드뱅크의 명암

현대 도시에서 나타나는 굶주림은 빅토리아 시대처럼 빵과 죽의 맛이 아니다. 현대의 굶주림에서는 통조림 토마토 맛이 난다. 2017년 크리스마스를 몇 주 앞둔 춥고 비 오는 어느 날, 나는 케임브리지 푸드뱅크의 책임자인 조너선 이드Jonathan Ede를 만났다. 케임브리지는 영국에서 가장 부유한 도시 중 하나지만 영국에서 경제적 불평등이 가장 심한 지역이기도 하다.[37] 케임브리지는 가난이 보이지 않게 숨겨진 도시다. 만약 당신이 딜리버루로 음식을 주문할 수 있는 계급이라면 공공주택에서 수당을 받으며 살아가는 사람들의 삶을 쉽게 못 본 척할 수 있다.

2007~2008년의 경제 위기 이후 전 세계에서 푸드뱅크, 미국 이름으로는 푸드 팬트리food pantry의 도움을 받아 굶주림을 달래는 사람이 크게 늘어났다. 최근 몇십 년간 유럽 전역에서 눈에 띄는 식품 트렌드 중 하나는 가장 부유한 사회에서도 사라지지 않고 남아 있는 굶주림에 대응해 큰 도시에서 무료로 지원받거나 보조금을 지급받은 음식을 나눠주는 푸드뱅크가 증가했다는 것이다. 푸드뱅크의 구체적인 운영 방식은 나라에 따라, 심지어 도시에 따라 매우 다양하다. 어떤 곳은 개인의 기부로 운영되고, 어떤 곳은 농장이나 슈퍼마켓, 제조업체에서 남는 음식을 모아다

운영된다. 어떤 곳은 창고 모델로 운영되어, 원재료를 무료 급식소에 전달한다. 케임브리지 푸드뱅크를 비롯해 영국에 있는 대부분의 푸드뱅크는 식재료가 들어 있는 꾸러미나 상자를 바로 배고픈 사람들에게 나눠준다. 체제가 어떻든 간에 푸드뱅크의 존재 이유는 항상 같다. 바로 레스토랑, 카페, 델리, 피자 가게가 넘쳐나는 부유한 선진 도시에도 밥 먹을 돈을 안정적으로 모으지 못하는 가족이 무척 많다는 것이다.

유럽에서 가장 부유한 국가인 독일에서도 무려 150만 명이 푸드 팬트리에서 무료로 음식을 제공받고 있다. 베를린에 위치한 푸드 팬트리 앞에 줄서 있는 사람 중에는 홀로 아이를 키우는 사람, 생활 보조금을 받는 사람, 저소득 노동자, 빈약한 연금으로 생활하는 노인, 망명 신청자 등이 있다. 많은 사람이 독일의 번영을 함께 누리지 못하고 있으며, 이 중에는 심지어 풀타임으로 일하는 사람들도 있다. 독일 인구의 거의 5분의 1이 가난이 걱정된다고 말하며, 약 5.6퍼센트가 공식적으로 '빈곤층'으로 분류된다.

독일에서 일어나고 있는 일은 전 세계 모든 대도시에서 똑같이 반복되고 있다. 조애나 빅스Joanna Biggs는 2013년 〈런던 리뷰 오브 북스London Review of Books〉에 실린 런던 푸드뱅크에 관한 기사에서 "푸드뱅크는 이례적으로 새로운 현상"이라고 했다. 영국에서 푸드뱅크로 향하는 사람들의 수는 2011년 7만 명에서 2013년 34만 7000명으로 증가했다. 이들은 오늘날의 식생활에서 나타나는 극명한 불평등을 가장 잘 보여주는 상징이다. 어떤 사람은 영양가 있는 식사에 필요한 기본적인 식재료도 구할 형편이

안 되는 반면, 어떤 사람은 돈이 남아돌아 입이 딱 벌어질 정도로 값비싼 유명 브랜드의 스낵과 유기농 블루베리. 치아시드를 구매한다. 런던의 부유한 주택가에 있는 켄싱턴 앤드 첼시 푸드뱅크에서 빅스는 "캐비어, 술이 달린 스웨이드 파우치에 들어 있는 최상급 오렌지페코Orange Pekoe 홍차, 핸드백 크기의 그린앤드블랙스 Green and Blacks 사의 고급 초콜릿 바"가 기부된 것을 본 적이 있다. 기부하는 사람들에게 음식은, 심지어 고급 음식은 너무 쉽게 구할 수 있는 것이라서 캐비어 한 병은 그저 부엌에 굴러다니는 잡동사니가 되었다. 기부받는 사람들에게 음식은 너무 값비싼 것이라서 감자 통조림 하나조차 반기게 되었다.[38]

"우리가 만나는 사람 중에는 정말 절박한 분들도 있어요." 케임브리지 푸드뱅크에서 일하는 조너선 이드가 말한다. 한 여성은 남편이 갑자기 일자리를 잃게 되자 40파운드로 한 달 동안 네 가족을 먹여야 했다. 이드와 나는 식품 저장소에 서 있다. 이드는 기부된 음식을 분류하고 포장하는 곳을 보여준다. 토마토 통조림과 토마토소스가 담긴 상자가 줄줄이 쌓여 있고 선반에는 건조된 파스타 면이 들어차 있다. 보통 4인 가족에게 전달되는 박스 안에는 포장된 시리얼, 수프 통조림, 토마토 통조림, 채소 통조림, 햄 통조림, 요리용 기름, 작은 병에 담긴 인스턴트커피, 고온 살균된 우유, 소금, 후추, 과일 통조림, 파스타 소스, 파스타 면이 들어 있다. 이드는 많은 푸드뱅크 이용자가 요리를 하지 못하지만 자기 경험상 토마토소스를 넣은 파스타는 누구나 만들 수 있다고 말한다.

2000년 솔즈베리의 한 창고에 트러셀 트러스트Trussell Trust 푸드뱅크가 영국 최초로 설립되었다. 2017년, 기독교 자선단체인 트러셀 트러스트는 400개 이상의 푸드뱅크로 구성된 네트워크를 운영하며 필요를 입증한 사람들에게 3일 동안 먹을 수 있는 비상 음식 꾸러미를 나눠주었다.[39] 음식은 일반인과 식품 소매업체로부터 제공받는다. 푸드뱅크를 비판하는 사람들은 자선단체가 굶주림에 잘못 대응하고 있다고 주장한다. 푸드뱅크는 불안정한 저임금 일자리나 복지 제도의 변화같이 사람들을 굶주림으로 몰아가는 근본 원인을 하나도 해결하지 못하기 때문이다.

이드는 푸드뱅크 이용자와 기부자 간의 힘의 불균형을 잘 알고 있다고 말한다. "여기 오는 사람들은 힘없는 위치에 있고 음식을 기부하는 사람들은 권력자의 위치에 있어요." 그는 이곳에 음식을 받으러 오는 사람들(그중 많은 수가 아이들이다)이 환영받고 존중받는다고 느낄 수 있도록 자원봉사자 모두가 최선을 다한다고 말한다. 하지만 푸드뱅크에 처음 발을 들이는 것이 얼마나 무서운 경험일지를 종종 생각해본다고 했다.

푸드뱅크 이용자는 어쩔 수 없이 다른 사람이 선택한 음식을 먹어야 하며, 그 음식은 내가 원하는 음식일 수도 아닐 수도 있다. 전쟁 때 고기 통조림을 배급받던 것과 비슷하다. 주어진 상자 속의 식재료가 마음에 들지 않는 사람은 대신 '별도의 테이블'에서 다른 식품을 하나 고를 수 있다. 별도의 테이블은 이드가 "이상한 것들"이라고 부른 물품으로 가득하다. 유리병에 담긴 파테paté(동물의 간 등을 으깨서 만든 페이스트-옮긴이), 분류가 불가능한 생선 올리브 통조림, 특이한 피클처럼 누군가가 집에 있는 찬장 뒤편에

식사에 대한 생각

서 찾아냈을 법한 것들 말이다. 이런 소비지상주의 시대에 별도의 테이블을 뒤적거리는 것이 식품 선택의 전부라는 사실이 너무 가혹해 보인다. 그 필요성을 고려하면 푸드뱅크가 있어서 다행이라는 생각이 들지만, 언젠가 공포에 휩싸여 음식 역사의 현 단계를 되돌아볼 것 같다는 느낌을 떨칠 수 없다. 너무 부유해서 아무렇지 않게 온갖 종류의 음식을 자전거로 배달받을 수 있는 사람과, 너무 가난해서 공짜 토마토 통조림에도 감사해야 하는 사람이 어떻게 한 도시 안에 공존할 수 있단 말인가.

푸드뱅크는 굶주림이라는 현대 선진국의 벌어진 상처에 반창고를 붙이고 있지만 반창고로는 이 상처를 치료할 수 없다. 푸드뱅크는 돈과 괜찮은 주거가 필요한 사람들에게 칼로리를 제공한다. 배를 쿡쿡 찌르는 듯한 허기를 느끼며 잠자리에 드는 사람은 언제나 존재했다. 오늘날 다른 점은 음식이 넘쳐나는 도시에서조차 너무 많은 사람이 굶주리고 있다는 것이다. 일자리가 없는 사람뿐만 아니라 풀타임으로 일하는 사람도 굶주림에 시달린다. 굶주림은 결코 음식 부족의 문제만이 아니다. 굶주림은 사회 자원의 부족 문제, 최저임금밖에 벌지 못해 집에 난방을 하거나 공과금을 낼 돈이 없는 가족에 관한 문제이기도 하다.

푸드뱅크와 푸드 팬트리는 온라인 식료품 쇼핑의 다른 한쪽 끝에 있다. 쇼핑이 거의 무제한의 선택지가 주어진 사적 활동이 된 세상에서 푸드뱅크 이용자는 결정권과 통제권을 거의 빼앗긴 채 공공장소에서 먹을 것을 구해야 한다. 신선함과 새로운 맛에 집착하는 음식 문화 속에서 푸드뱅크 이용자는 통조림과 기본 양념으로 만족해야 하며, 기부된 음식은 주로 대부분의 사람들이 이미 너무 많이 먹고 있는 초가공식품이다. 미국의 많은 푸드뱅크 이용자들이 제2형 당뇨병과 비만을 앓고 있다. 그러므로 컵케이크와 설탕이 든 탄산음료를 제공받는 것은 이들에게 그리 도움이 되지 않는다.

지난 몇 년간 푸드뱅크의 배급 음식이 건강에 미치는 영향에 더욱 주의를 기울이려는 움직임이 있었다. 2016년, 워싱턴 DC의 캐피털 에어리어 푸드뱅크Capital Area Food Bank는 탄산음료나 사탕 같이 설탕이 많이 든 음식은 더 이상 기부받지 않겠다고 선언했다.[40] 미국에서 가장 큰 푸드 팬트리 네트워크인 피딩 아메리카 Feeding America는 과일과 채소, 통곡물처럼 "권장되는 음식"으로 배급 물품의 70퍼센트를 채우겠다는 목표를 세웠다.

푸드뱅크는 식량 빈곤을 해결하는 유일한 방법이 아니다. '소셜 슈퍼마켓(지역 공동체에서 직접 운영하는 저가 식료품점)'과 '푸드 허브food hub'도 한 가지 방법이다. 푸드 허브에서는 음식을 구하는 과정이 다시 사회적 활동이 된다. 푸드 허브의 아이디어는 비영리 창고와 물류 센터를 만들어서 중간 상인, 즉 이윤이 목적인 식품 공급업체를 끼지 않고 지역 농부가 생산한 식품을 직접 지역 주민에게 저가로 공급하는 것이다. 푸드 허브는 고객을 즐겁게 하거나 고객에게서 최대 이윤을 뽑아내는 것이 아니라 그저 고객에게 먹을 것을 제공하는 것이 목적인 가게가 어떤 모습일지를 언뜻 보여준다. 푸드 허브에서는 우리 삶에서 영양을 공급받는 느낌이 얼마나 희귀해졌는지를 알게 된다. 음식 선택권이 이렇게 커졌는데도 많은 사람이 마치 부모가 아이를 먹이듯 영양분을 공급받는 경험에 반쯤 굶주린 것처럼 행동한다.

2016년 뉴욕시는 파머스 마켓의 농산물을 지역 단체와 프로그램에 전달할 새 그린마켓 지역식품 허브Greenmarket Regional Hub를 짓는 데 2000만 달러를 투자하기로 했다.[41] 이런 푸드 허브의 수혜자 중에는 노인 복지 센터인 레녹스힐주민센터에서 1.5달러를 내고 유기농 채소가 들어간 점심을 먹는 노인들이 있다. 은퇴한 호텔 종업원인 안토니오 페레스Antonio Perez는 뉴욕시의 푸드 허브 덕분에 71세에 처음으로 주키니 호박을 맛보고 〈뉴욕타임스〉 기자에게 "매우 만족스럽다"고 말했다.[42] 이런 식사의 가치는 허기를 없애는 데에만 있지 않다. 이는 사람들을 존중하고 이들에게 외식의 즐거움과 든든함을 제공하는 것에 관한 문제다.

오늘날 사람들이 음식을 논하는 방식은 한쪽으로 크게 치우쳐 있다. 우리는 즐거운 여가 활동으로서의 음식에 대해서는 지나치게 많이 이야기하고 인간의 기본욕구로서의 음식에 대해서는 너무 적게 이야기한다. 양질의 식사를 규칙적으로, 기왕이면 다른 사람과 함께 먹는 것은 부리토에 구아카몰레를 넣을지 말지를 결정하는 것처럼 그리 중요치 않은 선택 사항이 아니다. 모든 인간은 양질의 음식을 먹을 수 있어야 한다. 오늘날처럼 신나고 풍요롭게 먹고 살 수 있었던 시대는 한 번도 없었지만, 이런 풍요 속에서도 아직 우리는 모든 사람을 파티에 초대할 방법을 찾지 못하고 있다. 제대로 된 식사를 하는 것은 더 이상 의무가 아닐지 모르지만, 그렇다고 권리가 되어서도 안 된다는 의미는 아니다.

7장

평범한 식사가 사라진 식탁

＊

1903년 크레욜라Crayola 사의 크레용은 검은색, 갈색, 노란색, 빨간색, 주황색, 남색, 보라색, 초록색 등 딱 여덟 가지 색밖에 없었다. 아이들의 선택은 이 여덟 개 내로 제한되었고 필요한 색을 고르는 것은 아주 간단한 일이었다. 해를 그리고 싶으면 노란색을 골랐다. 쉽다. 가짓수가 적은 크레용의 단점은 아이들이 그리고 싶은 많은 것들을 그릴 수 없었다는 것이다. 하늘은 저녁의 남색이거나 한밤의 검은색일 수밖에 없었고, 구름을 그리는 유일한 방법은 아무 색도 칠하지 않고 종이를 하얗게 남겨두는 것이었다.

1935년, 신나는 일이 일어났다. 크레욜라 크레용의 가짓수가 두 배 늘어 16개가 되면서 분홍색과 하얀색처럼 화려한 최신 색깔이 추가된 것이다. 새로운 색깔의 세계가 열렸지만 여기서 끝이 아니었다. 전쟁이 끝난 후인 1949년, 가짓수는 다양한 색조의 파란색과 살구색과 보라색을 포함해 48개로 크게 늘어났다. 2010년 크레욜라 크레용의 색깔은 총 120개였으며 계속해서 늘어났다. 이 글을 쓰는 시점에 크레욜라 사의 가장 큰 크레용 상자에는 총 152가지 색깔이 들어 있으며 과거에는 아무도 원치 않았던 네온 캐럿Neon Carrot, 래절 다즐 로즈Razzle Dazzle Rose, 팀버울프Timberwolf 같은 색깔도 포함되어 있다. 이제 막 걷기 시작한 아이는 이렇게 많은 색깔 중 어떤 노란색으로 해를 그릴지 어떻게 결정할까?

크레용에 일어난 바로 이 일이 음식에도 똑같이, 그것도 더 심하게 일어났다. 현대 음식의 모순 중 하나는 우리가 극단적이고 비인간적일 정도로 선택의 범위가 넓은 세상에서 식사를 하고 있다는 것이다. 선택이 우리를 늘 자유롭게 하는 것만은 아니다. 가끔 우리는 선택 앞에서 망설이다 무력해지기도 한다. 나는 메뉴가 너무 많은 레스토랑에 가면 무엇을 고르든 간에 더 맛있어 보이는 음식이 다른 사람 테이블로 향하는 모습을 보고는 5분 만에 후회할 것 같은 기분이 든다. 나보다 더 현명하고 확고한 사람이 나 대신 메뉴를 골라줬으면 하는 마음이다.

슈퍼마켓에서는 다른 종류의 망설임을 느낀다. 강박적으로 음식을 먹으려는 뇌 부위가 활성화되어 가끔은 내가 가게에 있는 음식을 전부 먹어버리면 어쩌지 하는 걱정을 한다. 슈퍼마켓을 돌아다니면서 먹고 싶거나 필요한 음식을 찾는 일은 곧 계속해서 거절을 하는 것과 같다. "이건 아니고, 이것도 아니고, 이것도, 이것도 아니고……. 그래, 이거다." 정말 원하는 것을 찾을 때까지 수많은 상품을 거부하는 것은 인지적으로 매우 피곤한 일이다.

1930년 킹컬렌의 상품이 200가지였던 것과 달리 오늘날 서구의 일반적인 슈퍼마켓은 SKU stock-keeping unit(취급 품목 수)가 거의 4만 개로, 누구도 원치 않을 수준일 뿐만 아니라 사람의 마음을 불안하게 만드는 수준이다. 이것이 바로 영양 전이가 불러온 풍요다. "그리고 그들은 영원히 굶주리지 않았답니다." 소비자의 입장에서 이상적인 슈퍼마켓 식품의 가짓수는 200개에서 4만 개 사이 어디쯤일 것이다. 하지만 그 선은 어디이며, 선을 긋는 사람은 누구일까? 심리학자 배리 슈워츠 Barry Schwartz는 선택지가 너무 많으면 더 행복해지는 것이 아니라 오히려 덜 행복해진다는 사실을 설명하기 위해 '선택의 역설 paradox of choice'이라는 말을 만들었다. 여러 연구에 따르면 소비자들은 다양한 종류의 잼 중 하나를 고를 때보다 몇 개 안 되는 잼 중 하나를 고를 때 자신이 고른 잼의 맛에 더 만족했다.[1]

"48가지 색깔의 크레용 상자를 가진 아이는 이제 여덟 가지 색깔의 크레용에는 절대 만족할 수 없다." 작가 앤절라 파머 Angela Palmer는 현대사회에서 '필요'에 대한 감각이 어떻게 막무가내로 확대되는가를 다룬 에세이에 이렇게 썼다. 그녀는 이렇게 덧붙인다. "어쩌면 우리는 늘 더 많은 것을 추구하는 사회에서 더 적은 것을 요청하는 법을 모르는 것인지도 모른다."[2]

현대 식문화에서 일어난 가장 놀라운 변화 중 하나는 실제로 많은 사람이 갑자기 더 적은 것을 요청하기 시작했다는 것이다. 이들은 주어진 색깔 중 일부를 다시 크레용 상자에 넣겠다고 말한다. 유럽의 리들Lidl이나 알디Aldi, 알디 소유인 미국의 트레이더 조Trader Joe's같이 불필요한 서비스를 뺀 식료품점이 인기를 끄는 것이 그 증거 중 하나다. 알디는 트레이더조와 분위기가 매우 다르다. 알디는 돈을 절약할 수 있다는 점을 내세우는 반면 트레이더조는 견과류와 크랜베리, 초콜릿이 섞인 스낵이나 해바라기씨 버터 같은 유기농 건강식품에 주력한다. 하지만 두 업체의 공통점은 다른 주류 슈퍼마켓보다 훨씬 적은 품목을 취급한다는 것이다. 알디와 리들의 취급 품목 수는 1400개에서 3500개 사이이고, 트레이더조는 대개 4000여 개의 상품을 취급한다. 무엇보다 이 업체들에는 자체 브랜드 상품이 있어서 서로 다른 브랜드의 토마토 통조림을 놓고 무엇이 나은지 비교하느라 시간을 낭비할 필요가 없다. 한 열정적인 마케팅 전문가는 트레이더조에 관해 블로그에 이렇게 썼다. "이곳에는 쓸모없고 혼란스러운 선택지가 없습니다!"[3]

한편 많은 소비자들이 현대 음식의 가짓수를 줄이는 자기만의 방식을 찾기 시작했다. 나와 이야기를 나눈 모든 식당 경영자들은 제한된 식단에 맞게 음식을 특별 주문하는 사람의 수가 지난 몇 년간 엄청나게 늘어났다고 말한다. 브리티시 대학에 음식을 제공하는 사람은 몇 년 전만 해도 200명을 위한 정식 만찬을 만들 때 음식을 특별 주문하는 사람은 여섯 명 정도였지만 이제는 특별식을 요청하는 사람의 수가 총 인원의 50퍼센트 정도로 늘어났다고 말했다. 게다가 상당수의 요구가 더 복잡하고 구체적으로 변했다. 이제 사람들은 "비건에 갑각류 추가"나 "유기농일 경우에만 고기를 넣어주세요" 같은 주문을 하기 시작했다.

특별 식단은 더 이상 글루텐을 분해하지 못하는 셀리악병이나 땅콩 알레르기처럼 목숨을 위협하는 식품 알레르기로 고생하는 사람들만의 전유물이 아니다(일반 대중 사이에서 분명하지 않은 이유로 이 질환들이 증가하고 있기는 하지만 말이다). 공식적으로 인정되는 알레르기와 (유당불내증 같은) 불내증의 확산과는 상관없이, 훨씬 많은 수의 사람이 제한 식단으로 선택이라는 숲에서 직접 길을 내고 있다. 이들이 직접 정한 식단은 밀이나 탄수화물, 우유를 제외할 수도 있고, 그 밖에 제외할 것들을 자신이 직접 조합할 수도 있다. 2009년에서 2015년 사이 아몬드 우유나 귀리 우유 같은 유제품 대체재의 전 세계 판매량은 거의 두 배로 뛰었고, 2016년에는 시장 규모가 210억 달러에 이르렀다.[4]

나는 여전히 소젖으로 만든 우유를 먹지만 우유 대신 아몬드 우유를 선택한 사람을 그 어느 때보다도 많이 알고 있다. 어떤 이들은 아몬드 우유의 맛을 선호하고, 어떤 이들은 아몬드 우유가 소화가 잘된다고 느끼며, 어떤 이들은 주류 낙농업에서 멀어지고 싶어 한다. 하지만 묘하게도 식물성 우유의 유행은 만찬뿐만 아니라 단식도 삶의 일부였던 과거로의 회귀이기도 하다. 사실 아몬드 우유는 전혀 새로운 것이 아니다. 중세 후기 유럽에서 크리미한 견과류 우유는 우유와 달걀 같은 동물성 식품을 일체 식탁에 올리지 않았던 단식일에 먹는 요리였다. 중세 시대 요리사들은 아몬드 우유 외에도 아몬드 버터, 심지어 아몬드 치즈도 만들었다.

현재 가장 인기 있는 식사 실험 중 하나는 간헐적 단식으로, 짧은 기간 동안 아무 음식도 먹지 않는 것이다. 일부는 체중 감량을 위해 간헐적 단식을 하고, 일부는 간헐적 단식이 에너지를 올려주고 정신 집중을 도와준다고 믿는다. 그리 유행을 따르지 않는 내 친구도 매주 일요일 저녁부터 월요일 저녁까지 아무것도 먹지 않는데, 이렇게 하면 컨디션이 훨씬 좋아진다고 한다. 또 다른 형태의 현대적 단식은 바로 키토제닉 식단이다. 키토제닉 식단을 따르는 사람들은 탄수화물을 거의 먹지 않고 코코넛 오일이나 견과류, 버터 같은 지방과 육류는 상당히 많이 섭취한다. 이렇게 하면 몸이 지방을 태우는 케토시스ketosis 상태가 된다. 몇몇 연구는 제2형 당뇨병 환자에게 키토제닉 식단이 도움이 될 수 있음을 시사했다. 키토제닉 식단을 비판하는 사람들은 이 식단이 식생활을 지나치게 제약한다고 말한다(매우 정확한 지적이다). 하지만 키토제닉 식단의 효과를 믿는 사람들에게는 아마 이런 제약이 매력의 일부일 것이다. 오늘날의 세계에서 제한 없는 식사는 무서운 일로 보일 수 있다.[5]

구글 데이터는 2015년부터 2016년까지 여러 종류의 식단 제한에 대한 인터넷 검색 횟수가 크게 늘었음을 보여준다. 인기 검색어는 종교적인 식단 제한에서부터 음식 불내증에 이르기까지 다양한 내용을 아우른다. 사람들이 검색하는 질문으로는 "할랄 미트(이슬람교의 계율에 따라 도축된 고기-옮긴이)", "락토프리 우유", "체중 감량에 가장 효과적인 셰이크", "비건 맥앤치즈", "퀴노아에는 글루텐이 없나요?" 등이 있다.[6]

4만 개의 선택지가 있는 세상에서 "모든 것을 적당히"라는 과거의 조언은 더 이상 적합하지 않다. 많은 사람이 슈퍼 사이즈 음식과 눈에 보이지 않는 설탕이 넘쳐나는 이 난장판에, 제2형 당뇨병과 낭비되는 음식에 진저리를 내고 있다는 것이 그 증거다. 지난 5년간 수백만 명이 주류 음식의 상당 부분을 거부하고 자기만의 식사 규칙을 만들었다. 이런 제약은 (어쨌거나 일부 집단에서) 사람들이 음식을 더 사려 깊게 생각하고 다시 채소로 눈을 돌리면서 마침내 식사가 더 건강한 방향으로 이동하고 있다는 한 가닥 희망을 준다. 하지만 한편으로 우리가 직접 만든 새로운 식사 규칙 중에는 사람들이 대체하고자 하는 현재의 식품 체계만큼 극단적이고 불균형한 것들도 있다.

나는 소고기만 먹고 우울증을 치료했어요

비거니즘을 포함한 채식주의는 현재 가장 인기 있는 식습관 트렌드 중 하나다. 어느 날 갑자기 사람들이 콜리플라워 '스테이크'를 먹기 시작했고, 소금을 뿌려 오븐에 구운 짭쪼름하고 부드러운 통 셀러리액을 소고기 갈빗살처럼 썰어 먹기 시작했다.

전 세계의 부유한 도시에는 여전히 육식을 하는 사람이 채식주의자보다 많지만, 채식 식단은 특히 건강에 신경 쓰는 젊은이들 사이에서 빠르게 퍼져나가고 있다. 영양 전이의 4단계가 육류 섭취의 엄청난 증가를 수반한다면, 더욱 풍요로운 그다음 단계(그렇기를 희망한다)에서는 다시 육류 소비를 줄이고 채소로 돌아갈 것이다. 1994년에서 2011년 사이 미국의 채식주의자 수는 약 두 배 늘어 700만 명이 되었다. 더욱 놀라운 사실은 미국 채식주의자의 3분의 1이 육류뿐만 아니라 우유와 꿀 같은 모든 동물성 식품을 피하는 비건이라는 것이다. 영국에서 스스로를 비건이라 칭하는 사람은 2006년 이후 350퍼센트 증가해 15만 명에서 54만 2000명이 되었다(2017년 기준). 갑자기 가게들이 코코넛 요구르트처럼 과거에는 상상도 못 한 식물성 식품으로 가득 차게 되었다. 심지어 오징어 튀김의 식감을 재현한 콩 '칼라마리'도 등장했다.[7]

내가 학생이었던 1990년대에 채식주의자와 비건인 나의 지인들은 자신의 원칙을 지키기 위해 딱히 좋아하지도 않는 음식을 먹어야 했다. 이들은 견과류와 곡물을 구운, 바싹 마른 넛 로스트 nut roast로 끼니를 때우고 블랙커피를 마셔야 했는데, 두유를 제공하는 카페가 흔치 않았기 때문이다. 당시 레스토랑에는 채식 메뉴가 보통 하나밖에 없었고 그마저도 양념이 제대로 안 되어 심심하거나 치즈가 들어 있었다. 가끔은 채식 메뉴가 아예 없기도 했는데, 그러면 내 비건 친구들은 사이드 디시를 두어 개 주문했다. 1990년대의 비거니즘은 건강에 꼭 좋은 것만도 아니었다. 현실에서 비건은 곧 감자튀김과 올리브만으로 식사하는 것을 의미했기 때문이다.

새로운 비거니즘의 물결은 과거와 완전히 다르다. 오늘날 여러 셰프들과 이야기를 나눠보면 채소가 전에 없는 욕망의 대상이 되었다는 사실을 분명히 알 수 있다. 고기가 푸짐하게 들어간 주 메뉴를 중심으로 끼니를 구성하는 것은 이제 상상력이 부족하고 지속 불가능하며 낭비가 심한 방식처럼 보이기 시작했다.

2018년 3월, 나는 케임브리지에서 주로 활동하는 30대 셰프 앨릭스 러시머Alex Rushmer를 만났다. 자신만의 이상이 있는 러시머는 '채소 중심'의 레스토랑을 준비하고 있었다. 우리는 옥수수빵과 고추 피클, 채 썬 당근, 으깬 아보카도, 태워서 맛을 낸 라임으로 브런치를 먹을 수 있는 힙스터 카페에 앉아 있었다. 러시머는 이렇게 말했다. "채소를 대하는 태도가 변하고 있어요. 그것도 매우 빨리요." 러시머는 완전 채식주의자는 아니지만 비효율적인 육류 생산부터 건강하지 못한 서구 표준 식단까지 자신이 현대 음식에 관해 오래도록 품고 있던 의구심을 주로 채소 요리를 통해 해소할 수 있을 거라고 생각한다. 비용 역시 러시머가 고기 요리를 많이 하지 않는 이유 중 하나다. 그는 집에서 아내와 둘이 먹으려고 요리할 때는 더욱 고기를 넣지 않는다. 그는 "저희 집 기본 메뉴는 렌틸을 넣은 비건 달 카레예요"라고 말하면서 자신이 옹호하는 동물복지 고기가 너무 비싸기 때문이라고 덧붙였다. "그리고 달이 정말로 맛있기도 하고요."

고기를 적게 먹는 것이 일반 슈퍼마켓에 끝없이 쌓인 선택지를 걸러내기에 가장 좋은 방법 중 하나라는 생각이 점점 많이 든다. 인류학자 리처드 랭엄Richard Wrangham이 썼듯이 음식이 귀한 사회

에서는 고기가 곧 기쁨이었지만 풍요로운 사회에서는 고기를 덜 먹는 것이 꼭 고생인 것은 아니다.[8]

내게 채식을 더 많이 하는 것은(채식만 하는 것은 아니다) 정글과도 같은 오늘날의 식품 환경 속을 헤쳐나갈 실용적인 방법처럼 보인다. 채식을 하겠다는 생각은 과부하가 걸린 내 뇌를 진정시켜주고 식재료의 맛과 질감에, 요즘 제철 식재료가 무엇인지에 더 관심을 기울이게 해준다. 채식이라는 기준을 마련하면 내가 사는 음식이 충분히 몸에 좋은지, 충분히 지속 가능한지, 채소가 충분히 들어 있는지를 고민하며 끝없이 망설일 필요가 없다. 입맛이 까다롭고 고기를 사랑하는 막내 아이가 내가 만든 요리를 먹을지 여전히 고민이 되긴 하지만 이건 다른 문제다.

"자신의 형편 안에서 가장 좋은 고기를, 되도록 풀을 먹여 키운 동물의 고기를 구매하세요." 다수의 전문가들이 윤리적 식사에 관해 이렇게 말한다. 하지만 이들은 하루 종일 일한 뒤 빨리 해 먹을 수 있는 저녁거리를 찾으며 가장 가까운 가게로 재빨리 뛰어 들어갈 때 도대체 어디서 풀을 먹인 고기를 찾을 수 있는지는 설명해주지 않는다. 좋은 사료를 먹고 자유롭게 돌아다니며 느린 속도로 사육된 동물의 고기와 어두운 공간에 갇혀 곡물을 먹으며 체중을 불린 동물의 고기는 맛과 영양, 축산의 측면에서 엄청난 차이가 있는 것이 사실이다. 기회가 있다면 더 많은 돈을 내고 더 질 좋은 육류를 구매하는 것이 확실히 육류를 소비하는 더 좋은 방법이며, 인간과 땅과 동물을 위하는 일이기도 하다. 오늘날 대다수의 식품 공급 체계처럼 육류 생산 방식에도 개혁이 절실하다. 하지만 동물복지 고기가 전 세계 대다수 소비자의 예산(그리고 가용 시간)을 크게 벗어난다면 이러한 육류 소비를 '윤리적'이라고 말하는 데에는 어딘가 불편한 점이 있다.

내게 가장 좋은 절충안은 가족 식사에서 고기를 완전히 없애는 대신 전보다 줄이는 것이다. 지난 몇 년간 채식 레시피가 무척 다채롭고 풍성해진 덕분에 고기를 줄이는 일은 옛날보다 훨씬 쉬워졌다. 허브를 넣은 팔라펠과 매콤한 후무스, 따뜻한 플랫브레드, 즙이 많은 블랙 올리브, 무 피클로 차린 식사에는 부족함이 전혀 없다. 그리고 주말이 되면 나는 여전히 치킨 파이나 양고기 카레를 만든다. 누군가는 이런 방식을 '플렉시테리안'이나 '리듀스테리언reducetarian(육류 섭취를 줄이려는 사람-옮긴이)'이라고 부른다. 내게 이건 음식 섭취의 균형을 조금이나마 바로잡는 방식이다.

채식은 여러 변화를 거치고 있으며, 이제는 나처럼 채식주의자가 아닌 사람들도 채식을 한다. 아직 렌틸의 매력을 잘 모르는 사람들을 위해서는 무서울 정도로 진짜 고기 맛이 나는 (아니면 무서울 정도로 진짜 가공육 맛이 나는) 대체육이 크게 늘고 있다. 2015년 채식주의자인 내 언니 그리고 조카 세 명과 함께 필라델피아의 유원지에 갔을 때 우리는 진짜 고기로 만든 햄버거와 고기가 들어 있지 않은 햄버거를 몇 개 샀다. 언니는 고기가 들어 있지 않은 햄버거를 한 입 베어물었다가 바로 뱉어냈다. 질감이 너무 고기 같아서 내가 고기가 든 햄버거를 줬다고 확신했기 때문이었다.

이제 베를린 같은 도시에는 비건 '정육점'이 있다. 이곳에서는 비건 샤퀴테리charcuterie(내장을 포함한 다양한 돼지고기 부위로 만든 가공육-옮긴이), '길게 썬 가짜 소고기', '가짜 치킨 샤와르마shawarma(양념한 고기를 구워 채소와 함께 빵에 싸 먹는 아랍 음식-옮긴이)' 등 갖가지 가짜 고기를 구매할 수 있다. 비교적 정확한 추정에 따르면 몇 년 안에 가게에서 배양육(실험실 고기lab meat라는 이름으로도 알려져 있다)을 구매할 수 있을 것이라고 한다. 배양육은 동물세포를 배양한 크루얼티 프리cruelty-free(동물 실험을 하지 않았거나 동물성 식품이 포함되지 않았다는 뜻-옮긴이) 고기다. 하지만 그사이 식물성 햄버거가 구분이 어려울 정도로 진짜 고기 햄버거와 비슷해지고 있다. 몇 년 전까지만 해도 우리 문화에서 비트는 공포의 대상이었지만 오늘날 젊은 사람들은 피 같은 진보라색 비트 즙이 흐르는 비건 버거를 적극적으로 찾는다. 임파서블 버거(빌 게이츠를 비롯한 많은 사람이 이 채식 버거를 지지한다)는 코코넛 지방에 감자 단백질을 섞어서 진짜 소고기 햄버거의 씹히는 맛과 지방 섞인 패티를 그대로 재현했다. 임파서블 버거도 겉면이 그을릴 때까지 강한 불에 굽고, 심지어 진짜 다진 소고기처럼 '피를 흘린다'. 하지만 이 버거가 전 세계 수십억 명의 육식주의자를 설득해 소고기에서 멀어지게 할 수 있을지는 아직 미지수다. 임파서블 버거의 맛 평가는 대체로 긍정적이다. 2016년 경제 전문 저널리스트인 리네트 로페즈Linette Lopez는 임파서블 버거가 "소고기와 똑같은 맛이라기보다는 …… 저기 어딘가에 소들이 있다는 사실을 상기시키는 맛"이긴 하지만 매우 맛있었다고 평가했다.[9]

사람들이 고기를 덜 먹거나 아예 안 먹으려 하는 이유는 많다. 어떤 사람은 건강상의 이유 때문에, 어떤 사람은 육류가 대량생산되는 시장에서 동물이 끔찍한 취급을 받는다는 사실 때문에 고기 섭취를 줄인다. 2015년 이후 넷플릭스에 비건을 옹호하는 논쟁적인 다큐멘터리들이 스트리밍되면서 많은 젊은이들이 자기 식단에서 동물성 식품을 제외했다. 나는 최근 여자 친구와 함께 육류와 유제품 산업에서 동물을 어떻게 취급하는지를 다룬 다큐멘터리를 보고 하룻밤 사이에 비건이 되었다는 한 20대 남성을 만났다. 한때 그는 고기를 너무 좋아해서 포장에 담긴 베이컨을 그대로 꺼내 먹던 베이컨 애호가였다. 하지만 이제는 달걀 국수 한 젓가락이나 꿀 한 숟가락조차도 먹지 않는 사람이 되었다. 그는 하루도 베이컨을 그리워하지 않은 날이 없으며, 달리기를 워낙 좋아해서 잼이나 후무스 샌드위치를 들고 다니지 않으면 쉽게 배가 고파진다고 했다. 하지만 고기에 대해 더 많은 것을 알게 되면서 그는 더 이상 고기를 음식으로 여기지 않기로 했다. 이제는 시내 중심가에 있는 여러 카페와 레스토랑이 다양한 비건 메뉴를 제공하고 있으므로 그는 혼자가 아니다.

여러 측면에서 새로 등장한 비거니즘은 인간의 식단이 올바른 방향으로 이동하고 있다는 징조로 보인다. 하지만 나는 전 세계에서 현대의 식생활이 심각하게 양극화되고 있다고 생각하는 사람도 여럿 만났다. 세계의 식생활은 둘로 나뉘어 한쪽에는 비건이, 다른 한쪽에는 극단적인 저탄수화물 식단을 추구하는 고기 애호가들이 있다. 그중 한 명인 자기계발서 작가 조던 피터슨 Jordan Peterson은 자신이 오로지 소고기만 먹고 우울증을 치료했다고 주장한다. 이 양극단 사이 중간 지대에 위치한 사람들은 길을 잃을 수 있다. 비크람 닥터는 원래 케랄라 같은 인도의 해안 지역에는 채식도 아니고 그렇다고 완전히 고기 요리도 아닌, 그 사이 어디쯤에 위치한 맛있는 요리가 많았다고 했다. 주로 채소를 이용하지만 풍미와 단백질을 더하기 위해 해산물을 약간 넣는 식이었다. 하지만 비크람은 이런 요리 전통이 점차 자취를 감추는 것을 목격했다. 이런 음식들은 고기를 좋아하는 사람들에게도 비건에게도 사랑받지 못하기 때문이다.

많은 사람이 이것 아니면 저것이라는 이분법적 방식으로 음식을 논하기 시작했다. 고기냐 채소냐. 탄수화물이냐 지방이냐. 슈퍼푸드냐 정크푸드냐. 내 10대 딸의 친구는 "이렇게 죄책감을 느껴야 하는 게 싫어요"라고 말한다. 그 친구의 설명에 따르면 이제는 채식주의자가 되는 것만으로는 부족하다. 학교에서 치즈를 한 조각만 먹어도 윤리적이지 못하고 건강을 생각하지 않는 사람이라는 비난을 받는 기분이라고 한다. 이것이 바로 새로운 식사 규칙을 만들 때 생기는 문제다. 한번 시작하면 어디서 멈춰야 하는지 모른다. 건강을 생각하는 현대인에게 육류 섭취를 재고하는 것은 충분히 순수하지 않은 음식을 식단에서 하나씩 제외하는 길고긴 여정의 시작일 뿐이다.

클린, 크레이지, 이팅

처음에 '클린 이팅'은 평범해 보였고 심지어 조금 소박하기까지 했다. 칼로리를 계산하기보다는 집에서 만든 영양가 높은 음식을 최대한 많이 먹으라는 것이 클린 이팅의 내용이었다. 크레용 박스에서 유해한 것들은 꺼내고 좋은 것들만 남겨두라는 것이었다. 하지만 얼마 안 가 클린 이팅이 단순한 식단 이상이라는 사실이 분명해졌다. 클린 이팅은 하나의 신념 체계가 되어 대부분의 식생활이 단순히 살을 찌우는 것을 넘어 불순하기까지 하다는 생각을 퍼뜨렸다. 난데없이 코코넛 오일과 수상쩍은 약속, 그리고 면처럼 길게 뽑은 주키니 호박으로 이루어진 우주가 생겨났다. 2017년 소설가 수지 보이트Susie Boyt는 이렇게 농담을 했다. "클린 이팅이 먹을 것을 너무 많이 흘리지 말라는 의미였던 시절이 그립네요."

건강을 위한 식사가 늘고 있다는 사실은 곧 수백만 명의 사람들이 너무 중심 없이 붕 떠 있게 되면서 식단에서 몇몇 음식만 제거하면 우리 몸도 순수해지고 건강해지고 생기 넘칠 거라고 약속하는 '지도자'를 무턱대고 믿게 되었음을 보여준다.

클린 이팅이 정확히 언제 시작되었는지를 짚어내기란 매우 어렵다. 클린 이팅은 단일 식단이라기보다는 기존의 여러 식단에서 빌려온 아이디어가 조금씩 섞여 있는 용어이기 때문이다. 팔레오 식단에서 약간, 황제 다이어트에서 약간을 가져오고 1960년대에 유행한 자연식의 잔재를 약간 추가한 것이 클린 이팅이다. 2000년대 초반의 어느 시점에 별개의 식단이지만 서로 관련이 있는 두 가지 버전의 클린 이팅이 미국에서 유행하기 시작했다. 하나는 '리얼' 푸드에 대한 신조에 바탕을 두었고, 다른 하나는 '디톡스' 개념에서 비롯된 것이었다. 깨끗함이라는 개념이 식사의 영역에 들어서자 순식간에 이 기본 아이디어가 인스타그램을 휩쓸었고, #잇클린eatclean의 팬들은 메이슨 자Mason jar(뚜껑이 있는 유리컵 브랜드로, 실용적이면서도 디자인이 예뻐서 건강 음식 사진을 찍을 때 사용하는 대표적 컵이 되었다-옮긴이)에 담은 녹즙과 무지개 색깔의 샐러드 볼 사진을 멋들어지게 찍어 인스타그램에 전시하고 공유했다.

지금보다 더 온건했던 첫 번째 버전의 클린 이팅은 캐나다의 피트니스 모델인 토스카 리노Tosca Reno가 《잇클린 다이어트The Eat-Clean Diet》라는 책을 출간한 2006년 처음 등장했다. 이 책에서 리노는 자신이 지나치게 정제되고 가공된 음식, 특히 하얀색 밀가루와 설탕을 피함으로써 어떻게 35킬로그램을 감량하고 몸을 변화시켰는지를 설명했다. 대표적인 리노의 '잇클린' 식단은 닭고기 볶음일 수도 있었고 현미밥과 채소일 수도 있었으며 차 한 잔과 함께 먹는 아몬드대추 비스코티일 수도 있었다. 채소를 많이 섭취하고 집에서 직접 요리한 식사를 적당량 먹으라고 조언한 《잇클린 다이어트》는 여러 면에서 이전에 나왔던 수백 권의 다이어트 책과 비슷했다. 차이점이 있다면 리노는 이것을 식단이 아닌 전체적인 삶의 방식으로 칭했다는 것이었다.

한편 두 번째 버전의 클린 이팅은 우루과이 출신의 전前 심장 전문의 알레한드로 융거가 주도했다. 융거의 저서 《클린》은 귀네스 팰트로Gwyneth Paltrow가 자신이 운영하는 생활정보 사이트 구프닷컴Goop.com에서 융거의 '클린' 디톡스 시스템을 극찬한 이후 2009년에 출간되었다. 융거의 '클린' 시스템은 리노의 식단보다

식사에 대한 생각

훨씬 엄격한데, 카페인, 알코올, 유제품, 달걀, 설탕, 토마토와 가지 같은 '가지과 채소', 붉은색 고기(융거에 따르면 붉은 고기는 '체내 환경'을 산성화한다) 등의 음식을 완전히 배제하고 주로 유동식을 먹는 철저한 식단을 수주간 따라야 한다. 융거는 디톡스 기간이 끝나면 밀("알레르기 반응을 일으키는 대표적 원인")과 유제품("산성 유발 식품")을 매우 신중하게 섭취해야 한다고 조언한다.

융거의 《클린》을 읽다 보면 이 세상 모든 먹을거리에 독성이 있는 것 같은 기분이 든다. 융거는 이렇게 묻는다. "어떤 사람이 이 프로그램을 이용하면 좋을까요? 현대적인 삶을 살고 현대적인 식단을 먹으며 현대사회에서 살고 있는 모든 사람입니다."

우리는 원래 믿을 수 있고 몸에 기운을 줘야 할 평범한 음식이 우리가 온전히 파악할 수 없는 방식으로 우리 몸에 유해한 영향을 미치는 것처럼 느껴지는 환경 속에서 살고 있다. 부유한 국가의 많은 사람들이 체중 감량을 원하든 원치 않든 상관없이 현대의 식품 공급 체계와 그 체계가 우리 몸에 미치는 영향을 두려워하게 되었다. '일반적인' 식단이 사람들을 병들게 하면 많은 사람이 피해를 입지 않으려고 다른 식사법을 찾는 것이 당연하다. 식단에 관한 우리의 집단적 불안은 (신문 헤드라인에서 잔뜩 과장된) 주류 과학의 조언을 신뢰할 수 없다는 느낌 때문에 더욱 악화되었다. 이 전문가라는 사람들은 처음에는 지방을 피하라고 했다가 그다음에는 설탕을 피하라고 했고, 그러는 동안 사람들은 점점 더 건강에서 멀어졌다. 이 '전문가'들이 다음에는 뭐라고 말할 것이며, 왜 우리가 그들을 믿어야 하는가?

이렇게 불안과 혼란이 가득한 가운데 '건강' 구루들이 나타나 놀라울 정도로 단순하고 마음을 편안하게 해주는 메시지를 전하기 시작했다. "이러이러하게 먹으면 내가 당신을 다시 생기 있고 건강하게 만들어주겠다." 이 구루들이 말 잘 듣는 독자와 추종자를 찾을 수 있었던 것은 기존 의학이 음식 문제를 해결하지 못했기 때문이기도 하다. 지난 50년간 서구의 주류 의료 서비스는 질병의 예방과 완화에서 식단이 맡는 역할에 대해 불가해할 정도로 무지했다. #잇클린은 기존 식사법이 체중 증가와 두통, 스트레스 등 여러 가지 문제를 유발하고 주류 의학은 여기 아무 도움도 안 된다고 느낀 수많은 사람에게 말을 걸었다. 의사의 영양 지도가 부재한 상황에서 개인이 유제품이나 글루텐 같은 식품을 이것저것 제외하며 실험을 시작한 것은 당연한 수순이었다. 건강 구루들은 얼른 식단을 제한하라고 재촉했다. 어밀리어 프리어 Amelia Freer는 2015년 자신의 저서 《먹고 영양을 보충하고 빛나라 Eat, Nourish, Glow》에서 과민성대장증후군과 관절 통증 같은 여러 질병의 "원인이 유제품임을 증명할 수는 없다"라고 인정하면서도 만일을 위해 유제품을 끊어낼 만한 "가치가 분명히 있다"라는 결론을 내린다. 다른 지면에서 프리어는 "과학 지식이 걸러져서" 일반 지식이 될 때까지는 "17년이 걸린다는 이야기를 들었다"며, 그때까지는 전반적인 예방 조치로서 글루텐을 전부 피하는 것이 좋다고 조언한다.

수백만 명이 이런 유사 과학에 근거해 파스타나 면 요리처럼 영양가 높은 여러 기본적인 음식을 무서워하기 시작했다. 클린

식사에 대한 생각

이팅 운동에서는 이런 음식을 "베이지색 탄수화물"이라고 칭하기도 한다. 글루텐은 1980년대의 지방처럼 적은 양으로도 전체 음식을 오염시킬 수 있는 오염원으로 여겨지게 되었다. 셀리악병은 밀과 호밀, 보리에 함유된 단백질인 글루텐이 장 표면을 손상시키는 자가면역질환 중 하나로, 실제 셀리악병을 앓는 사람은 전체 인구의 1퍼센트뿐이다. 그보다 훨씬 적은 수의 사람들이 셀리악병보다 훨씬 가벼운 (그리고 아직 논란이 많은) 질환인 비셀리악성 글루텐 민감성을 앓고 있을 수 있는데, 정신이 멍한 상태, 복통, 더부룩함이 그 증상이다. 하지만 이 두 질환만으로는 왜 1억 명의 미국인, 즉 미국 인구의 3분의 1이 적극적으로 글루텐을 피한다고 말하는지를(업계 자료에 따르면 그렇다) 설명할 수 없다. 셀리악병이 있는 내 친구들은 #잇클린 덕분에 한때는 건강 전문 식료품점에서만 살 수 있었던 식재료들을 훨씬 쉽게 구할 수 있게 되었다고 말한다. 하지만 셀리악병이 없는 수많은 사람들이 한때 널리 사랑받았던 음식을 자발적으로 거부하고 건강이라는 이름 하에 별 이유 없이 글루텐을 함유하지 않은 값비싼 상품을 구매하는 것은 슬픈 일이다.

사람들이 음식을 먹는 한, 이런저런 식단과 돌팔이 치료법은 늘 존재하는 법이지만 과거에 이런 주장들은 마치 음모론처럼 식문화의 주변부에만 존재했다. 그런데 클린 이팅은 주류 식사법에 도전하는 한 축으로 자리를 잡고 지난 몇 년간 큰 인기를 끌면서 더 이상 주변부에만 머물지 않게 되었다. 소셜미디어에서 힘을 얻은 클린 이팅은 종교에서 정한 금기(예를 들면 최근 다시 인기를 회복한 자이나교의 채식주의) 바깥에서 기존의 그 어떤 영양학적 조언보다 더 엄격해지고 더 폭넓은 인기를 끌었다.

클린 이팅 운동은 어디에서나 흔해지자마자 곧 반발을 맞았다. 클린 이팅을 비판하는 사람들은 구루들이 편협한 바디 파시즘(특정 기준에서 벗어난 신체를 문제로 여기는 태도-옮긴이)을 조장해 음식을 '더러운 것'으로 보게 한다고 주장했다. 2016년에서 2017년 사이 부정적인 언론 보도가 급증하자 #잇클린의 초기 여신들은 수백만 권의 책을 팔아준 자신들의 레시피에 더 이상 '클린'이라는 단어를 쓰지 않겠다고 선언하며, 이미지 쇄신을 꾀했다. 하지만 클린 이팅의 개념이 아무리 논리적으로 반박되고 공개적으로 욕을 먹어도 이 현상은 사라질 기미가 없다. 일부러 '클린하게 먹으려' 노력한 적이 한 번도 없다 할지라도 이 트렌드를 완벽히 피하는 것은 불가능하다. 클린 이팅 현상이 우리가 구할 수 있는 식품의 종류와 식품이 논의되는 방식을 바꾸어놓았기 때문이다.

클린 이팅의 영향은 강황 라테와 '건강 볼'에, '길티 프리guilt-free(죄의식을 느끼지 않게 한다는 의미-옮긴이)' 스낵과 '그레인 프리grain-free(곡물을 첨가하지 않았다는 의미-옮긴이)' 샐러드에 남아 있다. 이 새 상품들은 건강하지 않은 음식이 잔뜩 밀려드는 영양 전이의 4단계에서 반가운 변화를 만들어내기도 한다. 한때는 속을 더부룩하게 하는 지루한 샌드위치만 판매하던 번화가의 카페에서 구운 비트와 페타 치즈를 넣은 샐러드를 고를 수 있어서 나는 행복하다.

이보다 덜 매력적인 점이 있다면 클린 이팅의 도덕주의적 어조가 일상적인 식사의 즐거움을 해친다는 것이다. 내가 아는 어린 학생은 친구들 앞에서 파스타를 주문할 때마다 탄수화물의 해악에 관해 설교를 들어야 한다면서 그 때문에 외식의 즐거움을 망친다고 말했다.

오로지 '건강'만을 위한 식사에 강박적으로 집착하면 아무리 의도가 좋더라도 실질적인 피해를 낳을 수 있다는 사실이 점점 더 분명해지고 있다. 러네이 맥그리거Renee McGregor는 운동선수와 식이 장애가 있는 일반인을 돕는 영국의 영양사다. 맥그리거는 2016년 이후 "진료실 문을 열고 들어오는 식이 장애 환자가 전부 '클린'한 식사법을 따르고 있거나 따르길 원한다"는 사실을 발견했다. 클린 이팅이 반드시 식이 장애나 정신질환을 유발한다는 이야기가 아니다. 식이 장애와 정신질환의 원인은 매우 깊고 복잡하며 때로는 유전적일 때도 있다. 하지만 맥그리거가 진료실에서 만나는 약한 사람들에게 클린 이팅이 제공하는 매력적인 규칙들은 한번 마음에 박히면 회복을 더욱더 어렵게 한다. 맥그리거가 정의하는 건강한 식사는 "제한 없는 단순한 식사"다. 폭식을 해도 된다는 의미가 아니라 죄책감이나 두려움 없이 주요 식품군을 골고루 먹으면 된다는 뜻이다.

새로운 형태의 식이 장애가 뿌리를 내리고 있다. 이 질환에는 '오소렉시아orthorexia'라는 이름이 붙었다. 그리스어로 오소orthos는 올바르다는 뜻이고 오렉시스orexis는 식욕이라는 뜻이다. 오소렉시아(맥그리거가 이에 관해 책을 한 권 쓰기도 했다)는 오로지 순수한 음식만 먹으려고 하는 강박증이다. 여러 면에서 거식증과 비슷하지만 오소렉시아 환자가 가장 집착하는 것은 체중 감량이 아니라 '나쁜' 것이 전혀 들어 있지 않은 음식으로 식사를 제한하는 것이다. 먼저 설탕을 끊는다. 그다음엔 육류와 유제품을, 그다음엔 빵을, 그다음엔 모든 종류의 '탄수화물'을 끊는다. 그다음엔 포화지방을, 그다음엔 그 외 대부분의 지방을, 그다음엔 과일을(과일은 사실 설탕 덩어리다) 끊는다. 그러면 눈 깜박할 사이에 내게 남은 음식은 오로지 (피망처럼 위험한 가지과 채소를 제외한) 채소와 몇몇 견과류뿐이다. 맥그리거는 "무지개의 끝을 쫓는, 이 끝없는 강박"이 "사람을 지치게 하고 에너지를 고갈시키며 건강에도 나쁘다"라고 말한다.[10]

몇 년 전 맥그리거는 금융계에 종사하는 20대 환자를 만났다. 이 여성은 자신이 술을 너무 많이 마시는 것은 아닌지 걱정되어서 더 이상 동료들과 밖에서 어울리지 않기로 했다. 맥그리거의 진료실을 찾았을 때 그녀는 생선이나 닭고기 약간과 면처럼 길게 뽑은 채소를 하루 두 번 먹는 것 외에는 아무것도 먹지 않았다. 그녀가 맥그리거를 찾아온 것은 콜레스테롤 수치가 너무 높은데, 자기 식단에서 또 무엇을 제외해야 콜레스테롤 수치를 낮출 수 있을지 알고 싶었기 때문이다. 맥그리거는 바로 그 '건강' 식단이 콜레스테롤 수치가 높아진 원인이라고 설명했다. 굶주린 몸이 더 이상 에스트로겐을 충분히 만들어내지 못하면서 신체의 콜레스테롤 조절 능력이 떨어진 것이었다. 하지만 그녀는 여전히 식단에서 제외할 식품을 더 찾아내야 한다고 믿었다.[11]

그런데 진짜 문제는 클린 이팅이 완전히 틀린 이야기가 아니라는 것이다. 실제로 클린 이팅에는 일말의 진실이 들어 있다. '생기'와 안녕에 대한 온갖 근거 없는 주장 외에, 대부분의 현대인이 정제 설탕과 가공육을 덜 먹고 채소와 직접 요리한 음식을 더 많이 먹으면 더 건강해질 것이라는 클린 이팅 구루들의 말은 전적으로 옳다. 문제는 클린 이팅의 합리적인 부분만 골라내고 나머지는 무시하기가 거의 불가능하다는 것이다. '클린'이라는 단어의 포함 여부와는 상관없이 새로운 음식 청교도주의가 널리 뿌리를 내리고 있다.

일단 이런저런 불순한 음식을 배제하기 시작하면 가게에서 파는 그 어떤 식품도 충분치 않다고 느낄 수 있다. 그 어떤 채소도 완벽히 유기농일 순 없다. 이런 식단 절대주의의 논리적 귀결은 크레용 상자 전체를 돌려보내고 음식 자체의 대용물을 찾는 것이다.

설탕범벅 프로틴 바

"저와 레스토랑에 가려고 하질 않아요." 2016년 시애틀에서 만난 한 20대 여성이 한숨을 쉬며 말했다. 그녀는 남자 친구가 자신의 음식 사랑을 함께해주지 않는다는 사실에 낙담하고 있었다. 둘의 관계에는 초를 켜놓은 테이블을 사이에 두고 서로를 바라보는 일도, 디저트를 한 숟가락씩 서로의 입에 떠 먹여주는 일도, 식료품점에서 신기한 새 식재료를 쇼핑하는 일도 없었다. 이렇게 함께 즐거운 시간을 보내는 대신 남자 친구는 배가 고플 때마다 그저 비타민이 강화된 고단백 '스포츠 바'를 먹으면서 무언가를 함께 먹을 필요가 없다고 생각했다. 그는 운동광이었고 프로틴 바가 몸에 필요한 영양소를 전부 제공해준다고 주장했다. 그녀는 확신 없는 목소리로 이렇게 말했다. "어쨌거나 제가 보기에 그이는 건강해요." 그리고 슬픈 얼굴로 남자 친구가 바뀔 가능성이 있겠느냐고 내게 물었다. 그녀를 보니 채소를 먹지 않는 아이를 둔 부모가 떠올랐다.

어떤 사람이 피자와 스트링 치즈만 먹으면 우리는 그 사람을 편식가라고 부른다. 하지만 어떤 사람이 프로틴 바나 '완벽한 영양'의 아침 음료 같은 현대 대용식을 중심으로 삶을 꾸리면, 시간에 집착하는 우리 문화는 나이프와 포크를 들고 테이블에 앉아 대화를 나누며 마음껏 먹고 마시는 고루한 활동보다는 대용식을 먹는 것이 훨씬 우월하다고 믿도록 부추길지도 모른다. 스크린에 집착하는 이 시대에 대용식을 섭취하는 사람들은 시간을 벌어 이메일과 소셜미디어 같은 '유용한' 활동을 하고 온라인으로 더 많은 물건을 주문할 수 있다.

많은 사람들이 무엇을 먹을지 선택할 때 최소 칼로리로 배를 채워줄 음식을 찾는다. 그 음식이 운동과 업무에 도움이 되기를, 쉽게 들고 다닐 수 있기를, 먹기 위해 자리에 앉을 필요가 없기를 바란다. 또한 몸에 '나쁜 것'이 들어 있지 않길 바란다(나쁜 것을 어떻게 정의하든 말이다). 우리 몸에 단백질을 공급해주면서도 사탕처럼 달콤하길 바란다. 슬프게도 오늘날 우리는 전통적인 음식이 제공해줄 수 없는 너무 많은 것을 음식에서 얻으려 한다. 그렇게 매점에 들어간다.

나는 2016년 겨울 런던에서 열린 식품무역박람회에서 한 네덜란드 남자와 이야기를 나누었다. 스포츠 바, 프로틴 바, 트레킹과 하이킹을 진지하게 즐기는 사람들을 위한 바, 로푸드raw food(생식-옮긴이)로 만든 비건 바, 비타민이 들어 있는 실용적인 점심 대용품, 중년 여성에게 에너지를 제공하는 피로 회복용 바, 날씬한 젊은이들을 위한 체중 감량용 바 등 각종 바를 출시하고 싶어 하는 식품업계 관련자를 위해 바를 디자인하고 만들어내는 회사의 직원이었다. 그 남자는 내게 두꺼운 책자를 하나 건넸다. 책자에는 "지난 수년간 우리는 …… 사람들이 그동안 꿈만 꿔온 바를 만들었습니다"라고 쓰여 있었다. 그 회사는 튀긴 쌀을 넣어 가볍고 바삭한 바나 견과류와 초콜릿을 넣어 묵직하고 든든한 바를 개발할 수 있다. 안에 과일 젤리를 층층이 넣을 수도 있고 요구르트로 코팅할 수도 있으며 케이크처럼 알록달록한 스프링클을 뿌릴 수도 있다.

오늘날 전 세계에 서로 경쟁하는 스낵 바가 몇 개나 있는지 세보는 것은 거의 불가능하다. 이 바들이 만족시킨다고 주장하는 인간 욕구가 총 몇 가지인지 세는 것 또한 불가능하다. 1980년대에 스낵 바는 식생활의 주변부에만 머물렀고, 주로 운동선수와 건강식품 애호가들의 전유물이었다. 당시 바삭한 오트밀 바와 아몬드 시리얼 바는 건강한 입맛을 가진 사람들을 위한 스낵으로 한 팩에 여섯 개씩 담겨서 판매되었다. 묵직하고 쫀득한 에너지 바는 자전거 타기와 달리기에 열중하는 사람들을 대상으로 낱개 판매되었다(파워바PowerBar 브랜드가 대표적 예다). 당시에는 운동을 좋아하지 않는 사람이 즉흥적으로 이런 스낵 바를 먹을 거라고는 전혀 상상하지 못했을 것이다.

'영양' 바는 1990년대가 되어서야 주류의 자리에 올라섰다. 가장 먼저 유행한 제품은 1992년에 출시된 클리프 바Clif bar였다. 클리프 바는 에너지 바의 영양과 비스킷의 식감을 동시에 구현하고자 했다. 1992년 70만 달러였던 클리프 바의 연간 판매액은 2002년이 되자 1억 600만 달러가 되었고, 더불어 수많은 경쟁 상품이 등장했다. 현재 미국인 대다수가 스낵 바를 정기적으로 구매한다. 민텔의 자료에 따르면 2017년 3개월간 미국인 10명 중 여섯 명이 스낵 바를 구매했다.[12]

스낵 바의 목적은 음식 선택을 단순화하는 것이었지만 현실에서는 오히려 선택지가 늘어났다. 완전히 새로운 크레용 상자가 또 하나 생긴 것이다. 2005년 미국 시장에는 750가지의 바가 있었다. 2017년 8월 미국에서는 거의 4500가지에 달하는 스낵 바가 판매되었다. 트레이더조나 알디에서 취급하는 전체 품목 수보다도 더 많다.[13]

스낵 바 산업의 성장은 섬세한 차별화를 불러왔다. 오로지 '천연 원료'를 사용했다는 것으로는 더 이상 특별해질 수 없다. 이런 레드 오션에서 눈에 띄려면 틈새를 파고들어야 한다. 오늘날 시장에는 키토제닉 식단용 바와 글루텐을 먹지 않는 사람들을 위한 바가 있다. 아이들을 위한 바와 임신한 여성을 위한 바도 있다.[14] 설탕을 제외한 식단이나 식물 위주 식단처럼 여러 다양한 시장에 진입하고 싶어 하는 식품 기업에 바는 좋은 선물이나 다름없었다. 다음에는 어떤 식단이 바 제조업체에 이익을 가져다줄까? 2017년에 나온 스포츠 영양학 시장 보고서는 이렇게 말한다. "당뇨병은 완전히 미개발된 시장이다."

제조업체가 우리에게 그렇게 많은 바를 판매하고 싶어 하는 이유는 쉽게 알 수 있다. 하지만 우리 소비자들이 바를 그렇게 많이 구매하는 이유는 도대체 무엇일까? 나는 네덜란드에서 온 스낵 바 크리에이터에게 물었다. 이런 스낵 바들이 저렴한 것도 아니다. 헬스장이나 편의점에서 낱개로 구매하면 2파운드를 쉽게 넘어간다. 그는 솔직하게 대답했다. "요즘에는 식이 장애를 앓는 사람이 많잖아요. 그들은 이런저런 식재료를 식단에서 빼고 싶어 해요." 그는 취미로 진지하게 운동하는 사람이 늘어난 것 역시 바의 인기 상승에 일조했다고 보았다. 이들은 자신의 '목표'를 이룰 수 있게 도와줄 여분의 단백질을 원한다.

프로틴 바는 이 시대의 수수께끼 중 하나다. 왜 이 제품들은 설탕 바가 아니라 프로틴 바라고 불릴까? 나는 우리 집에서 가장 가까운 슈퍼마켓에 들러 여러 종류의 프로틴 바를 구매했다. 어떤 것은 땅콩이 가득 들어 있었고 어떤 것은 코코넛 플랩잭 flapjack(귀리와 설탕, 버터 등을 섞어 구운 스낵의 일종-옮긴이)과 비슷했다. 하지만 형태가 어떻든 간에 모든 바에는 단백질보다 탄수화물이 훨씬 많이 들어 있었고, 이런 탄수화물은 주로 액상 포도당이나 꿀 같은 당 성분에서 나왔다. 내가 맛본 프로틴 바는 하나같이 비스킷처럼 달콤한 맛이 났다(엄청 비싸고 약간 실망스러운 비스킷

이긴 하지만).

단백질이라는 단어는 보통 달걀이나 구운 돼지고기, 소금과 후추를 뿌려 구운 두부, 매콤한 블랙 빈 수프처럼 짭쪼름하고 따뜻한 음식을 떠올리게 한다. 그렇기에 프로틴 바에 들어 있는 단백질이 짭짤하지 않다는 사실은 어딘지 조금 이상하다. 내 정보원은 이렇게 말한다. "많은 사람이 짭짤한 프로틴 바를 만들려고 했어요. 이탈리아와 오스트리아에서 실제로 출시되었고요. 사람들은 계속 짭짤한 프로틴 바를 만들어달라고 하지만 막상 가게에 제품이 진열되면 아무도 안 사요. 왜 프로틴 바 소비자들이 브라우니 같은 디저트 맛을 원하는지는 우리도 잘 몰라요."

오늘날 우리가 소비하는 다른 많은 상품과 마찬가지로 프로틴 바도 매우 모순적이다. 프로틴 바는 사탕을 먹어놓고 정갈한 메인 코스를 먹었다고 말하는 것과 다름없다. 설탕이 가득한 식품 환경에서 프로틴 바 역시 또 하나의 달콤한 음식이지만 어째서인지 이 제품은 자기는 다르다고, 비스킷이나 스콘과는 비슷한 점이 전혀 없다고 우리를 설득한다. 음식의 맛이 수없이 다양한 세상에서 음식 대신 먹는 바는 거의 항상 초콜릿 맛이나 견과류 맛, 아니면 두 개가 섞인 맛이 난다.

그래도 이 프로틴 바의 신전에는 아직 실제 음식과의 연결 고리가 어느 정도 남아 있다. 프로틴 바는 달콤한 맛만 있을지 모르지만 적어도 무언가 씹을 것을 제공한다. 클리프 바를 만든 개리 에릭슨Gary Erikson은 그리스 출신 어머니가 직접 요리한 전통 음식을 먹으며 자랐다고 한다. 그는 '슬로푸드'의 가치를 지지하는 자신이 편리함과 휴대성을 강조하는 에너지 바를 만든다는 사실에 가끔 괴로워하기도 한다.[15] 하지만 그는 사람들이 적어도 "우리가 만든 바를 먹을 때는 조금 속도를 늦추고" 입안에서 느껴지는 감각을 음미해주길 바란다고 말했다.

이와 달리 소일런트나 휴엘 같은 식사 대용 음료를 마실 때에는 맛을 음미하는 일이 거의 없다. 이런 음료를 만드는 사람들의 말에 따르면 그래서도 안 된다. 새로 등장한 이 식사 대용 음료의 목표는 소비자를 선택에서 자유롭게 하는 것뿐만 아니라 맛과 식감에 주의를 뺏기지 않게 하는 것이다.

나는 어떻게 음식을 끊게 되었나

과거에 음식은 인간의 삶 속에 당연히 존재하는 것이었다. 어떤 사람은 이 음식을 먹었고, 어떤 사람은 저 음식을 선호했다. 어떤 사람은 순무를 싫어했고, 또 어떤 사람은 감초에 질색을 했다. 하지만 (거식증 같은 식이 장애를 앓고 있지 않다면) 음식 자체에 등을 돌리는 일은 절대 없었다. 현재 우리 사회에서는 무언가 굉장히 기이하고 새로운 일이 일어나고 있다. 지난 몇십 년간 무시할 수 없는 수의 사람들이 음식을 먹는 것보다 먹지 않는 것을 더 나은 선택으로 여기기 시작한 것이다. "저는 30일 동안 음식을 한 입도 먹지 않았습니다. 그리고 제 인생이 바뀌었어요." 세계에서 가장 인기 있는 식사 대용 음료인 소일런트의 개발자 롭 라인하트Rob Rhinehart가 2013년 블로그에 썼다. 현재 수백만 명의 사람들이 소일런트 같은 제품으로 음식을 아예 대체하거나 며칠간 음식을 끊으며 라인하트의 뒤를 따르고 있다.

실리콘밸리에서는 단식으로 '바이오해킹biohacking'을 하는 것이 인기다. 이렇게 며칠간 단식을 하면 우리 신체는 케토시스라는 신진대사 상태에 이르게 된다. 2017년 초반에 100명이 넘는 사람들과 함께 7일간 단식을 한 바이오해킹 회사의 CEO 제프리 우Geoffrey Woo는 단식이 만들어내는 케톤ketone이 "뇌를 위한 최고의 연료"라고 말했다. 우는 2~3일간 단식을 하면 허기가 "점점 잦아들고" 머리가 맑아진다고 했다. 하지만 식이 장애 전문가들은 장기간의 단식은 위험할 수 있고 거식증 같은 다른 형태의 음식 기피 증상이 나타날 수 있다고 경고한다.[16]

며칠 동안 음식을 먹지 않는다는 생각은 내게 여전히 악몽과 같다. 아침에 일어나면 나는 종종 미약한 패닉 상태에 빠진다. 왜 알람이 더 일찍 울리지 않았지? 해야 할 일을 어떻게 다 끝내지? 오늘 아이들이 학교에 뭘 가져가야 하지? 왜 아이들 준비물을 어젯밤에 미리 챙겨두지 않았지? 이럴 때 나를 진정시키는 것은 아침으로 커피와 토스트를 먹고 후식으로 요구르트, 어쩌면 배까지 먹겠다는 생각이다. 훈훈하고 편안한 냄새가 부엌을 채우고, 커피 그라인더와 토스터가 만들어내는 음악이 마음을 안정시켜준다. 음식은 패닉을 잠재운다.

반면 식사 대용식을 먹는 사람들에게 음식은 패닉의 원인이다. 음식 이야기를 멈추지 않는 시대, 아기 사진을 찍듯 애정을 담아 찍은 케이크와 레스토랑 음식 사진이 인스타그램에 가득한 이 시

식사에 대한 생각

대에 프로틴 셰이크와 스포츠 바의 등장은 어쩌면 당연한 결과인지도 모른다. 식사에 수반되는 여러 복잡한 문제(그린 빈을 어떻게 잘라야 옳은가, 버터는 몸에 좋은가 아닌가, 일하면서 빨리 점심을 먹어야 할 때 다양한 샌드위치 가운데 무엇을 선택해야 하는가, 그 비용은 얼마인가)는 어떤 이들에게는 너무 벅찰 수 있다. 간편하게 대용식을 병에 담아 물을 타 먹으면 필요한 영양을 얻으면서도 이 모든 복잡한 문제에서 손을 뗄 수 있다. 식사 대용 음료는 '라이프 핵life hack(삶을 더 편리하고 효율적으로 만드는 도구나 기술-옮긴이)'이다. 그냥 꿀떡꿀떡 삼킨 다음 계속 하루를 살아나가면 된다.

식사 대용식은 놀라울 정도로 널리 이용되고 있으며 굉장한 속도로 확산되는 중이다. 세계 곳곳에 있는 스타트업들은 물을 타면 식사 대용 음료로 변하는 각양각색의 가루를 팔아 큰 성공을 거두고 있다.

2016년 전 세계에서 약 100만 명이 식사 대용 음료를 마셔보았고 그중 20만 명이 정기적으로 식사 대용 음료를 구매했다. 소비자는 압도적으로 남성이 많은데, 그 이유는 아직 분명치 않다. 왜 여성이 밍밍한 음료로 끼니를 해결하는 것을 꺼리는지에 관해 나는 이런 이론을 세웠다. 대체로 여성이 향과 풍미에 유전적으로 훨씬 민감하기 때문에 고형 음식을 쉽게 포기하지 못한다고 말이다.[17]

15년 전 임종에 가까워진 우리 할머니는 더 이상 음식을 씹을 수 없어서 어쩔 수 없이 여러 식사 대용 가루를 물에 타 마셔야 했다. 이 음료들은 할머니를 며칠 더 살게 해주었지만 할머니에

암브로나이트(Ambronite)	핀란드	가루
애슬릿 퓨얼(Athlete Fuel)	미국	가루
오시렌트(AussieLent)	오스트레일리아	액체
바이올런트 오리지널 1.4(Biolent Original 1.4)	캐나다	가루
비보2.0(Bivo 2.0)	이탈리아	가루
휴엘 v.2.3(Huel v.2.3)	영국	가루
휴엘 바스(Huel Bars)	영국	고체
휴엘 글루텐 프리(Huel Gluten Free)	영국	가루
케오초(KeoChow)	미국	가루
케토퓨얼(KetoFuel)	미국	가루
케토렌트(KetoLent)	미국	가루
케토원(KetoOne)	미국	가루
렘바스(Lembas)	싱가포르	가루
마나(MANA [Mark 2])	체코	액체
마이데일리(MyDaily)	인도	가루
오즈 사일런트(Oz Soylent)	오스트레일리아	가루
파카(Paca)	스웨덴	가루
플레니 셰이크 웨이크 업(Plenny Shake Wake Up)	네덜란드	가루
플레니 셰이크 스포츠(Plenny Shake Sport)	네덜란드	가루
플레니 셰이크 비건(Plenny Shake Vegan)	네덜란드	가루
플레니 셰이크(Plenny Shake)	네덜란드	가루
프리말카인드 포 허(PrimalKind for Her)	오스트레일리아	가루
프리말카인드 포 힘(PrimalKind for Him)	오스트레일리아	가루
퀼 애자일(Queal Agile)	네덜란드	가루
퀼 스탠더드(Queal Standard)	네덜란드	가루
퀼 비건(Queal Vegan)	네덜란드	가루
러푸드(Ruffood)	중국	가루
새티슬런트(Satislent)	스페인	가루

사투로 커피(Saturo Coffee)	오스트리아	액체
사투로 드링크(Saturo Drink)	오스트리아	액체
슈밀크(Schmilk)	미국	가루
스밀(Smeal)	프랑스	가루
소일런트 바(Soylent Bar)	미국	고체
소일런트 카페(Soylent Café)	미국	액체
소일런트 드링크 2.0(Soylent Drink 2.0)	미국	액체
소일런트 파우더(Soylent Powder)	미국	가루
슈퍼퓨얼(Superfuel)	미국	가루
트웨니바(TwennyBar)	네덜란드	고체
비탈린 데일리 파우치(Vitaline Daily Pouch)	프랑스	가루
V산테(VSante)	베트남	가루
Y푸드(YFood)	독일	액체
Y푸드 커피(YFood Coffee)	독일	액체
유어 팝업 밀(Your Popup Meal)	벨기에	액체

2018년 시장에 나온 식사 대용식 일부의 짤막한 정보

게 그 어떤 기쁨도 주지 못했다. 몇 년 후 날씬한 젊은이들이 일부러 그런 음료를 찾아 마시며 일반 음식보다 낫다고 말할 거라는 사실을 할머니가 알았더라면 무척 놀라셨을 것이다. 이런 식사 대용 음료 중 가장 인기 있는 것은 미국에서 2014년에 출시된 소일런트이지만 이제는 퀼, 조일런트^{Joylent}, 마나, 케토소이^{KetoSoy}, 파워초^{PowerChow}를 포함한 전 세계 100여 개의 브랜드가 경쟁을 벌이고 있다.

이런 식사 대용식을 실제로 즐기는 사람이 있을까? 식사 대용 음료가 수십억 달러어치씩 판매되고 있지만 나는 버터 맛이 나는

옥수수를 통째로 깨물 때나 대추와 호두를 넣은 진한 케이크를 마지막 부스러기까지 야금야금 먹을 때에 대해 신나게 이야기하듯 프로틴 바를 '진심으로 좋아한다'고 말하는 사람은 한 번도 보지 못했다. 식사 대용식의 소비자들은 맛보다는 자신이 얻을 효과를 상상하며 제품을 선택한다. 이 음료는 네 시간 동안 허기를 잠재울 수 있나? 웨이트 운동 후에 근육 회복을 도와주나? 마치 인간을 위한 사료 같다.

식사 대용 음료로 모든 끼니를 대체하는 사람은 아직 소수이지만 음식을 음미하기보다는 마치 연료처럼 꿀떡꿀떡 삼키는 것이 더 나을 수 있다는 발상은 우리의 식습관이 얼마나 크게 바뀌었는지를 잘 보여준다. 대부분의 인간 역사에서 식사를 할 때 중요한 것은 혀와 코에서 무슨 일이 벌어지느냐였다. 빈곤으로부터의 해방은 곧 쌀이나 빵 같은 밋밋하고 단조로운 주식에서 벗어나 다양한 감각을 즐기며 식사를 할 수 있음을 의미했다. 하지만 식사 대용식은 단조로움으로의 회귀를 보여준다. 우리 조상이 먹었던 귀리죽이 어떤 맛이었는지는 알 길이 없지만, 오늘날 알루미늄 파우치에 담긴 채로 널리 판매되며 평범한 아침 식사를 대신하는 짜 먹는 오트밀과 비슷한 맛이었을 거라 짐작된다.

우리가 이렇게 많은(맛과 식감은 그에 비해 다양하지 못하지만) 식사 대용 제품에 의존하고 있다는 사실은 많은 현대인에게 음식이 얼마나 두려운 것이 되었는지를 다시 한 번 보여준다. 여기서 진짜 문제는 왜 수백만 명이 매일 스포츠 바를 먹고 식사 대용 음료를 마시느냐가 아니라 사람들이 음식에서는 얻을 수 없지만 이런 제품에서는 얻을 수 있다고 생각하는 것이 무엇이냐.

오이의 정반대

만약 줄리언 헌Julian Hearn을 화나게 하고 싶다면 오이 이야기를 하게 하면 된다. 식사 대용 음료를 지지하는 다른 많은 사람과 마찬가지로 휴엘(완두콩 단백질과 현미를 가공해서 만든 영국의 식사 대용 음료)의 공동 창업자인 헌 또한 그동안 우리가 잘못된 지점을 "최대한 활용해왔다"고 주장한다. 2017년 어느 날 헌은 내게 이렇게 말했다. "사람들은 음식의 영양보다 맛과 식감이 더 중요하다고 생각하도록 세뇌되어왔어요." 요리를 하는 사람으로서 나는 오이를 봐도 전혀 분노가 일지 않는다. 나는 오이를 보면 민트 잎과 페타 치즈를 넣은 샐러드, 시원한 여름 수프가 생각난다. 오이는 기분이 상하기에는 너무 순한 음식이다. 물기가 많고 연한 데다 맛도 상쾌하다. 하지만 헌은 오이에서 오로지 낭비와 비효율만을 본다.

그는 내게 오이가 영양보다 식감이 더 중요한 식품이기 때문에 맘에 들지 않는다고 말한다. 물론 오이는 입에 넣으면 아삭하고 맛있지만, 그렇다고 오이 생산에 들어가는 그 많은 자원을 정당화할 순 없다는 것이 그의 생각이다. "오이는 스페인에 있는 온실에서 재배된 다음 기차로 냉장 수송되어 영국에서 처리된 후에야 우리 식탁에 올라옵니다." 슈퍼마켓의 엄격한 조건을 만족시키지 못한 못생긴 오이는 버려진다. 이처럼 노동과 자원이 집약

된 과정 끝에 우리는 무엇을 얻는가? 헌이 보기에 오이는 "기본적으로 물이고 성분의 3퍼센트만이 영양소"다. 휴엘은 맛보다 영양소를 목표로 한다.

매일 식사 대용식을 마시면 실제로 건강에 도움이 되고 더 행복해지는지는 아직 알 수 없다. 이 제품들은 워낙 최근에 개발된 것들이라 장기적으로 섭취했을 때 어떤 결과가 나타나는지는 아직 연구된 바가 거의 없기 때문이다. 식사 대용식에 관한 과학적 지식은 대부분 체중 감량용 셰이크 이용자를 관찰한 연구에서 나온 것들이다. 대두로 만든 식사 대용 음료를 하루에 두 번 마실 때의 효과를 실험한 한 연구에 따르면 155명의 실험 참가자 중 단 다섯 명만이 복통이나 설사를 경험했고, 나머지 사람들은 이 음료가 "무해하다"고 느꼈다. 내가 보기에 이 연구 결과는 식사 대용 음료를 그리 강력하게 지지해주지 않는다. 물론 음식에서 무엇을 원하느냐에 따라 생각은 저마다 다르겠지만.

휴엘은 자사 제품이 비건 식품인데도 "필요한 모든 단백질과 탄수화물, 지방"뿐만 아니라 26가지 비타민과 미네랄까지 들어 있다고 자랑을 늘어놓는다. 휴엘에는 완두콩 단백질과 현미에 더해 아마씨, 코코넛, 바닐라 향료, 그 밖에 신중하게 고른 이런저런 성분들이 들어 있다. 휴엘은 잘 익은 복숭아처럼 천천히 음미하기보다는 비타민을 먹듯 "삼키는 것"이 더 어울리는 식품이다.

오전 6시에서 오후 4시 사이 주요 도시에서 버스나 지하철을 타면 베이지색 식사 대용 음료가 가득 든 통을 움켜쥐고 있는 사람을 적어도 한 명은 보게 될 것이다. 이 음료를 마시는 사람은 요가복을 입고 있는 경우가 많다. 아니면 노트북이나 책을 들여다보고 있을 것이다. 음료에는 관심을 기울일 필요가 전혀 없기 때문이다.

소일런트처럼 휴엘도 오이의 정반대가 되는 것이 목표다. 휴엘은 영양이 먼저고 맛은 나중이다(그러나 휴엘 웹사이트에서는 여전히 즐거움을 중시하는 사람들을 위해 파인애플 맛, 코코넛 맛, 초콜릿 맛처럼 추가로 섞을 수 있는 다양한 맛의 가루를 판매한다. 진짜 크리스마스 음식이 먹고 싶은 사람들을 위해서는 크리스마스 푸딩 맛 파우더 같은 시즌 한정 상품도 있다). 휴엘Huel이라는 이름은 '인간human'과 '연료fuel'를 합친 것으로, 그동안 우리가 영양을 희생시키면서 음식이 주는 감각적인 즐거움을 과대평가해왔음을 사람들에게 일깨워주는 것이 헌의 포부다. 세계에서 가장 성공한 식사 대용 음료인 소일런트의 개발자 롭 라인하트 역시 소일런트가 상대적으로 맛이 부족한 것은 그만큼 효율적으로 영양을 공급한다는 증거라고 주장했다. 라인하트는 소일런트를 출시한 2014년 〈뉴요커〉와의 인터뷰에서 이렇게 말했다. "물은 맛이나 풍미가 별로 없지만 세계에서 가장 인기 있는 음료잖아요."[18]

라인하트에게 소일런트는 원래 돈을 절약하는 방법이었는데, 음식이 그에게 점점 "부담"이 되고 있었기 때문이다. 소일런트 제조법을 개발할 당시 20대였던 라인하트는 샌프란시스코에 거주하며 테크 스타트업에서 일하고 있었다. 그는 인스턴트 라면과 냉동 퀘사디아(토르티야 사이에 치즈, 소시지, 채소 등을 넣은 멕시코 요리-옮긴이), 핫도그처럼 건강에 나쁜 음식으로 연명하고 있었고, 영양 균형을 맞추기 위해 추가로 비타민을 섭취했다. 처음 소일런트를 개발한 라인하트는 직접 만든 파우더 믹스 음료로 모든 끼니를 대체하면 한 달에 400달러 이상을 아낄 수 있는 데다 더 건강해진 기분마저 든다는 사실을 발견했다. 소일런트는 효과가 엄청 뛰어난 밀크셰이크 같았다. 그는 블로그에 "어떻게 나는 음식을 끊게 되었는가"라는 제목의 글을 올려 음식 없는 삶이 얼마나 효율적인지를 역설했다.

헌이 생각하는 휴엘은 살짝 다르다. 헌은 휴엘이 음식에 반대한다기보다는 음식의 원래 약속을 지켜주는 편에 가까우며, 음식은 삶을 방해하는 것이 아니라 삶에 반드시 필요한 것이라고 생각한다. 휴엘의 목적은 식감이나 맛처럼 헌이 보기에 불필요한 것들에서 벗어나 다시 영양으로 돌아가는 것이다.

헌은 휴엘 같은 비건 식사 대용 음료로 비만과 음식 낭비, 동물복지 등 현대 음식의 모든 문제를 해결할 수 있다고 진심으로 믿는 것처럼 보인다. 하지만 그러려면 우리가 현재 즐기고 있는 다양한 향신료를 비롯해 기쁨의 세계를 포기해야 한다. 헌은 인도, 태국, 한국 음식 등 여러 다양한 요리가 영국에 확산되고 있다는 점을 지적하며 이렇게 말한다. "현재 우리는 맛과 풍미의 홍수에 빠져 있어요." 헌은 오늘날의 세계에 음식 선택지가 너무 많으며 대부분의 사람들이 영양보다는 맛으로 음식을 결정한다고 불평한다. 헌과 이야기를 나누면서 나는 바이오해킹과 다량 영양소에 관한 이 모든 이야기에도 불구하고 휴엘에서 어딘가 옛날 느낌이 난다는 사실을 문득 깨닫는다. 간이 제대로 안 된 고기와 두 가지 채소로만 저녁을 먹었던 전후 어린 시절의 검소한 식사로 돌아가고 싶은 마음이 헌에게서 느껴진다. 헌은 내게 이렇게 말한다. "그때는 선택지가 훨씬 더 적었어요."

우리 삶에서 음식은 두 가지 필요를 채워준다. 하나는 즐거움이고 다른 하나는 연료다. 보통 이 둘은 불가분하게 엮여 있다. 식사 대용 음료는 음식의 두 기능을 다시 분리해 음식의 오락적 측면을 전부 폐기할 수 있는 (아니면 적어도 다른 때를 위해 아껴둘 수 있는) 전례 없는 기회를 제공한다. 그리고 선택의 문을 닫아버린다.

완벽한 영양을 갖춘 이 가루 제품의 소비자들은 대부분 이 음료로 끼니를 전부 대체하기보다는 주중 아침과 점심(또는 둘 중에 한 번)에만 이 음료를 마시고 음식이 주는 즐거움이나 사교 활동은 저녁이나 주말로 미뤄둔다. 헌은 주말이 되면 아내와 어린 자녀와 함께 느긋한 식사를 즐긴다. 그는 만약 부엌을 사용할 수 있고 "건강한 자연식"을 만들 줄 안다면(아마 그 식사에 오이는 들어 있지 않을 것이다) "그 음식이 휴엘보다 훨씬 우수할 것"이라고 인정한다. 그리고 끼니의 "100퍼센트, 아니 90퍼센트"까지는 휴엘로 대체하지 말라고 조언한다. 하지만 부엌을 사용할 수 없을 때에는 여전히 휴엘이 이상적인 해결책이라고 주장한다. 나는 그의 말을 믿고 일주일 동안 점심시간에 휴엘을 마셔보기로 했다.

〈오즈의 마법사〉에서 도로시가 흑백 화면 속의 캔자스를 떠나 황홀한 총천연색의 오즈로 떨어지는 장면이 기억나는가? 평범한 점심 식사 대신 휴엘을 마시기 시작한 첫날은 내게 오즈에서 다시 캔자스로 돌아온 것과 비슷했다. 마치 다채로운 색을 가진 세상을 떠나 회색빛 세상으로 고꾸라진 것 같았다.

보통 나는 점심으로 무엇을 먹을지, 어떻게 하면 오전 근무를 일찍 끝낼 수 있을지 고민하며 아침 시간의 절반을 보낸다. 하지만 휴엘을 먹기 시작하자 점심은 미루고 싶은 시간이 되었다. 나는 휴엘이 담긴 통을 열고 그 차가운 액체가 입안으로 들어오는 것을 느끼기가 두려웠다. 하지만 결국 배고픔이 혐오감을 이기면 자리에 앉아 휴엘을 마셨다. 휴엘에서는 케이크 반죽 같은 냄새가 났다. 미끈거리는 질감에 알갱이가 느껴졌다. 먹어야 할 양의 절반 정도를 먹으면 배가 너무 불러서 다 먹을 수 없을 것 같았지만 억지로 다 삼켰다. 갑자기 우울감이 밀려왔다. 저녁 시간까지 더 먹을 게 없다니.

건강 면에서는 먹을 때 약간 구역질이 났던 것 빼고는 크게 달라진 점을 느끼지 못했고, 몸무게는 늘지도 빠지지도 않았다(무언가를 판단하기에 5일은 짧은 시간이긴 하다). 놀랍게도 휴엘은 저녁 식사 시간까지 훌륭하게 허기를 달래주었다. 하지만 휴엘은 고형 음식의 맛과 식감을 갈망하는 내 마음까지는 달래주지 못했다. 5일 후 나는 감사함과 안도감을 느끼며 다시 진짜 음식이 있는 점심시간으로 돌아왔다. 음식의 색깔과 풍미는 가히 충격적이었다. 그전에는 일하다 먹는 점심이(그것이 전날 남은 음식이더라도) 내 기분을 얼마나 끌어올려주는지 잘 몰랐다. 단백질과 탄수화물이라는 거시적 측면에서만 보면 식사 대용 음료는 필요한 영양소를 완벽하게 제공해줄지 모르지만 심리적 측면은 또 다른 문제다. 맛있고 몸에 좋은 점심 식사와 가루를 물에 탄 음료 사이에서 후자를 선택하는 것은 내게 상상할 수 없는 일이다.

하지만 만약 식사 대용 음료와 맛있는 요리 한 접시 사이에서 선택하는 것이 아니라 기름지고 맛도 없고 비싸기만 한 점심 식사와 식사 대용 음료 사이에서 선택해야 한다면? 즉 대부분의 바쁜 현대인이 한정된 예산으로 먹을 수 있는 평범한 점심 식사가 선택지로 주어진다면?

사람들이 식사 대용식을 선택하는 이유를 곰곰이 생각하다 보면 오늘날 많은 사람에게 식사 경험이 얼마나 실망스러운 것이 되었는지를 깨닫게 된다. 나는 작가이자 편집자인 스물다섯 살의 댄 왕Dan Wang이 블로그에 올린 글을 우연히 읽고 나서 식사 대용식을 달리 바라보기 시작했다. 왕에게 처음 연락했을 때 그는 하루에 한 번 소일런트를 마시고 있었고 식사 대용 음료에 대한 편견은 잘못되었다고 주장했다. 다른 많은 소비자들과 달리 왕은 소일런트가 자기 삶을 바꾸었다거나 자신을 더 건강하게 만들어 주었다고 말하지 않았다. 심지어 소일런트에 만족하는 척도 하지 않았다. 하지만 그는 평범한 서구 도시에서 판매하는 대부분의 음식 역시 만족스럽지 않다고 지적했다. "저는 이 음료를 비판하는 사람들에게 당신은 늘 영양이 풍부하고 맛있고 조리하기도 쉬운 음식을 친구들과 함께 먹느냐고 묻고 싶어요."

왕은 2015년에 처음으로 소일런트를 마시기 시작했다. 모든 끼니를 소일런트로 대체한 것은 아니었지만, 소일런트를 마시지 않는 식사는 "카페테리아에서 핫도그"를, 즉 평범한 점심 메뉴를 먹는 것을 의미했다. 소일런트는 두 가지 버전이 있다. "하나는 버전 1.3인데, 저는 이걸 케이크 믹스 소일런트라고 불러요. 다른 하나인 버전 1.4는 태운 참깨 소일런트라고 부르고요." 왕은 케이크 믹스 버전을 조금 더 선호했지만 언젠가 소일런트가 너무 역겹게 느껴져서 더 이상 삼키지 못하는 날이 올까 봐 걱정될 때도 있었다. 처음 소일런트에 대해 알게 되었을 때 왕은 "지나친 농담"이라고 생각했다. 하지만 얼마 지나지 않아 소일런트는 그의 일상이 되었다. 왕은 내게 이렇게 말했다. "가장 좋은 점은 음식에 대해 많이 생각할 필요가 없다는 거예요. 그게 정말 좋아요."

왕이 보기에 소일런트는 현대 미국에서의 삶에 잘 어울렸다. 소일런트가 경탄할 만큼 이상적인 제품이어서가 아니라 다른 서구 음식이 낙담할 정도로 별로였기 때문이다. "저는 일곱 살 때까지 중국 윈난성의 쿤밍에서 자랐어요." 그는 쿤밍이 "수프와 쌀국수, 차게 먹는 음식, 특히 버섯이 맛있는 음식의 파라다이스"라고 했다. 그의 부모가 중국을 떠나 처음에는 토론토로, 그다음에는 필라델피아로 이주했을 때 그는 매일 "음식에 대한 향수"를 느꼈다. 그래도 그에게는 저녁을 기대하게 만드는 가족 식사가 남아 있었다. 부모님이 만들어준 중국 정통 요리들은 쿤밍에서 느꼈던 기쁨을 북미에서도 느낄 수 있게 해주었다.

하지만 부모님 집을 떠나 뉴욕주에 있는 로체스터 대학교에 진학한 왕은 더 이상 이런 맛있는 음식들을 먹을 수 없게 되었다. 그가 먹을 수 있는 점심 식사는 (어쨌거나 학생이 가진 돈으로 사 먹을 수 있는 유일한 음식은) "전자레인지에 돌린 즉석식품과 기름진 햄버거"뿐이었다. 비싼 샐러드를 사 먹을 수도 있었겠지만 그는 샐러드를 그리 좋아하지 않는다. 학교 식당에서 제공하는 음식은 비싼 데다 영 마음이 가지 않았다. 왕이 소일런트를 먹기 시작한 것은 질 좋은 음식을 좋아하지 않아서가 아니라 오히려 너무 좋아해서 질 낮은 음식을 참을 수 없었기 때문이었다. 저녁이면 왕은 맛있는 중국 음식을 직접 요리해 먹었다. 초록 채소를 넣어 밥을 한 냄비 짓고 천천히 오래 익힌 돼지갈비나 치킨 수프와 함께 먹었다. 하지만 낮에는 질 낮은 음식에 돈을 낭비하지 않기 위해 소일런트가 담긴 보온병을 들고 다녔다. 소일런트는 왕의 절약 정신에 잘 맞았다.

"소일런트는 식사 대신 먹는 게 아닙니다." 2016년의 어느 날 왕이 전화로 내게 이렇게 말했다. "소일런트는 굶는 대신 먹는 거예요." 대학 졸업 후 왕은 샌프란시스코로 이사를 했다. 짧은 두 번의 방문으로 나는 햇빛이 좋은 이 서부 해안 도시가 세계에서 가장 식사하기 좋은 장소 중 하나라고 생각하게 되었다. 샌프란시스코에서는 믿을 수 없을 만큼 맛있는 감귤류 과일(블러드 라임, 메이어 레몬)과 타르틴 베이커리Tartine bakery의 촉촉한 사워도 빵, 주니 카페Zuni café의 로스트 치킨과 커런트 샐러드를 꼭 먹어봐야 한다. 하지만 이 음식들은 가격이 꽤 비싸다. 왕은 자신이 일하는 지역에서 자신의 소득으로는 자신이 생각하는 좋은 점심을 사 먹을 수 없다고 내게 장담했다. 2016년에도 여전히 왕은 하루에 한두 번 소일런트를 마셨지만 내게 보낸 이메일에서 이렇게 말했다. "만약 저렴하고 영양이 풍부하고 맛있는 음식을 쉽게 구할 수 있다면 당연히 소일런트 대신 그 음식을 선택할 거예요."

식사 대용식을 향한 비판에는 대부분 '음식'이 늘 기쁨과 건강을 주고 사람들과 어울리게 한다는 전제가 깔려 있다. 왕은 내게 소일런트에 대한 여러 비판이 "좋은 음식에 너무나도 쉽게 접근할 수 있는" 사람들에게서 나온 것이라는 사실이 짜증난다고 말했다. 그리고 "모두가 매 끼니마다 앨리스 워터스Alice Waters(제철 식재료를 사용한 유기농 음식으로 유명한 캘리포니아의 셰프-옮긴이) 스타일의 유기농 채소를 먹어야 한다"는 의미가 내포되어 있다며 분노했다. "하루에 한 번이라도 그런 음식을 먹을 수 있는 사람은 극소수라고요."

댄과 마지막으로 이야기를 나눈 2016년 후반에 그는 소일런트를 끊은 상태였다. 그는 보수가 더 많은 일자리를 구해 뉴욕시로 이사했고 그토록 오랫동안 갈망해온 맛있는 중국 음식을 쉽게 사 먹을 수 있게 되었다. 새 회사는 채소를 풍성하게 넣은 질 좋은 점심 식사를 무료로 제공했고, 매일 아침 왕은 집 근처에 있는 중국식 베이커리 두 곳 중 한 곳에서 아침 식사를 했다. 그는 특히 홍콩 베이커리Hong Kong bakery를 좋아했다. 그곳에서는 딤섬과 죽, 소금을 뿌린 달걀, 돼지고기 요리로 호화롭게 하루를 시작할 수 있었기 때문이다. 겨우 5달러에 말이다. 그는 뉴욕에 오면 홍콩 베이커리에 데려가주겠다고 제안했다. 그리고 이렇게 말했다. "전보다 훨씬 건강해진 느낌이에요. 이런 식사가 소일런트보다 더 다채롭냐고요? 당연하죠." 하지만 그는 먹을 수 있는 유일한 음식이 평범한 미국 음식뿐인 상황에 다시 처한다면 당연히 다시 소일런트를 마실 거라고 말했다.

식사에 대한 생각

댄 왕처럼 생각이 깊은 사람들에게 음식이 아닌 것이 음식보다 더 나은 선택으로 보일 수 있다는 말은 우리의 혼란스러운 식품 공급 체계에 대한 우울한 논평이다. 몸에 좋고 맛있는 음식을 쉽게 구할 수 있는 사회에서는 소일런트를 마시려는 사람이 별로 없을 것이다. 18세기에 제임스 보즈웰James Boswell은 "내가 생각하는 인간의 정의는 요리하는 동물이다"라고 썼다. 오늘날 인간은 요리하지도, 꼭 먹지도 않는 동물이 되었다. 우리는 기근이나 빈곤 때문이 아니라 실망스럽다는 이유로 음식을 먹지 않는 사회에서 무슨 일이 벌어지는지를 확인할 수 있는 첫 번째 세대다.

요리가 바꿀 수 있는 것들

　"이젠 그만두고 싶어." 어느 금요일 오후 친구가 차를 마시며 말했다. 우리는 일자리가 아니라 요리 이야기를 하고 있었다. 유치원에 다니던 우리의 첫째 아이들이 똑같은 이젤에 물감을 마구 문질러댈 때 우리는 처음 만났다. 눈 한 번 깜박한 것 같은데 이제 우리 아들들은 둘 다 대학 입시를 준비하고 있었고, 내 친구는 지친 채 그동안 자신이 차려온 모든 식사를 되돌아보고 있었다.

　직장에 다니는 친구는 왜 네 가족이 먹을 식사 메뉴를 여전히 자신이 결정해야 하는지 이해할 수 없었다. 라디오를 틀어놓고 혼자 부엌에 서서 모든 음식을 처음부터 만드는 사람은 늘 내 친구였다. 무거운 몸을 끌고 장을 보는 일, 요리 마지막 순간에 마늘 한 쪽을 찾아 헤매는 일, 아이들이 뭘 먹고 뭘 안 먹는지 같은 자질구레한 정보를 기억하는 일도 전부 친구 몫이었다. 이미 많은 여성이 요리라는 짐을 내려놓았고, 친구가 보기에 그건 좋은 일이었다. 친구도 요리를 그만두고 싶었지만 짜증과 동시에 무언가가 다시 친구를 부엌으로, 직접 만든 음식의 가치로 끌어당겼다.

최근 몇 년간 우리의 식생활은 측정 불가능할 정도로 크게 바뀌었다. 우리는 간식을 더 많이 먹고 외식도 더 많이 하지만 음식을 즐기는 일은 더 줄어들었다. 사람들은 별다른 즐거움을 주지 않는 천편일률적인 음식과 몸을 아프게 하는 패스트푸드를 먹는다. 프로틴 셰이크와 그래놀라 바를 허겁지겁 삼킨다. 전보다 음식에 더 집착하고 '클린'한 음식만 먹어야 하는 건 아닌지 걱정하며 식탁에서의 즐거움을 망친다.

하지만 이런 변화를 온전히 이해하려면 더 맹렬하게 발생한 다른 혁명을 이해해야 한다. 그 혁명은 바로 요리가 우리 삶에서 더 이상 의무가 아닌 선택이 되었다는 것이다. 올리아 헤르쿨레스가 말했듯 하루 세 번 따뜻한 식사를 직접 만들어 먹어야 했던 식문화에서는 매점이 필요하지 않았다. 우리가 여전히 끼니 대부분을 처음부터 요리해 먹고 지금 먹는 음식에 어떤 식재료가 들어 있는지 안다면 내가 먹는 것이 클린한지 아닌지, 순수한지 아닌지 전전긍긍하지도 않았을 것이다. 오래된 요리 기술들은 영양 전이가 일어나는 과정에서 사라지고 있다. 우리가 초가공식품의 마케팅에 쉽게 넘어가는 것도 요리 습관이 사라진 탓이다. 그럼에도 뉴욕의 요리책 작가 데브 페럴먼Deb Perelman이 잘 지적했듯 "세상에는 집에서 요리를 하지 않아야 할 이유가 많다."[1]

이전 세대와 달리 우리는 요리를 하지 않고도 (맛있는 것들을 먹으며) 삶을 살아갈 수 있다. 과거에 직접 만든 음식은 매일 세 번

식사에 대한 생각

씩 반복되는 하루의 토대였지만 이제는 없어도 살 수 있는 것이 되었다. 사회가 점점 더 부유해지는 가운데 그 어느 때보다도 많은 여성이 집 바깥에서 일을 하게 되었고, 몸에는 좋지만 시간과 노력이 많이 드는 전통 음식을 만들 시간이 그만큼 줄어들었다. 여성이 떠난 부엌의 빈자리를 다양한 상품과 서비스가 채웠다. 이 상품들은 대부분 고도로 가공된 것이지만 최근 들어서는 직접 요리하지 않아도 직접 만든 음식을 먹는 것이 가능해졌다. 내가 만난 터키의 한 작가는 변호사 교육을 받는 20대 초반의 딸이 요리할 마음을 전혀 보이지 않는다는 사실에 애석해했다. 하지만 그럼에도 딸이 매우 잘 먹고 있다고 인정했다. 이스탄불에 생겨나고 있는 여러 배달 서비스들 덕분에 직접 만든 신선한 음식을 주문해 먹고 있기 때문이다.

많은 이들이 요리의 죽음을 소리 높여 애석해한다. 2015년 〈워싱턴포스트Washington Post〉에서 로베르토 A. 퍼드먼Roberto A. Ferdman은 "미국에서 요리가 느리지만 꾸준히 사라지고 있다"고 선언했다. 아마 요리의 쇠퇴를 개탄한 가장 힘 있는 목소리는 마이클 폴란의 목소리일 것이다. 마이클 폴란은 2013년 자신의 저서《요리를 욕망하다》에서 미국인이 해가 갈수록 요리를 덜 하고 있다고 주장했다. 퍼드먼과 폴란의 암울한 발언에 주요 정보원이 되어준 것은 식품 업계 분석가인 해리 발저Harry Balzer였다. 발저는 "미국의 식사 패턴"을 연구하기 위해 미국의 2000여 가구가 무엇을 먹는지 30여 년간 추적해왔다. 요리는 손쓸 수 없을 정도로 쇠퇴하고 있으며, 언젠가는 "양말을 꿰매 신는 것"만큼 구식으로 보일 인간 활동이라는 것이 발저의 주장이다. 그는 폴란에게 이렇게 말했다. "현실을 직시하세요. 우리 인간은 기본적으로 인색하고 게으릅니다."[2]

하지만 자료는 이보다 덜 우울한 이야기를 들려준다. 자료에 따르면 요리는 완전히 사라지고 있다기보다는 천천히 달라지고 있으며, 심지어 되돌아오고 있다. 물론 모두에게 그런 것은 아니지만 유의미한 추세라 할 만큼 충분히 많은 인구 사이에서 변화가 나타나고 있다.

아무도 요리할 필요가 없는 세상에서 이렇게 많은 사람이 여전히 요리를 하기로 선택한다는 것은 이상하고도 놀라운 일이다. 적어도 우리가 파악할 수 있는 한은 그렇다. 측정하기 힘든 여러 식단에 관한 정보 가운데 사람들이 요리를 얼마나 하느냐는 가장 파악하기 어려운 정보 중 하나다. 그건 우리가 말하는 '요리'가 서로 너무 다르기 때문이다. 어떤 사람은 정성 들여 만든 여러 코스의 따뜻한 식사가 아니면 '요리'가 아니라고 생각하는 반면, 어떤 사람은 콩 통조림을 열고 식빵을 토스터에 넣는 것도 요리라고 여긴다. 누가 이들이 틀렸다고 장담할 수 있겠는가? 무엇이 '제대로 된' 요리인지에 대해서는 매우 다양한 견해가 존재한다.

결국 식단에 관한 다른 정보와 마찬가지로 요리하는 비율을 측정하는 가장 좋은 방법은 많은 사람에게 무엇을 하는지를 최대한 자세히 물어보는 것이다. 미국 사람들이 요리를 얼마나 하는지에 대한 가장 훌륭한 정보는 2013년 〈영양 저널Nutrition Journal〉에 실린, 배리 팝킨이 공동 저자로 참여한 논문이다. 논문의 두 저자는 1965년에서 2008년 사이에 수만 명을 대상으로 6개국에서 실시된 식단 조사와 여섯 편의 시간 사용 연구 자료를 이용했다. 이 연구는 1960년대에서 2000년대 사이 미국인의 평균 요리 시간이 실제로 크게 줄었으며, 여성의 경우 그 감소폭이 특히 크다는 사실을 보여준다. 1965년에는 92.3퍼센트의 여성이 규칙적으로 요리를 했지만 2007년에서 2008년에는 그 비율이 67.7퍼센트로 떨어졌다. 요리하는 여성이 요리에 들이는 시간 역시 1965년에는 하루 평균 112.8분이었다가 2007년에는 65.6분으로 줄었다. 내 친구의 불만을 떠올리면 부엌에서 하루에 65.6분을 보내는 것도 여전히 많아 보이긴 한다.

식생활의 다른 측면과 마찬가지로 요리도 매우 양극화된 활동이 되어가고 있다. 우리 중 절반은 요리를 하고 절반은 요리를 하지 않는다. 오늘날에는 50퍼센트가 약간 넘는 미국인(남녀 모두 포함)만이 요리에 시간을 쓰며, 이는 분명 1960년대 이후로 크게 줄어든 수치다. 하지만 정말로 놀라운 사실은 폴란의 말과 달리 요리하는 성인 인구 비율이 실제로는 줄고 있지 않다는 것이다. 쇠퇴하던 요리는 1990년대부터 다시 수평을 유지하기 시작했다. 연구자들은 요리가 결코 줄어들지 않았으며 규칙적으로 집에서 요리를 하는 미국인의 비율이 1990년대 이후로 쭉 안정 상태를 유지하고 있음을 발견했다.

현대사회에서 요리는 단순히 줄고 있는 것이 아니라 더 복잡하고 희망적인 양상을 띤다. "아무도 요리를 하지 않는다"라고 말할 때 우리는 무급 노동에 얽매인 여성이 집에서 요리하는 것을 떠올린다. 하지만 우리 시대에는 더 다양한 사람들이 더 다양한 방식으로 요리를 한다. 수백 년 동안 요리의 정점은 새로운 요리를 개발하는 것이었다. 하지만 아마도 가장 위대한 발명은 우리 삶의 요구에 더 잘 부합하는 요리법을 찾는 것이 아닐까.

예전의 요리는 사라졌지만

2017년 널리 공유된 〈하버드 비즈니스 리뷰Harvard Business Review〉의 한 기사는 요리가 "장기적 하락" 추세에 있다고 단언했다. 놀랍게도 기사의 헤드라인은 "겨우 미국인의 10퍼센트만이 요리를 좋아한다"였다. 이 기사는 우리에게 익숙한 이야기를 들려준다. 식품 제조업체들은 우리가 직접 식사를 차릴 수 없을 정도로 바쁘기 때문에 자신들이 만든 '즉석'식품을 이용해 귀찮은 고생을 피해야 한다고 우리를 수십 년간 설득해왔다.[3]

이 기사를 쓴 한국계 미국인 컨설턴트 에디 윤Eddie Yoon은 장기간에 걸쳐 소비자 행동이 변화하는 과정에서 요리가 희생양이 되었다고 주장한다. 그는 20여 년 동안 미국의 여러 소비재업체에 자문을 해주고 있다. 나는 시카고 집에 머물고 있는 에디 윤에게 전화를 걸었고, 그는 많은 사람이 "더 이상 요리를 하지 않는 것"이 "추세"라고 말했다.

2002~2003년경 에디 윤의 고객이었던 한 식품업체(어디인지 밝힐 수 없다고 했다)가 요리에 대한 소비자 태도를 자료로 모아달라고 했다. 에디 윤은 거의 1만 명에 가까운 "꽤 대규모의 표본"

을 대상으로 조사를 실시했다. "표본은 '주목할 만할' 정도로 충분히 폭넓고 컸어요." 그가 살짝 흥분한 목소리로 말했다. 다양한 질문에 대한 사람들의 대답을 토대로 에디 윤은 미국인을 세 집단으로 분류했다. 첫 번째 집단은 자신이 요리를 정말 좋아하고 종종 요리를 한다고 말하는 사람들이다. 두 번째 집단은 요리를 싫어해서 즉석식품이나 배달 서비스, 외식을 최대한 이용하는 사람들이다. 세 번째 집단은 가끔 요리하는 것을 좋아하며 "상황에 따라 직접 요리를 하기도 하고 외부의 도움을 받기도 하는" 사람들이다. 에디 윤의 자료에 따르면 2000년대 초반에는 미국인의 15퍼센트가 요리하는 것을 좋아했고 50퍼센트는 싫어한 반면 35퍼센트는 요리에 그때그때 다른 감정을 느끼며 가끔씩만 요리를 했다.[4]

이로부터 거의 15년이 지난 2017년 에디 윤은 다른 고객을 위해 같은 조사를 한 번 더 실시했다. 이번에는 미국 소비자의 10퍼센트만이 요리를 좋아한다고 답했고 45퍼센트는 상반된 감정을 느낀다고 말했으며 45퍼센트는 요리를 싫어한다고 했다. 에디 윤은 이 자료를 토대로 요리에 대한 태도가 크게 변했다고 해석한다. "정말로 요리를 좋아하는" 미국인의 수가 단기간에 거의 3분의 1이 줄었다는 것이다. 에디 윤은 요리가 점점 사라지고 있으며 앞으로 젊은 세대는 특히 더 요리를 하지 않을 것이라고 주장한다. 그가 보기에 집에서 하는 요리는 "한물가기" 일보직전이다.[5]

에디 윤의 기사는 많은 사람이 오랫동안 의심해온 것, 즉 현대

'푸디foodie(음식에 조예가 깊은 미식가-옮긴이)'들의 집착에도 불구하고 일반인은 요리를 그리 많이 하지 않는다는 것이 사실임을 입증하는 듯하다. 텔레비전에 나오는 셰프들의 고급 요리를 숭배하면 할수록 직접 요리하기는 더 어려워진다. 이것이 바로 2013년 마이클 폴란이 말한 "요리의 역설"이다. 자기 끼니의 대부분을 식품업계에 맡긴 순간 사람들은 다른 사람이 요리하는 모습에 관심을 보이기 시작했다.[6]

2017년 9월에 에디 윤의 기사가 발표되자 늘 그랬듯이 절망하는 반응이 쏟아졌다. 한 헤드라인은 이렇게 말했다. "미국인의 90퍼센트는 요리를 좋아하지 않는다. 그래서 매년 수천 달러를 쓴다."[7] 이건 미국만의 현상이 아니며, 절망하는 반응도 미국만의 것이 아니다. 나는 영국의 교사들이 아이뿐만 아니라 부모조차 기본적인 요리를 하지 못하는, '잃어버린 세대'의 가족들에 관해 이야기하는 것을 여러 번 들었다. 이스트오브잉글랜드 지역에 있는 한 학교의 교장도 비슷한 이야기를 들려주었다. 어떤 아이들이 계속 배탈이 나서 알아보니 부모가 생고기를 냉장 보관해야 한다는 사실을 몰랐다는 것이다. 학교에서 요리를 가르치는 교사들에 따르면 양파를 써는 것은 고사하고 양파 껍질조차 만져본 적이 없는 학생들도 있다.

하지만 일부 가구에서 요리 능력을 잃고 있는 것이 틀림없는 사실이라면 또 다른 가구에서 요리 능력을 습득하고 있는 것 또한 사실이다. 에디 윤의 조사 결과를 꼭 그가 해석한 대로 읽어야 하는 것은 아니다. 앞에서 본 숫자들로 다시 돌아가 보자. 요리를 매우 '사랑한다'고 말
한 비율은 2000년대 초
반 이후 낮아졌을지 모르
지만 요리하는 것을 '개
의치 않으며' 가끔 요리
를 한다고 말한 비율은 놀랍게도
상당히 증가했다. 요리가 좋을 때도 있고 싫을 때도 있다고 말한
사람이 15년 전에는 겨우 35퍼센트였던 반면 최근 조사에서는
무려 45퍼센트였던 것이다. 에디 윤도 내 의견에 동의했다. "관점
을 바꿔서 적어도 한 가지 음식은 만들 수 있는 '취미 요리사'들
의 숫자를 보면, 네, 맞아요. 이 사람들은 늘고 있는 것 같네요."

정말 놀라운 사실은 많은 사람이 요리를 안 한다는 것이 아니
라 요리를 할 필요가 없을 때에도 여전히 많은 사람이 요리를 한
다는 것이다. 에디 윤의 자료에 나타난 또 하나의 놀라운 변화는
요리를 '싫어한다'고 선언한 사람이 전에는 50퍼센트였다가 이
제는 45퍼센트로 줄었다는 것이다. 이 사실은 수년간의 국가 식
단 조사에서 나타나는 미국인의 요리 습관과도 일치한다. 내가
보기에 취미 요리사의 증가는 겨우 15년 안에 일어난 엄청난 변
화다. 이 현상, 즉 요리가 부활할 희망이 보인다는 이야기는 우리
귀에 잘 들어오지 않는다.

마이클 폴란은 텔레비전이 요리를 "하는 것에서 보는 것으로"
바꾸어놓았다고 주장한다. 하지만 푸드 네트워크Food Network(미국
의 요리 전문 방송국-옮긴이)에 나오는 요리사들과 유튜브에 산더미

처럼 쌓인 요리 동영상들이 실제 요리에 아무 영향도 미치지 않는다는 주장은 사실이 아니다. 오늘날 많은 사람들이 엄마나 할머니보다는 스크린을 통해 요리를 배운다. 우리의 고정관념과는 다르지만 어쨌거나 스크린을 보고도 맛있는 음식을 만들 수 있다. 레스토랑 비평가인 마리나 오로린Marina O'Loughlin은 맨체스터의 자그마한 레스토랑인 시암 스마일스Siam Smiles에서 맛본 태국식 찹쌀밥이 태국 바깥에서 맛본 가장 '완벽한' 찹쌀밥이었다고 말했다. 그런데 이 가게의 주인인 메이는 세 아이를 재우고 나서 집요하게 유튜브 비디오를 보며 태국 요리를 배웠다고 한다. 사랑받는 셰프가 추천한 식재료는 금방 동이 난다는 사실에서도 전문 요리사가 아닌 사람들이 텔레비전 셰프의 요리를 따라한다는 것을 알 수 있다. 예를 들면 영국의 요리책 저자인 딜리아 스미스Delia Smith가 2009년 크리스마스 특집 요리 프로그램을 방송한 뒤 시나몬 스틱과 밤 퓌레의 수요가 폭발적으로 증가했다.[8]

미가공 식재료는 장바구니에서 점점 밀려나다가 마침내 반등을 시작해 지난 10여 년간 조금씩 판매량이 늘어났다. 2009년부터 2013년까지 미국에서 가장 큰 식음료업체 25개는 180억 달러 상당의 시장점유율을 잃었다. 포장 식품 판매자에게는 실망스러운 일이지만 이제 일부 소비자들은 슈퍼마켓에 가면 초가공식품이 진열된 가운데 진열대를 피해 가장자리에 있는 신선한 채소와 과일, 단백질, 곡물을 구매하기 시작했다. 미국에서 포장 식품의 연간 판매량은 2013년부터 2015년까지 전년 대비 1퍼센트 이상씩 낮아졌다. 하락폭이 그리 커 보이지 않을 수도 있지만 식품 업계는 워낙 규모가 크기 때문에 판매량이 단 1퍼센트만 감소해도 수백만 명의 소비자가 식습관을 바꾸기로 결정한 것이나 마찬가지다.[9] 〈포천Fortune〉 지에 인용된 것처럼 투자은행인 크레딧스위스Credit Suisse의 분석가 로버트 모스코Robert Moskow는 소비자들이 "빵이 상하지 않고 25일이나 가는 이유를 점점 더 궁금해한다"라고 말했다.

15년 전에는 프라이팬이나 칼을 한 번도 집어 들지 않았던 많은 사람들이 이제는 요리를 삶의 일부로 만들고 있다. 새로 등장한 이 파트타임 요리사들은 모든 끼니를 처음부터 만들지는 않는다. 아마 할머니 옆에서 갈비찜 만드는 법을 배우지도 않았을 것이다. 가끔은 나가서 햄버거를 사 먹기도 하고, 집에서 베트남 음식을 주문해 먹기도 할 것이다. 하지만 상관없다. 이들은 필요할 때 도마와 칼을 꺼내 자신을 위한 맛있는 요리를 만들 수 있으니까.

요리에 관해 우리가 많이 들어보지 못한 또 하나의 사실이 있다. 지난 50여 년간 미국 여성이 아닌 미국 남성 사이에서 요리가 특히 활성화되었다는 점이다. 팝킨의 자료에 따르면 1965년에는 미국 남성의 단 29퍼센트만이 정기적으로 요리를 했지만 2008년에는 그 비율이 42퍼센트가 되었다. 요리를 하는 미국 남성이 부엌에서 보내는 평균 시간 역시 1965년 하루 37분에서 2008년 45분으로 늘어났다. 이들이 에두아르 드 포미안을 따라 10분 요리를 만든다면 멋진 식사를 차리고도 남을 시간이다.

수세기 동안 엄마들이 냄비를 저어왔는데, 이제는 다른 사람이 그 자리를 대신하면 안 될 이유가 어디 있겠는가? 결국 내 친구는 자신이 정말로 원하는 것이 장보기와 요리를 그만두는 것이 아니라 남편과 10대인 자녀들이 이 일에 참여하는 것임을 깨달았다. 그리고 이 가족은 정말로 그렇게 했다. 우리가 마지막으로 이야기를 나눴을 때 친구의 남편은 병아리콩을 넣은 차나마살라 카레와 피시 파이 등 전보다 훨씬 다양한 요리를 만들고 있었다. 게다가 남편은 부엌에서의 시간을 즐겼다. 요리는 직장에서의 스트레스를 풀고 쏟아지는 이메일을 잠시 피할 수 있는 기회였기 때문이다.

에디 윤 또한 자신이 "가끔씩 요리를 즐기는 45퍼센트 중 한 명일 거예요. 아니, 어쩌면 정말 좋아하는지도 몰라요"라고 말했다. 일본계 미국인인 에디 윤의 아내는 요리를 전혀 즐기지 않기 때문에 세 아이들이 먹을 음식을 준비하는 사람은 보통 에디 윤이다. 에디 윤의 아이들은 일본과 한국 혈통이므로 그는 아이들에게 아시아 요리를 알려주고 싶어 한다. 나와 이야기를 나눌 때 그는 최근 아이들에게 김치 먹는 법을 가르쳐주려고 노력 중이라고 말했다. "이런 생각을 해봤어요. 김치를 버터에 볶으면 어떨까?"

부엌에서 이렇게 유쾌한 실험을 하는 사람이 요리가 사라지고 있다고 주장하다니. 내게는 조금 이상해 보인다. 다른 많은 사람들처럼 에디 윤도 이제는 사라진 식생활에 매달리느라 요리가 재창조되고 있는 흥미진진한 현실을 인지하지 못하는 것 같다. 에디 윤이 죽었다고 말하는 '요리'란 어린 시절 한국인 어머니가 매일 정원에서 갓 따온 채소로 만들어주던 요리, 다시 말해 힘들게 "처음부터 끝까지 혼자서 하는 요리"를 의미한다. 그래서 그는 자신을 진정한 요리사라고 여기지 않는다. 삶은 점점 더 바빠지고 있고 그는 어머니와는 달리 가끔 음식을 포장 주문하기 때문이다.

진실은 미국인 10명 중 아홉 명이 요리를 사랑하지 않는다는 것이 아니라 (상당수의 남성을 포함한) 미국인의 절반 이상이 더 이상 요리를 싫어하지 않는다는 것이다. 요리의 종말은 너무 일찍 고해졌다. 많은 사람이 생각하는 것과 달리 우리는 전에는 한 번도 본 적이 없는 요리의 르네상스를 경험하고 있다. 이 요리의 르네상스가 일어나는 장소는 미슐랭 스리 스타 레스토랑이나 부자들의 대저택이 아니라 평범한 사람들이 식재료를 꺼내어 생기 넘치고 맛 좋은 음식을 만드는 평범한 부엌이다. 요리는 더 이상 재미없는 의무가 아니다. 요리는 더 건강해지려고, 또는 돈을 아끼려고, 또는 아이들에게 김치를 가르쳐주려고, 아니면 정말로 그저 재미있어서 우리가 직접 하기로 선택한 활동이다.

시키는 대로 만드는 요리

"뭔가가 결실을 맺는 것을 우리가 살면서 언제 보겠어요?" 밀키트meal kit 구독 서비스인 헬로프레시HelloFresh의 영국 부문 책임자 패트릭 드레이크Patrick Drake가 런던 쇼디치의 '힙'한 거리에 있는 그의 사무실에서 던진 질문이다. 드레이크와 나는 영국 헬로프레시가 자체적으로 테드톡TED talk 같은 강연을 열곤 하는, 모조 잔디가 깔린 작은 강의실 계단에 앉아 있다. 비니를 쓴 드레이크는 소금을 뿌리지 않은 믹스 넛츠 한 봉지를 우물거리고 있다. 어느 모로 보나 전직 변호사였다가 사업가로 변신한 사람 같다. 그는 사람들의 예측과는 달리 왜 요리가 그 어느 때보다 인기를 얻을 가능성이 높은지 설명하려고 애쓰는 중이다.

드레이크는 늘 화면을 들여다보는 근무 환경 속에서 요리가 "손으로 직접 무언가를 만들어내고 결과물을 칭찬받을 수 있는" 기회라고 본다. 헬로프레시는 레시피 카드가 동봉된 쿠킹 박스를 배송한다. 박스에는 마늘 한 쪽과 고수 한 줄기까지 필요한 모든 식재료가 들어 있기 때문에 재료를 낭비할 일이 없다. 재료가 담겨 있던 커다란 마분지 상자가 하나 남긴 하지만 그건 재활용이 가능하다.

"준비는 우리가 합니다. 셰프는 당신이고요." 2017년 아마존 온라인 쇼핑 부문이 헬로프레시 외에도 블루 에이프런Blue Apron, 플레이티드Plated 등이 속한 밀 키트 배송 서비스에 진출하겠다고 선언하면서 내건 문구다. 겨우 5년 만에 밀 키트 시장은 미국에서만 50억 달러 규모로 성장했다. 미국의 밀 키트 시장은 2026년경이면 360억 달러 규모로 성장할 것으로 예측된다.[10] 한 해 가치가 약 7500억 달러인 미국 식료품 시장에서 아직은 별 볼일 없는 규모이지만 밀 키트가 등장한 지 얼마 되지 않았다는 점을 고려하면 사람들의 요리 습관에 주목할 만한 변화가 일어난 것이다.

헬로프레시가 영국에 진출한 2012년(2017년 기준 헬로프레시는

영국과 미국 외에도 네덜란드와 프랑스를 포함한 7개국에서 운영되었다),
드레이크는 자신처럼 일상적으로 요리를 하고 싶지만 장애물이
너무 많다고 느끼는 젊은 전문직 종사자가 많다는 것을 깨달았
다. 드레이크가 헬로프레시의 도서관에서 4000권의 중고 요리책
을 바라보며 말한다. "베트남 쌀국수를 만들어보려고 한 적이 있
어요. 다시 쓸 일이 없는 식재료를 사는 데 거의 45파운드가 들었
죠." 그는 사용하지 않은 계피 500그램이 부엌에 남아 있다는 사
실에 아직 분노하고 있다.

　4인 '가족'을 위한 네 번의 식사에 64파운드를 지불한다면(또
는 2인을 위한 세 번의 채식 식사에 36파운드를 지불한다면) 헬로프레시
는 레시피와 함께 요리에 필요한 모든 것을 배송해준다. 몇 그램
안 되는 파르메산 치즈 가루나 뼈를 바른 닭 허벅지살 여섯 조각
까지 전부 갈색 종이 봉지에 깔끔하게 포장되어 배송된다. 마치
나를 위한 집사와 셰프가 있어서 나머지 일은 처리해주고 재미있
는 부분만 내가 하면 되는 것이나 마찬가지다. 드레이크가 다음
과 같이 설명한다. "사람들이 식사하는 방식을 완전히 바꾸고 싶
어요." 처음 밀 키트 콘셉트를 떠올린 나라는 스웨덴이다. 스웨덴
에서는 특히 자녀가 있는 가족을 대상으로 밀 키트를 판매했지만
드레이크와 그의 동료들은 이런 요리 방식에 매력을 느낄 사람이
더 많을 거라고 예감했다.

　기존 레시피들은 우리가 이미 이런저런 요리 지식을 알고 있
을 거라고 가정한다. 예를 들면 중국 요리 레시피는 웍이 "연기
가 날 정도로 뜨거워지기 직전"에 재료를 넣으라고 말한다. 그런

데 그러려면 이미 연기가 날 정도로 뜨거운 웍을 다뤄봤어야 하고, 그 단계에 이르기 직전에 웍이 어떤 상태인지를 알아야 한다. 반면 밀 키트 레시피는 그 어떤 지식도 요구하지 않고 대부분의 사람들이, 심지어 부유한 가정조차도 냄비 몇 개와 칼, 나무 숟가락 정도만 갖추고 있을 거라고 가정한다. 드레이크는 "고객에게 도구가 있을 거라고 가정할 수가 없"다고 말한다. 헬로프레시의 페스토 레시피는 푸드 프로세서가 없는 고객을 배제하지 않기 위해 바질과 견과류를 손으로 직접 다지라고 말한다. 만약 재료를 밀어야 한다면 밀대 대신 랩으로 감싼 와인 병을 이용하라고 권한다.[11]

이미 단단한 밀대를 가지고 있는 나는 밀 키트의 타깃 고객이 아니다. 그래서 밀 키트 산업이 나를 너무 가르치려 든다고, 그리고 약간은 무의미하다고 느낄 거라 예상했다. 오랜 세월 가장 잘 익은 토마토와 가장 신선한 생선을 찾아다니며 직접 식재료를 골라왔기 때문에 누군가가 나 대신 식재료를 골라주면 요리를 즐길 수 없을 것 같았다.

하지만 마침내 우리 가족은 몇 달간 헬로프레시의 밀 키트를 시도해보았고, 이 실험을 통해 우리 가족은 요리를 완전히 새로운 시각으로 바라보게 되었다. 만약 누가 묻는다면 나는 요리를 정말 좋아한다고 답할 것이다. 나는 20년간 우리 가족을 위해 크리스마스 저녁을 차려왔다. 그동안 계속해서 아티초크를 쪘고, 생일 케이크를 구웠다. 그래서 냉장고 채소 칸에 얼마 남지 않은 재료로 순식간에 수프를 만들었을 때의 만족감 또한 잘 안다. 내게 행복은 도마와 잘 드는 칼, 그리고 레몬이다. 하지만 밀 키트를 시도해보니 한 가정의 요리사가 된다는 것에 내가 생각보다 더 복잡한 감정을 느낀다는 사실을 알게 되었다. 밀 키트가 마치 사려 깊은 선물처럼 우리 집 현관에 잘 포장되어 도착한 어느 날, 나는 우리 가족이 저녁으로 무엇을 먹을지 결정하거나 무거운 식재료를 집까지 나를 책임이 내게 있지 않다는 것을 깨닫고 부엌에서 나도 모르게 울어버렸다.

우리 가족이 헬로프레시 밀 키트를 시도한 몇 주간 남편은 평소보다 요리를 훨씬 더 많이 했고 우리 집 10대들도 어엿한 요리사로 변신했다. 당시 열일곱 살이었던 아들은 내가 지난 몇 년간 끌어들였던 그 어떤 부엌에서의 활동보다도 밀 키트 요리를 더 좋아했다. 포켓몬 카드와 함께 성장한 아들은 잔소리하는 부모의 목소리보다 반짝이는 레시피 카드를 더 신뢰했다. 달걀 프라이와 카르보나라 파스타에 머물던 아들의 요리 레퍼토리는 갑자기 가지를 곁들인 태국식 볶음밥과 새우 리가토니(속이 빈 튜브형의 짧은 파스타-옮긴이), 하이센장 소스(대두, 고구마, 향신료 등을 첨가하여 짭짤하고 매콤 달콤한 맛을 내는 중국식 소스-옮긴이)를 넣은 채소 볶음으로 확장되었다. 열네 살이었던 딸아이는 레시피 카드를 보고 요리를 하면 텔레비전에 나오는 셰프가 된 것 같다고 했다.

밀 키트의 레시피가(우리 가족이 시도해본 것들에 한해) 특히 탁월한 것은 아니다. 내 경험상 (적어도 헬로프레시 박스에 들어 있던) 채소는 제철이 아닌 붉은 피망과 애호박에 지나치게 쏠려 있었고 육류는 방목한 것이 아니었으며 레시피에 적힌 조리 시간은 종종 너무 짧았다. 헬로프레시의 레시피 중 어떤 것들은 내 취향보다 끓이는 시간이 너무 짧았다고 말하자 드레이크는 시장 조사에서 소비자가 기꺼이 요리에 쓰고자 하는 시간의 '최적 지점sweet spot' 이 약 27분이었다고 설명한다. "레시피에 요리 시간이 45분이라고 쓰여 있으면 사람들은 이렇게 생각해요. '난 45분 없는데.'"

밀 키트라는 초현대적 요리 방식은 이상하게도 일주일 내내 메뉴가 정해져 있었던 과거를 떠올리게 한다. 이탈리아에서는 여전히 이런 방식이 흔하다. 로마에 있는 식당에서 제공하는 그날의 특별 요리는 마음 편하게도 늘 예측이 가능하다. 이것에 대해 음식 작가인 레이철 로디Rachel Roddy는 〈가디언〉지와의 인터뷰에서 이렇게 설명했다. "금요일은 파스타와 병아리콩 또는 소금에 절인 대구를 먹는 날입니다. 토요일은 민트와 페코리노 치즈를 곁들인 로마식 곱창 요리, 일요일은 닭 간을 넣은 페투치네 파스타와 양고기 구이, 월요일은 육수에 끓인 쌀과 엔다이브, 화요일은 파스타와 콩, 수요일은 내가 먹고 싶은 음식 아무거나, 목요일엔 뇨키를 먹지요."[12]

소일런트 같은 식사 대용식과 마찬가지로 밀 키트 역시 압도적인 선택지를 쳐낼 수 있는 기술이다. 드레이크는 이렇게 말한다. "우리는 선택의 횡포를 없애고 싶어요." 일단 박스가 도착하면 그중 어떤 요리를 무슨 요일에 먹을지 외에는 더 이상 결정할 것이 없다. 메뉴 자체에 관해서는 왈가왈부할 게 없다. 예를 들면 박스를 받은 사람은 월요일엔 멕시칸 토스타다스(굽거나 튀겨낸 토르티야 위에 으깬 콩, 구아카몰레, 고기 등을 곁들인 요리-옮긴이)를, 화요일엔 프리카freekeh(밀의 일종으로 아직 덜 익었을 때 수확해 먹는다-옮긴이) 필라프(쌀이나 밀로 만든 볶음밥의 한 종류-옮긴이)를, 수요일에는 그린 빈과 감자를 곁들인 허브 생선구이를 먹을 것임을 이미 알고 있다.

밀 키트는 요리가 완전히 선택 사항이 되었을 때 어떤 모습일지를 알려준다. 그때 요리는 더 이상 힘들고 단조롭고 지루한 일이 아니라 권력이자 자유처럼 느껴진다. 전후 시대에 요리와 편리함은 양립 불가능한 것처럼 보였지만 밀 키트는 편리함과 요리를 화합시켰다. 단 27분이라도 휴대전화와 컴퓨터에서 벗어나는 경험은 경이로운 느낌을 준다. 마늘을 갈면서 톡 쏘는 냄새를 맡고, 할루미 치즈를 구우면서 치즈가 점점 갈색으로 변하고 표면이 바삭해지는 것을 지켜보고, 칼로 피스타치오를 다지면서 매끈한 부스러기의 질감을 느끼는 것은 몸과 마음에 두루 좋다. 내 친구 몇 명은 밀 키트 덕분에 살면서 처음으로 요리가 즐거워졌다고 말한다.

자신이 직접 요리한 음식을 먹기 위해 돈을 더 내라고 소비자를 설득할 수 있을 것이라 누가 상상할 수 있었을까? 이 글을 쓰고 있는 현재 내 계산에 따르면 훈제 판체타 베이컨과 바질을 넣은 펜네 알 아라비아타 파스타를 만들 경우 헬로프레시의 밀 키트가 직접 식재료를 구매할 때보다 두 배 많은 비용이 든다. 하지만 혼자서 파스타를 만든다면 당신이 하루에 먹어야 할 다섯 가지 채소 중 세 가지를 섭취했다고 말해주고, "활짝 웃으며 얼른 맛있게 드세요!"라고 재촉해줄 자그마한 레시피 카드를 놓치게 된다.

조리된 음식에 밀려 수십 년간 설 자리를 잃었던 요리는 이제 그 자체로 열망의 대상이 되었다. 밀 키트의 인기는 사람들이 요리로 되돌아가고 있는 더 큰 변화의 일부다. 자료 조사를 할 때 주로 찾는 대학 도서관에서 나는 학생들이 가지각색의 채소로 직접 점심 도시락을 싸오기 시작한 것을 알게 되었다. 학생들은 쉬는 시간에 서로 비건 요리법을 공유하기도 하는데, 몇 년 전만 해도 들어보지 못했을 이야기다. 건강 때문이든 맛 때문이든 순전히 즐거움 때문이든, 몇 년 전부터 유의미한 소수의 소비자들이 다시 부엌으로 돌아가고 있다.

요리하는 것과 요리하지 않는 것 사이에서 선택해야 할 때 이제 많은 사람이 요리하는 쪽을 선택하고 있다. 오늘날의 요리는 과거의 요리와 그리 비슷해 보이지 않을 수도 있지만 그 사실을 꼭 슬퍼할 필요는 없다. 미국인의 10퍼센트만이 요리를 좋아한다고 개탄할 때, 거기에는 반드시 요리를 '좋아해야 한다'는 가정이 깔려 있다. 과거에 이런 가정은 아마 터무니없어 보였을 것이다. 옛날에 요리는 좋아서 하는 것이 아니었다. 사람들은 (여기서 '사람'은 거의 여성이다) 다른 선택지가 없기 때문에 요리를 했다.

2016년 음식 역사학자인 레이철 로댄Rachel Laudan은 어머니가 하던 요리를 되돌아보았다. 100여 년 전 제1차 세계대전이 한창일 때 태어난 로댄의 어머니는 농부의 아내였고, 1930년대를 살던 다른 아내들과 마찬가지로 요리에 매여 살았다. 로댄은 이렇게 썼다. "요리는 어머니의 일이었고, 절대 끝나지 않는 일이었다. 어머니는 9시에 아침 식사를, 12시 반에 점심 식사를, 오후에 차를, 5시에 그날의 마지막 식사를 차려야 했다."¹³

로댄의 어머니가 따랐던 이 일상은 읽는 것만으로도 진이 빠진다. 이 어머니는 매일 아침 일어나 베이컨과 달걀, 또는 삶은 달걀이나 훈제 청어, 소시지로 아침 식사를 직접 만들었다.

어머니는 그릴에 빵을 굽고 눅눅해지지 않도록 토스트 선반에 올려두었다. 그다음 여러 번 빨아 색이 바랜 초록색 무명천 식탁보를 식탁에 펼치고 그 위에 초록색 주전자 덮개를 씌운 찻주전자를 놓았다. 뜨거운 물을 채운 병과 우유병을 쟁반에 올린 다음 본인이 앉는 자리 옆에 두었다. 계속해서 도자기 그릇과 식기, 버터 접시, 직접 만든 마멀레이드, 토스트 선반이 식탁에 올랐다. 30분 뒤 어머니는 식탁을 치우고 설거지를 했다.¹⁴

한 끼 식사를 준비하는 것만도 이렇게 고생스러웠다. 이 모든 과정이 매일 세 번씩 반복되었다. 식사가 끝날 때마다 로댄의 어머니는 다시 식탁보를 정리하고 모든 과정을 다시 시작했다.

한번은 어떤 사람이 로댄에게 어머니가 "훌륭한 요리사"였냐고 물었고, 로댄은 어떻게 답해야 할지 몰라 "난감한" 기분을 느꼈다. 오늘날의 관점에서 보면 로댄 어머니의 요리 수준은 여러 면에서 상당히 높았다. "나는 식사가 늦어진 기억도, 파이 껍질이 딱딱했던 기억도, 케이크 가운데가 푹 꺼져 있었던 기억도 없다."

로댄 가족이 먹은 음식은 전부 그 지역에서 장인 정신으로 재배한 신선한 재료로 만든 것이었다. 하지만 로댄의 어머니는 좋은 요리사가 될지 말지를 선택한 것이 아니었다. 그녀는 자신에게, 당시 잉글랜드에 거주한 모든 농부의 아내에게 요구된 일을 한 것뿐이었다. 요리를 '사랑'하기 때문이 아니라 삶이 자신에게 부여한 역할이 바로 요리였기 때문에 요리를 한 것이었다.

로댄 어머니의 요리 방식에는 특이한 점이 전혀 없었다. 오히려 당시의 기준으로 보면 부엌에서 보낸 그녀의 삶은 편안한 편이었다. 적어도 농부의 아내는 육류와 채소를 풍성하게 이용할 수 있었던 반면, 20세기 초반 영국의 도시 거주자들은 변변찮은 식재료와 한정된 도구로 똑같은 양의 식사를 차려야 했기 때문이다. 게다가 이들이 사는 방 한 칸짜리 집에는 부엌도 없었고, 그렇다고 요리에서 벗어날 방법도 없었다. 우리는 장밋빛 뺨을 가진 여성이 복숭아와 자두를 담은 그림같이 아름다운 그릇을 식탁에 내려놓는 모습을 떠올리며, 과거에 집에서 직접 만든 음식을 이상화한다. 하지만 근대 이전의 '요리'는 곧 지친 어머니를 의미했다. 이 어머니는 무엇이든 닥치는 대로 냄비에 던져 넣었고, 불이 꺼지지 않도록 매일 연기 가득한 부엌에서 전쟁을 벌였으며, 여기에 더해 다른 집안일까지 전부 해내야 했다.

과거의 요리를 그리워하며 애석해하기 전에 우리는 아무런 선택지 없이 요리하는 것이 얼마나 고된 일이었는지를 (그리고 오늘날에도 여전히 수백만 명에게 얼마나 고된 일인지를) 기억해야 한다.

식사에 대한 생각

이상적인 요리의 세계

"가난한 사람들은 요리를 하지 않는다"는 자주 언급되는 게으른 생각이다. 나는 가난한 사람들이 맥도날드에 가는 대신 쌀이나 콩 같은 저렴한 식품을 구매한다면 문제없이 건강한 식사를 할 수 있을 거라는 거만한 사람들의 이야기를 여러 번 들었다. 2014년 영국의 보수 인사인 젱킨 남작Baroness Jenkin은 자신처럼 아침에 포리지를 끓여 먹는 데에는 단돈 몇 페니밖에 안 든다며 사람들이 굶주리는 것은 요리할 줄 모르기 때문이라고 말했다. 가난한 사람들은 왜 이렇게 하지 못하느냐는 것이었다.[15]

하지만 미국의 자료는 실제로 저소득층이 고소득층보다 요리에 훨씬 많은 시간을 쓴다는 사실을 보여준다. 소득이 낮은 사람 모두가 매일 요리를 한다는 뜻이 아니다. 앞에서 살펴봤듯이 시간과 돈이 전부 부족한 사람에게는 스낵이 해답으로 보일 수 있다. 하지만 1990년대 이후부터 현재까지 저소득층이 요리에 들이는 평균 시간은 1992년 하루 57.6분에서 2007~2008년 하루 64분으로 늘어났다. 마찬가지로 영국에서 저임금 육체노동을 하는 여성은 고임금 관리직·전문직 여성보다 하루에 30분 이상 요리를 더할 가능성이 훨씬 높다.[16]

우리 가족이 헬로프레시 밀 키트를 이용해본 몇 주 후에 나는 38세의 빈곤 퇴치 운동가이자 저널리스트인 캐슬린 케리지Kathleen Kerridge를 만났다. 캐슬린은 네 아이가 있고 29세에 심장마비를 겪었으며 그 후 또다시 유방암 진단을 받았다. 캐슬린의 남편이 해고당했을 때 여섯 가족은 얼마간 식비 40파운드로 일주일을 버텨야 했다. 헬로프레시 밀 키트로는 네 가족이 두 번 반을 식사할 수 있는 금액이다. 케리지는 이 돈을 아끼고 아껴서 여섯 가족의 식사를 스물한 번 차려야 했다. 현재 케리지와 그녀의 남편은 둘 다 저임금을 받으며 일을 하고 있지만 집세와 난방비, 아이들 교복비를 내고 나면 여전히 식비는 얼마 남지 않는다. 이 식비로는 매일 온갖 꾀를 내서 요리를 해야 하고 원하는 것보다 훨씬 못한 음식으로 대충 식사를 때워야 한다.

케리지는 쪼들리는 식비로 요리하는 이들에 대한 사람들의 이런저런 추측에 분노한다. 어느 콘퍼런스의 쉬는 시간에 그녀는 내게 이렇게 말했다. "사람들은 우리가 늘 즉석식품만 먹는다고 말해요. 하지만 즉석식품으로는 여섯 명을 먹일 수가 없다고요." 케리지는 매일 처음부터 전부 요리하는 것 말고는 다른 도리가 없다. 그리고 이 경험이 늘 행복한 것만은 아니다. "아이들에게 이것도 저것도 살 수 없다고 말하면서 슈퍼마켓을 돌아다니는 건 끔찍한 일이에요." 다른 아이들과 달리 케리지의 자녀는 늘 채소를 잘 먹지만 채소는 파스타나 빵에 비해 배가 부르지 않기 때문에 케리지는 아이들이 먹을 채소의 양을 제한해야 한다.

현대 요리의 세련되고 고급스러운 면들은 케리지의 삶을 더욱 힘들게 만들 뿐이다. 저 바깥에는 반짝이는 머릿결을 가진 사람들이 반짝이는 채소를 먹는 흥미진진한 세상이 있지만 케리지는 그런 음식을 살 여유가 없다. 케리지의 10대 딸들은 슈퍼마켓에서 '쿠르젯courgetti(주키니 호박을 스파게티 면처럼 길고 얇게 자른 것)'를 보면 사달라고 애원한다. 전에 인스타그램에서 본 적이 있기

식사에 대한 생각

때문이다. "하지만 그건 호박보다 1킬로그램당 열 배나 더 비싸요."

적은 소득으로 가족을 먹여 살리는 일은 한 번도 쉬웠던 적이 없지만 적어도 과거에는 요리가 모두의 고된 의무라는 생각이 퍼져 있었다. 하지만 지금은 다르다. 케리지는 사람들의 상상 속에 있는 "이상적 요리의 세계"에 조롱당하는 기분을 느낀다. 그녀는 자신이 "파 세 줄기와 쌀 한 컵"으로 한 끼 식사를 차리려 애쓰는 모습을 아이들이 지켜보는 것이 너무나도 가슴 아프다. 케리지는 이렇게 썼다. 이상적인 세계에서 "나는 매일 아침 아이들에게 스무디를 만들어줄 것이다. 최고급 식재료만 찾아다닐 것이다. 방목한 유기농 육류만 구매할 것이다. 하루에 과일과 채소를 10인분씩 먹을 것이다." 하지만 현실에서는 오로지 형편에 맞춰 되는 대로 식사를 차려야 하며, 운이 좋으면 "냉동실에 있는 그런 빈약간"을 보탤 수 있을 뿐이다.[17]

그렇다면, 요리는 권력일까? 그 답은 누가 요리를 하느냐에 따라 달라진다. 패트릭 드레이크는 장애를 가진 고객들이 헬로프레시의 밀 키트로 큰 힘을 얻는다고 말한다. 헬로프레시 덕분에 처음으로 가족에게 식사를 차려줄 수 있게 되었고, 그 과정에서 자립심과 존중감을 얻는다는 것이다. 하지만 요리가 식탁에 음식을 올려놓을 유일한 방법일 때는 이야기가 달라진다. 전 세계의 선진국과 개발도상국에서는 여전히 수백만 명의 사람들이 사랑하는 사람에게 영양을 제공한다는 자부심 외에는 별다른 보상도 없이 매일 먹을 것을 만들어내고 있다. 이들이 하는 일은 살아가기 위해 반드시 필요한 일이며, 이들이 만들어내는 음식은 가족이 식단과 관련된 질병에 걸리지 않게 막아주는 역할을 하기도 한다. 하지만 어쩐 일인지 이 사람들은 마땅히 존중받지 못하고 있다.

"사람들은 쌀 푸딩의 카르다몸 향에 집착하면서 그 푸딩을 만든 여성들은 잊어버려요." 프라즈나 데사이Prajna Desai가 뭄바이에서 한 말이다. 2014년 데사이는 뭄바이의 가장 큰 빈민가인 다라비에서 3개월 반 동안 요리 워크숍을 진행한 후 워크숍에 참여한 여덟 여성의 요리법과 삶을《불분명한 닭고기 요리: 다라비 요리사 여덟 명의 이야기와 레시피The Indecisive Chicken: Stories and Recipes from Eight Dharavi Cooks》에 담았다.[18] 이 책은 내가 읽은 가장 독특한 요리책 중 하나다. 데사이는 이 여성들이 레시피의 도움 없이 "머릿속에 있는 생각과 자신감"만으로 요리하는 것을 발견했다. 이들은 요리할 때 기꺼이 위험을 감수했고 요리에 27분 이상이 걸려도 개의치 않았다. 조 반죽을 직접 손으로 밀어 로티를 만들었고 타마린드와 신선한 고수로 만든 소스에 흰 살 생선을 넣었다. 이들의 요리에는 미묘함과 재치가 있었다. 예를 들면 푸른 여주에 땅콩이 가득한 달콤한 속을 채운 다음 실로 묶어 기름을 살짝 두른 프라이팬에 튀기는 식이었다.

데사이는 2014년 다라비에서 요리 프로젝트에 참여할 자원자를 모집했다. 첫 번째 회의에는 35명의 여성이 모였지만("제 생각에 그분들은 집에서 나올 구실이 필요했던 것 같아요") 꾸준히 나오는 사람은 여덟 명뿐이었다. 데사이는 일주일에 세 번 사람들을 만나(대부분이 글을 쓰지 못했다) 함께 서로의 레시피를 기록했다. 처음에 데사이는 당신들이 아는 것을 알릴 가치가 있다고 여성들을 설득하는 데 어려움을 겪었다. 데사이는 이렇게 회상한다. "그분들은 자신이 선생님이 되는 것이 아니라 다른 레시피를 배우러 왔다고 생각했어요."

2017년 봄 나는 스카이프를 통해 데사이를 만났다. 그녀는 뭄바이에 있는 자기 집에 있었다. 데사이의 방 벽에는 알록달록한 천이 둘러져 있고 뒤에서 새 소리가 들려왔다. 미술사를 전공한 데사이는 원래 예술 관련 NGO로부터 다라비에서 예술과 건강에 관한 프로젝트를 맡아달라는 부탁을 받았다. 그때 (다른 많은 이들에게 그랬듯) 데사이에게 요리 또한 예술의 한 형태이지만 마땅히 인정받지 못하고 있다는 생각이 떠올랐다.

데사이가 보기에 인도가 경제적으로 성공한 것은 그녀가 다라비에서 만난 것과 같은 손재주가 뛰어난 여성들 덕분이었다. 데사이는 이렇게 말한다. "하루에 세 번 식사를 차리는 여성의 무급 노동이 없다면 이 나라 전체가 허물어질 거예요. 매일 요리하는 것은 아직 인도에서 매우 흔한 일이에요." 하지만 코딱지만 한 예산으로 흠잡을 데 없는 식사를 만들어내는 아내와 어머니는 아직도 그에 합당한 지위를 얻지 못하고 있다.

데사이와 함께 프로젝트에 참여한 카비타 카왈카Kavita Kawalkar는 교사가 되기 위해 교육받던 25세의 주부였다. 카비타가 잘하는 요리는 고수 잎을 넣은 매콤한 토마토소스가 일품인 생선 마살라다. 소스를 만들기 전에 카비타는 먼저 양파와 말린 코코넛을 가스버너 위에 올려놓고 까맣게 태운다. 데사이가 책에 썼듯 "이 중요한 첫 번째 과정은 양파의 단맛을 끌어올리고 딱딱한 코코넛에서 달콤한 기름이 나오게 한다". 데사이가 맛본 이 생선 마살라는 "혀에 비단이 깔리는 듯한 맛"이었다.

사람들이 이제 서구에서는 거의 아무도 '요리'를 하지 않는다고 개탄할 때의 '요리'란 바로 인도의 수백만 아내들이 오늘날까지도 매일 하고 있는 요리다. 데사이의 프로젝트에 참여한 여덟 명의 다라비 여성들은 정교한 기술이 필요한 플랫브레드를 포함해 모든 음식을 처음부터 직접 만들었다. 이들이 만드는 음식은 다양하고 맛있으며 대개 건강에 좋다(하지만 데사이는 몇 명이 값싼 요리용 기름을 상당히 많이 사용한다는 것을 알아챘다. 이는 우리가 1장에서 살펴본 세계적 추세의 일부다). 보통 이들의 식단은 밥과 렌틸, 신선한 처트니나 샐러드, 집에서 만든 다른 양념류, 한두 종류의 카레로 이루어져 있으며, 여기에 늘 직접 만든 요구르트가 곁들여진다. 식단을 짜고 음식을 요리하는 이 놀라운 능력은 하루 세 번씩 반복적으로 발휘되었지만 데사이와 함께 작업한 여성들은 자신이 "어딘가에 기여하고 있다"고 생각하지 않았다.

음식의 측면에서만 보면 이들은 유익한 일을 하고 있다. 하지만 데사이는 (인도 및 다른 전통적인 아시아 사회에서) 이렇게 힘들게 식사를 차리느라 여성이 희생하고 있다는 점을 우려한다. 데사이가 다라비에서 만난 여성들이 이렇게 다양한 음식을 만드는 것은 자신이 원해서가 아니라 "가족들이 다양한 요리를 원하기 때문"이다. 이들에게 요리는 타협의 여지가 없는 일이며, 의무적으

식사에 대한 생각

로 요리를 해야 한다는 바로 그 사실 때문에 이 여성들은 자신이 남성보다 중요치 않은 존재라고 느꼈다.

인도 같은 곳에서 여성이 전통에 따라 만드는 비범한 음식들은 찬양받아야 마땅하다. 식단 관련 질환이 넘쳐나는 우리 시대에 이 여성들은 하루 세 번씩 예방약을 차리고 있는 셈이다. 이런 요리 전통이 그 어느 때보다도 필요한 이 시점에 사라져버린다면 분명 막대한 낭비일 것이다. 문제는, 선택의 기회가 주어진다면 선택하는 이가 별로 없을 고된 삶을 여성에게 강요하지 않고도 이런 요리를 보존할 수 있는가다. 우리는 가족을 위해 요리하는 삶의 미천한 지위를 아무에게도 강요하지 않고 전통 요리의 이점을 간직할 수 있을까?

요리라는 이름의 해독제

케이프타운에서 예미시 아리비살라Yemisi Aribisala를 만나는 날이다. 아침부터 비가 내렸고, 그녀가 탄 우버는 교통 체증에 갇혔다. 나는 흐르는 콧물을 닦고 플랫화이트(에스프레소에 우유를 섞은 것으로 라테보다 우유 양이 적어 더 진하다-옮긴이)를 홀짝이며 힙스터 카페에서 그녀를 기다린다. 전염성 있는 환한 미소를 가진 아리비살라는 카페에 도착해 내게 톡 쏘는 냄새가 나는 선물 봉투를 건넨다. 강렬한 향이 나는 봉투 안에는 자그마한 크기의 말린 생선, 훈제 향이 나는 칠리 페이스트 튜브, 허니부시 차, 까맣게 말린 무화과는 물론, 전에 내가 본, 아니 냄새를 맡아본 그 어떤 것보다도 강렬한 향을 풍기는 향신료들이 들어 있다.

나이지리아의 음식 작가인 아리비살라는 자기 부엌에 있는 식재료의 거의 절반을 내게 선물로 준 것 같다. 그녀에게서 자부심이 느껴진다. 아리비살라에게 나이지리아 음식은 숨겨진 보물이다. 1억 8000만 인구가 먹고 있는 음식을 숨겨졌다고 표현할 수 있다면 말이다. "저는 사람들에게 아직 세계가 나이지리아 음식을 만나지 못했다고 말해요." 그녀는 2016년에 출간한 저서 《롱스롯 메무아Longthroat Memoirs》(나이지리아어에서 롱스롯은 음식을 탐낸다는 의미가 있다-옮긴이)에서 나이지리아 요리를 소개하고 21세기에 요리하는 여성으로 산다는 것이 어떤 의미인지를 설명했다.

아리비살라의 책에는 여성 친척들이 고등교육을 받은 그녀에게 부엌에서 시간을 보내느라 좋은 머리를 낭비하면 안 된다고 말하는 내용이 들어 있다. 하지만 아리비살라는 자신이 먹으며 자란 요루바 요리에 애착이 깊다. 아리비살라가 하는 요리는 헬로프레시 밀 키트 같은 간편한 요리가 아니라 오븐 장갑 없이 뜨거운 냄비를 다루거나 도마 없이 능숙하게 얌을 자르는 것처럼 한때 "여성이 통과해야 하는 시험"으로 여겨진 여러 복잡한 기술을 필요로 한다. 아리비살라는 자신이 뜨거운 물에 손을 넣어 완숙 달걀을 꺼낼 만큼 용감하다는 사실을 자랑스러워한다. 에디윤처럼 그녀도 오크라를 넣은 걸쭉한 수프나 매운 고추와 육두구 같은 향신료를 풍부하게 넣은 쫄깃한 닭고기 요리를 만들며 아이들에게 자국 전통을 전해주고 있다.

아리비살라는 오늘날 많은 사람이 요리를 싫어하는 이유를 이

식사에 대한 생각

해한다고 말한다. 그녀는 아부자에 살면서 "한 달에 6만 나이라를 지급하고 고용한 요리사가 휴가를 내면" 아이들에게 인스턴트 누들을 먹이는 부유한 여성들을 많이 알고 있다. "그 사람들은 점심에는 피자를 시켜 먹고 저녁에는 중국 음식을 포장해와요." 집에서 요리를 하는 나이지리아 주부가 텔레비전에 나오는 남성 셰프와는 달리 코딱지만 한 인정밖에 못 받는 상황에서 요리를 하지 않는 것은 너무나도 당연한 선택이다. 요리하는 여성은 자신보다 다른 가족을 먼저 먹이고 화상과 찰과상과 "못 박인 손"을 참아내면서도 고맙다는 말을 거의 듣지 못하는 현실을 여전히 당연하게 받아들여야 한다.[19]

하지만 그럼에도 아리비살라는 사람들이 배고픈 채로 들어와 든든한 상태로 나가는 나이지리아 여성의 부엌이 "힘과 깨달음의 공간"이라고 주장한다. 엄밀히 따지면 요리를 하지 않을 수 있는데도 아리비살라가 요리를 그만두지 않는 것은 바로 이러한 이유 때문이다. 아리비살라가 부엌을 떠나지 않는 유일한 여성은 아니다. 그녀는 이렇게 설명한다. "많은 나이지리아 여성이 주말에 자기가 먹을 음식을 만들어 냉동한 다음 주중 저녁 퇴근 후에 꼼꼼히 세운 일정에 따라 음식을 해동해 먹어요. 꽉 막힌 퇴근길을 지나 집으로 돌아오면 앞치마를 두르고 뿌듯한 마음으로 부엌에 들어서죠."[20]

식탁에 음식을 내놓을 방법이 매우 다양하다는 점을 고려하면 (아프리카나 북미, 또는 유럽에서) 이렇게 많은 사람이 여전히 요리를 한다는 사실이 무척 놀랍게 느껴진다. 오늘날의 요리는 우리 조부모 세대가 하던 요리와는 상당히 다를 수 있지만, 그건 오늘날 가정의 모습이 옛날 같지 않기 때문이기도 하다. 오늘날 미국의 몇 개 주에서는 1000가구 중 21가구가 동성 커플 가구다. 이런 가구는 누가 요리를 하고 누가 청소를 하며 누가 아이들을 돌볼지에 대한 규칙을 다시 짜고 있다. 어쩌면 이런 과정이 요리의 가치를 새롭게 인정하는 결과를 낳을지도 모른다. 동성 커플은 요리의 책임이 한 사람에게 있다고 가정하지 않기 때문이다.[21]

요리하는 사람은 힘이 없다는 그동안의 생각은 틀렸다. 사랑하는 사람(과 자신)의 건강과 안녕을 떠받치는 활동보다 더 힘 있는 활동이 어디에 있겠는가? 요리하는 사람에게 힘이 있다는 사실은 영양 전이가 전 세계에 미친 영향에서도 잘 나타난다. 멕시코에서 쌀과 콩이, 포르투갈에서 채소 수프가 사라진 것처럼 지역 사회에서 가정 요리를 포기하면 식단 관련 질병이 증가하는 것을 분명하게 알 수 있다.

아리비살라가 쓴 것처럼 우리는 "그 어떤 영광도 없이 매일 냄비를 불에 올려놓고 새로운 음식을 만들어내는 것이 얼마나 고된 일인지"를 더 잘 이해해야 한다. 그리고 더 나아가 요리를 훨씬, 훨씬 쉽게 만들 방법을 찾아야 한다. 인터넷에서 "쉬운 요리"라고 홍보하는 것들은 대부분 결코 쉽지 않다.

현대에 어떻게 요리의 명맥을 유지할 수 있는가라는 난제의 한 가지 답은 무엇이 '요리'인지에 대해 조금 너그러워지는 것이다. 남성이 하는 요리도 가정 요리다. 어제 만든 카레를 전자레인지에 다시 데워 먹는 것도 요리고, 그 음식을 먹을 사람이 나 하나쁜이어도 여전히 요리다. 우리 증조할머니는 꿈도 꾸지 못했을 '게으른' 주방 도구와 꼼수를 여럿 사용한다 해도 여전히 요리다.

전 세계 많은 사람들이 전과 다름없이 맛있는 음식을 새로운 방식으로 만들고 있다. 브라질 사람들은 프레셔 쿠커pressure cooker를 사용한다. 그러면 검은콩과 고기를 넣은 전통 음식 페이조아다feijoada를 순식간에 끓여낼 수 있다. 미국과 영국, 인도에서는 (나를 포함한) 바쁜 사람들 사이에서 인스턴트 팟Instant Pot이 컬트적 인기를 끌고 있다. 슬로 쿠커slow cooker와 프레셔 쿠커에 밥솥 등의 기능을 추가한 이 전자제품은 천천히 요리해야 하는 맛 좋은 소울 푸드를 결코 느리지 않게 만들어준다. 이탈리아에서는 빔비가 인기다(다른 지역에서는 서모믹스Thermomix라는 이름으로 불리기도 한다). 빔비는 푸드 프로세서처럼 재료를 갈아줄 뿐만 아니라 썰고, 섞고, 무게를 달고, 저어주기도 한다. 빔비를 이용하면 팔 힘이 좋은 어머니가 20분 동안 열심히 저어서 만들었다고 모두가 믿을 만큼 마음을 따뜻하게 해주는 부드러운 리소토를 만들 수 있다. 오늘날 이탈리아인 30명 중 한 명(다수의 남성 포함)이 빔비를 소유하고 있다. 빔비의 가격이 약 1000유로라는 점을 고려하면 상당히 높은 비율이다.[22]

언제나 요리는 해야 하는 다른 일들과 몸에 좋고 맛있는 음식을 먹고 싶은 마음 사이의 거래였다. 오늘날만큼 이 거래가 복잡했던 적은 없지만, 현재 우리의 상황이 그렇게 나쁜 것만은 아니다. 다른 선택지가 없어서 어쩔 수 없이 요리를 하는 것과는 달리, 시간과 주의를 기울일 일이 넘쳐나는 가운데 요리를 하기로 선택하는 것은 훨씬 더 긍정적인 행동이다. 자기 자신을 위해서든 다른 사람을 위해서든, 요리는 매일 하는 다짐과 사랑의 표현이다. 꼭 콜리플라워 한 개를 작은 송이로 나눈 다음 뜨거운 오븐에 구워 레몬즙을 뿌려 먹어야 하는 것은 아니지만 어쨌거나 우리는 그렇게 한다. 옥수수와 감자, 리크leek(지중해 원산의 파와 비슷한 채소-옮긴이)와 크림으로 마음을 달래주는 묵직한 차우더(조개, 게, 굴, 신선한 생선 등을 넣은 해산물 수프-옮긴이)를 만들라고 강요하는 사람은 아무도 없지만, 어쨌거나 우리는 자신이 차우더를 만들었다는 사실에 기뻐한다.

하지만 과거의 식생활은 아직 완전히 사라지지 않았으며, 우리는 요리할 때마다, 심지어 혼자 먹을 수프 한 그릇을 만들 때에도 그 사실을 떠올리게 된다. 재료를 다듬고 가열하는 행위에는 식사의 여러 다른 측면에서는 이제 사라지고 없는 일종의 의도성이 있다. 요리는 재료가 손에서 냄비로 넘어가는 짧은 순간일지라도 우리가 식재료에 주의를 기울이게 한다.

우리 식생활은 너무 단기간에 너무 많이 변해버렸다. 하지만 음식은 늘 그랬듯 여전히 우리 삶의 중심이다. 요리는 그 사실을 존중하는 방법이자, 오늘날의 식문화가 가진 과도함과 모순에서 벗어날 방법이다. 매일 매 끼니를 만들어 먹지는 못할 수도 있다. 하지만 요리를 한다는 것 자체가 현대적 삶에 내재된 광기의 해독제가 된다. 이메일에 답장을 못 할 수도 있다. 스피닝 수업을 까먹을 수도 있다. 왓츠앱WhatsApp 메신저 알람이 저 멀리서 울릴 수도 있다. 그냥 두자. 식사 준비가 끝났으니까.

9장

음식 이야기의 조금 다른 엔딩

*

오늘날 세계 대부분의 지역에서는 "그리고 그들은 영원히 굶주리지 않았답니다"라는 동화 같은 결말이 현실이 되었다. 앞에서 살펴봤듯이 이전 세대의 기준에서 보면 음식이 흘러넘치는 현재의 상황은 꿈만 같은 일이다. 수백 년 동안 늘 허기에 시달린 우리의 조상들은 생강 쿠키로 지은 오두막, 절대 마르지 않는 마법의 포리지 냄비, 크리스마스에 먹는 거위 구이 이야기로 마음을 달랬다(이때 거위는 기름질수록 더 좋았다). 유럽의 옛 동화들은 음식이 넘쳐나는 꿈의 세계를 보여준다. 이곳에서는 배에 탄수화물이 쌓이고, 허기진 채로 잠들지 않아도 된다는 달콤한 안도감을 느낄 수 있다.

사람들이 음식에 대해 하는 이야기는 중요하다. 우리가 무엇을 어떻게 먹을지에 영향을 미치기 때문이다. "그리고 그들은 영원히 굶주리지 않았답니다"는 영양 전이의 3단계에서 4단계로,

즉 점점 사라지고 있던 기근에서 풍요로 넘어갈 수 있게 도와준 적절한 이야기였다. 2000년에서 2015년 사이 개발도상국의 기아 수준이 27퍼센트 낮아졌다. 기적이나 마찬가지다. 그러나 여전히 8억 명 이상이 굶주리고 있으며, 그중에는 생애 초기에 경험한 굶주림 때문에 평생 성장이 위축될 5세 미만 아동도 수백만 명 포함되어 있다는 사실은 여전히 우리를 부끄럽게 한다. 이런 무서운 현실 앞에서는 먹을 것을 충분히 생산해야 한다는 긴급한 문제에 집중하는 것이 너무나도 당연했다. 1941년 프랭클린 D. 루스벨트는 "결핍으로부터의 자유"가 인간의 기본적인 네 가지 자유 중 하나라고 선언했다.[1]

현재 우리의 식품 체계는 20세기 중반의 식물 육종가들에게 물려받은 것이다. 이들은 식품의 질이나 다양성, 또는 지속 가능성이 아니라 생산량에 집착했다. 녹색혁명(기술 혁신으로 식량 생산량이 크게 증가한 농업 혁명-옮긴이)의 아버지인 노먼 볼로그는 수확량이 많은 밀 품종을 개발해 10억 명의 목숨을 구했다. 미국 농무부에서 일한 적이 있는 작가 수전 드워킨Susan Dworkin은 당시 함께 일한 육종가들의 태도를 이렇게 회상한다. "그 사람들은 '1에이커당 생산량이 얼마요? 그걸로 몇 명이나 먹일 수 있소?' 같은 걸 물어요. 그게 그 사람들의 현실이에요. 그게 그들의 사고방식이고요. 그들은 식탁을 바라보지 않아요. 굶주린 아기의 볼록 나온 배를 보고 있죠."[2]

하지만 오늘날의 당황스럽고 모순적인 식품 공급 체계를 보면 "그들은 영원히 굶주리지 않았답니다"는 더 이상 우리에게 들려

식사에 대한 생각

줄 적절한 해피엔딩이 아닌 것 같다. 가당 음료를 너무 많이 먹어서 이빨을 전부 뽑게 된 두 살짜리 아이나 제2형 당뇨병 때문에 사지를 절단한 성인의 수가 늘어나는 등 건강과 관련된 무서운 일들이 새로 발생하고 있다. 이처럼 전 세계 대부분의 사람들이 맞닥뜨린 문제는 과도한 음식 섭취와 영양부족의 조합에서 비롯된 것인데도 우리의 농업 체제는 여전히 생산성과 생산량을 최대한 끌어올리는 데에만 집중하고 있다.

"그리고 그들은 다시는 굶주리지 않았답니다"는 인도의 '마른 비만' 아기들을 위한 해피엔딩이 아니다. 스낵 같은 영양부족 식품으로 찌르는 듯한 허기를 겨우 면하는, 시간에 쫓기는 서구의 저소득층 소비자들을 위한 해피엔딩도 아니다. 이 이야기는 세계 표준 식단의 단일 재배 문제나 현재 대부분의 식단이 설탕과 정제 기름은 지나치게 많고 미량영양소는 부족하다는 문제를 해결해주지 않는다. 이 단순한 이야기는 식이 장애의 고통에서 우리를 구해주지 않는다. 더욱이 이 세상에는 영양만으로는 해결할 수 없는 허기가 많다. 바쁜 생활 속에서 식사하고 요리할 수 있는 시간에 대한 허기. 비만이 되지 않기 위한 허기. 자신의 식품 선택에 늘 죄책감과 고통을 느끼고 싶지 않은 지쳐버린 마음.

우리가 다시는 배고픔을 느끼지 않으려는 강박을 느끼고 있다는 사실은 음식에 대한 우리의 비이성적 행동을 (전부는 아니지만) 대부분 설명해준다. 밥을 먹을 때 우리는 종종 잘못된 것들을 무서워한다. 사람들은 양이 적은 음식을 두려움 속에서 바라보고, 고기나 설탕같이 자신이 좋아하는 음식을 적게 먹자고 제안하는 사람이 있으면 동화에 나오는 나쁜 마녀 취급을 한다. 반대로 스프링클을 뿌리고 설탕을 잔뜩 입혀서 무지막지하게 달달하고 1980년대 컵케이크보다 두 배나 큰 500칼로리짜리 컵케이크를 볼 때는 오로지 기쁨과 축하행사, 해피엔딩만을 떠올린다.

우리에게는 풍요로운 환경에 적응하고 더 나은 식생활을 시작하도록 도와줄 새로운 사고방식이 필요하다. 그동안 인간의 식문화는 매우 자주 바뀌어왔으므로 현재 우리가 서 있는 이상한 곳이 마지막 장소가 아니라 우리의 증손주들이 어리둥절해하며 돌아볼 하나의 시기일 뿐이라는 희망을 충분히 가질 수 있다. 우리가 안전벨트를 하지 않고 자동차를 운전하던 시절이나 담배가 천식을 치료해준다고 광고하던 시절을 깜짝 놀라며 회상하듯이, 우리의 증손주들은 "뭐라고? 부모들이 설탕을 입힌 무지개색 시리얼로 아이들의 아침을 먹였다고? 게다가 그 포장지에 '현명한 선택'이라고 써놓는 것이 법적으로 허용됐다고?"라며 황당해할 것이다.

나는 여전히 우리가 어떻게든 영양 전이의 4단계를 지나 5단계로 넘어갈 수 있으리라고 믿는다. 배리 팝킨이 설명한 것처럼 5단계에는 '행동의 변화'를 통해 새로운 식사 패턴과 생활 패턴이 나타날 것이다. 5단계에는 무엇보다도 문화의 변화가 일어날 것이다. 한국에서처럼 5단계는 4단계의 풍요를 제공하지만 그 풍요는 채소 중심의 더 절제된 식생활로 나타날 것이다. 개인적으로 나는 김치처럼 오늘날의 식문화가 소개해준 흥미진진한 요리들은 계속 즐길 테지만 클린 이팅과 음식에 대한 죄책감은 내던질 것이다. 5단계가 되면 사람들이 다시 물을 선택하고 '칼로리가 든 음료'의 소비가 줄어들 것이다. 4단계와 달리 자동차 의존도가 줄고 사람들이 다시 걷거나 자전거를 타기 시작하면서 '의도적인 활동'이 증가할 것이다. 식단 관련 질병이 급속히 증가한 4단계를 지나 5단계가 오면 비감염성 질환과 비만이 줄어들 것이다. 나의 희망은 비만 공포증이 줄어들고 인스타그램 사진 속의 몸이 건강한 식생활의 전부는 아니라는 사실을 사람들이 깨닫는 것이다. 음식은 우리를 병들게 하지 않고 다시 우리의 자양분이 될 것이다.[3]

하지만 외부의 도움 없이 우리는 이 단계에 도달하지 못할 것이다. 즉 음식의 나침반을 다시 설정하려면 정부와 관련 단체가 제 역할을 다해야 한다는 뜻이다. 우리가 사는 세상을 바꾸려면 농업과 식품 시장 규정, 교육, 요리 수업에 이르기까지 다양한 영역에서 조치를 취해야 한다. 2018년 음식 저널리스트인 펄리시티 로런스Felicity Lawrence는 정부의 개입이 있어야 우리의 식품 환경을 개선할 수 있다고 말했다. "개인이 수천 번 저항할 수는 있겠지만 우리 중 누구도 혼자서 이 지형을 바꿀 수는 없다."[4]

음식을 향해 달려가는 이야기

식단 관련 질병이 이렇게 급속히 확산되고 있는데도 시민이 더 건강하게 먹고 마시도록 돕는 것이 정부의 의무라는 생각은 어째서인지 여전히 큰 논란을 불러일으킨다. 누군가가 식품 환경을 개선할 법안을 제안할 때마다 늘 '보모 국가nanny state(국민을 과보호하고 통제하려 드는 국가-옮긴이)'라는 분노의 외침이 터져 나온다. 2012년 뉴욕 시장인 블룸버그Michael Bloomberg가 시중에서 판매되는 탄산음료의 크기를 최대 16온스로 제한하겠다고 발표했을 때도 격렬한 반대가 일었다. 정확히 하자면, 블룸버그의 제안은 탄산음료 판매를 금지하겠다는 것도, 배급제를 실시하겠다는 것도 아니었다. 뉴욕 시민은 16온스 크기의 탄산음료를 형편에 맞게 여전히 원하는 만큼 구매할 수 있었다. 하지만 블룸버그의 이 제안은(결국 2014년 위법 판결을 받아 시행되지 못했다) 개인의 자유를 침해하는 가부장적 조치라며 크게 비판받았다. 한 반대자는 이렇게 말했다. "블룸버그는 정부의 가장 큰 목적이 사람들에게 어떻게 살아야 할지를 하나하나 지시하는 것이라고 믿는 듯하다."[5]

정부가 식품을 더 강하게 규제하려 할 때 광범위한 저항이 일어나는 것은 지극히 인간적인 충동 때문일 수 있다. 어린 시절부터 우리는 어떤 음식을 먹으라고 지시받는 것을 싫어하여 바로 반항 모드로 돌입한다. 편식하는 아이에게 밥을 먹이는 부모가 곧 알게 되듯이 무언가를 먹으라는 이야기를 들으면 침범당하는 기분을 느낄 수 있다. 나는 코티지 치즈와 함께 먹는 떡이 좋은 간식이 될 수 있다고 조언하는 식생활 관련 정부 전단을 보면 종종 이런 생각이 든다. '좀 닥쳐!' 물론 나는 코티지 치즈를 좋아한다.

우리 시대에 정부의 식품 규제가 이렇게 멸시받는 두 번째 이유는 '더 적은 것'에 대한 우리의 심리적 반응이다. 과거에 사람들은 식품 공급 체계를 보호하려는 정부 개입에 지금보다 훨씬 더 긍정적이었다. 이런 보호 조치의 목적이 대개 사람들에게 먹을 것이 충분히 돌아가도록 하는 것이었기 때문이다. 곡물 저장고가 가득 차 있도록, 모두가 충분히 영양분을 공급받도록 보장하는 것은 먼 옛날부터 국가의 기본 임무였다. 심지어 전시 배급제도 역시 사람들에게 먹을 것을 줄이라고 요구하는 것만이 아니라 한 명 한 명에게 자기 몫이 충분히 돌아가도록 보장하려는 목적이 있었다. 1941년에 태어난 우리 어머니는 전쟁 중에 영국 정부가 5세 미만 아이들이 비타민 C를 충분히 섭취할 수 있도록 블랙커런트 시럽을 공짜로 나누어주었던 것을 회상할 때마다 감사하는 마음에 아직도 눈물을 글썽인다.

오늘날의 딜레마는 정부와 도시들이 계속 더 많은 음식을 제공하겠다고 약속할 수 없다는 것이다. 왜냐하면 평균적으로 우리는 이미 지나치게 많이 먹고 있기 때문이다. 그 결과 이제는 식품에 관한 대부분의 정부 조치가 가혹하게 느껴지게 되었다. 블룸버그는 98만 7000명이 제2형 당뇨병을 앓는 것으로 추산되는 도시의 건강을 지키기 위해 자신이 마땅히 해야 할 일을 한다고 생각했다. 하지만 반대자들은 이 규제가 자기 접시에서 음식을 (또는 양동이만 한 자기 컵에서 탄산음료를) 빼앗아간다고 느꼈다.

하지만 식품정책을 통해 정부가 올려줄 수 있는, 아니 올려줘야 하는 것이 하나 있다. 바로 식품의 질이다.

수십 년 동안 우리는 음식의 양에 정신이 팔려서 품질에는 거의 관심을 기울이지 않았다. 배가 고픈가? 더 먹어라. 비만인가?

덜 먹어라. 몸무게를 빼려고 하든 늘리려고 하든, 사람들은 영양을 칼로리가 들어오고 나가는 단순한 문제로 보는 편협하고 잘못된 생각을 갖고 있었다. 하지만 건강한 식단은 양만의 문제가 아니며 식단에 무엇이 '안 들어 있느냐'로 규정할 수도 없다. 앞에서 살펴봤듯이 건강에 좋은 식생활은 그저 설탕과 패스트푸드가 적은 식단을 먹는 것이 아니라 요구르트, 생선, 견과류, 콩류, 초록 채소 같은 고영양 식품이 많이 포함된 식단을 먹는 것이다.

'양질'의 음식은 상류층이나 부자만 먹을 수 있다고 생각하는 사람이 여전히 놀라울 정도로 많다. 라디오 방송을 진행하는 데릭 쿠퍼Derek Cooper는 음식이 두 종류로 나뉘는 것이 영국 식문화의 문제라고 말했다. 첫 번째 종류는 쿠퍼가 "색소가 잔뜩 들어간 쓰레기 통조림"이라고 부른 값싸고 형편없는 음식이다. 두 번째 종류는 "진짜", "천연", "유기농", "전통", "순수", "직접 만든" 같은 단어가 들어간 값비싼 음식이다. 쿠퍼는 이렇게 묻는다. "하지만 모든 음식이 최대한 안전하고 순수하고 신선해야 하지 않습니까? 애초에 값싸고 질 나쁜 음식이 왜 있는 겁니까?" 몇 년 전부터 식품 개발 분야 종사자들이 마침내 품질의 문제를 묻기 시작했다. 전 세계의 식품 체계는 이제 굶주림을 해결하는 데서 더 나아가 부유한 사람과 가난한 사람, 젊은 사람과 나이 든 사람 모두에게 더 나은 품질의 음식을 제공해야 한다.[6]

나는 식품의 질에 관한 이 새로운 이야기를 어떻게 전달해야 할까 고민하다가 문득 첫째 아들이 어렸을 때 가장 좋아한 동화 《용감무쌍 염소 삼형제The Three Billy Goats Gruff》가 떠올랐다. 이 동화에는 가장 작은 염소, 중간 크기의 염소, 가장 큰 염소, 세 마리가 등장한다. 갈색 풀이 듬성듬성한 들판에 사는 삼형제는 더 좋은 풀을 먹고 싶어 한다. 강 건너편 목초지에는 가장 푸릇푸릇하고 달콤해 보이는 잔디가 깔려 있다. 하지만 그곳에 가려면 먼저 다리를 건너야 하는데, 다리 위에는 감히 다리를 건너려는 자는 누구든 먹어 치워버리는 못생긴 트롤이 살고 있다. 다행히도 염소 삼형제는 트롤을 꾀어내 안전하게 다리를 건너고, 마침내 달콤한 초록 잔디에 다다른다.

내게는 "그리고 그들은 달콤하고 푸른 잔디에 도착했습니다"가 "그리고 그들은 영원히 굶주리지 않았답니다"보다 훨씬 더 나은 결말로 보인다. 이것은 식품의 양뿐만 아니라 질과 다양성, 먹는 기쁨에 관한 이야기다. 여기서 삼형제가 먹고 싶어 하는 것은 오래된 아무 잔디가 아니라 질 좋은 잔디다(나는 늘 다양한 종류의 야생풀이 무성하게 자라는 푸릇푸릇한 목초지를 떠올린다). 이 이야기는 땅과 다시 연결되는 이야기, 우리의 수렵 채집인 조상이 그러했듯 진짜 좋은 음식을 알아보는 것에 대한 이야기로 이해할 수 있다. 클린 이팅 같은 현대의 여러 극단적 반응과는 달리 이 이야기는 음식에서 도망가는 것이 아니라 음식을 향해 달려가는 이야기다. 죄책감과 부정이 아닌, 더 나은 자양분에 관한 이야기다. 신체 사이즈와 상관없이 우리 모두는 용감한 염소 삼형제다. 우리는 잡아먹히지 않고 다리를 건너야 하지만 다리 위에는 무서운 트롤이 기다리고 있다. 이 트롤은 각자의 상황에 따라 다른 형태로 나타날 수 있다. 문제는 우리가 이 포식자를 어떻게 무사히 지나가 달콤하고 푸른 잔디, 즉 즐거움과 건강을 동시에 제공하는 식생활에 다다를 수 있는가 하는 것이다.

사실 나도 다리 건너편에 무엇이 있는지 모른다. 누군가는 곤충이, 누군가는 해조류가 음식의 미래라고 말한다. 당연한 이야기지만 지금 우리 식단에 시급히 필요한 변화는 단 하나일 수 없다. 앞에서 살펴봤듯이 한 사회의 식생활은 정치, 경제, 교육, 업무 패턴 같은 다양한 요인과 연결되어 있기 때문이다. 내 예상을 말해보자면 세계화된 식품 체계가 흐릿하게 만들어버린 지역 식품을 사람들이 다시 되찾고 개발하면서 '달콤하고 푸른 잔디'는 장소에 따라 다양한 모습으로 나타날 것이다. 우리는 전 세계 농부들이 찍어낸 것처럼 똑같은 몇 가지 농산물을 재배하길 바라는 대신 가장 가까운 곳에 있는 땅이 어떤 식품을 가장 잘 생산할 수 있는지를 다시 물어야 한다.

우리에게는 식재료의 변화만큼 문화의 변화가 필요하다. 5단계가 결국 어떤 모습이 되든 그 시작은 우리가 스스로에게 들려주는 음식 이야기를 바꾸는 것이다. 그리고 그다음에는 다리에 발을 올려놓는 것이다. 전 세계를 둘러보면 이미 이 단계가 진행되고 있다는 희망적인 조짐을 찾을 수 있다.

만화 캐릭터를 없애라

현재의 파괴적인 식사 패턴이 변할 거라고 낙관하게 해주는 지역이 전 세계에 한 곳이라도 있느냐는 질문에 팝킨이 답한다. 칠레.

2016년 칠레는 가당 음료의 평균 소비량이 전 세계에서 가장 높았다. 칠레 사람들은 짭짤한 스낵과 칩, 포장된 달콤한 디저트 또한 매우 많이 먹었다. 일반 가구가 구매하는 식품의 절반 이상이 초가공식품이었고, 칠레의 비만율은 중남미에서 멕시코 다음으로 높았다. 칠레 보건부의 추산에 따르면 성인 인구의 약 66퍼센트가 과체중이거나 비만이었다. 1980년대에만 해도 칠레는 영양부족이 흔한 국가였는데 말이다. 여기까지는 익숙한 이야기다. 모든 중남미 국가가 미국과 유럽에 뒤이어 훨씬 빠른 속도로 영양 전이의 타격을 받았다.[7]

하지만 차이점이 있다. 2016년 칠레가 건강에 나쁜 음식에 맞서 전 세계에서 처음으로 매우 공격적인 법안을 제정했다는 것이다. 칠레 정부는 설탕이 들어간 탄산음료에 현재까지는 전 세계에서 가장 높은 18퍼센트의 세금을 물리는 법안을 통과시켰다. 하지만 이것은 시작일 뿐이었다. 공중보건 전문가들은 환영했지만 업계 대변인들은 "침략"이라고 표현한 대범한 조치를 통해 칠레 정부는 2016년 시리얼 상자에서 모든 만화 캐릭터를 없애게 하는 식품법을 통과시켰다. 이는 포장 식품의 기본 상징을 바꾸려는 시도였다. 설탕을 입힌 시리얼 상자에 귀여운 토끼나 북극곰 그림을 넣을 수 없게 되면서 이런 식품이 행복한 어린 시절의 필수 요소라는 환상도 사라졌다. 2018년 〈뉴욕타임스〉가 이 법을 다루면서 내건 헤드라인은 "칠레, 토니(콘플레이크를 상징하는 호랑이 캐릭터-옮긴이)를 죽이다"였다.[8]

시리얼 상자에서 만화 캐릭터를 없앤 것은 비만을 유발하는 식문화를 전면적으로 공격한 칠레의 여러 식품법 중 하나일 뿐이다. 이러한 규제를 이끈 사람은 소아과 의사 출신인 칠레의 상원의원 귀도 지라디Guido Girardi였다. 그는 정크푸드에 들어 있는 설탕을 "이 시대의 독약"이라고 묘사하면서 2007년부터 더 엄격한 식품법을 요구하는 캠페인을 벌였지만 법안은 기업 이익 때문에 통과되지 못하고 계속 지연되었다. 칠레에서 마침내 엄격한 식품법이 승리를 거두자 지라디는 "힘겹게 싸워 이긴 게릴라전"이라고 묘사했다. 이제 칠레의 학교에서는 더 이상 초콜릿이나 감자칩 같은 초가공식품을 판매할 수 없다. 킨더Kinder 사에서 만든 달걀 모양의 초콜릿은 학교 안팎에서 전부 판매가 금지됐다. 제품 안에 들어 있는 장난감이 설탕 섭취를 유인하기 때문이다.[9]

칠레의 여러 식품법 중 가장 놀라운 것은 새로 마련된 라벨 표시 제도다. 제품에 어떤 영양소가 들어 있는지를 알려주는 라벨은 사람들이 더 건강한 식단을 선택하도록 도우려는 목적에서 이미 여러 차례 도입되었지만 솔직히 말하면 이런 노력은 아무 소용이 없다. 라벨 제도는 지방이 몇 그램 들어 있는지, 1회 제공량이 얼마인지 등을 제품 포장지에 표시하면 소비자들이 더 건강한 식품을 선택하게 해줄 모든 도구를 갖춘 것이나 다름없다고 본다. 하지만 그건 소비자가 이성적이고 교육 수준이 높으며 시간이나 돈의 제약 없이 자유롭게 식품을 선택할 거라고 가정한 것이다. 또한 소비자들이 영양학자만큼 자기 건강에 신경 쓸 거라고 가정한 것이기도 하다.

식사에 대한 생각

지금까지 대부분의 식품 라벨은 식단 관련 질병과 맞서는 데 처참히 실패했다. 메시지가 너무 복잡하고 미묘하며, 사람들이 실제로 슈퍼마켓에서 행동하는 방식과 전혀 맞지 않기 때문이다. 1회 제공량이 얼마이고, 색깔로 나뉜 분류 체계가 정확히 무슨 말을 하는지 파악하기 위해서는 종종 눈을 가늘게 뜨고 작은 글씨를 들여다봐야 한다. 수많은 연구에서 입증된 바에 따르면 포장지 전면에 표시된 영양 함유량 정보는 이미 건강한 식사를 선호하는 고소득 소비자가 활용할 가능성이 높다. 건강상의 불균형을 해결하기 위한 식품 라벨이 그 불균형을 고착시키고 있는 셈이다.[10]

칠레는 식품 라벨을 더욱 명확하고 분명하게 만들기로 결정했다. 칠레의 라벨 제도는 2014년 맛이 첨가된 우유와 설탕 함유량이 높은 요구르트, 아침 식사용 시리얼 같은 어린이 식품에 경고 라벨을 붙이는 것에서부터 시작되었다. 단순한 육각형 모양의 라벨에는 "경고: 설탕 함유량 높음", "경고: 소금 함유량 높음", "경고: 포화지방 함유량 높음", "경고: 칼로리 높음"이라고 쓰여 있다. 칠레 정부는 자국 시민에게 무서운 트롤의 존재를 경고했다. 미국 식품 라벨의 기준에서 보면 칠레의 식품 라벨이 전달하는 메시지는 믿기 힘들 정도로 직설적이었다. 뉴욕 대학에서 식품정책을 가르치는 매리언 네슬레는 칠레의 이 조치를 "대단히 충격적"이라고 묘사했다. 하지만 지라디와 칠레의 다른 공중보건 로비스트들이 보기에 칠레의 라벨은 여전히 부족했다. 지라디는 이라벨을 "쓰레기"라고 불렀다. 그가 보기에 충분히 폭넓은 식품에 적용되지 않았을 뿐만 아니라 제조업체들이 경고 문구를 빨간색이나 파란색, 초록색처럼 많은 소비자에게 긍정적인 연상을 일으키는 색깔로 인쇄할 수 있었기 때문이다.[11]

그 이후로 라벨은 검은색으로 디자인이 바뀌었고 지금은 일반 슈퍼마켓에서 취급하는 수천 가지 상품에 적용되고 있다. 이 까만 경고 문구는 쿠키와 스낵뿐만 아니라 요구르트와 '가벼운' 샐러드 드레싱, 주스 원액, 그래놀라 바처럼 오랫동안 소비자에게 '건강식품'이라고 광고해온 제품에도 부착되어 있다. 이 라벨이 칠레의 비만율을 역전시키는 데 도움이 될지 말지를 판단하기엔 아직 너무 이르지만, 사람들이 특정 식품에서 서서히 멀어지는 등 소비자 행동에 이미 변화가 일고 있다. 설문조사에 참여한 칠레 국민의 거의 40퍼센트가 검은색 로고를 참고해 제품을 구매한다고 말했다. 두 아이의 어머니인 파트리시아 산체스Patricia Sanchez는 2018년 〈뉴욕타임스〉 기자에게 전에는 한 번도 식품 라벨을 읽은 적이 없는데 새로 바뀐 이 라벨은 "어쩔 수 없이 주의를 기울이게 만든다"라고 말했다.[12]

이제 다른 몇몇 국가들도 칠레를 따라 식품에 경고 라벨을 부착하게 하는 법안을 마련했다. 페루와 이스라엘, 우루과이가 칠레 모델을 도입했고, 브라질과 캐나다도 합류할 거라는 이야기가 나오고 있다.

칠레의 새 식품법이 모든 곳에서 환영받는 것은 아니다. 2017년 여름 나는 산티아고에서 한 사랑스러운 여성을 만났다. 열정 넘치는 요리사인 그녀는 자신이 가장 좋아하는 바다소금에 블랙 라벨이 붙었다면서 수프 한 냄비에 넣은 바다 소금 조금이 소금에 절여진 감자튀김 1인분 같은 취급을 받고 있다고 개탄했다. 어떤 사람들은 설탕과 소금(사실 모든 식품)을 악마화하는 것은 옳지 않다고 말한다. 사람들이 자신의 식품 선택에 불안감을 느끼게 만들 위험이 있기 때문이다.

하지만 새 식품법이 식품업계를 행동에 나서게 하는 원동력이라는 사실은 부정할 수 없다. 칠레에서 판매되는 식료품의 거의 20퍼센트(1500개 이상)가 무시무시한 블랙 라벨을 피하기 위해 설탕과 지방을 줄였다. 코카콜라는 현재 칠레에서 판매 중인 음료의 65퍼센트가 전보다 설탕을 줄인 음료라고 말했다.[13]

어떤 면에서 이런 종류의 규제는 식품업계의 일을 더 단순하게 만들어주기도 한다. 식품정책 전문가인 코린나 혹스Corinna Hawkes에 따르면 자사의 시리얼이나 요구르트의 설탕 함유량을 낮추고 싶어도 소비자들이 경쟁사 상품으로 갈아탈까 봐 그러지 못하는 다국적 식품 기업이 많다.

칠레에서처럼 전면적으로 라벨을 붙이고 세금을 징수하면 설탕량을 낮춘 제조업체가 피해를 보는 일이 없는 공평한 경쟁의 장이 마련될 것이다.

설탕량을 줄여 상품을 새로 출시하는 것은 설탕세가 도입된 곳마다 나타나는 식품 산업의 기본적인 대응 방식이다. 솔직히 내 눈에는 설탕량을 줄인 초가공식품이 달콤한 푸른 잔디처럼 보이지는 않는다. 대규모 집단을 대상으로 실시한 여러 장기 연구 결과는 저칼로리 감미료 역시 제2형 당뇨병 및 체중 증가와 관련이 있음을 보여준다. 하지만 새로 만든 이 상품들이 완벽하지 않다 하더라도 식품업계가 자사 상품이 몸에 얼마나 좋은지(또는 얼마나 나쁜지)를 어쩔 수 없이 고민하고 있다는 사실은 환영할 만한 일이다.[14]

중남미는 점점 더 식품 개혁의 리더가 되어가고 있다. 브라질의 카를로스 몬테이루는 현대 식단과 그로 인한 피해에 관해 "아무것도 안 하는 것은 이제 우리의 선택지에 없다"라고 말했다. 영양학 및 공중보건학 교수인 몬테이루는 브라질의 공식적인 영양 지침 마련에 도움을 주었고, 이 지침은 세계 최고라는 호평을 받고 있다. 브라질의 영양 지침은 국민에게 어떤 영양소를 얼마나 섭취해야 하는지를 설교하는 대신 진짜 음식을 먹고 인간다운 식사를 하자고 이야기한다. 이 지침은 "최소한으로 가공된 식품"을 주로 고르라고 조언하지만 기름, 지방, 설탕, 소금도 요리에 사용될 때에는 "다양하고 맛있는 식단"에 포함될 수 있음을 인정한다. 이 공식 지침은 식탁에 둘러앉아 함께 먹는 식사가 "사회생활의 자연스러운 일부"라고 말한다.

멕시코(인구의 70퍼센트 이상이 과체중이거나 비만이다)가 가당 음료에 부과한 세금도 영양학계를 흥분시키고 있다. 멕시코의 이 행보는 2018년 봄에 설탕세를 도입한 영국을 포함해 다른 여러 국가의 모델이 되었다. 멕시코는 가당 음료 1리터당 단 1페소의 세금을 부과한다. 몇 센트밖에 안 되는 돈이다. 업계 관련자들은 2014년 1월 1일에 도입된 이 세금이 멕시코의 비만율과 당뇨병 수준을 낮추는 데는 아무 도움도 되지 않았다고 말한다. 맞는 말이긴 하지만 세금이 얼마 전에야 도입되었다는 점을 고려하면 아직 판단하기엔 이르다.

분명한 것은 멕시코의 설탕세가 전 세계 어느 지역보다 탄산음료를 많이 마시는 국가의 음료 섭취 습관에 혁명적 변화를 일으켰다는 것이다. 거의 7000가구의 구매 기록을 토대로 이 세금의 효과를 분석한 노스캐롤라이나 대학 연구팀은 세금이 도입된 첫해 가당 음료 구매량이 5.5퍼센트 줄었다는 고무적인 결과를 도출했다. 그다음 해인 2015년에는 가당 음료 구매량이 9.7퍼센트나 떨어졌다. 가당 음료 구매를 가장 많이 줄인 가구는 "사회경제적 수준이 가장 낮은" 가구, 즉 식단 관련 질환으로 가장 많이 고생하는 사람들이었다. 반면 세금이 부과되지 않은 음료(주로 병에 담긴 생수)의 구매량은 더 늘어났다.[15]

어떤 사람들은 멕시코의 설탕세가 강력한 영향을 미칠 만큼 충분히 높지 않다고 주장했다. 하지만 연구 자료에 따르면, 식료품 가격을 아주 살짝 조정하는 것만으로도 소비자 행동에 유의미한 변화를 불러올 수 있고, 특히 식품에 대한 새로운 메시지를 함께 전달하면 그 효과가 커진다. 가당 음료에 세금을 부과한 멕시코의 조치는 칠레에서처럼 정크푸드와 탄산음료의 긍정적인 이미지를 없애기 위한 더 폭넓은 캠페인의 일부다. 2012년 미국 블룸버그 자선 재단은 오래전부터 멕시코의 학교에서 정크푸드를 몰아내기 위해 싸우고 있는 소비자 대변인 알레한드로 카스티요 Alejandro Castillo에게 지원금을 제공했다. 카스티요는 여러 행사를 개최해 설탕이 잔뜩 들어간 식품에 그려져 있는 만화 캐릭터들을

"정크 카르텔"로 묘사하고 콘플레이크의 캐릭터인 토니를 "잔인한 호랑이" 또는 "설탕의 왕"이라 불렀다. 또한 카스티요는 탄산음료 한 병에 들어 있는 설탕량에서 이름을 딴 '12스푼' 광고 시리즈를 제작했고 이 광고는 멕시코 텔레비전에 방송되었다. 광고 포스터에는 탄산음료를 마실 것을 강요받는 두 어린이가 등장한다. 포스터는 이렇게 묻는다. "아이들에게 설탕 12스푼을 먹이시겠습니까? 아니라면 탄산음료는 왜 먹이시나요?"[16]

멕시코와 칠레의 식품법과 관련 캠페인이 가진 엄청난 급진성은 어떻게 먹는 것이 정상인지에 대한 사람들의 생각을 바꾸기 시작했다. 더 이상 초콜릿 시리얼을 보고 사랑스러운 만화 속 동물을 떠올리지 않는 칠레의 아이를 상상해보자. 마스코트를 빼면 설탕을 잔뜩 입힌 시리얼은 사실 영양도 부족하고 재미도 없는 아침 식사라는 사실이 드러난다. 시리얼은 그저 우유에 젖어 눅눅해진 설탕과 옥수수일 뿐이다.

학교에서부터

식품 환경 전체를 바꾸는 것은 벅찬 일이다. 그리고 정부가 식품업계에 대적할 의향이 전혀 없는 대부분의 국가에서는 비현실적인 시나리오처럼 보이기도 한다. 기후 변화 문제가 그러하듯이 문제의 엄청난 규모를 보면 패배주의적 태도를 갖기 쉽다. 하지만 어쩌면 사람들의 식습관에 이로운 변화를 가져오기 위해 식품 환경 전체를 바꿀 필요는 없을지 모른다. 어쩌면 먼저 식품 환경의 한구석을 바꾸는 데서 시작할 수 있을 것이다.

무엇을 먹는가는 우리가 머무는 환경에 크게 좌우된다. 하지만 그 환경이 꼭 세계 전체를 의미하는 것은 아니다. 우리는 매일 여러 작은 '미시 환경' 속에서 식품을 선택한다. 미시 환경은 식료품 가게가 될 수도 있고 레스토랑이나 푸드코트, 가정의 식탁이 될 수도 있다. 테리사 마르토는 케임브리지 대학 행동건강 연구팀의 책임자로서 4년짜리 연구 프로그램을 이끌며 사람들이 저절로 더 건강하게 먹고 마실 수 있도록 미시 환경을 재디자인하는 방법을 실험하고 있다. 마르토는 어떻게 하면 고기를 덜 먹으라고 사람들을 설득할 수 있을까, 어떻게 하면 가장 효과적으로 사람들이 먹는 음식의 양을 줄일 수 있을까 하는 문제들에 관심이 있다.[17]

마르토와 동료들은 사람들이 음식을 선택하는 환경을 아주 조금만 수정해도 식품 선택에 극적인 영향을 미칠 수 있음을 발견했다. 예를 들어 와인 잔의 크기를 바꾸면 사람들은 자기도 모르게 와인을 더 많이 또는 적게 마시게 된다. 여기서 분명히 알 수 있는 점은 사람들이 와인을 적당히 마시게 하고 싶다면 바나 레스토랑에서 더 작은 크기의 와인 잔을 사용하게 하는 것이 하나의 방법이라는 것이다(바와 레스토랑을 설득할 수 있다면 말이다). 너무 쉬운 방법 같다고 마르토에게 말하자 마르토도 외쳤다. "물론이죠! 정말로 그래요!" 마르토는 와인을 적당히 마시라고 지시하는 사람이 아무도 없다는 것이 이 접근법의 미덕이라고 말한다. 수십 년간 음식과 행동을 연구한 마르토는 사람들이 음식을 적당히 먹으라는 잔소리를 정말로 듣기 싫어한다는 것을 알게 되었다. 하지만 미시 환경을 변화시키면 사람들은 별로 괴로워하지 않고 자신의 행동을 바꾼다.[18]

'선택 설계choice architecture'는 행동과학자들이 사용하는 용어로서 사람들이 더 건강한 선택을 하도록 환경을 디자인하는 것을 뜻한다. 내게는 매우 매력적인 아이디어처럼 보인다. 좋은 선택만 들어 있는 집을 지어두면 음식을 향한 우리의 욕망은 그 안에서 자유롭게 돌아다닐 수 있다. 과식하라는 신호가 가득한 미시 환경 앞에서 좋은 의도마저도 무너지는 현재 우리의 상황과는 상당히 다르다.

우리가 음식 습관을 바꾸고 싶은 곳이 있다면 아이들이 친구들에게 둘러싸여 있는 학교일 것이다. 그렇기에 미국의 수많은 학교가 브랜드 정크푸드를 구내식당에 들이라는 압박을 받고 있는 것은 매우 슬픈 현실이다. 2018년 휴스턴에 있는 학교들은 도미노피자와 800만 달러짜리 4년 계약을 맺었다. 도미노피자는 이 학교들을 위해 '스마트 슬라이스'라는 이름의 새 피자를 만들었다. 스마트 슬라이스는 학교의 식품 기준에 맞춰 식재료를 바꾼 피자다. 학교 음식이 더 나아져야 한다고 주장하는 베티나 일라이어스 시겔Bettina Elias Siegel에 따르면, 2016년 스마트 슬라이스는 미국 47개 주에 있는 6000개 학군에서 판매되었다. 시겔은 스마트 슬라이스가 일반 도미노피자보다 몸에 좋다 하더라도 학교에서 도미노피자를 판매하면 브랜드 인지도가 늘어나 아이들이 브랜드에 충성심을 갖게 된다는 점을 지적한다. 기본적으로 이

회사들은 학교 식당을 이용해 아이들에게 정크푸드가 정상적인 음식이라고 가르치고 있다.[19]

하지만 학교도 아이들이 더 건강한 식습관을 배우는 곳이 될 수 있다. 2017년 봄 나는 링컨셔에 있는 워싱버러 아카데미를 방문했다. 주에서 운영하는 초등학교인 이곳에서는 아이들이 음식과 더 건강한 관계를 맺도록 하루 종일 돕고 있었다. 워싱버러 아카데미의 교장 제이슨 오루크Jason O'Rourke는 부임하자마자 근처 농장에 연락해 이 지역 고유 품종의 사과나무를 최대한 다양하게 후원받을 수 있는지를 물었다. 이 학교의 모든 학급은 각자 정원을 가지고 있으며, 여기서 아이들이 기른 채소는 요리 수업에 사용되거나 학교 매점에 제공된다. 오루크와 학교를 돌아보다 잠깐 들여다본 한 수업에서는 아이들이 붉은 피망이 과일인지 채소인지를 두고 열띤 토론을 벌이고 있었다. 학교 매점인 '스낵 셰이크'에 잠시 들르자 아이들이 쉬는 시간에 판매할 건강 스낵으로 고구마 머핀을 만들고 있었다. 땅에서 양배추를 뽑는 아이들, 유기농으로 기른 리크를 썰어서 리크 감자 수프를 만드는 아이들도 보였다.

대부분의 영국 학교 기준에서 보면 워싱버러 아카데미는 음식에 관심을 무척 많이 쏟는 편이다. 내가 만난 교장들 가운데 음식에 가장 많이 신경 쓰는 오루크는 영국의 아동 비만율이 상당히 높다는 점에 공포를 느끼고 이 일을 시작했다고 한다. 4세 영국 아이들의 거의 다섯 명 중 한 명이 이미 과체중이거나 비만인 상태로 학교에 입학한다. 열한 살이 되어 초등학교를 졸업할 때가 되면 이 비율은 세 명 중 한 명으로 늘어난다. 오루크는 "제가 이런 결과를 내면 아마 학교에서 잘릴 겁니다"라고 무미건조하게 말한다. 오루크를 정말 깜짝 놀라게 하는 것은 현재 영국의 교육 제도가 아동 건강을 특히 중요한 문제로 여기지 않는다는 사실이다. 오루크는 워싱버러에서만이라도 아이들이 즐거움과 건강을 동시에 추구하는 새로운 식문화 속에서 식습관을 형성하게 하자고 결심했다.

나는 2016년 새로운 음식 교육 방식을 영국에 들여오려는 테이스트에드TastEd 이라는 모임에서 오루크를 알게 되었다. 테이스트에드의 기반이 된 사페레Sapere 교육법은 감각을 통한 음식 교육으로, 스웨덴과 핀란드(및 프랑스 등의 다른 여러 국가)에서 20년 전부터 실시되었다. 이 교육법의 핵심 개념은 아이들이 수업을 들을 때보다 자신의 감각을 이용할 때 음식에 대해 가장 잘 배울 수 있다는 것이다. 예를 들면 테이스트에드 수업에서 아이들은 노이즈 캔슬링 헤드폰을 쓰고 '시끄러운' 식품과 '조용한' 식품을 구별해본다(시끄러운 셀러리, 조용한 딸기). 아니면 잼 병에 들어 있는 다양한 향신료의 냄새를 맡아보고 향신료의 이름을 맞혀보기도 한다.[20]

오루크는 영국에서 테이스트에드를 시작할 수 있겠다는 생각에 무척 신나 있다. 많은 아이들이 음식의 맛과 질감 같은 아주 기본적인 지식조차 알지 못하는 채로 워싱버러 아카데미에 입학하기 때문이다. 내가 워싱버러를 방문하기 몇 달 전에 학교 영양사가 닭다리 구이를 메뉴에 넣었는데, 반 이상이 그대로 부엌에 돌아왔다고 한다. 알고 보니 닭고기는 아이들이 가장 좋아하는 육류였지만 대부분이 한 번도 뼈 있는 닭고기를 먹어본 적이 없었던 것이었다. 아이들이 아는 유일한 닭고기는 뼈 없이 너깃 형태로 빵가루를 입힌 것뿐이었다. 교사들은 아이들을 달래서 어두운 색깔의 약간 쫄깃한 닭다리 살을 맛보게 하고 이것도 닭고기가 맞다며 아이들을 안심시켜야 했다.

워싱버러 아카데미는 잉글랜드 한구석에 있는 작은 학교일 뿐이지만 오루크는 자신의 일이 바깥세상에서 지지하는 식문화보다 더욱 긍정적인 식문화를 퍼뜨린다고 생각한다. 학교 안에서 오루크와 교사들은 아이들의 식품 선택을 디자인하는 설계자가 될 수 있다. 오루크는 음식에 관한 한, 교사가 부모보다 아이들에게 긍정적인 영향을 미치기가 더 쉽다고 말하곤 한다. 부모 자식 사이의 먹고 먹이는 관계는 더 감정적이기 때문이다. 대부분의 학교에서는 어떤 학생이 생일을 맞으면 온 학급이 설탕이 잔뜩 들어간 케이크와 쿠키를 놓고 축하를 건넨다. 반면 워싱버러에서는 책 한 권에 자기 이름을 쓴 특별 장서표를 붙여 도서관에 기증하는 것으로 생일을 기념한다.

단 한 곳의 학교에서만 식문화를 바꿔도 교실을 넘어 멀리 퍼져나가는 파급 효과를 낼 수 있다. 처음으로 테이스트에드를 연 2017년 여름의 어느 금요일, 워싱버러 아카데미의 교사들은 여섯 살과 일곱 살 아이들에게 서로 다른 품종의 사과를 살펴보고 빨간색인지 초록색인지, 표면이 빛나는지 칙칙한지, 단단한지 물

컹한지를 묘사해보게 하고는 아이들과 함께 사과들을 맛보았다. 주말에 아이와 장을 보러 갔던 학부모들은 월요일 아침에 학교에 연락해, 아이들이 사탕을 사달라고 조를 때처럼 열렬하게 여러 종류의 사과를 사달라고 졸랐다는 이야기를 했다.

암스테르담에서 일어난 일

우리가 가진 대부분의 식습관은 어린 시절에 형성되며 한번 배운 것을 떨쳐내기란 (불가능한 것은 아니지만) 상당히 어렵다. 전 세계 아이들의 식단과 몸무게 변화를 들여다보면 우리가 미래에 음식과 더 건강한 관계를 맺을 수 있으리라 낙관하기 쉽지 않다. 거의 대부분의 국가가 아동 비만에서 더 많은 아동 비만으로, 정크푸드에서 더 많은 정크푸드로의 변화를 경험하고 있다. 하지만 적어도 한 곳에서만큼은 비만 아동의 수가 마침내 줄어들고 있다. 교사와 부모, 정치인, 의료 전문가, 사회복지사, 심리학자, 운동 코치, 영양사, 심지어 슈퍼마켓과 패스트푸드 체인이 함께 노력한 결과다.

아동 비만율이 줄어들고 있는 도시는 인구가 거의 100만 명에 달하는 암스테르담이다. 2012년에서 2015년 사이 암스테르담에서 과체중이거나 비만인 아동의 비율은 12퍼센트 낮아져 21퍼센트에서 18.5퍼센트가 되었다. 가난한 가정의 아이들에게도 변화가 나타났다. 주로 이민자 가정 출신인 이 아이들은 옛날부터 네덜란드 백인 가정의 아이들보다 몸무게가 많이 나갔다. 이 변

식사에 대한 생각

화는 우연히 발생한 것이 아니라 암스테르담 건강 체중 프로그램Amsterdam Healthy Weight Programme, AHWP이 주도한 놀라운 계획의 결과였다. 이 프로그램의 궁극적인 목표는 암스테르담에서 "건강하지 못한 방식으로 양육되는" 아이가 한 명도 없게 하는 것, 2033년에는 암스테르담의 모든 아이가 '건강 체중'을 갖도록 하는 것이다. 여태까지 이룬 성과를 보면 이 목표는 처음 프로그램을 시작했을 때만큼 비현실적으로 보이지 않는다.[21]

요즘 많이 언급되는 '책임감 있는' 소비에는 결국 '다른 사람의 문제'라는 뜻이 담겨 있다. 독한 술의 광고에는 마치 알코올 중독이 병이라기보다는 나쁜 버릇의 일종이라는 듯 "책임감 있게 음주하세요"라는 슬로건이 나온다. (체중 감량으로 고생할 필요가 한 번도 없었던 운 좋은 사람들에게) 과체중은 종종 개인의 책임감 부족에서 비롯된 것으로 여겨진다. 이 주장의 가장 큰 결함은 아이들이다. 아이는 자신이 먹는 음식을 사실상 전혀 통제할 수 없는데, 어떻게 비만의 책임이 아이 본인에게 있다고 할 수 있겠는가?[22]

'루스'의 사례를 살펴보자. 병적인 비만을 앓고 있는 루스는 암스테르담에 사는 수리남 출신의 열네 살 소녀다. 루스는 몸무게 때문에 간부전이 발생할 위험에 처해 있다. 수리남 문화에서는 여성의 몸집이 클수록 아름답다고 여기지만 현재 루스는 날씬한 몸이 아름답다는 메시지로 가득 찬 네덜란드에서 성장하고 있기 때문에 늘 우울해하고 자기 다리가 청바지에 안 들어간다는 사실을 증오한다. 몸무게는 암스테르담에 사는 많은 수리남 및 터키 출신 아이들을 괴롭히고 있는 문제이며, 이 아이들은 가난한 동네에 거주하는 경우가 많다. 루스의 부모는 이혼했고 루스는 어머니나 아버지의 집 어디에서도 건강한 음식을 먹지 못한다. 택시 운전사인 루스의 아버지는 집에 머무는 시간이 거의 없기 때문에 루스의 끼니를 챙겨주지 못하는 데다 루스가 혼자서 외출하는 것을 허락해주지도 않는다. 외부의 도움 없이 루스가 자신의 건강에 '책임을 지고' 식생활을 바꿀 가능성은 거의 없다. 하지만 지금 루스는 암스테르담 건강 체중 프로그램의 관리 대상이 되어 집중 상담 외에도 건강한 식사와 식료품 쇼핑에 대한 수업, 스포츠클럽 이용권 등 개인의 필요에 맞춘 여러 도움을 받고 있다.[23]

현재 전 세계 모든 도시에 루스 같은 비만 아동이 있으며 부모를 제외하면 이 아이들의 삶에 신경 써줄 사람은 아무도 없는 것처럼 보인다. 사람들은 루스 같은 아이를 보면 이렇게 생각한다. '내가 관여할 문제가 아니야.' 암스테르담의 사례는 이 자유방임적 태도가 바뀔 수 있다는 희망을 보여준다. 이 프로그램은 건강에 문제가 있는 아이들이 신체 건강뿐만 아니라 정신 건강 면에서도 도움이 필요하다는 사실을 인식하고 있다.

시의회가 2012년 암스테르담 건강 체중 프로그램을 수립하면서 세운 목표는 아이들의 건강 문제에서 무엇이 '표준'인지에 대한 생각을 바꾸는 것이었다. 당시 암스테르담은 네덜란드의 다른 지역에 비해 과체중 아동의 비율이 대단히 높은 편이었으며(21퍼센트 대 13퍼센트) 시의회는 더 이상 이 문제를 방관하지 않기로 했다. 에릭 반 데르 부르크Eric van der Burg 암스테르담 부시장은 스포

식사에 대한 생각

츠 경기에서 패스트푸드 광고를 금지하는 등 타협 없는 여러 개혁을 밀어붙였다. 현재 암스테르담 아이들이 학교에 가져갈 수 있는 음료는 물이나 설탕이 들어 있지 않은 우유뿐이며(주스도 허용되지 않는다) 케이크나 초콜릿 같은 간식은 교내에서 소지할 수 없다. 처음에 교사들은 많은 부모에게 주스와 과즙 엑기스가 건강에 좋지 않다는 사실을 이해시켜야 했다. 대부분이 이런 가당 음료는 과일로만 이루어져 있고 아이들에게 활력을 준다고 믿었기 때문이다. 하지만 5년 동안 이 프로그램을 진행한 지금은 암스테르담시에서 식수대 50개를 추가로 설치한 것에 힘입어 목마를 때 물을 마시는 것이 다시 표준이 되어가고 있다.[24]

이 프로그램은 여러 영역에서 동시에 진행된다. 아동 비만은 어떤 한 사람이나 요소의 잘못이 아닌 '사악하고 복잡한 문제'라는 전제에서 출발하기 때문이다. 사회과학에서 '사악한 문제'는 명확한 종료 지점이 없을 정도로 복잡하기 때문에 해결이 불가능해 보이는 문제를 의미한다. 사악한 문제는 너무 많은 다른 문제와 얽혀 있어서 어디에 개입해야 할지도 불명확하다. 하지만 암스테르담 건강 체중 프로그램은 비만이라는 사악한 문제도 개선 가능하다는 사실을 보여준다.[25]

프로그램이 실행되는 주요 장소 중 하나가 바로 학교다. 학교의 임무는 운동과 건강한 음식을 모든 아이들의 일상에서 당연한 일부로 만드는 것이다. 시의원들은 암스테르담의 모든 학교를 건강한 곳으로 만들고자 하지만 그중에서도 약 120곳을 뽑아 신체 활동과 건강한 식사를 특히 더 강조하는 특별 '개입' 학교로 지정했다. 과거에 생일을 맞은 아이는 학교에 설탕이 잔뜩 들어간 케이크나 사탕을 가져오곤 했고, 암스테르담의 부모들은 (다른 모든 지역의 부모들과 마찬가지로) 이런 간식이 사랑의 표현이라고 생각하고는 누가 달콤한 간식을 더 넉넉히 챙겨주는지를 경쟁하기도 했다. 하지만 이제 특별 '개입' 초등학교에는 과일이나 채소같이 몸에 좋은 음식으로 생일을 축하해야 한다는 규칙이 생겼다. 이제 생일을 축하하는, 인기 있는 방식은 토마토와 치즈 큐브, 그린 올리브로 만든 채소 꼬치를 친구들과 나누어 먹는 것이다. 올리브로 생일 축하를![26]

암스테르담 아이들이 학교에서 접하는 메시지는 다른 생활 영역에서 더욱 강화된다. 암스테르담에서는 건강에 나쁜 음식을 아이들에게 광고하는 것이 금지되어 있으며, 수십 개의 식품업체가 '건강한 암스테르담 사업체 네트워크Healthy Amsterdam Business Network'에 가입했다. 특별 개입 학교 근처에 있는 맥도날드에 들어간 아이는 동행한 어른의 허락이 없으면 사과 외의 제품을 전혀 살 수 없다. 지역사회 지도자들은 부모들에게 아이들이 잠을 충분히 자고 가족과 함께 식사하는 것이 중요하다고 말한다. 또한 이 프로그램은 자원이나 교육이 부족해서 이른바 '건강한 선택'을 하지 못하는 가족을 지원하기도 한다. 돈이나 제대로 된 주거 시설의 부족 같은 더 시급한 문제를 지원하지 않고서는 식단 문제를 아예 해결할 수 없는 경우도 있기 때문이다.

암스테르담은 우리가 질 낮은 식단을 더 이상 개인의 의지 부족으로 치부하지 않고 그 근본 원인을 해결하려 나설 때 무슨 일이 일어나는지를 잘 보여준다. 2017년 프로그램 담당자들이 발표한 보고서에는 여러 결과가 자랑스럽게 적혀 있는데, 그중에서도 가장 가난한 지역에 사는 아이들을 도울 수 있었다는 사실이 특히 강조되어 있다. 이 프로그램은 2012년에 설정한 목표를 거의 이루었다. 5세 미만 아동의 숫자에 '유의미한 감소'가 있었고, 이 프로그램을 실시한 다섯 지역 중 네 곳에서 과체중 아동의 수가 줄어들었다. 이제 암스테르담에서는 건강한 삶이 도시 디자인의 한 측면으로 고려되고 있으며, '생활 속의 운동' 개념이 앞으로 있을 모든 도시 계획의 핵심 요소가 되었다. 프로그램 주최 측은 아동 건강을 논의하는 방식에서 패러다임의 변화가 일어났다고 느낀다. "아이의 건강은 부모와 아이 자신의 책임"이라고 말하던 사람들이 "우리 모두에게 책임이 있다"는 태도를 갖게 된 것이다.[27]

수세기 동안 도시의 크기는 몇 명의 시민을 먹일 수 있느냐에 따라 정해졌다. 그러다 도시는 시민의 식생활에 중대한 영향을 미치기 시작했다. 현대에 들어와 도시와 교외 지역은 사람들이 살찌기 쉬운 환경으로 설계되었다. 매일 우리는 과식 유발 식품으로 가득한 풍경을 헤치고 지나간다. 길은 사람들이(특히 아이들이) 자전거를 타거나 걷기 어려울 정도로 자동차로 가득하다. 암스테르담은 아이들을 얼마나 잘 돌보느냐에 따라 번영 여부를 판단하는 새로운 도시로 나아갈 길을 제시하고 있다.

채소를 좋아하는 입맛

대부분의 국가에서 대다수의 사람들이 채소를 충분히 안 먹는 것이 현대 식습관의 가장 큰 문제 중 하나라는 것은 모두가 아는 사실이다. 사람들은 애초에 채소가 맛이 없기 때문에 이 문제를 해결하기 어렵다고들 말한다. 하지만 채소가 맛있어질 수 있다면? 우리가 채소를 좋아하는 입맛을 습득할 수 있다면 어떻게 될까?

한국이나 포르투갈과는 달리 영국인은 채소와 늘 행복한 관계를 맺지는 못했다. 이전 세대는 채소를 칙칙하고 맛없는 상태까지 푹 끓였고, 가끔 냄비 물에 베이킹소다를 조금 넣었다. 제2차 세계대전이 끝난 후 몇십 년간 영국인들은 채소를 놀라울 정도로 많이 먹었다. 하지만 그건 좋아서라기보다는 의무감 때문이었다. 채소는 영국 음식의 기본 구성이 된 '육류와 두 가지 채소'에서 빼놓을 수 없는 요소였다. 사람들은 채소를 먹었지만 채소 섭취에서 즐거움을 기대하진 않았다. 즐거움은 고기와 감자, 그레이비소스에서 얻는 것이었다. 1958년 이후의 조사 자료에 따르면 영국 성인은 매일 신선한 채소를 평균 400그램씩 먹었다. 세계보건기구의 하루 섭취 권장량에 가까운 양이다.[28]

전후 시대의 전통이었던 '육류와 두 가지 채소'는 영국에서 점점 자취를 감추기 시작했고, 이제는 매일 먹는 음식이 아니게 되었다. 규칙이 사라진 식문화와 새로 등장한 즉석식품이 그 자리를 대체했다. 채소를 먹어야 한다는 의무감이 없어지자마자 채소는 영국인의 접시 위에서 사라지기 시작했다. 화이트소스에 푹 끓인 리크를 억지로 삼키면서 괴로워했던 부모들은 아이들에게 자신이 겪은 고통을 돌려주려 하지 않았다. 2017년 영국 성인은 하루 평균 겨우 128그램의 채소를 먹었는데, 1.5인분을 겨우 넘는 양이다.[29] 영국 아이들이 두 번째로 많이 먹는 채소는 달콤한 토마토소스에 들어 있는 통조림 콩이다.[30]

지난 몇십 년간 다른 곳과 마찬가지로 영국에서도 셰프와 요리책 저자의 노력에 힘입어 채소의 이미지에 일대 변화가 일어났다. 요탐 오토렝기Yotam Ottolenghi의 레시피는 콜리플라워를 누구나 먹을 수 있는 흥미진진한 음식으로 만들었다. 사람들이 다양한 요리의 맛을 알게 되면서 중국의 청경채나 이탈리아의 카볼로 네로cavolo nero 같은 채소가 갈망의 대상이 되었다. 현대 영국에 거주하는 많은 사람들에게 이제 채소는 일종의 멋진 게임이 되었다. "다 찾아내고 말겠어!" 우리는 파머스 마켓을 방문해 캔디 스트라이프 비트, 로마네스코 콜리플라워, 오렌지 토마토, 옐로 주키니 등 학교 식당에서 억지로 먹느라 괴로워할 필요가 없었던 온갖 아름다운 채소를 맛본다.

하지만 문제는 영국에서 가장 채소를 먹어야 하는 사람들이 이 채소의 혁명을 함께 누리지 못하고 있다는 것이다. 오늘날 영국에는 다채로운 온갖 채소를 먹는 사람이 있는가 하면 그 어느 때보다도 채소를 적게 먹는 사람도 있다. 푸드파운데이션의 이사인 애나 테일러Anna Taylor는 이렇게 말한다. "사람들은 채소 섭취가 몸에 좋다는 걸 매우 잘 알고 있어요. 하지만 그게 소비로 이어지진 않아요." 테일러가 피스플리즈Peas Please 프로젝트를 출범한 이유도 영국인의 채소 섭취량이 너무 적다는 염려 때문이었다. 피스플리즈는 독립적으로 자금을 지원받은 야심찬 3년짜리 프로젝트로, 소득과 상관없이 누구나 쉽게 채소를 먹을 수 있도록 농부와 병원, 슈퍼마켓과 출장 요리사 등 80개 조직과 협업하고 있다. 테일러는 채소 섭취를 늘리는 것이 식단에 개입해 건강과 환경에 큰 영향을 미칠 유일한 방법이라고 본다. "파머스 마켓에 보라색 당근이 있어봤자 별로 도움이 안 돼요."

오늘날의 자유로운 사회에서 채소는 사람들이 실제로 먹고 싶어 할 때에만 접시 위로 돌아올 수 있다. 피스플리즈의 목표는(테일러는 이 목표가 "엄청나게 어려운 도전"임을 인정한다) 영국에 있는 모든 사람이 매일 채소를 권장량보다 많이 먹게 하는 것이다. 그동안 피스플리즈 캠페인의 중요 임무 중 하나는 채소를 쿨해 보이게 할 광고 캠페인 비용을 모금하는 것이었다. 건강한 식품정책 수립을 목표로 하는 독립 기구인 푸드파운데이션이 2010년에서 2016년 사이 다양한 식품에 들어간 광고비를 분석한 결과 채소 광고비가 모든 식음료 광고비에서 차지한 비율은 단 1.2퍼센트였다. 반면 케이크와 비스킷, 과자류, 아이스크림에 들어간 광고비 비율은 상당히 높았으며, 2010년 18.8퍼센트에서 2015년 22.2퍼센트로 상승하기까지 했다. 2015년 영국에서 쓰인 채소 광고비는 총 1200만 파운드였는데, 같은 해 탄산음료 한 품목에 들어간 광고비만 거의 8700만 파운드에 달했다. 정크푸드를 더 매력적으로 만들기 위해 이렇게 많은 돈이 들어가는 상황에서 채소가 우리 접시 위의 자리를 두고 정크푸드와 경쟁하는 것은 상당히 어

식사에 대한 생각

려운 일이다. 피스플리즈는 문제의식을 가진 시민들에게 크라우드 펀딩을 받아 새로운 채소 광고를 제작함으로써 브로콜리와 감자칩 사이에 더 공평한 경쟁의 장을 마련하고자 한다.[31]

영국(을 포함한 거의 모든 곳)에서 채소를 너무 적게 먹는 또 다른 이유는 대부분의 사람들이 음식을 구매하는 장소인 슈퍼마켓에서 채소를 거의 홍보하지 않기 때문이다. 피스플리즈는 세인즈버리 같은 대형 마켓으로부터 '새로운 영감의 토대'(냉장 코너 제일 끝에 있는 매대를 고급스럽게 표현한 말)에 늘 채소를 진열하겠다는 약속을 받아냈다. 세인즈버리는 가게 안에 '채소 정육점'을 마련하는 실험도 진행하고 있다. 고객이 먹고 싶은 채소를 아무거나 골라 카운터로 가져가면 직원이 추가 금액 없이 고객이 원하는 대로 채소를 잘게 채 썰거나 물결 모양으로 썰거나 띠처럼 얇고 굵게 썰거나 파스타면처럼 가늘게 뽑아준다. 피스플리즈가 약속을 받아낸 또 다른 업체는 저가 베이커리 체인인 그렉스Gregg's다. 그렉스는 2018년에서 2020년 사이에 샌드위치와 샐러드를 통해 채소 1500만 인분을 추가로 판매하겠다고 약속했다. 테일러는 "대도시에 사는 엘리트 집단 바깥에도" 채소를 먹는 식습관을 퍼뜨리고 싶어서 일부러 그렉스와 접촉했다고 말한다.

암스테르담에서와 마찬가지로 피스플리즈 프로젝트 또한 여러 영역에서 동시에 진행되고 있다. 채소를 먹느냐 안 먹느냐의 문제는 오랫동안 오로지 개인의 선택으로 여겨졌다. 하지만 양배추를 나쁜 농담 소재로나 써먹고 신선한 채소를 식사의 기본 요소로 여기지 않는 사회에서 이 문제는 개인적 선호의 영역 바깥에 있다. 테일러는 영국의 채소 섭취 문제를 해결하려면 '식품 시스템'식 접근이 필요하다고 말한다. 피스플리즈 프로젝트는 다른 개입과 더불어 많은 저소득 가정이 식료품을 구매하는 장소인 동네 편의점에 신선한 채소를 더 많이 가져다놓는 작업도 진행하고 있다.

피스플리즈에 영감을 준 프로젝트 중 하나는 뉴욕시에서 실시한 '건강한 식품잡화점 계획'이다. 뉴욕에서는 많은 사람이 주로 식품잡화점이나 편의점에서 식품을 구매한다. 원래 이런 가게들은 통조림 수프나 감자칩처럼 유통기한이 긴 초가공식품을 주로 판매했다. 하지만 2005년 뉴욕 보건국이 식품잡화점에 더 건강한 식품을 들이는 계획에 착수했다. 2012년에 뉴욕 보건국은 1000곳이 넘는 가게와 협력하며 가게 주인이 몸에 좋은 신선 식품, 특히 과일과 채소를 저렴한 가격에 판매할 수 있도록 지원했다.[32]

채소 섭취를 막는 장애물이 사라지기만 하면 저소득 가정도 다른 사람들만큼이나 채소를 즐겁게 먹을 수 있다. 2013년과 2014년에 자선단체인 알렉산드라 로즈Alexandra Rose는 지역 시장에서 과일과 채소를 무료로 살 수 있는 상품권을 해크니에 있는 어린이 센터를 통해 런던의 81개 가정에 전달했다. 이 계획은 단기적 측면에서 영양을 공급했을 뿐만 아니라 장기적인 측면에서 식습관과 입맛의 변화를 불러오기도 했다. 부모들은 상품권을 받고 나서 자신의 가족이 "비트 같은 다양한 음식을 실험해보고 있다"고 말했다. 로즈 상품권(현재는 해크니 외에 해머스미스, 람베스, 풀럼에서도 배부되고 있다) 덕분에 이 저소득 가정들은 전에는 한 번도 시도해본 적이 없는 채소를 구매하게 되었다. 한 어머니는 자신과 아이 모두 전보다 채소에 덜 까다로워졌다고 말한다. 또 다른 어머니는 이렇게 말했다. "이제는 케밥보다 샐러드가 더 당겨요."[33]

피스플리즈는 채소를 좋아하는 입맛을 영국 전체에 퍼뜨리고자 한다. 이미 영국에서 전에 없던 채소 사랑이 나타나고 있다는 어렴풋한 희망이 보인다. 2016년에서 2017년 사이 영국의 비트 판매량은 3400만 파운드 늘어나 전년 대비 6퍼센트 상승했다. 슈퍼마켓들도 '쿠르젯'과 콜리플라워 쿠스쿠스, 버터넛 호박 '라사냐' 같은 저탄수화물 채소 상품이 파스타의 대체재로 불티나게 팔려나가는 모습에 깜짝 놀라고 있다. 이런 상품들의 천문학적인 판매량은 채소가 엘리트 집단을 넘어 새로운 시장에 가닿을 잠재력을 가졌음을 보여준다.

지금까지 채소를 대하는 영국인의 태도가 많이 바뀌긴 했지만 아직 완벽과는 거리가 멀다. 영국(또는 미국)이 베트남이나 인도처럼 온전히 채소 중심의 식문화를 갖게 될지는 아직 두고 봐야 한다. 푸드파운데이션이 주최한 채소정상회의Vegetable Summit에서 여러 참가자가 지적했듯 채소에도 닭고기나 달걀과 비슷한 문제가 있다. 슈퍼마켓에서 판매되는 신선 식품은 대부분 맛보다는 생산량과 균일성을 중시하며 재배된 것이기 때문에 맛이 그리 좋지 않다(뿐만 아니라 과거에 재배된 채소보다 영양도 덜 풍부하다).

학교에서나 집에서 지나치게 푹 익힌 채소를 먹어야 했던 나쁜 기억 때문에 대부분의 서구 소비자들은 아직도 채소에서 맛을 기대하지 않는다. 그래서인지 사람들은 슈퍼마켓에서 산 당근의 맛이 밍밍하고 주키니 호박의 식감이 퍼석퍼석해도 별로 불평하지 않는다. 하지만 우리가 더 나은 것을 요구할 줄 모른다면 우리를 채소의 매력에 빠뜨릴 더 맛 좋은 채소를 어떻게 얻을 수 있을까?

매력적인 대안

대부분의 레시피가 가진 문제는 너무 늦은 단계에서 시작한다는 것이다. 예를 들어 미국의 대표 레시피인 오븐에 구운 호박을 만들 때에는 애초에 부족한 호박의 맛을 보완하기 위해 여러 공정을 거친다. 레시피는 오븐에 넣기 전에 호박에 기름과 설탕을 듬뿍 바르거나 메이플 시럽을 뿌릴 것을 추천하는데, 이 모든 과정은 안에 숨은 주황색 과육이 너무 물기가 많고 밍밍하다는 사실을 숨기기 위한 것이다.

하지만 레시피가 식재료 목록에서 시작하지 않고 씨앗에서부터 시작한다면 어떻게 될까? 이 획기적인 아이디어는 미국의 셰프 댄 바버에게서 나온 것이다. 바버가 2018년 설립한 회사 로세븐Row 7은 채소, 궁극적으로는 다른 모든 작물이 개량되는 방식을 바꾸겠다는 큰 포부를 품고 있다. 2009년 바버는 뉴욕주에 있는 자신의 레스토랑 블루힐앳스톤반스Blue Hill at Stone Barns에서 식물 육종가들에게 식사를 대접했다. 식사가 끝난 후 바버는 육종가

중 한 명인 마이클 마조렉Michael Mazourek과 함께 부엌을 돌아보았다. 당시 부엌에서는 요리사 한 명이 버터닛 호박을 다듬고 있었다. 바버는 마조렉에게 이렇게 물었다. "당신 능력이 그렇게 좋다면 버터닛 호박을 더 맛있게 만들어보는 게 어때요?" 바버는 왜 식물 육종가들이 버터닛 호박의 크기를 작게 만들어 물기를 줄이고 더 농축된 맛이 나게 하지 않는지 궁금했다. 코넬 대학의 식물 육종 유전학 부교수인 마조렉은 오랫동안 이 일을 했지만 "아무도 내게 맛을 선택해달라고 부탁하지 않았"다고 답했다.

그날 바버와 마조렉이 나눈 짧은 대화가 농업의 미래를 바꿀 수도 있다. 마조렉은 바버를 처음 만났을 때 이미 작은 크기의 호박을 만들고 있었지만 "작은 호박은 사람들이 생각하는 좋은 호박의 개념에 맞지 않기 때문에 인기를 얻기 힘들 것"이라고 생각했다. 바버를 만난 후 몇 년 동안 마조렉은 작은 크기의 호박을 만들었고(바로 허니닛 호박이다) 이 호박은 놀라울 정도로 빠른 시간 안에 미국의 호박 시장 전체를 바꾸어놓았다. 허니닛 호박은 기회가 주어지면 소비자들이 돈을 더 지불하고 더 작지만 맛있는 채소를 사 먹는다는 사실을 입증했다. 허니닛 호박은 2015년까지도 파머스 마켓에서 찾아볼 수 없었다. 2017년이 되자 허니닛 호박은 미국 북동부에 있는 호박 농장의 90퍼센트에서 재배되었고 트레이

더조, 홀푸드, 블루에이프런 밀 키트를 통해 100만 개 단위로 팔려 나갔다. 댄 바버의 궁극적인 목표는 월마트 같은 대형 슈퍼마켓을 통해 어디에서나 소비자가 허니넛 호박(그리고 똑같이 맛있게 개량한 다른 채소들)을 구매할 수 있게 하는 것이다.[34]

허니넛은 일반 호박보다 크기가 작고 밀도가 높다. 무엇을 곁들여 먹느냐에 따라 다르지만 허니넛 호박 하나가 1인분 정도 된다. 허니넛은 껍질이 얇아서 먹기 전에 껍질을 벗길 필요가 없으며(그래서 낭비가 적으며) 일반 호박에 비해 베타카로틴이 세 배 더 많이 들어 있다. 무엇보다도 가장 큰 차이점은 마치 자체적으로 간을 한 것처럼 맛이 풍부하기 때문에 따로 뭔가를 추가할 필요가 없다는 것이다. 마조렉이 개량 작업을 거의 마칠 때쯤 최종 후보 몇 개를 골라 댄 바버에게 요리를 부탁했는데, 바버는 허니넛의 풍미가 훌륭해서 흑설탕이나 메이플시럽을 더할 필요가 없다고 판단했다.[35]

바버는 허니넛의 승리가 그동안 현대 농업을 이끌어온 가치가 역전되었음을 보여준다고 생각한다. 바버에 따르면, 마조렉이 "이 쪼그라든 버터넛 호박"을, 놀랄 만큼 맛이 좋다고 설명하며 "농기업계의 큰손들"에게 처음 소개했을 때에는 거절만 당했다고 한다. 그중 한 명은 허니넛은 크기가 달라서 슈퍼마켓에 있는 호박의 '로그(log)'와 맞지 않는다고 말했다. 또 다른 사람은 소비자들이 일반 호박보다 60퍼센트나 작은 호박에 돈을 10~20퍼센트 더 많이 내는 것은 불가능하다고 했다. 바버는 이렇게 말한다. "두 사람 다 정확히 틀렸어요."[36]

맛과 숙성도에 집중한다는 점에서 허니넛 호박은 시판되는 거의 모든 채소가 재배·판매되는 방식과 극명한 대조를 이룬다. 예를 들어, 버터넛 호박은 언제나 덜 익은 초록색 상태에서 수확한다. 그래야 덩굴에 매달린 상태로 썩을 위험이 없기 때문이다. 초록색 호박은 유통업자와 소매업자에게는 도움이 되지만 소비자는 결국 약간 덜 익은 호박을 먹게 되기 때문에 전혀 좋을 게 없다. 반면 마조렉은 허니넛이 딱 알맞게 익었을 때 껍질의 색이 초록색에서 옅은 꿀색으로 변하도록 개량했고, 허니넛 호박은 숙성된 상태에서 수확된다. "이 호박이 가진 탁월함의 90퍼센트는 빌어먹을 정도로 잘 익어 있다는 겁니다. 그동안 사람들은 잘 익은 호박을 못 먹었어요. 말도 안 되는 일이죠." 바버가 말한다.

바버는 허니넛이 "맛을 민주화"하는 더 큰 프로젝트의 첫걸음이기를, 그래서 최대한 많은 사람이 맛 좋은 채소를 먹을 수 있기를 바란다. 현대의 다른 많은 종자와 달리 허니넛에는 특허가 없기 때문에 원하는 사람은 누구나 허니넛을 재배할 수 있다. 바버가 설립한 회사 로세븐(셰프와 육종가가 협업해서 세운 첫 번째 종자 회사다)은 현재까지 일곱 가지의 채소 종자를 개발했다(그리고 더 많은 채소를 개량 중이다). 로세븐이 개량한 채소로는 피망과 감자, "뚜렷하고 복합적인 맛"을 가진 오이와 아이들도 좋아할 만한 비트가 있다.[37] 위스콘신의 식물 육종가가 개발한 이 비트의 이름은 '배저 플레임 비트Badger Flame Beet'다. 개발자와 바버는 왜 이렇게 많은 사람이 비트를 싫어하는지에 대해 대화를 나누었고, 개발자는 비트에 들어 있는 화합물 지오스민geosmin(탄소·수소·산소로 구성되어 흙냄새를 내는 원인이 되는 천연 물질-옮긴이)에 주목했다. 지오스민은 흙 맛과 익힌 피 맛을 내는데, 어떤 사람은 이 맛을 좋아하지만 (우리 아이들을 포함한) 많은 사람이 이 맛을 끔찍이 싫어한다. 개발자는 비트에서 "지오스민을 골라내기"로 결정했고, 결국 흙 맛을 없애 생으로 먹을 수 있을 정도로 달콤하고 깨끗한 맛을 가진 비트를 만들었다. 바버는 배저 플레임 비트가 결국 일반 비트를 좋아하게 만드는 "입구" 역할을 해주리라 본다.[38]

바버의 프로젝트가 가진 훌륭한 점 중 하나는 사람들에게 호박이나 비트 같은 음식을 싫어하면 안 된다고 말하는 대신 협상을 하며 편견을 극복할 이유를 준다는 것이다. 채찍보다는 당근에 가까운 접근법이다. 이 프로젝트는 뒤돌아서서 기존 식재료를 바라보지 않고 더 맛있는 채소를 향해 앞으로 나아간다. 이것이 음식의 미래라면 그 미래는 전혀 암울하지 않다.

그동안 사람들의 식단을 개선하려던 여러 노력들은 입맛의 역할에 턱없이 적은 관심을 기울였다. 지난 2년 동안 나는 테이스트에드를 통해 동네 초등학교에서 4세와 5세 아이들과 함께 음식 워크숍을 여러 번 진행했다. 아이들은 특정 음식을 좋아하지 않는 것이 자신의 '잘못'이라고 생각한다. 하지만 잘못이 아이에게 있는 것이 아니라 음식 자체에, 그리고 그 음식이 제공되는 방식에 있다면? 나는 아이들이 과일과 채소를 싫어하는 이유가 있다고 생각한다. 대량 판매되는 채소는 대개 맛이 별로 없기 때문이다. 많은 아이들이 내게 토마토는 차갑고 물기가 많아서 싫다고 이야기한다. 하지만 내가 맛이 농축된 작고 달콤하고 잘 익은 실

온의 토마토를 주면 토마토를 싫어한다던 많은 아이들이 태도를
바꾼다.

우리가 다리를 건너 더 나은 식생활에 다다르려면 건강한 식
사에 대한 더 폭넓고 친근한 개념, 사람들의 입맛을 차단하는 대
신 반갑게 맞아들이는 개념이 있어야 한다. 앞에서 살펴봤듯이
영양 전이는 전 세계적인 입맛의 변화를 불러왔고, 초가공식품과
패스트푸드 판매자들이 즐거움의 장場을 장악했다. 하지만 꼭 이
런 식이어야 할 필요는 없다.

샤메인 존스Charmaine Jones는 워싱턴 DC에서 활동하는 아프리
카계 미국인 영양사다. 존스의 많은 고객이 패스트푸드를 좀처
럼 줄이지 못한다. 건강식품으로 분류되는 음식 대부분을 '백인
들의 음식'으로 여기기 때문이다. 존스의 고객은 주로 제2형 당
뇨병이나 높은 콜레스테롤 수치, 심장질환으로 고생하는 저소득
층 흑인 여성이다. 이들 역시 더 건강해지고 싶어 한다. 하지만
건강한 식사는 자신에게 어울리지 않는 특권층의 전유물이라고
느끼게 하는 문화, 기네스 펠트로 식의 건강 비전을 제시하는 문
화 속에서 이들이 식습관을 바꾸기란 쉽지 않다. 존스의 고객인
타니샤 고든Tanisha Gordon은 37세의 IT업계 종사자다. 고든은 당
뇨병 전단계 진단을 받았지만 햄버거와 타코, 프라이드치킨에 중
독되어 있었고, 그녀에게 이 음식들의 맛은 고향의 맛과 같았다.
고든은 〈허프포스트HuffPost〉 기자에게 주류 문화가 "건강식품"이
라고 판매하는 것들은 대부분 "백인 음식"처럼 느껴진다고 말했
다. "엄청 비싼 샐러드 같은 거 있잖아요. 안에 작은 호두나 양파

절임 같은 것들이 잔뜩 들어 있는." 고든은 본인의 입맛을 고려한 건강식을 찾은 후에야 식단을 바꿀 수 있었다. 존스는 고객들에게 소울 푸드를 더 건강하게 만드는 법, 편안함과 영양을 동시에 제공하는 요리를 만드는 법을 가르친다.[39]

이런 긍정적인 문화의 변화가 전 국민에게 퍼져나가려면 양질의 음식(건강을 지켜주는 음식이자 사람들이 먹고 싶어 하는 음식)이 사치품이 아니라 반드시 필요한 것이라는 사실을 정부가 깨달아야 한다. 1948년 세계인권선언은 음식을 인간의 기본 권리로 명시했다. "모든 사람은 자신의 건강과 안녕을 위해 적절한 생활수준을 누릴 권리가 있다. 여기에는 …… 음식이 포함된다." 문제는 이 선언이 발표된 후 수십 년간 굶주림의 공포에 너무 휩싸인 나머지 '적절한' 음식의 수준을 지나치게 낮게 잡았다는 것이다. 배를 쫄쫄 굶고 있지 않다고 해서 영양을 적절히 공급받고 있는 것은 아니다. 유행병 학자인 다리우시 모자파리안Dariush Mozaffarian이 (트위터에서) 말했듯, "음식을 먹어도 제대로 성장하지 못하거나 당뇨병이 있다면 그건 대단한 승리가 아니다."[40]

몇 년 전부터 식품정책 전문가들은 마침내 가난한 국가에서 영양부족에 시달리는 사람이건 선진국이나 중간 소득 국가에서 비만으로 고생하는 사람이건 상관없이 모두가 더 질 좋은 식단을 먹을 수 있게 하는 전략에 집중하기 시작했다. 이마무라 후미아키의 연구에서 살펴봤듯이 우리가 먹는 것은 우리가 먹지 않으려 하는 것만큼이나 식단의 질에 중요한 영향을 미친다. 아프리카 국가의 식사 패턴이 전 세계에서 가장 건강한 이유도 여기에 있다. 즉 이 국가들에서는 체중 감량을 위해 구입하는 괴상한 특별 식품이 아니라 다양한 곡물과 채소, 콩류가 여전히 매일 먹는 식사의 기본 요소이기 때문이다.

식단의 품질로 초점을 되돌리기 위해서는 어떻게 하면 사람들이 특정 음식을 먹지 않게 할 수 있을지뿐만 아니라 어떻게 하면 특정 음식을 더 먹게 할 수 있을지를 생각해봐야 한다. 그러려면 어떤 음식을 먹으라고 말만 해서는 안 되고, 건강한 식단 쪽으로 입맛을 바꿀 수 있도록 도와주어야 한다. 터프츠 대학교 소속 과학자들의 추산에 따르면, 미국에서 한 해 동안 견과류와 씨앗이 부족한 식단 때문에 사망하는 사람(5만 9374명)이 탄산음료가 지나치게 많은 식단 때문에 사망하는 사람(5만 1694명)보다 많다. 하지만 헤이즐넛의 효능과 맛을 홍보하는 공중보건 캠페인을 본 적이 있는가?[41]

암스테르담이 보여주었듯이 현대 식단의 문제는 한 가지 방법으로는 해결할 수 없다. 비만 문제를 해결할 현명하고 효과적인 식품정책은 여러 분야에서 동시에 진행되어야 한다. 먼저 건강한 음식에 대한 입맛을 더 쉽게 기를 환경을 마련해야 하며, 사람들이 실제로 건강에 좋은 식품을 구매·섭취하지 못하게 막는 여러 장애물을 제거해야 한다. 농부들이 더 많은 작물 대신 더 질 좋은 작물을 재배할 수 있도록 적절한 보상을 지급하는 방법과 건강한 음식이 더 쉬운 선택지가 되도록 도시를 재정비하는 방법을 찾아야 한다. 경제정책을 통해 더 적절한 가격에 더 건강한 식품을 구매할 수 있도록 해야 한다. 일을 중단하고 점심을 먹는 것을 나약

함의 증거로 보지 않는 직장 문화가 생기는 것도 나쁘지 않을 것이다.[42]

우리는 식사하는 법을 배울 환경을 직접 선택하지 않았고, 장을 볼 가게를 직접 디자인하지도 않았다. 어떤 사람이 설탕과 정제 기름을 너무 많이 먹는다면 그건 그 사람 자체의 문제라기보다는 그 사람이 식사를 하는 환경의 문제다. 식사는 순전히 개인의 책임이므로 식품 시장에 지나치게 간섭하면 안 된다고 주장하는 사람은 앞으로도 계속 나타날 것이다. 하지만 그 주장은 현재 우리가 살아가는 식품 환경이 정상적이고 자연스러운 것이라고 가정하는 것과 같다. 모든 가게에 가당 음료와 사탕이 있는 것이 만물의 섭리라고 주장하는 것이나 마찬가지다. 앞에서 살펴봤듯이 현재 우리의 식습관은 대부분 상당히 최근에 형성된 것으로, 몇십 년 전만 해도 매우 이상해 보였을 것이다. 그러므로 우리의 식습관이 다시 한 번 변화를 겪을 수 있고, 겪을 것이라고 생각할 충분한 근거가 있다.

사람들이 오늘날만큼 간식을 많이 먹고 폭식을 많이 한 적은 없다. 이렇게 맛없는 빵을 먹은 적도, 밍밍한 바나나를 이렇게 많이 먹은 적도 없다. 전 세계에서 이렇게 한정된 가짓수의 식재료만 섭취한 적도 없다. 이렇게 외식을 많이 하고 이렇게 음식을 많이 배달시킨 적도 없다. 이렇게 슈퍼푸드와 감자튀김을 많이 먹은 적도 없다. 요리에 닭고기를 이렇게 많이 이용한 적도 없다. 이렇게 다이어트를 많이 한 적도, 열을 가하지 않고 착즙한 유기농 녹즙을 이렇게 많이 마신 적도 없다. 음식에 관해, 음식이 무엇인지에 관해 이렇게 혼란스러워했던 적도 없다.

하지만 역사가 가르쳐준 것이 있다면 그건 우리가 앞으로도 꼭 오늘날과 같은 방식으로 먹지는 않으리라는 점이다. 이런 이상한 시대의 식사에도 위안이 되는 점이 있다. 바로 오늘날의 식생활이 가진 가장 좋은 점은 역사상 어떤 식생활이 지닌 장점보다 뛰어나고, 오늘날의 식생활이 가진 가장 나쁜 점은 영원히 이어지지 않으리라는 것이다. 당신이 지금 어디에서 어떻게 먹고 있든 꼭 자신만의 달콤하고 푸른 잔디를 찾아낼 수 있기를 바란다.

현명하고 건강한
식사를 위한 13가지 전략

어떻게 먹느냐는 개인의 선택의 문제가 아니라고 말했지만, 그렇다고 해서 개인이 더 나은 식생활을 위해 노력할 필요가 없다는 뜻은 아니다. 개선된 새로운 식문화가 등장하도록 노력하고 기다리면서도(긴 시간이 될지 모른다) 현대 음식에 잡아먹히는 대신 최고의 장점만을 누리기 위해 개인이 할 수 있는 일들이 있다. 이런 개인적인 변화는 언뜻 사소해 보일 수도 있지만 사실은 전혀 그렇지 않다. 가끔은 이런 변화가 우리에게 주어진 유일한 변화일 때도 있다. 내가 이 선택의 세계를 헤쳐나가는 방법을 몇 가지 제안해도 여러분이 언짢아하지 않기를 바란다. 자기 입에 무엇을 넣느냐만큼 개인적인 문제도 없으니 자신에게 맞지 않는 이야기는 편하게 넘기면 된다.

새로운 음식을 오래된 접시에 담아 먹자

다시 우리의 증조부모 세대가 먹던 식사로 돌아갈 수는 없지만 그들이 쓰던 접시를(볼과 잔을) 사용할 수는 있다. 현재 대부분의 사람들이 접시를 하나도 쓰지 않고 식사를 마치며, 그만큼 식사의 특별함도 느끼지 못한다. 우리는 손가락이나 플라스틱 포크를 이용해 마분지 상자에서 음식을 꺼내 먹은 다음 전부 버린다(손가락 말고 포크를). 하지만 새로운 방식이 늘 가장 좋은 방식인 것은 아니다. 도자기 접시는 멋진 도구다. 파란색과 하얀색이 섞인 접시든 새하얀 접시든 좋은 접시는 식사에 틀을 부여해주고 기분을 내준다.

기회가 있을 때마다 플라스틱 대신 자기나 유리에 음식을 담아 먹자. 이렇게 하는 것이 환경뿐만 아니라 우리 자신에게도 좋다. 미국식 식사를 시작하고 나서 심장질환을 앓게 된 샌프란시스코의 일본계 미국인 남성들을 다시 떠올려보자. 식사 의례는 중요하기에 도자기 그릇에 음식을 담아 식탁에 앉아서 식사를 하면 포장지에서 바로 음식을 꺼내 먹을 때보다 원기가 쉽게 회복된다. 삶은 우리가 매 끼니를 도자기 그릇에 담아 먹도록 놔두지 않겠지만, 기회가 있을 때마다 도자기 그릇을 꺼내는 것이 좋다.

그렇다면 왜 오래된 접시가 좋을까? 기본적으로 오래된 접시들이 더 작기 때문이다. 최근 몇 년간 양이 엄청나게 늘어난 것은 패스트푸드만이 아니다. 집에서 마음을 다해 만든 음식도 접시의 크기와 함께 양이 폭발적으로 늘었다. 1950년대에는 '대형' 접시의 지름이 25센티미터였던 반면 오늘날에는 일반 접시의 지름이

28센티미터나 된다. 그 결과 우리는 자기도 모르는 사이에 필요한 것보다 더 많은 양을 먹게 되었다.[1] 1950년대의 접시에 담으면 넉넉하고 수북해 보일 양도 오늘날의 접시에 담으면 쥐꼬리만한 양으로 보일 것이다.

와인 잔의 크기는 더 극적으로 커졌다. 케임브리지 대학 행동건강 연구팀의 책임자인 테리사 마르토는 1700년부터 현재까지 영국의 평균 와인 잔 크기가 일곱 배 커졌음을 발견했다. 1700년에 일반적인 와인 잔은 70밀리미터가 겨우 들어가는 작은 고블릿goblet(현대의 와인 잔과 비슷한 받침 달린 잔으로, 볼의 크기가 더 작고 길이도 더 짧다-옮긴이)이었던 반면 2016년에서 2017년에 판매된 와인 잔은 평균 449밀리미터를 담을 수 있었다. 대부분의 사람들이 이 잔을 가득 채워 마시지는 않는다는 점을 감안해도 엄청나게 크기가 커진 셈이다.[2]

내 경험상 오래된 접시와 잔을 사용하기 시작하면 얼마나 먹어야 하는지에 대한 감각이 재설정된다. 집이 아닌 곳에서 다른 접시에 담아 먹을 때도 마찬가지다. 오늘날 대부분의 사람들은 어느 정도가 적당한 양인지를 전혀 모른다. 각종 포장 식품이 얼마나 먹어야 하는지에 관해 무척 혼란스러운 메시지를 전달한다는 점을 고려하면 놀라운 일도 아니다. 예를 들면 아침 식사용 시리얼의 포장지에 쓰여 있는 1회 제공량은 양이 상당히 적을 때가 많다. 내용물의 칼로리가 실제보다 더 적어 보이게 하려는 꼼수다. 2010년 거의 1500명의 한국 노인을 대상으로 실시한 연구에 따르면 한국 노인들은 한 번에 얼마나 먹는 것이 적당한지를 여전히 놀라울 정도로 잘 알고 있었다. 옛날처럼 계속 전통 요리를 먹은 덕분이다. 이들 모두는 흰쌀밥은 75그램, 시금치는 40그램을 먹는 것이 적당하다는 사실을 잘 "알고 있었다".

값비싼 최신 유행 식단을 따르는 대신 가장 가까이에 있는 중고 가게에 가서 가장 오래되고 작은 접시를 찾아보자. 저렴한 가격의 오래된 접시가 무척 많을 것이다. 이 접시들은 칼로리를 계산하거나 특정 식품군을 제외하지 않고, 먹는 양을 통제하게 도와주는 우리의 친구다. 또 하나의 방법은 중국 슈퍼마켓에서 작은 그릇을 산 다음 아시아의 가족 식사법에 따라 식탁에 여러 요리를 푸짐하게 차려놓고 각자 알아서 배가 부를 때까지 조금씩 덜어 먹는 것이다. 인도의 탈리 세트를 사는 것도 방법이다. 탈리 세트는 지름 25센티미터의 스테인리스 쟁반과 그 위에 올릴 작은 크기의 그릇들로 구성되어 있는데, 이런 식기를 사용하면 적당량을 먹으면서도 다양한 음식을 즐길 수 있다.

볼을 사용하는 것도 좋다. 2016년부터 볼은 접시를 밀어내고 엄청난 인기를 끌고 있다. 몇몇 요리사들은 다양한 곡물과 스튜, 다채로운 색깔의 채소를 볼에 담아 몸에 좋으면서도 맛있는 '볼 푸드'를 만들고 있다.

이런 작은 접시와 볼에는 이 세상이 마땅히 제공해야 할 재미있고 새로운 음식을 잔뜩 담아야 한다. 접시를 활용해 식사를 어떻게 구성하고 어떤 음식을 가장 우선할 것인지를 생각해보자. 커다란 고기 한 덩이에 채소를 약간 곁들여 먹는 게 아니라면 무엇을 먹을 수 있을까? 어쩌면 채소의 양을 늘리고 육류나 생선을 약간 넣어 풍미를 끌어올릴 수도 있다. 아니면 맛이 다른 세 가지 채소와 콩 요리에 면이나 곡물, 또는 플랫브레드와 피클을 곁들일 수도 있다. 사실, 자신이 맛있고 든든하다고 느끼는 음식이라면 무엇이든 접시에 올릴 수 있다. 새로운 과일에 도전해보고 조부모는 알지도 못했던 향신료를 먹어보자. 하지만 탄수화물이나 지방을 두려워하지는 말자. 접시가 알아서 우리를 돌봐줄 테니까.

물이 아닌 것을 '물처럼' 마시지 말자

몇몇 건강 구루들은 쉬운 말로 "칼로리를 마시지 말라"고 한다. 카푸치노와 레드 와인이 있는 세상에서 이 말은 다소 비현실적으로 들린다. 또한 "칼로리를 마시지 말라"는 말은 인공 감미료를 넣은 2리터짜리 다이어트 소다를 통째로 마실 여지를 주는데, 여기에도 나름의 위험이 있다. 인간이 액체의 칼로리를 더 정확하게 인지하기 전까지는 (주스를 포함해서) 물이 아닌 음료를 스낵이라 생각하고 최대한 절제하는 것이 가장 좋다. 스스로에게 이렇게 물어보자. 나는 목이 마른가? 배가 고픈가? 아니면 음료가 마시고 싶은 다른 이유가 있나? 만약 목이 마른 거라면 물보다 나은 음료는 없다.

내 경험상 탄산음료(와 프라푸치노 같은 그 외의 음료)를 피할 수 있는 가장 좋은 방법은 단맛을 좋아하는 입맛을 바꿔 탄산음료가 더 이상 당기지 않게 하는 것이다. 뜨거운 음료에 들어 있는 설탕도 마찬가지다. 다른 습관을 바꿀 때와 마찬가지로 단것을 싫어하게 될 때까지는 시간이 걸리며, 처음에는 불안감을 느낄 수도 있다. 하지만 일단 끝까지 버티고 나면 단것을 삼키는 것을 상상조차 못 하는 자신을 발견하게 될 것이다. 이상적인 세계에서는 정부가 나서서 이미 명백하게 입증된 가당 음료의 폐해로부터 우리 자신과 아이들을 보호해줘야 한다. 하지만 그때까지는 탄산음료를 멀리하고 물을 가까이하는 습관을 기르는 것이 누구나 쓸 수 있는 가장 효과적인 방법이다.

한 가지 예외가 있다면 바로 차다. 중국에서 비만이 폭발적으로 증가한 시기는 무가당 녹차가 갑자기 다른 음료로 대체된 시기와 일치한다. 녹차와 홍차, 카페인이 들어 있는 차와 허브 차 등 모든 형태의 '차'는 오늘날 어떻게 하면 설탕이나 감미료를 지나치게 섭취하지 않고도 다양한 음료를 즐길 수 있는가에 대한 완벽한 해답이 될 수 있다. 우유를 소량 섞은 홍차는 우유를 잔뜩 넣은 커피보다 칼로리가 훨씬 낮으며, 얼마나 오래 우리느냐에 따라 카페인 양을 조절할 수도 있다. 카페인을 섭취하고 싶지 않다면 허브 차를 마시면 된다. '허브 차'가 좀 재미없게 느껴진다면 신선한 민트 잎이나 방금 간 생강을 뜨거운 물에 3분간 우렸다가 차망에 걸러보자. 기분을 좋게 해주면서 마음을 안정시키는 좋은 음료가 된다.

또 다른 예외는 직접 향을 낸 물이다. 이미 많은 체육관과 호텔에서 물에 오이나 감귤류를 썰어 넣어 설탕이나 감미료 없이 향을 더하고 있다. 내가 만난 한 터키 출신 셰프는 직접 '불후의 물'이라는 것을 만들어 먹는다. 잘게 썬 터키 감을 물에 몇 시간 동안 우린 다음 걸러낸 것인데, 처음에는 향이 약하지만 시간이 갈수록 점점 진해져서 잘 익은 과일의 달콤함이 물에 가득 퍼진다고 한다.

간식보다는 식사에 집중하자

우리가 기본적인 식사를 무시하지 않았더라면 간식이 우리 식생활에서 이렇게 큰 부분을 차지하지도 않았을 것이다. 완벽한 100칼로리 간식에 집착하는 대신 규칙적으로 맛있고 든든한 식사를 할 계획을 짜는 편이 좋다. 그와 별개로 간식 자체에 대해 살펴보자면, 코린나 혹스 교수는 '건강한' 버전으로 재출시된 팝콘 같은 대부분의 스낵이 영양학적 '가치가 전혀 없다'고 말한다. 정제 기름과 정제 곡물 외에는 아무것도 들어 있지 않기 때문이다. 1장에서 살펴봤듯이 빵 같은 주식의 품질이 저하되는 것이 영양 전이의 특징 중 하나이지만, 그래도 스낵이라는 이름으로 판매되는 제품보다는 십중팔구 빵이 더 든든하고 좋다. 혹스 교수는 이렇게 말한다. "건강한 간식이 먹고 싶다면 통밀 빵을 한 조각 드세요."[3]

입맛을 바꾸자

좋아하지 않는 음식을 억지로 먹기보다는 좋아하는 음식을 바꾸는 편이 쉽다. 마치 설탕과 기름, 소금이 많이 들어간 포장 음식만 좋아할 수 있다는 듯 맛있는 게 문제라고 말하는 사람이 많다. 하지만 기쁨을 주지 않는 음식은 음식이 아니다. 비만을 유발하는 세상에 맞설 가장 효과적인 도구는 실제로 몸에 좋은 음식에서 즐거움을 얻을 수 있도록 새로운 입맛을 개발하는 것이다.

식사와 관련된 대부분의 문제는 결국 우리가 먹어야 한다고 느끼는 음식과 먹고 싶은 음식이 서로 다르다는 데서 비롯된다. 콜리플라워는 강압처럼 느껴지고, 초콜릿은 사랑처럼 느껴진다. 설탕, 정제 기름, 소금이 잔뜩 들어간 식품을 만드는 업체들이 공격적인 마케팅을 퍼부으면서 이런 음식이야말로 기쁨을 주는 음식이라는 메시지를 전달한다는 점을 고려하면 그리 놀라운 일은 아니다. 하지만 콜리플라워가 간절히 먹고 싶은 음식이 된다면 어떨까? 한국의 사례는 건강에 좋은 음식(예를 들면, 김치)이 욕망의 대상이 될 때 훨씬 먹기 쉽다는 것을 잘 보여준다.

균형을 바꾸자

자신이 완벽한 식단을 따르고 있는지 너무 지나치게 걱정하지 말자(완벽을 추구하면 식사 경험이 매우 불행해질 수 있다). 엄격한 선을 긋는 대신 식사의 균형을 더 건강한 방향으로 이동시키는 데만 주력하자. 대부분의 사람들은 고기나 설탕을 아예 뺀 식단보다 '고기가 덜' 들어가거나 '설탕이 덜' 들어간 식단을 훨씬 쉽게 따른다. 이마무라 후미아키의 연구가 보여주듯이 중요한 것은 식사의 패턴이다. 다만 어려운 점은 현재 우리를 둘러싼 세상이 무엇이 정상인지에 관해 매우 혼란스러운 메시지를 보내고 있다는 것이다. (평범한 미국인과 영국인처럼) 먹는 것의 절반 이상이 초가공식품인 식단과 20퍼센트만이 초가공식품인 식단 사이에는 엄청난 차이가 있다.

그렇다면 어떤 것이 건강한 식사 패턴일까? 많은 영양 전문가들이 올리브오일과 생선, 견과류, 채소, 콩류, 과일로 구성된 지중해식 식단을 추천한다. 어떤 사람들은 새로 등장한 북유럽식 식단을 선호한다. 호밀, 보리, 귀리 같은 어두운 색의 곡물에 베리류, 유채씨 기름, 청어와 연어 같은 기름진 생선을 풍부하게 먹는 지속 가능한 식사 방식이 바로 북유럽식 식단이다. 하지만 지중해나 스칸디나비아 근처에 살지 않는 사람들은 자신만의 식사 패턴을 직접 만들어야 한다. 이마무라 후미아키는 일본을 떠나 미국과 영국에 거주하게 되면서 많은 사람들에게 이곳의 건강 식단이 무엇인지 물어보곤 했지만 "그 누구도 대답을 해주지 못했다"고 한다. '건강한 미국식 식단'이 무엇인지를 아무도 모른다는 사실은 우려되는 일이지만 한편으로는 이 상황을 기회로 여길 수도 있다. 우리 식단의 미래는 자신만의 규칙을 자유롭게 써나갈 수 있는 빈 석판이기 때문이다.

절대량이 아닌 비율에 따라 먹자

자신이 단백질을 충분히 섭취하고 있는지 걱정하는 사람이 많다. 그런데 그런 걱정을 하는 사람은 단백질을 잘 챙겨먹고 있을

식사에 대한 생각

확률이 높다. 물론 앞에서 살펴봤듯이 식단에서 탄수화물 대비 단백질의 비율이 약간 낮을 가능성도 충분히 있다. 그렇다면 으깬 감자나 쌀밥을 렌틸 같은 콩류로 대체하거나, 샌드위치 대신 호밀 빵에 훈제 생선을 올린 덴마크식 점심 식사 또는 향이 풍부한 카레 한 그릇과 플랫브레드를 먹음으로써(빵이 반이 되면 기쁨은 두 배가 된다) 비율을 조정할 수 있다.

단백질과 채소를 먼저 먹고 탄수화물을 나중에 먹자

서구에서는 식사를 시작할 때 빵을 돌리지만 중국에서는 전통적으로 쌀이나 면을 가장 나중에 먹는다. 여기에는 지혜가 깃들어 있다. 2017년에 제2형 당뇨병 환자 16명을 대상으로 실험한 결과 탄수화물을 먼저 먹었을 때보다 단백질과 채소를 먼저 먹고 탄수화물을 마지막에 먹었을 때 혈당을 더욱 효과적으로 낮출 수 있었다. 또 하나 좋은 점은, 보통 식사를 시작할 때 가장 배가 고프고 그만큼 음식을 가장 열심히 먹기 때문에 채소를 먼저 먹음으로써 채소 섭취를 늘릴 수 있다는 것이다. 나도 한때 우리 집 막내가 채소를 먹기 싫어했을 때 이 방법을 사용하곤 했다. 매번 식사를 시작하기 전에 작은 접시에 채소를 담아주고 손가락으로 집어 먹게 했던 것이다. 이제 아이는 채소부터 먹는 것이 너무 익숙해져서 접시 위에 있는 채소를 전부 먹을 때까지 다른 음식은 건들지도 않는다(하지만 버섯은 예외다. 버섯의 경우에는 모든 노력이 허사가 된다). 하지만 나는 이 규칙을 강박적으로 따르지는 않는다. 세상에는 만둣국이나 베트남 쌀국수처럼 모든 식재료가 조화롭게 어우러진 훌륭한 한 그릇 음식이 많기 때문이다.[4]

다양하게 먹자

앞에서 살펴본 것처럼 세계 표준 식단은 동물성 식품, 밀, 쌀, 옥수수, 설탕, 정제된 식물성기름, 캐번디시 바나나 같은 몇 가지 식품으로 한정되어 있다. 이런 획일적인 식단이 어마어마한 규모로 질병을 일으키고 있다는 점을 고려하면 더 다양한 식품을 덜 '일반적인' 방식으로 조합함으로써 건강을 지키는 것이 좋은 선택으로 보인다. 하지만 그렇게 쉬운 일은 아니다. 겉으로는 다양성을 갖춘 것처럼 보이는 음식도 식재료를 들여다보면 그렇지 않을 때가 많고, 우리의 선택은 대부분 가게에서 어떤 상품을 취급하느냐에 따라 이미 결정되기 때문이다. 킹스칼리지런던의 유전역학 교수인 팀 스펙터Tim Spector는 우리가 식사를 통해 자기 자신뿐만 아니라 장내 미생물에게도 밥을 먹이고 있는 것이라면서 미생물이 건강한 상태를 유지하려면 다양한 식품을 먹어야 하고 피클이나 요구르트 같은 발효 식품을 먹는 것이 좋다고 말한다. 배를 먹었으면 이번에는 자두를 먹어보자. 밀 말고 호밀에도 도전해보자. 다양한 품종의 사과와 특이한 치즈를 먹어보고, 최대한 다양한 채소를 섭취해보자. '유행'하거나 값비싼 식재료를 중심으로 식단을 짤 필요는 없다. 청어나 정어리 통조림도 자연산 연어 한 조각만큼 몸에 좋을 수 있다. 씨가 있는 포도를 발견하면 우선 집어온 다음 입안에 씨가 굴러다니는 신기한 느낌을 즐겨보자.

음식을 위한 시간을 마련하자

업무 패턴 때문에 점심이나 저녁에 요리할 시간이 없을 수도 있다. 이럴 때에는 요리할 시간을 마련하기가 조금 까다로울 수는 있지만, 그래도 요리 자체가 불가능한 것은 아니다. 짬이 조금이라도 날 때마다 음식을 준비하거나 즐기는 데 쓰면 어떨까. 프레셔 쿠커를 이용하면 재빨리 카레를 만들어 냉장고에 넣어뒀다가 다음에 먹을 수 있다. 아니면 며칠간 먹을 점심 식사를 미리 준비해서 냉장고에 보관해놓을 수도 있다. 요즘 유행하는 '밀프렙meal prep(일주일 동안 먹을 식사를 미리 계획해서 만들어놓는 것)'은 음식과 시간의 문제를 해결해줄 한 가지 방법이다.

음식에 마땅히 써야 할 시간을 쓰지 않는다면 음식은 중요치 않다고 말하는 것이나 마찬가지다. 내가 만난 한 여성은 어떻게 요리할 시간을 내느냐는 질문을 종종 받는다면서 그때마다 이렇게 답한다고 했다. "텔레비전 볼 시간은 어떻게 내는데요?"

내가 먹고 싶은 음식을 요리하는 법을 배우자

텔레비전이나 잡지에 나오는 대부분의 요리는 일상생활에서는 사실상 쓸모가 없다. 세상에는 세련된 케이크나 디너파티에 내놓을 쿠키 레시피는 많지만 수프와 스튜 레시피는 충분하지 않다. 실크처럼 부드러운 버터크림 프로스팅(케이크나 타르트 위에 올리는 달콤한 크림-옮긴이)을 만드는 법보다는 냉장고에 있는 것으로 후다닥 차려낼 수 있는 볶음 요리나 채소 파이 요리법을 머리에 잘 넣어두는 것이 훨씬 중요하다.

유행에 뒤처진 입맛을 갖자

유행하는 음식은 너무 비쌀 뿐만 아니라 식품 사기에 연루될 가능성도 높인다. 사람들의 관심에서 벗어난 음식을 고르면 돈을 아낄 수 있고 식품 다양성에 한 표를 던질 수 있다. 케일 대신 다른 봄철 채소를 골라보자. 늘 비싼 블루베리나 다른 슈퍼푸드를 구매하는 대신 가을에 블랙베리를 따서 냉장고에 얼려두자.

내가 무엇을 먹고 있는지 알자

자신이 지금 증조할머니는 알아보지도 못할 음식을 먹고 있는 것은 아닌지 너무 걱정하지 말자. 지금 내 앞에 있는 음식이 무엇인지를 나조차도 알아보지 못할 때, 그때가 진짜 문제다.

세계화된 식품 체계에 맞선 가장 인상적인 현상 중 하나는 바로 채집의 부활이다. 코펜하겐에서 레스토랑 노마NOMA를 운영 중인 덴마크 셰프 르네 레드제피Rene Redzepi는 "모든 사람이 채집인이 되어야 한다"고 선언한다. 그는 "먹을 것들이 숨어 있는 주변 환경을 탐험"하고 "지역의 지형을 다시 미식의 기반"으로 만들어야 한다고 믿는다. 레드제피가 덴마크에서 채집한 이파리들은 저마다 맛이 너무 다양해서 가게에서 파는 지루한 로메인 양상추를 놀림감으로 만든다. 그는 통카 빈tonka bean 맛이 나는 스위트 클로버sweet clover와 매운맛을 가진 크레스cress, 거의 레몬만큼 신 수영sorrel을 요리에 활용한다. 나도 봄철에 몇 번인가 야생 마늘을 찾아 나선 적이 있는데, 강렬하게 톡 쏘는 맛을 가진 싱싱한 마늘이 그냥 그곳에서 공짜로 우리를 기다리고 있다는 사실에 정말 깜짝 놀랐다.

하지만 그럴 수 없는 사람들은 어떻게 해야 할까? 모두가 출근 전에 채집에 나설 수 있는 것은 아니다. 하지만 그렇다고 해도 여전히 채집할 때의 호기심을 우리가 먹는 음식으로 가져오는 것은 가능하다. 우리 앞에 있는 음식을 보고 먹을 수 있는 것인지 아닌지 생각해보자. 접시 위에 있는 식재료가 원래 어떻게 생겼는지 생각해보는 것이 좋은 시작일 수 있다.

2018년 봄, 나는 10대 아들과 함께 난징에 있었다. 아들은 중국에서 9개월째 중국어를 배우고 있었다. 우리는 아들의 친구들과 함께 외식을 하러 나갔고, 우리가 먹은 음식 중에는 당면과 다진 돼지고기, 채소를 넣은 볶음 요리가 있었다. 아들이 전에도 여러 번 먹었는데 맛있었다며 특별히 주문한 요리였다. 나는 그곳에 아들과 함께 있는 것이 너무 행복했고, 성인이 거의 다 된 아들이 외국어로 능숙하게 음식을 주문한 것이 자랑스러웠다. 나는 이렇게 말했다. "네가 이 녹두 당면을 고른 게 맘에 들어." 그러자 아들이 대답했다. "엄마, 아니에요. 이 당면은 쌀로 만든 거예요."
우리는 당면이 녹두로 만든 것인지 쌀로 만든 것인지를 두고 유
쾌하지만 쓸데없는 논쟁을 주고받았다(참고로 그 당면은 녹두로 만
든 것이었다). 이후 나는 자기가 먹고 있는 음식이 정확히 무엇인
지도 모르면서 그 음식을 그렇게 좋아할 수 있다는 게 정말 이상
하다고 생각했다.

글로벌 시장에서 먹고 사는 것을 피할 수는 없다. 식재료가 무
엇인지를 알아챈다고 식단의 다양성과 품질을 끌어올릴 수도 없
다. 하지만 최소한 접시 위에 있는 식재료의 이름을 댈 줄 안다면
도움이 될 것이다.

자신의 감각을 이용하자

오늘날 음식에 관한 모순 중 하나는 우리가 사는 세상이 감각
을 과부하시키는 동시에 단절시킨다는 것이다. 우리는 광고와 소
셜미디어를 통해 전례 없는 음식 이미지의 폭격을 받고 있다. 하
지만 자신의 감각을 이용해 음식을 느끼는 단순한 경험은 이제
거의 사라졌다. 우리는 우리의 감각이 말해주는 것보다는 라벨이
말해주는 것을 보고 음식을 고른다. 프로틴 바가 좋은 예다. 이런
식사 방식은 우울하고 약간 비인간적이다.

우리가 과식을 한다면 그건 미각을 제외한 다른 감각들이 충
족되지 못해서 우리가 반쯤 굶주린 채로 헤매고 있기 때문일 수
있다. 천천히 요리하며 식재료를 하나하나 냄새 맡고 만져볼 때

에는 요리 과정 자체만으로 충족되는 기분이 들기 때문에 결국 먹는 양도 줄어든다.

바쁜 일상 속에서도 음식을 통해 우리의 감각을 만족시킬 수 있다. 부엌(정원이 있는 사람은 정원)에 작은 허브 화분을 몇 개 들이면 된다. 기운이 없을 때 민트 잎을 뜯어서 손에 문지른 다음 코에 대고 숨을 깊이 들이쉬어보자.

입뿐만 아니라 귀와 코, 손으로 음식을 느끼려고 노력해보라. 음식을 먹기 전에 냄새를 맡아보고 만져보고 들여다보라. 서로 붙어 있는 오렌지 과육이 어떻게 떨어지는지 살펴보라. 신선한 마늘과 오래된 마늘의 차이를, 레몬이 가진 신맛과 식초가 가진 신맛의 차이를 알아보는 법을 배워라. 단맛 외에 여러 다양한 맛을 즐기려고 애써라. 자몽과 치커리의 쌉쌀한 맛을 음미하라. 잘 구워진 토스트를 베어 물 때 나는 소리에 귀 기울여라. 쌀을 넣어놓은 단지에 시나몬 스틱을 넣기 전에 먼저 향을 맡아보라. 셀러리 줄기의 움푹 들어간 부분을 느껴보라. 당신의 감각을 일깨워라.

Abend, Lisa (2013), 'Dan Barber, King of kale'. TIME, 18 November

Adair, Linda S. and Popkin, Barry (2012), 'Are child eating patterns being transformed globally?' Obesity Research 13: 1281 – 99

Adams, Jean and White, Martin (2015), 'Prevalence and sociodemographic correlates of time spent cooking by adults in the 2005 UK Time Use Survey'. Appetite 92: 185 – 91

Anonymous (1954), 'Now Comes Quinoa: it's a substitute for spinach, dear children all'. New York Times, 7 March

Anonymous (2017), 'Should we officially recognise obesity as a disease?' Editorial, The Lancet Diabetes and Endocrinology 5: 7 June

Aribisala,Yemisi (2016), Longthroat Memoirs: Soups, Sex and Nigerian Taste Buds. London: Cassava Republic Press

Aribisala, Yemisi (2017), Chimurenga Chronic: We Make Our Own Food, April 2017

Ascione, Elisa (2014), 'Mamma and the totemic robot: towards an anthropology of Bimby food processors in Italy', in Food and Material Culture: Proceedings of the Oxford Symposium on Food and Cookery

Bagni, U.V., Luis, R.R. et al. (2013), 'Overweight is associated with low haemoglobin levels in adolescent girls'. Obesity Research and Clinical Practice 7: e218 – e229

Bahadoran, Zahra, Mirmiran, Parvin et al. (2015), 'Fast food pattern and cardiometabolic disorders: a review of current studies'. Health Promotion Perspectives 5: 231 – 40

Barber, Dan (2014), The Third Plate: Field Notes on the Future of Food. New York: Little, Brown

Basu, Tanya (2016), 'How Recipe Videos Colonised Your Facebook Feed'.

The New Yorker, 18 May

Becker, Gary (1965), 'A theory of the allocation of time'. The Economic
    Journal 75: 4935 – 17

Biggs, Joanna (2013), 'Short cuts'. The London Review of Books, 5 December

Bloodworth, James (2018), Hired: Six Months Undercover in Low-Wage
    Britain. London: Atlantic

Bodzin, Steve (2014), 'Label it: Chile battles obesity'. The Christian Science
    Monitor, 6 January

Bonnell, E.K., Huggins, C.E. et al. (2017), 'Influences on dietary choices
    during day versus night shift in shift workers: a mixed methods study'.
    Nutrients 26: 9

Boseley, Sarah (2017), 'Amsterdam's solution to the obesity crisis: no fruit
    juice and enough sleep'. The Guardian, 14 April

Bowlby, Rachel (2000), Carried Away: The Invention of Modern Shopping.
    London: Faber and Faber

Brannen, Julia, O'Connell, Rebecca, and Mooney, Ann (2013), 'Families,
    meals and synchronicity: eating together in British dual earner families'.
    Community, Work and Family 16: 417 – 34

Brewis, Alexandra (2014), 'Stigma and the perpetuation of obesity'. Social
    Science Medicine 118: 152 – 8

Brewis, Alexandra A., Wutich, Amber, Falletta-Cowden, Ashlan et al.
    (2011), 'Body norms and fat stigma in global perspective'. Current
    Anthropology 52: 269 – 76

Burnett, John (1983), Plenty and Want: A Social History of Food in England
    from 1815 to the Present Day. Abingdon: Routledge

Burnett, John (2004), England Eats Out: A Social History of Eating Out in
    England from 1830 to the Present Day. London: Routledge

Caballero, Benjamin and Popkin, Barry (2002), The Nutrition Transition: Diet
    and Disease in the Developing World. Cambridge, MA: Academic Press

Cahnman, Werner (1968), 'The stigma of obesity'. Sociological Quarterly 9:
    283 – 99

Cardello, Hank (2010), Stuffed: An Insider's Look at Who's (Really) Making
    America Fat and How the Food Industry Can Fix It. New York: Ecco

Caro, Juan Carlos, Ng, Shu Wen, Taillie, Lindsey Smith, Popkin, Barry (2017),

'Designing a tax to discourage unhealthy food and beverage purchases: the case of Chile'. Food Policy 71: 86 – 100

Carroll, Abigail (2013), Three Squares: The Invention of the American Meal. New York: Basic Books

Child, Lydia (1832), The Frugal Housewife: Dedicated to those who are not Ashamed of Economy. London: T.T. and J. Tegg

Choi, S.K., Choi, H.J. et al. (2008), 'Snacking behaviours of middle and high school students in Seoul'. Korean Journal of Community Nutrition. 13: 199 – 206

Clark, Melissa (2014), 'Just don't call it a grain: quinoa is a flexible addition to the table'. New York Times, 16 April

Clement, Bethany Jean (2014), 'The San Francisco toast trend hits Seattle'. The Stranger, 19 March

Clements, Kenneth W. and Chen, Dongling (2009), 'Affluence and food: a simple way to infer incomes'. American Journal of Agricultural Economics 92

Clifton, Peter, Carter, Sharayah, et al. (2015), 'Low carbohydrate and ketogenic diets in type 2 diabetes'. Current Opinion in Lipidology 26: 594 – 5

Close, Michael, Lytle, Leslie and Viera, Anthony J. (2016), 'Is frequency of fast food and sit-down restaurant eating differentially associated with less healthful eating habits?' Preventive Medicine Reports 4

Colchero, M.A., Molina, Marina et al. (2017), 'After Mexico implemented a tax, purchases of sugar-sweetened beverages decreased and water increased'. The Journal of Nutrition 147: 1552 – 7

Cooper, Derek (2000), Snail Eggs and Samphire: Dispatches from the Food Front. London: Macmillan

Coudray, Guillaume (2017), Cochonneries: Comment la charcuterie est devenue un poison. Paris: La Découverte

Cowen, Tyler (2012), An Economist Gets Lunch: New Rules for Everyday Foodies. New York: Plume

Cuadra, Cruz Miguel Ortiz (2006), Eating Puerto Rico: A History of Food. Culture and Identity, trans. Russ Davidson. Chapel Hill: University of North California Press

Currie, Janet, DellaVigna, Stefano, Mofretti, Enrico et al. (2010), 'The effect of fast food restaurants on obesity and weight gain'. American Economic Journal 2: 32–63

Datamonitor (2015), 'Savoury snack industry profile USA', November 2015

David, Elizabeth (2010), Spices, Salt and Aromatics in the English Kitchen. London: Grub Street

De Crescenzo, Sarah (2017), 'Perfect bar finds missing ingredient'. San Diego Business Journal, 27 July

Demmler, Kathrin, Ecker, Olivier et al. (2018), 'Supermarket shopping and nutritional outcomes: a panel data analysis for urban Kenya'. World Development 102: 292–303

Desai, Prajna (2015), The Indecisive Chicken: Stories and Recipes from Eight Dharavi Cooks. Mumbai: SNEHA

De Vries, Gerard, de Hoog, Josta et al. (2016). Towards a Food Policy. The Hague: Netherlands Scientific Council

DiMeglio, D.P. and Mattes, R.D. (2000), 'Liquid versus solid carbohydrate: effects on food intake and body weight'. International Journal of Obesity Related Metabolic Disorders, 24: 794–800

Doak, Colleen, Adair, Linda, Monteiro, Carlos and Popkin, Barry (2000), 'Overweight and underweight coexist within households in Brazil, China and Russia'. Journal of Nutrition130:2965–71

Dunn, Elizabeth (2018), 'How delivery apps may put your favorite restaurant out of business'. The New Yorker, 3 February

Dunn, Rob (2017), Never Out of Season: How having the food we want when we want it threatens our food supply and our future. New York: Little, Brown

Eckhardt, Cara (2006), 'Micronutrient malnutrition, obesity and chronic disease in countries undergoing the nutrition transition: potential links and programme/ policy implications'. International Food Policy Research Institute, FCND discussion papers

Erikson, Gary (2004), Raising the Bar: Integrity and Passion in Life and Business, the Story of Clif Bar Inc, New York: Jossey-Bass

Fahey, Jed and Alexander, Eleanore (2015), 'Opinion: Current Fruit Breeding Practices: Fruitful or Futile?' www.freshfruitportal.com

Fiolet, Thibault, Srour, Bernard et al. (2018), 'Consumption of ultra-processed foods and cancer risk: results from Nutrinet-Santé prospective cohort'. British Medical Journal360: k322

Fisher, J.O., Wright, G., Herman, A.N. et al. (2015), '"Snacks are not food": low-income, urban mothers' perceptions of feeding snacks to their pre-school children'. Appetite 84: 61 –7

Food and Agriculture Organisation of the United Nations (2016), 'Table and Dried Grapes: FAO-OIV Focus 2016'. FAO and OIV

Fresco, Louise (2015), Hamburgers in Paradise: The Stories Behind the Food We Eat. Princeton: Princeton University Press

Fu, Wenge, Gandhi, Vasant P., Cao, Lijuan, Liu, Hongbo, Zhou, Zhangyue (2012), 'Rising consumption of animal products in China and India: national and global implications'. China and World Economy, 88 – 106

Fulkerson, J.A., Larson, N. et al. (2014), 'A review of associations between family or shared meal frequency and dietary and weight status outcomes across the lifespan'. Journal of Nutrition Education and Behavior, 46: 2 –19

Furore, Katherine (2012a), 'Front-end merchandising boosts impulse sales'. Professional Candy Buyer, September and October 2012

Furore, Katherine (2012b), 'Product placement drives impulse sales', Professional Candy Buyer, November and December 2012

Gay, Roxane (2017), Hunger: A Memoir of (My) Body. New York: HarperCollins

Goldfield, Hannah (2014), 'The trend is toast', New Yorker, 2 May

Guthrie, J.F. (2002), 'Role of food prepared away from home in the American diet, 1977 –8 versus 1994 –6: changes and consequences'. Journal of Nutrition Education and Behaviour34: 140 –50

Haddad, Lawrence, Hawkes, Corinna, Webb, Patrick et al. (2016), 'A new global research agenda for food'. Nature, 30 November

Haggblade, S., Duodu, K.G. et al. (2016), 'Emerging early actions to bend the curve in Sub-Saharan Africa's Nutrition Transition'. Food Nutrition Bulletin, 37: 219 –41

Hahnemann, Trine (2016), Scandinavian Comfort Food: Embracing the Art of Hygge. London: Quadrille

Hamilton, Lisa (2014), 'Who owns the world's greatest superfood?' Harper's

Magazine

Hansen, Henning O. (2013), Food Economics: Industry and Markets. Abingdon: Routledge

Harvey, Simon (2017), 'Strong UK performance boosts Arla Foods' figures'. Just-Food Global News, 27 August

Hawkes, Corinna (2004), 'The role of foreign direct investment in the nutrition transition'. Public Health Nutrition 8: 357–65

Hawkes, Corinna (2006), 'Uneven dietary development: linking the policies and processes of globalization with the nutrition transition, obesity and diet-related chronic diseases'. Globalization and Health 2: 4

Hawkes, Corinna (2012), 'Food policies for healthy populations and healthy economies'. British Medical Journal 344: 27–9

Hawkes, Corinna, Smith, T.G., Jewell, J. et al. (2015), 'Smart policies for obesity prevention'. The Lancet 385: 2410–21

Hawkes, Corinna, Friel, Sharon, Lobstein, Tim and Lang, Tim (2012), 'Linking agricultural policies with obesity and noncommunicable diseases: a new perspective for a globalising world'. Food Policy 37: 343–53

Hercules, Olia (2015), Mamushka: Recipes from Ukraine and Beyond. London: Mitchell Beazley

Hess, Amanda (2017), 'The hand has its social media moment'.New York Times, 11 October

Hess, Julie and Slavin, Joanne (2014), 'Snacking for a cause: nutritional insufficiencies and excesses of U.S. children, a critical review of food consumption patterns and macronutrient and micronutrient intake of U.S. children'. Nutrients 6: 4750–9

Hollands, Gareth J., Shemilt, Ian, Marteau, Theresa et al. (2013), 'Altering micro-environments to change population health behaviour: towards and evidence base for choice architecture' British Medical Council Public Health 12: 1218

Hong, E. (2016), 'Why some Koreans make $10,000 a month to eat on camera'. https://qz.com/592710/why-some-koreansmake-10000-a-month-to-eat-on-camera/

Hu, Winnie (2016), 'With food hub, premium produce may reach more New Yorkers' plates'. New York Times, 5 September

Imamura, Fumiaki, Micha, Renata, Khatibzadeh, Shahab et al. (2015a), 'Dietary quality among men and women in 187 countries in 1990 and 2010: a systematic assessment'. Lancet Global Health 3: e132 – 42

Imamura, Fumiaki, O'Connor, Laura, Ye, Zheng et al. (2015b), 'Consumption of sugar-sweetened beverages, artificially sweetened beverages and fruit juice and incidence of type 2 diabetes' British Medical Journal 351: h3576

Jabs, J. and Devine, C.M. (2006), 'Time scarcity and food choices: an overview'. Appetite 47: 196 – 204

Jacobs, Andrew and Richtel, Matt (2017), 'How big business got Brazil hooked on junk food'. New York Times, 16 September

Jacobs, Marc and Scholliers, Peter, eds (2003), Eating Out in Europe: picnics, gourmet dining and snacks since the late eighteenth century. London: Berg

Jacobsen, Sven-Erik (2011), 'The situation for quinoa and its production in southern Bolivia: from economic success to environmental disaster'. Journal of Agronomy and Crop Science, 22 May

Jahns, Lisa, Siega-Riz, Anna Maria, Popkin, Barry (2001), 'The increasing prevalence of snacking among US children from 1977 to 1996'. Journal of Pediatrics 138: 493 – 8

Jastran, Margaret, Bisogni, Carole et al (2009) 'Eating routines: embedded, value based, modifiable and reflective', Appetite, 52: 127 – 136

Johansen, Signe (2018) Solo: The Joy of Cooking for One, London: Bluebird

Kammlade, Sarah and Khoury, Colin (2017), 'Five surprising ways people's diets have changed over the past fifty years'. https://blog.ciat.cgiar.org/five-surprising-ways-peoplesdiets-have-changed-over-the-past-50-years/

Kamp, David (2006), The United States of Arugula: the Sun Dried, Cold Pressed, Dark Roasted, Extra Virgin Story of the American Food Revolution. New York: Broadway Books

Kan, Kamhon and Yen, Steven T. (2003), 'A Sample Selection Model with Endogenous Health Knowledge: Egg Consumption in the USA', inRickertsen, Kyrre and Chern, Wen S. (2003), Health, Nutrition and Food Demand. Wallingford: Cabi International

식사에 대한 생각

Kant, Ashima and Graubard, Barry I. (2004), 'Eating out in America 1987 – 2000: trends and nutritional correlates'. Preventive Medicine 38, 243 – 9

Kant, Ashima and Graubard, Barry (2015), '40 Year trends in meal and snack eating behaviors of American adults'. Journal of the Academy of Nutrition and Dietetics, 2212 – 2672

Kateman, Brian, ed. (2017), The Reducetarian Solution. New York: Tarcher/Putnam

Kearney, John (2010), 'Food consumption trends and drivers', Philosophical Transactions of the Royal Society of London B, 27 September, 365: 2793 – 2807

Keats, Sharada and Wiggins, Steve (2014), Future Diets: Implications for Agriculture and Food Prices. London: Overseas Development Institute

Kelly, Bridget, Halford, Jason C.G., Boyland, Emma J. et al (2010) 'Television food advertising to children: a global perspective',

Khaleeli, Homa (2016), 'The truth about working for Deliveroo, Uber and the on-demand economy'. The Guardian, 15 June

Khoury, Colin (2017), 'How diverse is the global diet?' http://blog.ciat.cgiar.org/how-diverse-is-the-global-diet/

Khoury, Colin, Bjorkman, Anne D. et al. (2014), 'Increasing homogeneity in global food supplies and the implications for food security'. Proceedings of the National Academy of Sciences of the United States of America 111: 4001 – 6

Khoury, Colin, Achicanoy, Harold A. et al. (2016), 'Origins of food crops connects countries worldwide' Proceedings of the Royal Society B, vol. 283

Kim, Soowon, Moon, Soojae and Popkin, Barry (2000), 'The nutrition transition in South Korea' American Journal of Clinical Nutrition 71: 44 – 53

Kludt, Amanda and Geneen, Daniel (2018), 'Dan Barber wants to revolutionize the way the world grows vegetables'. Eater.com, 1 March

Konnikova, Maria (2018) The Confidence Game: The Psychology of the Con and Why We Fall for It Every Time London: Canongate Books

Krishnan, Supriya, Coogan, Patricia F. et al. (2010), 'Consumption of restaurant foods and incidence of type 2 diabetes in African American women'.

American Journal of Clinical Nutrition 91: 465 – 71

Kvidahl, Melissa (2017), 'Market trends: bars'. Snack Food and Wholesale Bakery 106: 14 – 20

Lang, Tim and Mason, Pamela (2017), Sustainable Diets: How Ecological Nutrition can Transform Consumption and the Food System. Abingdon and New York: Routledge

Lang, Tim and Millstone, Erik (2008), The Atlas of Food: Who Eats What, Where and Why. London: Routledge

Laudan, Rachel (2016) '"A Good Cook": On My Mother's Hundredth Birthday', www.rachellaudan.com, October 12th

Lawrence, Felicity (2004) Not on the Label: What really goes into the food on your plate, London: Penguin

La Vecchia, Carlo and Majem, Luis Serra (2015) 'Evaluating trends in global dietary patterns', The Lancet Global Health, 3:PE114–PE115

Lawler, Andrew (2016), How the Chicken Crossed the World: The Story of the Bird that Powers Civilisations. London: Gerald Duckworth

Lee, H.S., Duffey, K.J. and Popkin, Barry (2012), 'South Korea's entry to the global food economy: shifts in consumption of food between 1998 and 2009'. Asia Pacific Journal of Clinical Nutrition 21: 618 – 29

Lee, Min-June, Popkin, Barry and Kim, Soowon (2002), 'The unique aspects of the nutrition transition in South Korea: the retention of healthful elements in their traditional diet'. Public Health Nutrition 5: 197 – 203

Ley, Sylvia H., Hamdy, Osama et al. (2014), 'Prevention and management of Type 2 diabetes: dietary components and nutritional strategies'. The Lancet, 2014: 1999 – 2007

Levy-Costa, Renata et al. (2005), 'Household food availability in Brazil: distribution and trends (1974 – 2003). Rev. Saúde Pública vol. 39

Lloyd, Susan (2014), 'Rose vouchers for fruit and veg – an evaluation report'. City University, London, www.alexandra rose.org.uk

Lopez, Oscar and Jacobs, Andrew (2018) 'In a town with little water, Coca-Cola is everywhere. So it diabetes', New York Times, July 14th

Lymbery, Philip with Oakshott, Isabel (2014), Farmageddon: The True Cost of Cheap Meat. London: Bloomsbury

McGregor, Renee (2017), Orthorexia: When Healthy Eating Goes Bad.

London: Nourish Books

Madeley, Julian (1999), The Egg Market: The Effect of Increasing Processing, New Technologies and Shifting Demand in the USA and Europe. Uckfield: Nuffield Farming Scholarships Trust

Manjoo, Farhad (2017) 'How Buzzfeed's Tasty Conquered Online Food', New York Times, July 27th

Markley, Klare S. (1951), Soybeans and Soybean Products. New York: Interscience Publishers

Marmot, Michael and Syme, S.L. (1976) 'Acculturations and coronary heart disease in Japanese-Americans', American Journal of Epidemiology, 104: 225−47

Mattes, R.D. (2006), 'Fluid energy − where's the problem?' Journal of the American Dietetic Association, 106: 1956−61

Maumbe, Blessing (2012), 'The rise of South Africa's quick service restaurant industry'. Journal of Agribusiness in Developing and Emerging Economies 2: 147−66

Mead, Rebecca (2013), 'Just add sugar'. New Yorker, 4 November

Meades, Jonathan (2014) An Encyclopedia of Myself, London: Fourth Estate

Mellentin, Julian (2018), 'Keeping trend connecting: both Siggi's and Noosa have been successful in the US by leveraging key trends in dairy'. Dairy Industries International 83: 14

Mendis, Shanti et al. (2014), 'Global status report on noncommunicable diseases', World Health Organisation

Menzel, Peter and d'Aluiso, Faith (2005). Hungry Planet: What the World Eats. New York: Ten Speed Press

Micha, Renata, Khatibzadeh, Shahab, Shi, Peilin et al. (2015), 'Global, regional and national consumption of major food groups in 1990 and 2010: a systematic analysis including 266 country-specific nutrition surveys worldwide'. British Medical Journal Open

Micha, Renata, Shulkin, Masha L. et al. (2017), 'Etiologic effects and optimal intakes of foods and nutrients for risk of cardiovascular diseases and diabetes: systematic reviews and meta-analyses from the Nutrition and Chronic Diseases Expert Group (NutriCoDE)'. Public Library of Science, 27 April

Mikkila, V., Vepsalainen, H. et al. (2015), 'An international comparison of dietary patterns in 9-11 -year-old children'. International Journal of Obesity Supplements 5: S17 –S21

Millstone, Erik and Lang, Tim (2008), The Atlas of Food: Who Eats What, Where and Why. London: Earthscan, 2nd edn

Mintel (1985), Crisps, Nuts and Savoury Snacks. London: Mintel Publications

Monteiro, Carlos (2009), 'Nutrition and health: the issue is not food, nor nutrients, so much as processing'. Public Health Nutrition 12: 729 –31

Monteiro, C.A., Moubarac, J.-C, Cannon, G., Ng, S.W., Popkin, Barry (2013), 'Ultra-processed products are becoming dominant in the global food system'. Obesity Reviews 14: 21 –8

Moreira, Pedro A. and Padrão, Patricia D. (2004), 'Educational and economic determinants of food intake in Portuguese adults: a cross-sectional survey'. BMC Public Health, 4: 58

Morley, Katie (2016), 'Smoothie craze sees berry sales reach £1bn – overtaking apples and bananas'. Daily Telegraph, 23 May

Moss, Michael (2014), Salt, Sugar, Fat: How the Food Giants Hooked Us. London: W.H. Allen

Murray, Christopher et al. (2016), 'Global, regional, and national comparative risk assessment of 79 behavioural, environmental and occupational, and metabolic risks or clusters of risks, 1990 –2015: a systematic analysis for the Global Burden of Disease Study 2015'. The Lancet 388: 1639 –724

Nago, Eunice, Lachat, Carl et al. (2010), 'Food, energy and macronutrient contribution of out-of-home foods in schoolgoing adolescents in Cotonou, Benin'. British Journal of Nutrition 103: 281 –8

Nestle, Marion (2018), Unsavory Truth: How Food Companies Skew the Science of What We Eat. New York: Basic Books

Newman, C.L., Howlett, Elizabeth et al. (2014), 'Implications of fast food restaurant concentration for preschool-aged childhood obesity'. Journal of Business Research 67: 1573 –80

Ng, S.W., Popkin, Barry (2012), 'Time use of physical activity: a shift away from movement across the globe'. Obesity Reviews13: 659 –80

Nguyen, Binh and Powell, Lisa (2014), 'The impact of restaurant consumption Among US adults: effects on energy and nutrient intakes'. Public Health

Nutrition 17: 2445-2452

Nielsen, Samara Joy, Popkin, Barry (2014), 'Changes in beverage intake between 1977 and 2001'. American Journal of Preventive Medicine 27: 205–10

Norberg, Johan (2016), Progress: Ten Reasons to Look Forward to the Future. London: Oneworld Publications

O'Brien, Charmaine (2013), The Penguin Food Guide to India.London: Penguin

Oliver, Brian (2016), 'Welcome to Skyr, the Viking "superfood" waking up Britain'. Observer, 27 November

Olson, Parmy (2016), 'Here's how Deliveroo built an army of 5000 drivers in just 3 years'. Forbes, 17 February

Orfanos, P. et al. (2007), 'Eating out of home and its correlates in 10 European Countries'. Public Health and Nutrition 10: 1515–25

Packer, Robert (2013), 'Pomegranate juice adulteration'. Food Safety Magazine, February, online edition

Perelman, Deb (2018), 'Never Cook At Home'. New York Times, 25 August

Piernas, Carmen and Popkin, Barry (2009), 'Snacking increased among U.S. adults between 1977 and 2006'. Journal of Nutrition 325–32

Piernas, Carmen and Popkin, Barry (2010), 'Trends in snacking among U.S. children'. Health Affairs, 29: 398-404

Pomiane, Edouard de (2008), Cooking in Ten Minutes or, The Adaptation to the Rhythm of Our Time, trans. Peggie Benton. London: Serif

Popkin, Barry (2001), 'The nutrition transition and obesity in the developing world'. Journal of Nutrition 131: 871S–873S

Popkin, Barry (2002), 'The Dynamics of the Dietary Transition in the Developing World', in Caballero, Benjamin and Popkin, Barry (2002), The Nutrition Transition: Diet and Disease in the Developing World, 111–28. Amsterdam and London: Academic Press

Popkin, Barry (2009), The World is Fat: the Fads, Trend, Policies and Products that are Fattening the Human Race. New York: Avery

Popkin, Barry (2011), 'Contemporary nutrition transition: determinants of diet and its impact on body composition'. Proceedings of the Nutrition Society 70: 82–91

Popkin, Barry, Adair, Linda and Ng, Shu Wen (2012), 'Now and then: the global nutrition transition: the pandemic of obesity in developing countries'. Nutrition Review 70: 3 – 21

Popkin, Barry, Fengying, Shufa du, Zhang, Zhai Bing (2010), 'Cohort profile: the China Health and Nutrition Survey – monitoring and understanding socio-economic and health change in China, 1989 – 2011'. International Journal of Epidemiology, 39: 1435 – 40

Popkin, Barry and Gordon-Larsen, P. (2004), 'The nutrition transition: worldwide obesity dynamics and their determinants'. International Journal of Obesity 28: S2 – S9

Popkin, Barry and Hawkes, Corinna (2016), 'Sweetening of the global diet, particularly beverages: patterns, trends and policy responses'. Lancet Diabetes Endocrinology 4: 174 – 86

Popkin, Barry and Nielsen, SJ. (2003), 'The sweetening of the world's diet'. Obesity Research 11: 1325 – 32

Pollan, Michael (2013), Cooked: A Natural History of Transformation. New York: Penguin Books

Powell, LM. and Bao, Y. (2009), 'Food prices, access to food outlets and child weight'. Economics and Human Biology 7: 64 – 72

Puhl, Rebecca and Heuer, Chelsea (2010), 'Obesity stigma: important considerations for public health'. American Journal of Public Health. 100: 1019 – 28

Rajah, Kanes K., ed. (2002), Fats in Food Technology. Sheffield: Sheffield Academic Press

Rao, Tejal (2018), 'Seeds only a plant breeder could love, until now'. New York Times, 27 February

Roberts, Paul (2008,) The End of Food. New York: Houghton, Mifflin Harcourt

Rögnvaldardóttir, Nanna (2002), Icelandic Food and Cookery. New York: Hippocrene Books

Romero, Simon and Shahriari, Sara (2011), 'A food's global success creates a quandary at home'. New York Times, 20 March

Richardson, SA., Goodman, N. et al. (1961), 'Cultural uniformity in reaction to physical disabilities'. American Sociological Review 26: 241 – 7

Rickertsen, Kyrre and Chern, Wen S. (2003), Health, Nutrition and Food

식사에 대한 생각

Demand. Wallingford: Cabi International

Robinson, John and Godbey, Geoffrey (1997), Time for Life: The Surprising Ways Americans Use their Time. Philadelphia: Penn State University Press

Saladino, Dan (2017), 'Hunting with the Hadza'. BBC Radio 4 Food Programme, first broadcast 2 July

Sax, David (2014), The Tastemakers: Why We're Crazy for Cupcakes but Fed up with Fondue. New York: Public Affairs

Schmit, Todd M. and Kaiser, Harry M. (2003), 'The Impact of Dietary Cholesterol Concerns on Consumer Demand for Eggs in the USA', in Rickertsen, Kyrre and Chern, Wen S. (2003), Health, Nutrition and Food Demand. Wallingford: Cabi International

Schwartz, Barry (2004), The Paradox of Choice: Why Less is More. New York: Harper Perennial

Seccia, Antonio, Santeramo, Fabio G. and Nardone, Gianluca (2015), 'Trade competitiveness in table grapes: a global view' Outlook on Agriculture 44: 127 – 34

Severson, Kim (2016), 'The dark (and often dubious) art of forecasting food trends'. New York Times, 27 December

Simpson, Stephen J. and Raubenheimer, David (2012) The Nature of Nutrition: A Unifying Framework from Animal Adaptation to Human Obesity, Princeton: Princeton University Press

Smil, Vaclav (2002), 'Food Production', in Caballero and Popkin, The Nutrition Transition

Smith, Andrew (2009), Eating History: Thirty Turning Points in the Making of American Cuisine. New York: Columbia University Press

Smith, L.P., Ng, S.W. and Popkin, B.M. (2013), 'Trends in U.S. home food preparation and consumption. Analysis of national nutrition surveys and time use studies from 1965 – 6 to 2007 – 8'. Nutrition Journal 12: 45

Sole-Smith, Virginia (2018). The Eating Instinct: Food Culture, Body Image and Guilt in America. NewYork: Henry Holt and Co.

Soskin, Anthony B. (1988), Non-traditional Agriculture and Economic Development: The Brazilian Soybean Expansion 1962 – 1982, Westport, Connecticut: Praeger

Spector, Tim (2017), 'I spent three days as a hunter-gatherer to see if it would improve my gut health'. www.theconveersation.com, 30 June

Steel, Carolyn (2013), Hungry City: How Food Shapes Our Lives(reissue). London: Vintage

Tandoh, Ruby (2018), Eat Up: Food, Appetite and Eating What you Want. London: Serpent's Tail

Thornhill, Ted (2014), 'Crumbs, would you pay £2.40 for a slice of TOAST? New "artisanal toast bars" springing up in San Francisco selling posh grilled bread'. Daily Mail, 25 January

Seccia, Antonio, Santeramo, Fabio G. and Nardone, Gianluca (2015), 'Trade competitiveness in table grapes: a global view' Outlook on Agriculture 44: 127 – 34

Severson, Kim (2016), 'The dark (and often dubious) art of forecasting food trends'. New York Times, 27 December

Simpson, Stephen J. and Raubenheimer, David (2012) The Nature of Nutrition: A Unifying Framework from Animal Adaptation to Human Obesity, Princeton: Princeton University Press

Smil, Vaclav (2002), 'Food Production', in Caballero and Popkin, The Nutrition Transition

Smith, Andrew (2009), Eating History: Thirty Turning Points in the Making of American Cuisine. New York: Columbia University Press

Smith, L.P., Ng, S.W. and Popkin, B.M. (2013), 'Trends in U.S. home food preparation and consumption. Analysis of national nutrition surveys and time use studies from 1965 –6 to 2007 –8'. Nutrition Journal 12: 45

Sole-Smith, Virginia (2018). The Eating Instinct: Food Culture, Body Image and Guilt in America. NewYork: Henry Holt and Co.

Soskin, Anthony B. (1988), Non-traditional Agriculture and Economic Development: The Brazilian Soybean Expansion 1962 – 1982, Westport, Connecticut: Praeger

Spector, Tim (2017), 'I spent three days as a hunter-gatherer to see if it would improve my gut health'. www.theconveersation.com, 30 June

Steel, Carolyn (2013), Hungry City: How Food Shapes Our Lives(reissue). London: Vintage

Tandoh, Ruby (2018), Eat Up: Food, Appetite and Eating What you Want.

London: Serpent's Tail

Thornhill, Ted (2014), 'Crumbs, would you pay £2.40 for a slice of TOAST? New "artisanal toast bars" springing up in San Francisco selling posh grilled bread'. Daily Mail, 25 January

Seccia, Antonio, Santeramo, Fabio G. and Nardone, Gianluca (2015), 'Trade competitiveness in table grapes: a global view' Outlook on Agriculture 44: 127 – 34

Severson, Kim (2016), 'The dark (and often dubious) art of forecasting food trends'. New York Times, 27 December

Simpson, Stephen J. and Raubenheimer, David (2012) The Nature of Nutrition: A Unifying Framework from Animal Adaptation to Human Obesity, Princeton: Princeton University Press

Smil, Vaclav (2002), 'Food Production', in Caballero and Popkin, The Nutrition Transition

Smith, Andrew (2009), Eating History: Thirty Turning Points in the Making of American Cuisine. New York: Columbia University Press

Smith, L.P., Ng, S.W. and Popkin, B.M. (2013), 'Trends in U.S. home food preparation and consumption. Analysis of national nutrition surveys and time use studies from 1965 – 6 to 2007 – 8'. Nutrition Journal 12: 45

Sole-Smith, Virginia (2018). The Eating Instinct: Food Culture, Body Image and Guilt in America. NewYork: Henry Holt and Co.

Soskin, Anthony B. (1988), Non-traditional Agriculture and Economic Development: The Brazilian Soybean Expansion 1962 – 1982, Westport, Connecticut: Praeger

Spector, Tim (2017), 'I spent three days as a hunter-gatherer to see if it would improve my gut health'. www.theconveersation.com, 30 June

Steel, Carolyn (2013), Hungry City: How Food Shapes Our Lives(reissue). London: Vintage

Tandoh, Ruby (2018), Eat Up: Food, Appetite and Eating What you Want. London: Serpent's Tail

Thornhill, Ted (2014), 'Crumbs, would you pay £2.40 for a slice of TOAST? New "artisanal toast bars" springing up in San Francisco selling posh grilled bread'. Daily Mail, 25 January

Wolf, A., Bray, G.A. and Popkin, B.M. (2008), 'A short history of beverages and how our body treats them'. Obesity Reviews 9: 151−64

Yano, K., Blackwelder, W.C. et al. (1979), 'Childhood cultural experience and the incidence of coronary heart disease in Hawaii Japanese men'. American Journal of Epidemiology, 109: 440−50

Yajnik, C.S. (2018), 'Confessions of a thin-fat Indian'. European Journal of Clinical Nutrition 72: 469−73

Yajnik, C.S. and Yudkin, John S. (2004), 'The Y-Y paradox'. The Lancet 363 (9403): 163

Yajnik, C.S., Fall, C.H.D., Coyaji, K.A. (2003), 'Neonatal anthropometry: the thin-fat Indian baby. The Pune Maternal Nutrition Study'. International Journal of Obesity, 27, 173−80

Yoon, Eddie (2017), 'The Grocery Industry Confronts a New Problem: Only 10% of Americans Love Cooking'. Harvard Business Review, 27 September

Zaraska, Marta (2016), Meathooked: The History and Science of Our 2.5-Million-Year Obsession with Meat. New York: Basic Books

Zaraska, Marta (2017), 'Bitter truth: how we're making fruit and veg less healthy'. New Scientist, 2 September

Zhai,F.Y. Du, S.F. et al. (2014), 'Dynamics of the Chinese diet and the role of urbanicity, 1991−2011' Obesity Reviews 1: 16−26

Zhou, Yijing, Du, Shufa et al. (2015), 'The food retails revolution in China and its association with diet and health'. Food Policy55: 92−100

Zupan, Z., Evans, A., Couturier, D.-L., and Marteau, Theresa (2017), 'Wine glass size in England from 1700 to 2017: a measure of our time'. British Medical Journal, 359

출전

프롤로그: 평범한 식사를 해본 지가 얼마나 됐을까

1 Fahey and Alexander (2015); Zaraska (2017).

2 Food and Agriculture Organisation of the United Nations (2016); Seccia et al. (2015).

3 https://www.thelancet.com/pdfs/journals/lancet/PIIS0140-6736 (17)32366-8.pdf, accessed September 2018.

4 Micha et al. (2015).

5 Lang and Mason (2017).

6 Cited in https://www.thelancet.com/journals/lanpub/article/PIIS 2468-2667(18)30021-5/fulltext

7 https://www.thelancet.com/journals/lanpub/article/PIIS2468-2667(18)30021-5/fulltext; Jacobs and Richtel (2017).

8 Cardello (2009); Jacobs and Richtel (2017).

9 Cardello (2009).

10 https://www.theguardian.com/society/2018/may/24/themediterranean-diet-is-gone-regions-children-are-fattest-in-europe, accessed May 2018.

11 Konnikova (2018).

12 https://www.thelancet.com/pdfs/journals/lancet/PIIS0140-6736(17)32366-8.pdf

13 Simpson and Raubenheimer (2012).

1장 우리 식탁의 짤막하고 기막힌 역사

1 Caballero and Popkin (2002).

2 https://www.nytimes.com/2017/01/21/opinion/sunday/why-2017-maybe-the-best-year-ever.html?_r=0, accessed September 2017.

3 Norberg (2016).

4   Smil (2002).

5   Norberg (2016).

6   http://www.telegraph.co.uk/news/uknews/1526403/Overweightpeople-now-outnumber-the-hungry.html, accessed October 2017

7   Haddad, Hawkes et al. (2016); Micha et al. (2015).

8   Ley et al. (2016); Imamura et al. (2015b); Popkin (2010).

9   Imamura et al. (2015a).

10 Micha and Mazaffarian 2010.

11 Willett (2013); Van Dam and Hunter (2012); Imamura et al. (2015a).

12 Micha et al. (2015); Imamura et al. (2015a).

13 Micha (2015).

14 La Vecchia and Majem (2015).

15 https://qz.com/473598/west-africans-have-some-of-the-healthiestdiets-in-the-world/, accessed August 2018.

16 Vorster et al. (2011).

17 Tshukudu and Trapido (2016); Haggblade et al. (2016).

18 Tshukudu and Trapido (2016).

19 Haggblade (2016).

20 Popkin (2009).

21 Popkin (2009).

22 Popkin (2001); Popkin (2002); Popkin (2011); Popkin (2012).

23 https://ciat.cgiar.org/the-changing-global-diet/about/, accessedAugust 2018; Khoury, Bjorkman et al. (2014).

24 https://ciat.cgiar.org/the-changing-global-diet/about/, accessedAugust 2018.

25 Khoury et al. (2016).

26 https://ciat.cgiar.org/the-changing-global-diet/about/, accessedAugust 2018.

27 'Hunting with the Hadza', BBC Radio 4 The Food Programme, broadcast 3 July 2017.

28 http://www.fao.org/biodiversity/components/plants/en/, accessedJuly 2018.

29 https://ciat.cgiar.org/the-changing-global-diet/country-exploration/, accessed August 2018.

30 Mikkila et al. (2015).

31 Mikkila et al. (2015).

32 Khoury et al. (2016).

33 https://grapevine.is/mag/articles/2013/12/02/the-mythical-bananakingdom-of-iceland/, accessed May 2017; http://www.atlasobscura.com/articles/bananas-in-iceland, accessed May 2017.

34 http://old.qi.com/talk/viewtopic.php?t=33214&start=0&sid=7c40f7412386dffcc75c72aa66bee5d6, accessed May 2017.

35 https://grapevine.is/mag/articles/2013/12/02/the-mythical-bananakingdom-of-iceland/, accessed May 2017.

36 http://www.fao.org/3/a-i7409e.pdf, accessed August 2018.

37 Dunn (2017).

38 Dunn (2017).

39 Lawrence (2004).

40 Rögnvaldardóttir (2002).

41 Rögnvaldardóttir (2002).

42 Lawrence (2004); Walvin (2018).

43 Roberts (2008).

44 Lawrence (2004); Roberts (2008).

45 Walvin (2008); Lang and Mason (2017).

46 Hawkes (2006).

47 https://ciat.cgiar.org/the-changing-global-diet/country-exploration/, accessed July 2018.

48 Hawkes (2006).

49 Hawkes (2006).

50 Lopez and Jacobs (2018); Hawkes (2006); Eckhardt et al. (2006).

51 Doak et al. (2005).

52 Bagni et al. (2011).

53 https://www.nytimes.com/1998/05/26/business/putting-africacoke-s-map-pushing-soft-drinks-continent-that-has-seen-hard-hard.html, accessed July 2018.

54 Jacobs and Richtel (2017).

55 https://www.nestle.com/csv/case-studies/allcasestudies/door-to-doorsalesoffortifiedproducts.brazil, accessed April 2018; Jacobs and Richtel

(2017).

56 Popkin (2009); Kelly et al. (2010).

57 Popkin (2002); Wang et al. (2014).

58 Kim, Moon and Popkin (2000).

59 Lee, Popkin and Kim (2002).

60 Lee, Popkin and Kim (2002).

61 Lee, Popkin and Kim (2002).

62 Kim, Moon and Popkin (2000).

63 Popkin (2009); Kim, Moon and Popkin (2000).

64 Lee, Duffey and Popkin (2012).

65 Wiggins and Keats (2015).

66 Keats and Wiggins (2014).

67 Hahnemann (2016).

68 Keats and Wiggins (2014).

2장 열량은 높게 영양은 낮게

1 http://psychologyofeating.com/ancestral-eating/, accessed April 2018.

2 Popkin, Adair and Ng (2012).

3 Fresco (2016).

4 Yajnik (2018).

5 Yajnik (2018).

6 Yajnik et al. (2003).

7 Yajnik (2018).

8 Yajnik (2018).

9 Yajnik and Yudkin (2004).

10 Yajnik and Yudkin (2004).

11 https://www.economist.com/news/briefing/21734382-
multinationalbusinesses-relying-indian-consumers-face-
disappointment-indiasmissing-middle, accessed April 2018; Popkin,
Adair and Ng (2012).

12 https://video.vice.com/bg/video/the-new-face-of-diabetes/57fbfd04117
c9766b44ad74b, accessed May 2018.

13 Popkin (2009); Wolf, Bray and Popkin (2008); Popkin and Hawkes (2016).

14 Popkin (2009); https://www.ft.com/content/c4bc7f92-0791-11e6-9b51-

0fb5e65703ce, accessed April 2018.

15 Popkin (2009).

16 http://www.euromonitor.com/soft-drinks-in-latin-america-keeping-aglobal-bright-spot-bright/report, accessed July 2018.

17 Wolf, Bray and Popkin (2008).

18 Wolf, Bray and Popkin (2008).

19 Wolf, Bray and Popkin (2008); Mattes (2006).

20 Wolf, Bray and Popkin (2008).

21 Mattes (2006).

22 Mattes (2006).

23 https://www.independent.co.uk/life-style/food-and-drink/news/starbucks-new-frappuccinos-contain-as-much-sugar-as-a-litre-ofcoke-10310044.html, accessed June 2018.

24 Richardson et al. (1961).

25 Cahnman (1968).

26 Brewis et al. (2011); Tomiyama (2014).

27 Anonymous (2017).

28 Puhl and Heuer (2010).

29 Tomiyama (2014); Brewis et al. (2014).

30 Puhl and Heuer (2010).

31 Brewis (2014).

32 www.uconnruddcenter.org, accessed May 2018.

33 Cahnman (1968).

3장 식품의 경제학

1 De Vries et al. (2016).

2 https://ciat.cgiar.org/the-changing-global-diet/, accessed August 2018.

3 Levy-Costa et al. (2005).

4 https://ciat.cgiar.org/the-changing-global-diet/, accessed August 2018.

5 Hawkes (2006).

6 Markley (1951).

7 Hawkes (2006).

8 https://www.bbc.com/news/business-42390058, accessed July 2018.

9 Menzel and D'Aluiso (2005).

10 Hawkes (2004); Hawkes (2006).

11 Hawkes (2006).

12 Hawkes (2006).

13 Monteiro (2009); http://archive.wphna.org/wp-content/uploads/2016/01/
WN-2016-7-1-3-28-38-Monteiro-Cannon-Levy-et-alNOVA.pdf,
accessed July 2018.

14 Fiolet et al. (2018).

15 Fiolet et al. (2018).

16 Monteiro, Moubarac et al. (2013); Walvin (2018).

17 http://archive.wphna.org/wp-content/uploads/2016/01/WN-2016-7-1-
3-28-38-Monteiro-Cannon-Levy-et-al-NOVA.pdf, accessed July 2018.

18 https://www.theguardian.com/science/2018/feb/02/ultra-
processedproducts-now-half-of-all-uk-family-food-purchases,
accessed July 2018.

19 Morley (2016).

20 Burnett (1983).

21 Burnett (1983); http://www.bbc.co.uk/news/magazine-17353707,
accessed November 2017.

22 https://ciat.cgiar.org/the-changing-global-diet/, accessed August 2018.

23 Burnett (1983).

24 FAO.org, accessed November 2017.

25 Millstone and Lang (2008).

26 http://www.latimes.com/food/sns-dailymeal-1859223-cook-bread-
snot-bad-you-it-s-flour-20171127-story.html, accessed November 2017.

27 Lang and Mason (2017).

28 Hansen (2013).

29 Clements and Chen (2009).

30 Clements and Chen (2009).

31 Clements and Chen (2009); USDA Economic Research Service, based on
data from Euromonitor; https://www.ers.usda.gov/data-products/ag-
and-food-statistics-charting-the-essentials/food-prices-andspending/,
accessed June 2018.

32 USDA Economic Research Service, based on data from Euromonitor.

33 Hansen (2013); Wiggins and Keats (2015).

34 Hansen (2013).

35 Kearney (2010); https://www.cancerresearchuk.org/2015/10/26/
processed-meat-and-cancer-what-you-need-to-know-1, accessed July
2018; Coudray (2017); Wilson (2018).

36 https://antoinelewis.com/, accessed August 2018.

37 Fu et al. (2012); Zaraska (2016).

38 Fu et al. (2012); Zaraska (2016).

39 O'Brien (2013).

40 Hansen (2013); Lawler (2016).

41 Hansen (2013).

42 http://www.independent.co.uk/life-style/food-and-drink/kfc-
doubledown-burger-uk-launch-chicken-bacon-burger-taste-
review-a7991121.html, accessed November 2017.

43 Lymbery and Oakeshott (2014).

44 Lang and Mason (2017).

45 Lang and Mason (2017).

46 https://gardenandgun.com/articles/leah-chase-queen-creole-cuisine/,
accessed July 2018.

47 https://www.washingtonpost.com/lifestyle/food/im-a-fan-ofmichael-
pollan-but-on-one-food-policy-argument-hes-wrong/2017/12/04/
c71881ca-d6cd-11e7-b62d-d9345ced896d_story.html?utm_
term=.1a16a77fcd0a, accessed August 2018.

48 Wiggins and Keats (2015).

49 Wiggins and Keats (2015).

50 Cowen (2012).

51 Bloodworth (2018).

52 Powell and Bao (2009).

53 Wiggins and Keats (2015).

54 Wilson (2008).

4장 그 많던 식사 시간은 어디로 갔을까

1 Marmot and Syme (1976).

2 Quoted in Yano et al. (1979).

3 Jastran et al. (2009).

4　Trentmann (2016); https://stats.oecd.org/Index. aspx?DataSetCode=ANHRS, accessed April 2017.

5　Trentmann (2016).

6　Email correspondence between Frank Trentmann and the author, April 2017.

7　Carroll (2013).

8　https://www.h5.scb.se/tus/tus/, accessed May 2017.

9　Brannen et al. (2013).

10　Brannen et al. (2013).

11　http://metro.co.uk/2013/01/01/fat-nhs-doctors-setting-badexample-in-poorly-developed-obesity-services-3333903/

12　Bonnell et al. (2017).

13　Bonnell et al. (2017).

14　Townsend (2015).

15　Child (1832).

16　Robinson and Godbey (1997).

17　http://www.bbc.co.uk/news/av/business-28139586/india-tacklesfood-waste-problem, accessed May 2018.

18　Becker (1965).

19　Becker (1965).

20　Becker (1965).

21　Trentmann (2016).

22　Jabs and Devine (2006).

23　Becker (1965).

24　Pomiane (2008).

25　Kant and Graubard (2015).

26　Watt (2015).

27　http://www.business-standard.com/article/specials/funds-drop-statesecurities-from-portfolio-199101501061_1.html, accessed February 2017.

28　Zhai et al. (2014).

29　Wang et al. (2018).

30　Popkin (2009).

31　Hawkes (2006).

32 Hawkes (2006).

33 Fisher et al. (2015).

34 Hess and Slavin (2014).

35 https://workinprogress.oowsection.org/2017/11/14/to-understandhow-families-eat-consider-what-food-means-to-parents/

36 Datamonitor (2015); Mintel (1985).

37 http://www.hartman-group.com/hartbeat/638/as-snackification-infood-culture-becomes-more-routine-traditional-mealtimes-getredefined, accessed June 2017.

38 Choi et al. (2008).

39 https://www.washingtonpost.com/politics/more-americans-livingalone-census-says/2014/09/28/67e1d02e-473a-11e4-b72e-d60a9229cc10_story.html?utm_term=.8d3a1f5216bf, accessed December 2017.

40 Hong (2016).

41 Basu (2016).

42 Manjoo (2017).

43 Hess (2017).

44 Hess (2017).

45 Johansen (2018).

46 Fulkerson et al. (2014).

47 https://www.theguardian.com/technology/2016/dec/22/why-timemanagement-is-ruining-our-lives, accessed August 2018.

5장 음식에 관해서라면 우리는 다중인격자

1 https://www.bonappetit.com/recipe/tuscan-kale-chips, accessed April 2018; Abend (2013); https://www.tastecooking.com/10thanniversary-kale-salad-know/, accessed April 2018.

2 Kamp (2006).

3 'Get ready for some serious food envy: The 20 most Instagrammed meals from around the world', Daily Mail, 15 May 2016.

4 Saffron Alexander, 'Cloud Eggs: Instagram's favourite new food fad', Daily Telegraph, 8 May 2017.

5 https://www.buzzfeed.com/jesseszewczyk/its-official-hipsters-havetaken-rainbow-food-too-fucking?utm_term=.cndMEW5BD2#.og

QJ3Q2WMr, accessed December 2017.

6 Oliver (2016).

7 Harvey (2017).

8 https://www.forbes.com/sites/phillempert/2016/06/16/food-trendsvs-food-fads/#c0a619036550, accessed October 2017.

9 Sax (2014).

10 Van den Bos (2015).

11 Van den Bos (2015).

12 Van den Bos (2015); Mellentin (2018).

13 Mead (2013).

14 https://www.sbs.com.au/food/article/2018/02/23/why-african-foodnext-big-thing, accessed July 2018.

15 'Now Comes Quinoa', New York Times, 7 March 1954.

16 Jacobsen (2011).

17 https://www.theguardian.com/environment/2013/jan/25/quinoagood-evil-complicated, accessed October 2017.

18 Hamilton (2014).

19 https://lflank.wordpress.com/2016/07/08/avacados-and-themexican-drug-cartels/, accessed October 2017; https://www.voanews.com/a/mexico-deforestation-avocados/3574039.html

20 https://www.theguardian.com/cities/2017/may/18/avocado-policetancitaro-mexico-law-drug-cartels, accessed October 2017; https://lflank.wordpress.com/2016/07/08/avacados-and-the-mexican-drugcartels/, accessed October 2017.

21 https://www.gov.uk/government/uploads/system/uploads/attachment_data/file/350726/elliot-review-final-report-july2014.pdf, accessed October 2017; Whittle (2016).

22 https://www.foodsafetymagazine.com/signature-series/pomegranatejuice-adulteration/, accessed October 2017.

23 Packer (2013).

24 https://www.foodbev.com/news/global-coconut-water-marketforecast-for-growth-of-over-25/, accessed October 2017.

25 https://www.theguardian.com/lifeandstyle/2017/jul/09/coconut-oildebunked-health-benefits-big-fat-lie-superfood-saturated-fats-lard,

accessed October 2017.

26 Nestle (2018).

6장 외식하세요! 쓰레기든 캐비어든

1 Popkin (2010).

2 https://www.theguardian.com/business/2017/feb/16/britonsspending-more-on-food-and-leisure-than-booze-smoking-and-drugs, accessed August 2018.

3 Maumbe (2012); Nago et al. (2010).

4 Menzel and d'Aluisio (2005).

5 Popkin (2009).

6 Burnett (2004); Jacobs and Scholliers (2003).

7 Burnett (2004).

8 Lang and Millstone (2008).

9 https://www.revolvy.com/main/index.php?s=Wing%20Yip&item_type=topic, accessed December 2017; Burnett (2004).

10 Millstone and Lang (2008).

11 Warde and Martens (2009).

12 Lang and Mason (2017).

13 Guthrie (2002).

14 Orfanos et al. (2007).

15 http://foodfoundation.org.uk/wp-content/uploads/2016/11/FFVeg-Doc-V5.pdf, accessed December 2017.

16 Krishnan et al. (2010).

17 Bahadoran et al. (2015); Powell et al. (2012).

18 Krishnan et al. (2010).

19 Newman, Howlett and Burton (2014).

20 Currie et al. (2010).

21 https://www.theguardian.com/business/2017/sep/24/deliveroovaluation-hits-2bn-after-food-delivery-firm-raises-new-funds, accessed December 2017; https://www.forbes.com/sites/parmyolson/2016/02/17/deliveroo-army-5000-drivers-3-years/#5384960d20bd, accessed December 2017

22 https://www.statista.com/statistics/259168/pizza-deliveryconsumer-

spending-in-the-us/; Dunn (2018).

23 Dunn (2018).

24 Khaleeli (2016).

25 Cuadra (2006); http://www.bl.uk/learning/resources/foodstories/index.
html, accessed December 2017.

26 Tandoh (2018); Lang and Mason (2017).

27 Sole-Smith (2018).

28 Zhou et al. (2015); https://yourbusiness.azcentral.com/profit-
marginsupermarket-17711.html, accessed August 2018.

29 Meades (2014).

30 Bowlby (2000).

31 Bowlby (2000).

32 Bowlby (2000).

33 Demmler et al. (2018).

34 'Eataly World and the Future of Food', Gastropodcast, 10 October 2017.

35 David (2010).

36 https://www.lrb.co.uk/v40/n13/john-lanchester/after-the-fall, accessed
August 2018.

37 https://cambridgefoodhub.org/impacts/good-food-for-all/, accessed
December 2017.

38 Biggs (2013).

39 https://www.trusselltrust.org/2017/11/07/foodbank-demand-
soarsacross-uk/, accessed December 2017.

40 https://civileats.com/2016/08/15/why-this-food-bank-is-turningaway-
junk-food/, accessed August 2018.

41 Hu (2016).

42 Hu (2016).

7장 평범한 식사가 사라진 식탁

1 Schwartz (2004).

2 https://longreads.com/2018/02/13/hierarchy-of-needs/, accessed April
2018.

3 http://www.businessinsider.com/trader-joes-where-less-is-more-2011-
5?IR=T, accessed April 2018; https://www.ft.com/content/be5e8d52-

7ec6-11e4-b83e-00144feabdc0, accessed April 2018.

4   https://www.ft.com/content/7df72c04-491a-11e6-8d68-72e9211e 86ab, accessed August 2018.

5   https://www.beyondceliac.org/research-news/View-Research-News/1394/postid--81377/, accessed August 2018; Clifton et al. (2015).

6   https://www.statista.com/statistics/612166/us-food-related-dietaryrestrictions-searches/, accessed June 2018.

7   http://www.newhope.com/food/veganism-rise-among-healthconscious-consumers, accessed June 2018; https://www.theguardian.com/lifeandstyle/2018/apr/01/vegans-are-coming-millennialshealth-climate-change-animal-welfare, accessed September 2018.

8   Kateman (2017).

9   https://www.thevegetarianbutcher.com/products, accessed November 2017; http://uk.businessinsider.com/what-the-impossible-burgertastes-like-2016-7, accessed August 2018.

10 McGregor (2017).

11 McGregor (2017).

12 Erikson (2004); Mintel data cited in email to author from Melissa Kvidahl.

13 De Crescenzo (2017).

14 Quoted in Kvidahl (2017).

15 Erikson (2004).

16 https://www.theguardian.com/lifeandstyle/2017/sep/04/siliconvalley-ceo-fasting-trend-diet-is-it-safe, accessed September 2018.

17 https://queal.com/soylent-eater-survey-results/, accessed June 2018; https://www.npr.org/sections/thesalt/2015/08/31/427735692/arewomen-better-tasters-than-men, accessed August 2017.

18 Widdecombe (2014).

8장 요리가 바꿀 수 있는 것들

1   Perelman (2018).

2   Ferdman (2015); Pollan (2013).

3   Pollan (2013).

4   Conversation with author, 1 November 2017; Yoon (2017).

5 Conversation with author, 1 November 2017; Yoon (2017).

6 Pollan (2013).

7 Martin (2017).

8 https://www.telegraph.co.uk/culture/tvandradio/6709518/DeliaEffect-strikes-again.html, accessed August 2018; https://www.theguardian.com/lifeandstyle/2014/oct/03/siam-smiles-manchesterrestaurant-review-marina-oloughlin, accessed August 2018.

9 Kowitt (2015).

10 https://www.buzzfeed.com/carolineodonovan/the-not-sowholesome-reality-behind-the-making-of-your-meal?utm_term=.mjYOqRKla#.etQDGWN9g, accessed November 2017; Orlando (2017).

11 Short (2006).

12 https://www.theguardian.com/lifeandstyle/2016/jan/12/potatognocchi-recipe-rachel-roddy, accessed November 2017.

13 Laudan (2016).

14 Laudan (2016).

15 https://www.telegraph.co.uk/news/politics/11279839/Poor-goinghungry-because-they-cant-cook-says-Tory-peer.html, accessed August 2018.

16 Smith et al. (2013); Adams and White (2015).

17 https://www.theguardian.com/commentisfree/2017/feb/23/austerity-britain-10-portions-fruit-and-veg, accessed June 2018.

18 Desai (2015).

19 Aribisala (2016).

20 Aribisala (2017).

21 https://www.washingtonpost.com/news/wonk/wp/2015/06/04/what-gay-couples-get-about-relationships-that-straight-couples-oftendont/?utm_term=.24d60b53ddc1, accessed May 2018.

22 Ascione (2014).

9장 음식 이야기의 조금 다른 엔딩

1 http://www.ifpri.org/news-release/global-hunger-index-2015-factsheet, accessed August 2018; http://www.who.int/mediacentre/news/releases/2017/world-hunger-report/en/, accessed April 2018.

2 Barber (2014).

3 Popkin (2009).

4 https://www.theguardian.com/commentisfree/2018/may/11/cutting-out-chocolate-obesity-obesogenic-environment, accessed August 2018.

5 https://www.nytimes.com/2012/05/31/nyregion/bloomberg-plansa-ban-on-large-sugared-drinks.html, accessed August 2018; https://www.usnews.com/opinion/blogs/peter-roff/2013/03/12/bloombergsoda-ban-fail-a-victory-for-personal-freedom, accessed August 2018.

6 Cooper (2000); https://www.city.ac.uk/news/2016/november/researchers-call-for-urgent-shift-in-food-research-to-address-worldsrising-nutrition-crisis, accessed May 2018.

7 Caro et al. (2017).

8 Jacobs (2018).

9 Jacobs (2018).

10 Hawkes et al. (2015).

11 Bodzin (2014).

12 https://www.rand.org/blog/2018/03/fighting-obesity-why-chileshould-continue-placing-stop.html, accessed September 2018; Jacobs (2018).

13 Jacobs (2018).

14 Popkin and Hawkes (2016).

15 Colchero et al. (2017).

16 https://www.theguardian.com/news/2015/nov/03/obese-soda-sugartax-mexico, accessed August 2018.

17 https://www.behaviourchangebydesign.iph.cam.ac.uk/, accessed September 2018.

18 Hollands et al. (2013); Zupan et al. (2017).

19 https://www.thelunchtray.com/houston-isd-8-million-contract-fordominos-smart-slice-pizza-betti-wiggins/, accessed August 2018.

20 https://www.flavourschool.org.uk/, accessed August 2018.

21 'Time to Get Tough', Amsterdam,nl/zoblijvenwijgezond, December 2017.

22 'Healthy Weight Programme, Amsterdam: Urban Snapshot'. NYC food policy newsletter, 25 July 2017.

23 Boseley (2017).

24 Boseley (2017).

25 'Time to Get Tough', Amsterdam,nl/zoblijvenwijgezond, December 2017.

26 Boseley (2017); http://www.obesityactionscotland.org/
internationallearning/amsterdam/amsterdams-jump-in-programme/,
accessed September 2018.

27 'Time to Get Tough', Amsterdam,nl/zoblijvenwijgezond, December 2017;
'Amsterdam children are getting healthier', City of Amsterdam, April
2017; 'Review 2012–2017, Amsterdam Healthy Weight Programme'.

28 Warren (1958).

29 https://foodfoundation.org.uk/wp-content/uploads/2016/11/FFVeg-
Doc-V5.pdf, accessed June 2018.

30 https://foodfoundation.org.uk/wp-content/uploads/2016/11/FFVeg-
Doc-V5.pdf, accessed June 2018.

31 https://foodfoundation.org.uk/wp-content/uploads/2016/11/FFVeg-
Doc-V5.pdf, accessed September 2018.

32 https://www.theatlantic.com/health/archive/2012/04/the-
healthybodegas-initiative-bringing-good-food-to-the-desert/255061/,
accessed September 2018.

33 Lloyd (2014).

34 Whitney (2017).

35 Whitney (2017).

36 Kludt and Geneen (2018).

37 Rao (2018).

38 Kludt and Geneen (2018).

39 https://www.huffingtonpost.co.uk/entry/white-people-food_
us_5b75c270e4b0 df9b093dadbb, accessed August 2018.

40 @dmozaffarian, 23 August 2018.

41 https://nutrition.tufts.edu/sites/default/files/documents/FIM%20
Infographic-Web.pdf, accessed August 2018.

42 Hawkes et al. (2015).

에필로그: 현명하고 건강한 식사를 위한 13가지 전략

1 https://www.theguardian.com/lifeandstyle/2016/apr/25/
problemportions-eating-too-much-food-control-cutting-down,
accessed May 2018.

2   Zupan et al. (2017).

3   https://www.theguardian.com/science/2018/feb/02/ultra-processedproducts-now-half-of-all-uk-family-food-purchases, accessed May 2018.

4   Shukla, Alpana P., Andono, Jeselin et al. (2017), 'Carbohydrate-last meal pattern lowers postprandial glucose and insulin excursions in type 2 diabetes'. BMJ Open Diabetes Research Care 2017: 1–5

옮긴이 김하현

서강대학교 신문방송학과를 졸업하고 출판사에서 편집자로 일했다. 지금은 번역 및 출판 편집 프리랜서로 일하고 있다. 옮긴 책으로 《여성 셰프 분투기》, 《팩트의 감각》, 《미루기의 천재들》, 《분노와 애정》, 《화장실의 심리학》, 《우리가 사랑할 때 이야기하지 않는 것들》, 《뜨는 동네의 딜레마, 젠트리피케이션》 등이 있다.

식사에 대한 생각

초판 1쇄 발행 2020년 2월 27일
초판 6쇄 발행 2024년 6월 17일

지은이 비 윌슨
옮긴이 김하현
발행인 김형보
편집 최윤경, 강태영, 임재희, 홍민기, 강민영, 송현주
마케팅 이연실, 이다영, 송신아   **디자인** 송은비   **경영지원** 최윤영

발행처 어크로스출판그룹(주)
출판신고 2018년 12월 20일 제 2018-000339호
주소 서울시 마포구 동교로 109-6
전화 070-5080-4113(편집) 070-8724-5877(영업)   **팩스** 02-6085-7676
이메일 across@acrossbook.com   **홈페이지** www.acrossbook.com

한국어판 출판권 ⓒ 어크로스출판그룹(주) 2020

ISBN 979-11-90030-37-3 03300

만든 사람들
편집 강태영   **교정** 윤정숙   **디자인** 김아가다   **조판** 성인기획